Mario Richner
Urwald, Gold und Indios

Serie Piper
Band 1474

Zu diesem Buch

Seit mehr als zwanzig Jahren ist Mario Richner als Tramp in der Welt unterwegs. Die letzten Jahre hat er überwiegend in Amazonien verbracht. Er fuhr mit den »Dieselcowboys« die Transamazonica entlang, war bei den Goldsuchern und den »Gesetzlosen« vom Rio Madeira, lebt bei freien, von jeder Zivilisation unberührten Waldindianern ... Die Geschichte dieser abenteuerlichen Unternehmungen liest sich atemberaubend spannend, wobei es Richner versteht, auch die komischen Seiten seiner kühnen Unternehmungen darzustellen. Vor allem aber hat der Leser teil am farbigen Alltag eines Mannes, der die Neugier auf das Ferne, Unbekannte zu seinem Leben gemacht hat.

Mario Richner, geboren 1948, ist gelernter Mechaniker und Schiffsoffizier.

MARIO RICHNER

URWALD, GOLD UND INDIOS

Mit dem Fahrrad
durch Amazonien

Mit 16 farbigen Abbildungen

Piper
München Zürich

SERIE PIPER
ABENTEUER
Herausgegeben von Harald Eggebrecht

Außerdem liegen vor:
Joe Simpson, Sturz ins Leere (1247)
Bettina Selby, Ah Agala! (1257)
Lucy Irvine, Eva und Mister Robinson (1274)
Herbert Rittlinger, Ich hatte Angst (1340)
Jean-Yves Domalain, Poujamon (1383)
Reinhold Messner, Die Freiheit aufzubrechen, wohin ich will (1362)
Wilfred Thesiger, Die Brunnen der Wüste (1407)
Jeana Yeager/Dick Rutan, Voyager (1435)
Leosch Schimanek/Cestmir Sebesta, Durch die Wildnis zum Eismeer (1578)

ISBN 3-492-11474-1
Originalausgabe
Juni 1992

Umschlag: Federico Luci
Foto: Mario Richner
Gesamtherstellung: Clausen & Bosse, Leck
Printed in Germany

Inhalt

Dieses Buch widme ich jenen, die mir ein Obdach gaben, die mich an ihren Tisch einluden und alles taten, meinen oft rauhen Pfad sanfter zu machen. Aber auch jenen, die mich für ganz behalten wollten – und dann doch wieder weiterziehen sahen.

Prolog

Reisen rund um die Welt zu den abgelegensten Orten sind heutzutage sicher nichts Ungewöhnliches mehr, ebenso Bücher, die davon erzählen. Aber das »Unterwegssein« zu einer Daseinsform zu machen, ist wohl doch noch nicht jedermanns Sache. Wo kämen wir hin?!

Gibt es so was überhaupt, daß einer ununterbrochen durch die Kontinente stromert, daß einer sein Leben lang auf Wanderschaft ist? Sicher! Und wenn es bei mir auch erst etwas über zwanzig Jahre sind, so freue ich mich um so mehr auf die nächsten zwanzig.

Gegen Ende der sechziger Jahre, als der Fortschrittsglaube in den Industrieländern noch ungebrochen war, als noch kein Mensch über Streß und Leistungsdruck klagte und niemand von Konsumverzicht und Wachstumsgrenzen sprach, da verließ ich Elternhaus, Freunde und die Heimat; verabschiedete mich vom eben erlernten Beruf als Mechaniker. Die Aussicht auf ein seßhaftes Leben im Traumland Schweiz mit seinen tröstenden Überflüssigkeiten hatte für mich keinen Reiz. Es war wie eine okkulte Macht, die mich aus einer heilen, vorprogrammierten Welt ausbrechen ließ. All das Gute, das andere mir zuschanzen wollten, wenn ich ein »vernünftiges Mitglied der Gesellschaft« werden würde, wollte ich nicht. Ich blieb vernünftig, aber auf meine Art, ich wollte meine Träume verwirklichen und nicht die ihren.

Ich wollte frei sein wie der Wind, das Rauschen der Palmen hören und das Klatschen der Wellen am Strand, wollte Zebraherden in den Savannen sehen, die Meere befahren, auf dem Pferderücken durch die Pampa reiten und mit Indianern durch den Dschungel streifen. Ein unbändiges Fernweh nahm mich ins

Schlepptau. Ich folgte ihm – jung, naiv, voller Romantik –, aber auf der »Straße des Abenteuers« wehte es mich mehrmals auf die Gegenfahrbahn; doch schnell hatte ich gelernt, auf mein Leben achtzugeben. Während der Kriegswirren im apokalyptischen Kambodscha, an der Seite von Guerillakommandos in Schwarzafrika oder in Elendsquartieren so manch einer Großstadt.

Kreuz und quer durch die Welt, ununterbrochen und ohne festen Wohnsitz, unabhängig wie ein Zigeuner. Nun, als ich irgendwann merkte, daß der »Nomade« sehr tief in mir steckt, entschied ich mich für ihn, und zwar mit allen Konsequenzen. Das hieß in erster Linie, auf das normalbürgerliche Wunschgebilde zu verzichten: tolles Auto, flotte Wohnung, Karriere, Hochzeitsglocken und Kinderparadies. Heute, nach all den Jahren des Vagabundierens, weiß ich, daß ich nie mehr in die geordneten Bahnen eines geregelten, abgesicherten Lebens zurückkehren werde, es auch gar nicht mehr kann – und sollte es noch so viele Tage geben, an denen ich mich fragen muß: Wo schlafe ich denn heute nacht?

Geld verdienen muß ich zwischendurch auch. Aber als gelernter Schiffsingenieur kann ich in fast allen Ländern dieser Erde Arbeit finden, kann so lange, wie es mir notwendig scheint, auf einem Schiff anheuern – und bin auch da wieder unterwegs.

Als Tramp um den Globus, auf der ewigen Suche, irgendwo etwas Schönes und Neues zu entdecken oder Vertrautes wiederzusehen, um besser zu verstehen. Dafür will ich mein Leben leben, doppelt und wenn möglich dreifach, in all seinen buntschillernden Facetten.

Beim Einsammeln und Durchblättern alter Tagebücher tauchen Dutzende von Abenteuern, Hunderte von Momenten und Szenen aus dem Gedächtnis auf. Einige weit zurückliegend und schon sehr verblaßt, andere noch frisch und klar, als sei es erst gestern gewesen. Hier erzähle ich von meinen Reisen mit dem Fahrrad um das Amazonasgebiet, der »Heimat meiner Seele«.

Mario Richner

Mumien im Wüstensand

»He Señhor, Sie mögen ja mutig sein, aber damit kommen Sie nie über die Anden nach Cusco!« So verabschiedet mich der Fahrradhändler in der peruanischen Hauptstadt Lima und mustert dabei skeptisch mein vollbepacktes Stahlroß und meinen untrainierten Körper. Das stabile »Ein-Gang-Rad« habe ich vor ein paar Tagen bei ihm gekauft.

Mit solch guten Wünschen versehen, beginnt für mich an der südamerikanischen Pazifik-Küste eine Fahrradreise über Tausende von Kilometern, kreuz und quer durch das Amazonasbekken. Eine Odyssee, die über eiskalte Andenpässe, morastige Dschungelpisten, durch brückenlose Flüsse und fieberverseuchte Sümpfe führt. Eine Reise, die manchmal an die Grenzen meiner Kräfte geht, auf der ich mir Infektionen, Würmer und Wahnfieber hole. Eine Reise aber auch voller Eindrücke und Erlebnisse, die man mit Geld nicht kaufen kann. Auf der ich alte Freunde besuche und neue dazugewinne, bei Kautschuksammlern, Goldwäschern, Gauchos, Missionaren und Diamantschürfern wohne, und mehrere Monate mit wilden Indianern. Für die nächsten zwei bis drei Jahre soll das größte Urwaldgebiet der Erde wieder meine Heimat werden.

Als Sattel-Tramp durch Amazonien?! Nein, nicht um eine weitere Verrücktheit in die Welt zu setzen, nicht um ins Buch der Rekorde zu kommen, sondern weil das Fahrrad nach meinen Überlegungen das ideale Transportmittel ist. Vor Jahren schon habe ich einige Nebenflüsse des Amazonas mit Einbaum und Balsafloß befahren. Dabei habe ich erfahren, daß man auf den Rios eine relativ beschränkte Bewegungsfreiheit hat, man ist zu sehr ans Wasser gebunden. Grund genug, diesmal auf dem Landweg durch die »Welt meiner ewigen Träume« zu ziehen.

Zuerst dachte ich an ein Enduro-Motorrad, dann an Maultiere. Entschieden habe ich mich aber für den Drahtesel. Ein Gefährt ohne großen technischen Aufwand, das sich über gefallene Bäume und durch Flüsse tragen läßt, billig ist und weder bockt noch murrt. Man hat damit die richtige Geschwindigkeit, um Abwechslung zu erleben, und ist langsam genug, um Details zu erfassen. Der einzige Nachteil: Man muß treten.

Seit Jahren habe ich nicht mehr auf einem Fahrrad gesessen, doch unverschämter Optimismus und unbeschränkt viel Zeit helfen mir, darüber hinwegzusehen. Die ersten 450 Kilometer von Lima bis nach Nazca, auf der asphaltierten Panamericana, sind als Einrollstrecke gedacht. 450 Kilometer zum Probieren. Und dann über die Anden!

Wie meistens zwischen Mai und Oktober hängt ein klebrig dichter Nebel über der Sechs-Millionenstadt Lima, als ich mein hochbepacktes Vehikel in Richtung Süden bewege. Zwänge mich durch hektische Autokolonnen wildgewordener Blechhaufen. Lärm, Abgase und ein entnervendes Hupkonzert! Ein Stadtverkehr ohne Gesetze, wo einzig das Faustrecht regiert. Für einen Radler der reinste Horror, begleitet vom mitleidigen Lächeln der Fußgänger.

Das Zentrum bleibt langsam zurück. Auf Nebenstraßen suche ich meinen Weg nach Süden durch deprimierende Vorortsquartiere. Primitiv gezimmerte Baracken aus Kistenbrettern, Kanisterblechen und Pappe stehen eng zusammen, als müßten sie sich gegenseitig Windschutz geben. Dazwischen Felder, bedeckt mit übelriechendem Abfall. In Lumpen gehüllte Kinder stochern im Dreck und suchen nach Verwertbarem.

Hunde balgen sich um irgend etwas. Eine alte Frau, die umständlich eine weggeworfene Apfelsinenschale aufhebt und dann auslutscht. Wie Überlebende nach einem Hurrikan. Provisorisch versorgt, während sie auf das Ende der Katastrophe warten.

Auch als der »Hungermoloch« Lima endlich hinter mir liegt, kann ich mich an der Fahrt nicht recht freuen. Bereits zum zweitenmal habe ich den Sattel höher gestellt und trotzdem noch erhebliche Schwierigkeiten, meine Größe und die vielen Kilos richtig auf dem Velo zu verstauen. Mit all dem Gepäck rundherum gleicht das Ganze eher dem Ritt auf einem Panzer als unbeschwertem Radeln. Auf der ersten Tagesetappe schaffe ich gerade 35 Kilometer. Alles schmerzt: Rücken, Arme, Beine und am meisten das Gesäß. Als ich vor Einbruch der Dunkelheit in der Nähe des Meeres hinter einer Sanddüne müde und zerschlagen in den Schlafsack krieche, kommen mir die Worte des Fahrradhändlers wieder in den Sinn.

Der nächste Tag beginnt so, wie der letzte aufgehört hat: mit Schmerzen! Beim Überprüfen der Straßenkarte wird mir bewußt, daß ich gestern bereits zu weit gefahren bin. Vorbeigekurbelt an der historischen Tempelstadt Pachacamac. Bevor die spanischen Eroberer kamen, war sie ein wichtiger Pilgerort der Küstenvölker und später auch der Inkas.

Zurückfahren? Kommt gar nicht in Frage, wenn sich so was erst einbürgert, jeden Tag drei Schritte voraus und dann einen zurück, komme ich nie an den Amazonas.

Sehr vorsichtig gehe ich die folgende Etappe an. Der stete Gegenwind von der nahen Küste, Sandverwehungen am Straßenrand und die nicht endenwollenden Geraden auf der »Carretera-Sur« durch eine trostlose Wüste sorgen dafür, daß ich mein Tagespensum nicht allzu übermütig plane. Zwischendurch fahre ich im »Stehen«, um mein Hinterteil und den neuen Sattel zu schonen. Ein anderes Problem sind die Bus- und Truckfahrer. Alles kleine Formel-1-Piloten! Oft muß ich Zuflucht im heißen Wüstensand suchen. Ich sehe auf meinem Fahrrad wohl zu unbedeutend aus, als daß sich ein Ausweichen lohnen würde. Auch hier gilt das Recht des Stärkeren. Die vielen Kreuze entlang der Straße bezeugen es. Stumm, aber eindringlich mahnen sie zur Vorsicht. Mir bleibt keine andere Wahl, ich muß die Fahrbahn wechseln, als »Geisterfahrer« durch die Gegend pedalen, um dem heranbrausenden Verkehr rechtzeitig ausweichen zu können.

Dann und wann eine Wüstenoase entlang eines armseligen Flüßchens, das aus den Anden kommt. Ein Straßendorf aus vielleicht einem Dutzend Häusern. Die einzige Möglichkeit, die Trinkflaschen mit »temperiertem« Wasser zu füllen. Warum träume ich eigentlich von kühlem Bier?

Hitze, Staub, endlose Öde! Die Monotonie ermüdet, das Radfahren ist noch immer schmerzhaft, und der Wille wird schwächer.

Nach fünf Tagen erreiche ich das malerische Kolonial-Städtchen Pisco, 240 Kilometer südlich von Lima. 240 Kilometer in fünf Tagen. Passionierte Radfahrer lächeln da müde. Doch ich bin stolz auf mich, so stolz, daß ich mir einen Kneipenbummel gönne. Wie ein Gaucho, der tagelang nur im Sattel gesessen ist, schlendre ich schaukelnden Ganges durch die belebten Gassen von Pisco.

In der Nähe der Plaza de Armas finde ich ein Restaurant mit vielversprechender Speisekarte. Nach einem robusten Mahl gönne ich mir als »Verteiler« noch einen »Pisco-Sour«, einen traditionellen peruanischen Aperitif.

Großzügig lade ich zwei sympathische Einheimische zu einem »Pisco« ein, und dann zu noch einem... Wir unterhalten uns glänzend, lachen viel und herzhaft. Doch scheinbar ist mir nach fünf Tagen mit Unmengen von Tee das rechte Maß für die verträgliche Menge Alkohol abhanden gekommen. Irgendwann bringt der Kellner die Rechnung, und ich bezahle. Die beiden Peruaner bringen mich zu meinem Hotel. Nach einem freundschaftlichen Schulterklopfen ziehen sie davon. Davon ist auch mein Geldbeutel. Zog er mit den Peruanern?

Der nächste Tag wird zum Ruhetag. Ein brummender Schädel und ein rebellierender Magen vermasseln die Weiterfahrt. Dafür ist der Verlust eines Plastik-Portemonnaies mit etwas Geld in peruanischer Währung sowie den Fotokopien meiner Dokumente leicht zu verschmerzen. Egal wer immer es hat, große Sprünge macht er nicht damit.

Mit neuem Elan sitze ich am nächsten Morgen schon früh auf meinem überladenen Stahlroß und strample weiter in Richtung Süden. Der Verkehr hat etwas nachgelassen. Ab und zu begegnet mir ein einsamer Eseltreiber oder eine Herde von Ziegen, die ihr karges Futter in den wenigen abgepflückten Baumwollfeldern suchen müssen. Auf einmal merke ich, daß mein Tritt runder und flüssiger ist als an den Tagen zuvor. Beine und Rücken quälen weniger, auch die Hornhaut am Hintern scheint zu wachsen. Langsam beginnt das Radeln Spaß zu machen. Ein angenehmer Wind unterstützt meine gute Laune gewaltig. Wie ein Surfbrettreiter werde ich über den Asphalt geschoben.

Ica, 76 Kilometer von Pisco gelegen, erreiche ich am selben Tag.

Eine Lkw-Raststätte und eine Tankstelle, nicht mehr als eine Bretterbude aus Hartfaserpappe mit einer Zapfsäule davor. Aus einem Transistorradio weht schwermütige Andenmusik zu mir an den einzigen Tisch mit den drei wackeligen Stühlen. Die Wirtin ist nicht nur freundlich, sie muß auch fleißig sein. Sie bedient nicht nur die Küche, sondern auch die Dieselzapfsäule. Ich rieche es am Essen. Gutwillig erlaubt sie, daß ich in der Raststätte übernachten darf. Mit Matte und Schlafsack mache ich es mir auf dem Boden neben Fahrrad und Gepäck bequem.

Panamericana! Traumstraße, die von Alaska bis nach Feuerland führt. Schöne Filme habe ich davon gesehen, tolle Berichte darüber gelesen, und jetzt kommt es mir vor, als sei ich in der Sahara. Seit Ica nur noch Sand und Stein, kein Baum, kein Strauch. Eine Wüste der Trostlosigkeit und flach wie ein Handteller. Alles, was hier mal Farbe hatte, die spärlich gewordenen Holzkreuze entlang der Straße, ja selbst die Farbe des Asphalts, scheint verblichen, wie weggefressen von einer gnadenlosen Sonne.

Lustlos, mit einem Gefühl, als hätte ich Gewichte an den Beinen, sitze ich im Sattel. Trotz Strohhut auf dem Kopf läuft mir der Schweiß in winzigen Rinnsalen übers Gesicht. Alle zehn Minuten bewillige ich mir einen Mundvoll Tee; alle zwei Stunden schlucke ich eine halbe Salztablette. Vom Schweiß und Staub haben sich die Augen entzündet.

Irgendwann ein paar Hütten aus geflochtenem Schilfrohr. Etwas abseits der Straße stehen sie da, einfach so, in der Wüste, ohne Zufahrtsweg. Eingepflanzt in ein Sandmeer, das zwischen dem Pazifischen Ozean im Westen und dem Andengebirge im Osten liegt.

Mit meinem Trinkwassertank stapfe ich Richtung Einsiedelei. Kein Hundegebell. Ein Geisterdorf? Kurz vor der ersten Schilfhütte bleibe ich stehen und klatsche laut in die Hände. Niemand erscheint, kein Mensch zu sehen. Rufend gehe ich langsam zwischen den Strohhäuschen durch. Ich glaube nicht an das »Geisterdorf«. Hier muß jemand leben. Unrat und Müll liegen herum, und der Sand stinkt nach Urin. Weiter hinten rührt sich etwas. Vorsichtig bewege ich mich darauf zu. Und da ist auch jemand: zwei Ziegen, die gerade die Müllabfuhr ersetzen.

Hungrig müssen sie sein, die beiden, rennen nicht einmal davon, sondern kämpfen weiter um den mickrigen Rest dessen, was Menschen übriggelassen haben. Wer hier wohnt, ist ein Zurückgelassener oder einer, der noch nicht gegangen ist. Ratlos betrachte ich meinen leeren Kanister und trotte wieder zu meinem Rad. Die sengende Sonne steht senkrecht über mir. Eine Welt ohne Schatten. Das Besteigen des Fahrrades ist nur mit dem Gedanken zu ertragen, daß mich die Straße dem Ziel näher bringt, Nazca, der Stadt mit der eigenartigsten »Bildergalerie« der Welt.

Kilometer um Kilometer, Stunde um Stunde fahre ich auf einer schnurgeraden Straße, die sich am Horizont verliert, als münde sie in den Himmel. Wie von einer Kochplatte steigt die Hitze des Asphalts erbarmungslos nach oben. Müde Beine stoßen gleichmäßig in die Pedale. Die Gedanken kreisen um kalte Duschen, Kühlschränke und weiche Hotelbetten. Im Gesicht brennt ein Make-up aus Schweiß und Sandstaub, und der Durst läßt sich schlichtweg nicht mehr löschen.

Nazca, wo bist du?

Als die letzte Wasserflasche, die eiserne Reserve, nur noch einen faden Plastikgeschmack abgibt, taucht sie auf: die Stadt mit den riesenhaften Wüstenbildern. Ausgedörrt und zum Umsinken müde, finde ich in dem einfachen Hostal San Martin eine Unterkunft, wo ich das Fahrrad mit aufs Zimmer nehmen kann.

Erst jetzt wird mir bewußt, daß ich auf den ersten 450 Kilometern keinen einzigen Defekt, keinen Plattfuß zu beheben hatte. Sind von den drei Ersatzreifen in meinem Gepäck nicht doch zwei zuviel?

Die folgenden Tage sind ausgefüllt: Kleider waschen, Proviant einkaufen, Briefe schreiben, Servicearbeiten am Rad und Ausflüge in die nähere Umgebung.

Etwas außerhalb der Stadt liegen die Gräberfelder der alten Nazca-Völker. Chaotisch verstreut liegen gebleichte Schädel, Arm- und Beinknochen, Reste von Tuchfetzen und noch gut erhaltene Mumien im braunen Wüstensand. Mumien, in gewebte Tücher gewickelt und in der Hockstellung verschnürt, die Haut ledrig wie Pergament und die Zehennägel zu Stein geworden. Von Grabräubern wurden sie aus dem Dunkel der Gruften geholt, ausgeplündert und dann oben auf der Erde liegengelassen. Teils wertvolle, teils archäologisch interessante Grabbeigaben lassen diese Vorfahren der Inkas, die in einer hochentwickelten Kultur lebten, bis heute nicht zur Ruhe kommen.

Der amerikanische Forscher Jim Woodman entdeckte in einem Grab Fetzen von Zeremonialgewändern der Nazca-Kultur. Die Tücher, so ergab die Laboruntersuchung, waren mit 80 × 45 Fasern pro Quadratzentimeter nicht nur viel dichter als die heutigen, mit modernsten Maschinen gewebten Stoffe für Ballonhüllen (65 × 35 Fasern pro Quadratzentimeter), sie waren auch noch luftundurchlässiger als Fallschirmseide.

Die Sonne steht tief im Westen; die kleinen konservierten Überreste menschlichen Lebens werfen lange, pyramidenförmige Schatten, als ich den Ort in etwas eigenartiger Stimmung verlasse.

Frei wie der Kondor

Von Nazca führt die geplante Route in die Berge der Anden, hinauf in Höhen über 4000 Meter. Mit dem »Ein-Gang-Rad« und den 30 Kilogramm Gepäck werde ich wohl nicht mehr lange im Sattel bleiben. Meine Tage als Radfahrer sind gezählt, da mache ich mir gar nichts vor. Ich sehe mich schon in Begleitung meines »Lastenträgers« steile Hänge hochmarschieren.

Ist es die Furcht vor der Einsamkeit der schweigsamen Bergwelt oder die Angst vor bevorstehenden körperlichen Strapazen, die mich nun doch ernsthaft an meinem Vorhaben zweifeln lassen? Ich weiß, es warten leidvolle Tage, und ich werde ein Fremder sein dort oben, wo nur noch Lamas weiden und der stolze Kondor seine Bahnen zieht.

Auf einer primitiven Schotterpiste rollen die Reifen in Richtung Osten, unaufhaltsam einem braungrauen Gebirgswall entgegen, und je näher er kommt, um so kleiner werde ich. Die Nähe dieser gigantischen Masse aus Fels und Stein bewirkt etwas, was mir im Gebirge, aber auch auf dem Meer oder in der Wüste immer wieder passiert: Man wird auf das richtige, auf sein »eigentliches« Maß reduziert.

Zweifelnd folgt mein Blick dem armseligen Straßenband, das sich endlos in die Höhe windet. In den Pedalen stehend versuche ich, die erste Serpentine zu bewältigen. Mit der einzigen Übersetzung von »48 × 18« ist der Kräfteverschleiß enorm, und der Atem kommt stoßweise wie bei einer Dampflok. Schnell ist der Punkt erreicht, der zum Absteigen zwingt. Ein letztes Aufbäumen am Lenker, und ein neuer Andenläufer ist geboren.

Obwohl das Schieben des Fahrrades sehr mühsam ist, versuche ich, einen Rhythmus zu finden. Kehre um Kehre schraube ich mich empor.

Die Anzeichen von menschlichem Leben werden immer spärlicher. Hie und da eine einsame Hütte oder ab und zu ein Lastwagen, der mich überholt. Alte Klapperkisten, vollbesetzt mit Indios und überladen mit Säcken, Obst, Gemüse, Hühnern. Im ersten Gang quälen sie sich die Steigungen hinauf, ziehen eine lange Staubfahne hinter sich her. Der feine Puderstaub dringt mir in Ohren, Mund und Nase.

Kurven und Haarnadelkurven wechseln einander ab. Dazwischen ein kurzes, ebenes Teilstück, das sich wieder fahren läßt. Dann ist er endlich da: der erste Plattfuß.

Tagelang »trekken« wir zwei, mein »Packesel« und ich, bergauf. Zeit ist mein größtes Kapital, davon habe ich jede Menge.

Es ist nicht immer einfach, ein geeignetes Plätzchen fürs Nachtlager zu finden. Oft geht es links fast senkrecht hinunter, und rechts steht eine Felswand. Mal schlafe ich im Zelt, mal einfach im Schlafsack hinter einem Felsen auf dem Boden.

Irgendwann taucht ein Unterstand auf, ein Militärkontrollposten. Soldaten, mit belgischen »FN-Schnellfeuergewehren« bewaffnet, bitten mich freundlich, aber bestimmt in die »Oficina«. Meine Dokumente werden überprüft und die Paßnummer in ein zerfranstes Schulheft eingetragen. Auf die Frage, wie viele Kilometer es bis Puquio noch sind, antwortet der Kommandant achselzuckend: »Kilometer? Mit dem Camion etwa zwei Stunden.«

Puquio, das kleine Andenstädtchen, kann aber nicht mehr weit sein. Auf Weiden grasen bereits friedliche Lamaherden, rote Markierungsbänder durch die Ohren gezogen. Hie und da ein kärgliches Maisfeld, ein Gehöft, die niedrigen, fensterlosen Häuser aus ungebrannten Lehmziegeln und die Dächer aus Stroh.

Indiofrauen, unter dem steifen Hut die langen Haare zu Zöpfen geflochten, die Kinder in farbigen Tüchern auf den Rücken gebunden, kreuzen grußlos den Weg.

In Puquio gönne ich meinen müden Beinen einen Tag Ruhe und kaufe Verpflegung für das nächste lange Teilstück: Reis, Maismehl, Fischkonserven, hartgekochte Eier und Käse für mindestens vierzehn Tage.

Der Kontakt zu den Campesinos bleibt oberflächlich, ich bin ein Exote im Alltag ihres Lebens. Nicht einmal die Kinder sind zutraulich, wie sonst überall auf der Welt.

In den letzten Indiohäusern glimmt noch das morgendliche Kochfeuer aus Schaf- und Lamadung, als ich mich auf den Weiterweg mache. Hinauf zum Altiplano, hinauf zum 4300 Meter hohen Huashuaccasa-Paß.

Auf einer Holperstraße aus Schlaglöchern und faustgroßen Steinen wandere ich ruhig und gleichmäßig. Das Stahlroß an meiner Seite stört mich jetzt bedeutend weniger als vor zehn Tagen. Wie eine Schlange windet sich die Bergstraße zum Gipfel hinauf. Obwohl ich seit Stunden unterwegs bin, kommt es mir vor, als würde sich der Ort überhaupt nicht entfernen.

Gelegentlich kommt mir ein einsamer Indio entgegen, tief in seinen roten Poncho vermummt und in Sandalen aus alten Autoreifen. Stumm geht er an mir vorbei. Diese Indiobauern scheinen zufrieden, wenn man sie in Ruhe läßt. Und wirklich kamen ihre Probleme und Leiden immer von außen, von den Fremden.

Dank des langsamen und vorsichtigen Aufstieges habe ich keine größeren Schwierigkeiten mit dem Soroche, der Höhenkrankheit. Der Körper hat sich gut akklimatisiert. Keine Kopfschmerzen, kein Herzflattern, kein Schwindelgefühl. Nur etwas kurzatmig bin ich geworden. Zwar stecken in meiner Apotheke Micoren-Tabletten gegen den Soroche, doch bevor ich zu »Doping« greife, verkleinere ich lieber die Pausenabstände.

Die Umgebung hat sich verändert. Die kahle Mondlandschaft der Küsten-Kordilleren hat einer grandiosen Andenkulisse Platz gemacht. Vor mir liegt ein menschenleeres Hochtal. Eine Pampa mit gelbem, halbverdorrtem Puna-Gras, darin eingebettet blaugrüne Bergseen. Im fernen Hintergrund ein imposantes Gebirgsmassiv. Die Sechstausender der Ost-Kordillere: Felsen, Schnee, Eis und stahlblauer Himmel.

Wenn die Angaben meiner Karte stimmen, müssen das die Seen von Yauriviri sein. Hier soll es rosa Flamingos geben. Nur sehen kann ich keine. Dafür kriegen die Augen und das Gemüt einen anderen Leckerbissen vorgesetzt. Kleine Gruppen feingliedriger Vikunjas, die wilden Vettern der Indiohaustiere Lama und Alpaca, fliehen leichthufig wie Rehe vor meinem Erscheinen. Sie sind vom Aussterben bedroht und stehen unter Schutz. Fast rührend sehen sie aus, mit ihrem langen, graziösen Hals und dem kleinen Kopf.

Ein seitlicher Abstecher bringt mich zu einem dieser »verlorenen« Bergseen, und der Entschluß, hier zu biwakieren, fällt nicht schwer.

Nach einer bescheidenen Mahlzeit spaziere ich das grasbewachsene Ufer entlang und beobachte das Spiel von Licht und Schatten an den fernen Felsen des Hochgebirges. Eine rasch sinkende Sonne verändert minutenschnell die Konturen der Gipfel. Ich folge dem Lauf eines Baches. Das eiskalte Quellwasser umfließt rauhe, nicht abgeschliffene Steine. Wie ein übermütiger Junge springe ich von einem zum andern und spüre eine unbändige Kraft im Körper, eine unbändige Lebensfreude. In vollen Zügen genieße ich den Augenblick. Als ich spät abends vor dem dampfenden Teekessel sitze, über mir das schräggestellte »Kreuz des Südens«, wandern meine Gedanken fort. Fliegen über die Kordilleren, als hätten sie die Schwingen des Kondors. Streifen durch die unendlichen Wälder am Amazonas, sind bei den Aras, Tukanen, Kolibris, sind beim Fischen eines Wels und beim Jagen eines Pekari, sind beim Gebrüll der Guariba-Affen. Nächte, wie ich sie liebe, und die Sterne sehen mich selig lächeln wie ein kleines Kind.

Je höher ich komme, um so größer sind die Temperaturschwankungen zwischen Tag und Nacht. Das Waschen und Baden in den eiskalten Schmelzwasserbächen wird zur Schocktherapie. Schließlich verzichte ich darauf: Dreck hält auch warm! Vor allem die Nächte sind bitterkalt. Mein Schlafsack ist für das warme Amazonasbecken berechnet, somit bin ich gezwungen, immer mit einer Wollmütze, zwei Paar Socken, zwei Paar Hosen und drei Hemden zu schlafen.

Oben auf dem Huashuaccasa, im Quellgebiet des Rio Apurimac, einem der Hauptquellflüsse des Amazonas, kann ich den Weg nur noch ahnen, sehe keinen Unterschied mehr zwischen dem Schotterpfad und den Geröllhalden. Manchmal erwische ich den richtigen, manchmal den falschen, und als es mir zu bunt wird, schlage ich mein Lager auf und warte auf den Morgen. Proviant habe ich genug bei mir, und Teewasser fließt glasklar vor dem Zelt.

Schon seit Tagen halte ich Ausschau nach ihm, nach dem »König der Lüfte«, und nun kreist er in stolzer Höhe entlang der

Bergflanke zu meiner Linken. Ohne Flügelschlag, nur von unsichtbaren Aufwinden getragen. Wie in Zeitlupe geht er in Schräglage, kommt tiefer, um dann wieder meinen Blicken zu entschwinden. Der Kondor war für die alten Inkas ein Bote ihrer Götter. Und für mich? Ist er ein gutes Omen, dieser größte Raubvogel der Erde, der sich vorwiegend von Aas ernährt?

Wie lange sich dieses weglose Schotterfeld über den Paßrükken erstreckt, ist schwer zu schätzen. 50 – 80 – 100 Kilometer? Ich weiß nur, daß ich seit vier Tagen darauf herumkraxle.

Plötzlich hört der Altiplano auf, wie abgeschnitten. Vor mir liegt ein wilder Canyon. Eine gigantische Schlucht; wie ein von Riesenfäusten aufgebrochener Berg. Weit unten die reißenden Fluten eines Flusses. Irrtümlich halte ich ihn für den Apurimac; erst später erfahre ich, daß es der Pachachaca ist.

Die Schonzeit meines Andentransporters ist vorbei. Jetzt wird er zum erstenmal solide getestet. Diese Paßabfahrt ist gerade richtig dafür. Nach all den vielen Mini-Etappen soll es heute ein gutes Stück vorangehen.

Aber aus dem breiten Rollfeld wird schnell eine schmale Holperstraße, die sich wagemutig ihren Weg nach unten sucht. Akrobatisch, mit 20–25 Stundenkilometern, »düse« ich die engen Serpentinen hinunter. Ein Höllenritt durch eine wilde Schluchtenwelt beginnt, und das Gewicht des Gepäcks zerrt uns zwei schonungslos in die Tiefe. Ein absolut neues Fahrempfinden!

Andenpisten sind Offroad-Strecken. Die Seiten eingerissen von den Sturzbächen der Schneeschmelze, tief ausgewaschene Rinnen querüber, lockeres Geröll folgt einer glatten Felsplatte und Engpässe, an deren Felsabstürzen nirgendwo ein Geländer steht.

Nicht besonders erfolgreich versuche ich, den Steinen auszuweichen. Die empfindliche Fotoausrüstung liegt gut gepolstert und festgezurrt auf dem vorderen Gepäckträger über den beiden Radtaschen. Die Erschütterungen sind dort jedoch größer als hinten, deshalb ändere ich den Packplan und verstaue Kamera und Objektive, eingebettet in Kleidungsstücke, in der großen Haupttasche hinter dem Sattel.

So richtig genießen wollte ich die Abfahrt. Und was ist daraus geworden? Den Blick stur auf den »Straßenbelag« geheftet, die Hände um die Bremsen gekrallt und wie ein Jockey aus dem Sattel gehend, suche ich die beste Spur für die Räder. Erstaunlich, was ein einfaches Fahrrad alles aushalten kann, und zum erstenmal bin ich froh, daß ich mich für so ein massives Ding entschieden habe.

Auf dem losen Pistenbelag ist mir das Vorderrad nach einem unkontrollierten Schlingern und zu heftigem Bremsen seitlich ausgebrochen. Nach dem »Beinahe-Salto« muß ich mir ganz schnell eine sensiblere Bremstechnik angewöhnen, darf die Vorderradbremse nur noch höchst gefühlvoll betätigen. Die hintere kann das Gewicht von Roß und Reiter alleine nicht halten, obwohl ich gestern noch neue Bremsgummis montierte. Der reinste Eiertanz! Während der Regenzeit von November bis April wäre so eine Paßabfahrt mit diesem Velo lebensgefährlich.

Während des Fahrens ist es unmöglich, einen Blick auf die Umgebung zu werfen. Auch stellt sich schon bald ein bis jetzt unbekannter Muskelschmerz ein. Die Finger und Unterarme verkrampfen sich vom Bremsen, und an den Handballen bilden sich Blasen. Jede Viertelstunde lege ich einen kurzen Halt ein, schüttle und lockere die versteiften Glieder und kontrolliere die Bremsmechanik. Zu der habe ich am wenigsten Vertrauen.

Schlaglöcher boxen und prügeln die geplagten Felgen. Steine dreschen erbarmungslos auf die Reifen. Alles vibriert bis hinauf ins Gehirn. Um das Bombardement etwas zu dämpfen, reduziere ich die Luft in beiden Reifen, mache sie so etwas weicher. Und das war ein Fehler! Kurz danach gebe ich die rüde Karussellfahrt auf. Gezwungenermaßen! Plattfuß und Speichenbruch kommen gleich Arm in Arm.

Verärgert über diese Unterbrechung gebe ich mir augenblicklich »frei«, obwohl es erst 11 Uhr morgens ist. Heute wird nicht mehr »weitergedüst«. Nach kurzem Suchen finde ich ein Plätzchen, das mir gefällt. Das Zelt wird aufgestellt, und danach beginnt wie schon oft: der Reparatur- und Küchendienst.

Während ich mit Reifenheber und Speichenschlüssel hantiere, nehme ich die Umgebung erst richtig wahr. Allmählich wird mir bewußt, daß ich inmitten eines wilden, herrlichen Schluchtenpanoramas sitze und gereizt das Hinterrad flicke. Laut und deutlich sage ich zu mir: »Du Trottel, hast dich beinahe um etwas betrogen.«

Ich lege das Werkzeug zur Seite. Die Ruhe und das Geheimnisvolle dieser faszinierenden Bergwelt durchdringen mich. Die Anspannung verfliegt, der Ärger wird bedeutungslos. Langsam spüre ich den inneren Frieden wiederkommen.

Es ist nur der Wind und das Rauschen des Flusses. Und doch glaube ich für einen Augenblick, einen Indio auf seiner Hirtenflöte spielen zu hören. Irgendwo hier oben muß das alte Lied »El Condor Pasa« entstanden sein.

Weil es mir hier so gut geht, erkläre ich den morgigen Dienstag schlichtweg zum Ruhetag. Etappenziele verlieren jeglichen Anreiz, wenn der »Rausch der Gefühle« fast physisch wahrnehmbar ist. Ich lasse mich von den Launen des Zufalls treiben – das Glück meines Nomadenlebens. Die Fortsetzung der vor zwei Tagen begonnenen Paßabfahrt verläuft kaum anders als der Anfang, bergab über Erde, Stein und abenteuerliche Holzplanken-Brücken, hinein in ein unbekanntes Tal.

Mit den letzten warmen Strahlen einer Spätnachmittagssonne erreiche ich Chalhuanca. Auf den Wiesen weiden Schafe, Kühe und struppige Pferde. Durch die Straßen ziehen Esel, mit Brennholz oder einem Reiter beladen. Die Zivilisation hat mich wieder. Menschen umringen mich. Vor allem für die Dorfjugend scheint der Fremde eine willkommene Abwechslung zu sein. Neugierig bestaunen sie die Bicicleta mit all dem komischen Gepäck.

Im Hostal Porvenier an der Plaza Bolivar finde ich ein Bett für die Nacht, vor allem aber auch eine warme Mahlzeit, die ich nicht selber zubereiten muß.

Unerschlossenes Kakteenland entlang des Pachachaca, so nennt sich der Fluß. Auf einer leicht abfallenden Naturstraße geht es gut voran in Richtung Abancay. Die Kondition wächst, und die Schwielen am verlängerten Rücken sind inzwischen so dick, daß ich getrost als Fakir auf dem Nagelbrett auftreten könnte.

Auf vielen Andenstraßen stoppen und kontrollieren Polizei und Militärposten sämtliche Fahrzeuge, auch meines. Bis jetzt wurde ich immer fair behandelt, abgesehen von den jeweils ersten fünf Minuten. Mehr als einmal sah ich Gewehrläufe auf mich gerichtet. In Teilen Perus tobt zur Zeit ein erbitterter Bürgerkrieg. Die Auseinandersetzungen fordern immer mehr Menschenleben. Seit 1980 sollen über 10000 Personen getötet worden sein, weitere 3000 werden vermißt. Unter dem Zeichen von Hammer und Sichel kämpft die Guerilla-Organisation »Sendero Luminoso« (Leuchtender Pfad) gegen Armee und Polizei. Jeder wirft jedem Schlimmes vor.

Von Chalhuanca bis Abancay sollen es 120 Kilometer sein. Die Hälfte davon liegt vermutlich hinter mir, als beim Dörfchen Casinchihua wieder so eine Sperre im Wege steht. Ein geschlossener Schlagbaum, ein Steinhäuschen mit zwei Fenstern ohne Scheiben, ein Eingang ohne Tür und ein Fahnenmast aus einem rostigen Wasserleitungsrohr. Die Nationalflagge, die daran hängt, glänzt mehr grau in grau als rot-weiß-rot. Ich stelle mein Fahrrad an eine zwei Fuß hohe Mauer aus aufgeschichteten Steinen – und beide kippen um. Das Rad parkiere ich darauf korrekt am Stützpfosten des Schlagbaumes, die Steine lasse ich liegen. Das ganze Anlegemanöver wird von zwei Soldaten aufmerksam verfolgt. Ich gehe auf die beiden zu, grüße freundlich und übergebe dem älteren mein rotes Büchlein mit dem weißen Kreuz. Er blättert darin, schaut sich das Foto an und dann mir in die Augen, so wie alle Paßkontrolleure auf der Welt. Sein »De donde viene – Woher kommst du« ist herzlich. Der Soldat geht ins Steinhäuschen. Ich folge ihm. Dort sitzt ein Offizier und liest Zeitung. Ich bin beruhigt, einer von den dreien kann also bestimmt lesen.

Uniformierte, egal wo in der dritten Welt, gleichgültig ob Polizist, Zöllner oder Militär, stürzen sich immer gerne auf alle Papiere, die einen Stempel haben, nur der Stempel zählt. Irgendwann in Indonesien kam mir die Idee, die Papierkrieger mit ihren eigenen Waffen zu schlagen. Die Idee mit dem Reisebuch. Mein persönliches Dokument zum Vorzeigen. Dieses Reisebuch hat mir inzwischen schon viele gute Dienste erwiesen. Es schafft Kontakte und erspart ermüdende Erklärungen, besonders in Ländern mit willkürlichen Behörden und vor allem, wenn man sich mit einfachen, lokalen Transportmitteln unterwegs befindet.

Es ist nichts anderes als ein strapazierfähiger, ledergebundener

Ordner mit vielen Klarsichthüllen, darin beglaubigte Kopien vom Paß, vom Seemannsbuch und von meinem Offizierspatent der Handelsmarine, Empfehlungsschreiben von Botschaften aus aller Herren Länder, ein paar großformatige Fotos von unterwegs in anderen Kontinenten und Zeitungsberichte und Reportagen zu meiner »großen Fahrt«; dazu Grüße von meinem letzten Gastgeber in A an seine Verwandten in B.

Da will dann auch jeder reingucken und sich verewigen. Rein aus Gewichtsgründen muß ich von Zeit zu Zeit aufräumen und weniger kreative Kunstwerke herausnehmen.

Auch die drei Herren von der Landesverteidigung in der abgelegenen »Festung« Casinchihua beschäftigen sich nun mit dem Reisebuch. Dann stellen sie Fragen: höfliche, neugierige, vertrauliche, amüsante. Natürlich auch die Frage, die immer wieder kommt, und die ich trotzdem nie glaubhaft beantworten kann: »Wer bezahlt dich überhaupt? Deine oder unsere Regierung?«

Mit der Wachablösung beginnt das Fragespiel nochmals von vorn. Dafür darf ich hinter der umgefallenen Steinmauer mein Zelt für die Nacht aufstellen und später, drinnen im Steinhäuschen, am Tisch des Offiziers mein Tagebuch schreiben.

Nur noch sechzig Kilometer seien es bis Abancay, sagt man mir am nächsten Morgen, bevor ich losfahre. Daß die letzten zwölf davon steil bergauf gehen, hat man wohl aus Höflichkeit verschwiegen.

Anderntags die nächste Bergetappe. Irgendwo am Paß darf ich im Häuschen der gastfreundlichen Familie Torres übernachten. Mit vier von den sechs Kindern sowie neun frei herumrennenden Meerschweinchen teile ich ein Zimmer. Die drei Hunde müssen draußen bleiben und das Fahrrad bewachen.

Am folgenden Morgen verschafft mir Señor Torres einen Platz auf der Ladefläche eines vorbeifahrenden Camions. Gar nicht unglücklich darüber, reise ich in luftiger Höhe auf dem Weg, auf dem vor bald fünfhundert Jahren Pizarros Soldaten nach Osten zogen, um das Inkareich für die spanische Krone zu erobern. Noch am selben Tag erreiche ich Cusco, die alte Kaiserstadt der Inkas.

Lächeln für den Indio

Cusco! Für die Inkas war dies der »Nabel der Welt«. Auch heute noch ist die Stadt die Drehscheibe in den Anden und das Mekka vieler Südamerikareisender.

Über diese Andenstadt und ihre Umgebung Worte zu verlieren, ist ebenso verlockend wie überflüssig. Ganze Bibliotheken sind voll mit historischen und archäologischen Fachbüchern. Dutzende von alternativen Reiseführern geben an, wo man die beste Campingausrüstung für den »Inka-Trail« mieten kann, oder wie man sich vor den vielen Trickdieben schützt. Es gibt Reportagen über die negativen Erscheinungen des Massentourismus, brisante Berichte über Terror und Bombenanschläge der Guerilla oder über die Schreie aus dem Gebäude der Geheimpolizei »PIP«. Alles über Cusco, seine große Vergangenheit und die problematische Gegenwart.

Zu meiner Schande muß ich gestehen, daß ich kein großer Ruinen-Freak bin, es ist mehr das Lebendige, das mich anzieht. Nach einer Woche habe ich so viele aufeinanderliegende Steine gesehen, daß ich getrost weiterfahren könnte, wenn da nicht die gemütlichen kleinen Cafés und Restaurants in den verwinkelten Kopfsteinpflastergäßchen wären. Dort trifft man weitgereiste Leute, Gleichgesinnte, und bekommt auch als »Alter Fuchs« noch manch brauchbaren Tip. Ganze Nächte sitze ich mit Touristen, Studenten und Weltenbummlern in verräucherten Kneipen.

Nach zweieinhalb Wochen Inkakultur und faulem Nichtstun wird es aber Zeit, mein Stahlroß zu satteln. Moment mal, beinahe hätte ich etwas vergessen: an einigen markanten Punkten ein paar Fotos zu schießen.

Viele Jahre habe ich mich strikt geweigert, überhaupt zu knipsen. Wollte nicht mit dem Fotografenblick auf Motivjagd gehen. Doch Freunde und Bekannte wollten nicht nur wilde Räubergeschichten hören, sondern auch mal ein Dia sehen. Da entschloß ich mich, halt doch ab und zu mal auf den Auslöser zu drücken. Die drei Kilogramm »Extragewicht« wurden während der Bergschieberei allerdings schon böse verflucht.

Es ist ein klarer, wundervoller Sonntagmorgen, als ich mit leichtem Gepäck vom Hotel ins Zentrum radle. An der Plaza de Armas stelle ich mich vor den kunstvoll verzierten Brunnen und lasse mich vom Platzfotografen porträtieren. Der wuchtet seine antike, überdimensionierte Dreibeinmaschine erst mal in die richtige Position. Halt! Da müssen mehr Farbtupfer drauf. Die Ponchoverkäuferin, die hier auf Kundschaft wartet, stellt sich gegen ein kleines Bakschisch rechts neben das Rad und der junge Kaffeeverkäufer mit seinem Bauchladenrestaurant links davon. Vier Portionen von seinem Sirup-Gesöff wird er dafür los. Klick – die Fotos sind gut. Eines davon bekommt der Fahrradhändler in Lima. Der Kerl wird sich wundern.

Etwas oberhalb der Stadt, auf einem Felsplateau, liegt die rätselhafte Festung Sacsayhuaman. Jene gigantische Zyklopenmauer, deren größte Steine bis zu 350 Tonnen wiegen, vieleckig und millimetergenau zusammengefügt. Tausende von Besuchern haben dieses Wunder aus Granitblöcken schon gesehen, und für mich sind sie genauso ein Wunder. Doch einer der Indioparkwächter will mir nicht erlauben, mit dem Fahrrad über die Wiese zur Zick-Zack-Mauer zu gehen. Wofür habe ich die fünf US-Dollar Eintritt bezahlt? Der Indio spricht spanisch und macht auf stur. Er hat scheinbar viel Erfahrung mit Gringos. Eine Dame mit einem fotogenen Lama übrigens auch, sie stellt sich gleich in Positur.

Touristen, kleinere Gruppen, Pärchen oder Einzelpersonen, spazieren entlang der Zyklopen. Fast alle sind mit Fotoapparat oder Videokamera bewaffnet, sind auf der Suche nach dem richtigen Bildausschnitt und dem optimalen Licht.

Da zaubere auch ich meine Kamera aus der Radtasche und frage den Parkwächter, ob er mit so was umgehen könne, ob er hier ein Foto von mir mit der Bicicleta machen könnte. Er nimmt den Apparat und schaut durch den Sucher. Mit beiden

Augen gleichzeitig. Na ja! Die folgenden zehn Minuten üben wir gemeinsam. Durchgucken, abdrücken, nachladen. Ohne Film, versteht sich. Es scheint ihm Spaß zu machen. Dann geht der Indio auf einmal über die Wiese in Richtung Mauer, den Blick starr auf den Fotoapparat in seinen Händen gerichtet. Er dreht sich um, macht ein Zeichen, daß ich ihm folgen soll. Tatsächlich, der meint es ernst! Ich kann mir ein Schmunzeln nicht verkneifen und sprinte hinterher. Kurz vor dem monumentalen Gestein halten wir an. Eine Filmrolle wird eingelegt, die Distanz berechnet und die Schärfe eingestellt. Die Dame mit dem Lama steht auch schon neben mir. Der Indiowächter knipst wie ein Weltmeister los, den halben Film hat er bestimmt schon verheizt.

Die groteske Szene »Indio fotografiert Gringo« hat schnell eine Menge Schaulustiger angezogen. Einige stehen um den Parkwächter, geben ihm Tips in süffisanter Art. Andere versuchen, das Geschehen auf ihr Zelluloid zu bannen. Mir wird das Ganze langsam peinlich. Verlegen trete ich von einem Bein auf das andere, versuche, diskret den barfüßigen Hobbyfotografen zu stoppen. Doch der läßt sich nicht aufhalten.

Englisch, Deutsch und Französisch herrscht vor im internationalen Sprachensalat, und vorwiegend in diesen Sprachen kommen die ersten faulen Sprüche angetanzt:

»Schau her, ein ganz Eifriger, der hat gleich den lokalen Pressereporter mitgebracht.«

Wut steigt in mir hoch. Am liebsten würde ich der gaffenden Meute zuschreien: »Was wollt ihr hier? Haut ab, ihr Voyeure!«

Doch ich besinne mich eines Besseren, will mich nicht noch mehr zum Hampelmann, zum Tanzbären machen lassen. Scheinbar cool gebe ich dem Mädchen mit dem Lama ein Trinkgeld, schlendre locker zum Indio, bedanke mich höflich bei ihm und nehme die Kamera wieder an mich. Dann verlasse ich fluchtartig den Ort.

Auf der Rückfahrt zum Hotel sinniere ich über das Vorgefallene nach: Weshalb hast du dich überhaupt aufgeregt? Doch nicht wegen der paar dummen Sprüche, oder weil man dich fotografiert hat?

Eine innere Stimme antwortet klar und deutlich: Nein, man hat dich ertappt, durchschaut und bloßgestellt. Du wolltest das

»typische« Perubild mit origineller Kulisse. Das »Vorzeigefoto«: Seht her, ich war dort.

Monate später, beim Betrachten und Sortieren der entwickelten Dias, muß ich dann doch noch schallend lachen. Von den 32 Fotos, die der Indio gemacht hat, waren gerade vier Exemplare einigermaßen brauchbar. Bei allen anderen war ein großer, dunkler Schatten darauf, vermutlich ein Finger, oder ich stand da mit abgesägten Beinen oder ohne Kopf.

Nach drei Wochen reiße ich mich endlich los von der Stadt. Es ist noch dunkel und kalt, als ich um 6 Uhr mein Rad durch die engen Gassen von Cusco schiebe. Am Straßenrand sitzen die ersten Indiofrauen im Lichtschein kleiner Feuer vor ihren winzigen Imbißbuden. Nicht mehr als ein roh gezimmerter Tisch, eine Bank und daneben über dem offenen Holzkohlenfeuer ein Topf oder ein Drahtgitter, vollgestopft mit Maiskolben, Schweineschwarten und Fleischspießchen.

Mit unendlicher Geduld warten sie auf Kundschaft. Auch mit dabei sind die Kleinsten der Familie. Eingepackt in bunte Tücher liegen sie als dicke Bündel neben der Mutter. Beginnt einer der Knirpse zu schreien, wird er sofort gestillt. An einem dieser Restaurants kaufe ich mein Frühstück: eine Fleischsuppe und zwei geröstete Maiskolben.

Die Straße, auf der ich unterwegs bin, führt nach Urcos. Obwohl noch sehr früh am Morgen, begegnen mir immer wieder Indios, die hoch aus den Bergen kommen. Menschen, die vom kargen Land und dem Wetter geformt sind. Kleine, ausgezehrte Gestalten, die Haut dunkel, fast schwarzbraun. Viele von ihnen sind sicher schon zwei oder drei Tage unterwegs, sie haben die ganze Strecke von ihren Dörfern zu Fuß zurückgelegt. Mit Trippelschritten und lauten, melodischen Rufen treiben sie ihre beladenen Lamas oder den Lastesel entlang der Straße. Die ärmsten unter ihnen treiben keine Packtiere, sie tragen ihr Holz, ihr Stroh oder das Schilf selbst. Von weitem kann ich oft nicht unterscheiden: Kommt dort ein Mensch oder ein Esel mit der riesigen Ladung, die bis auf den Boden reicht. Beim Näherkommen ist nur dem Keuchen zu entnehmen, daß sich ein Mensch die Steigung hinaufkämpft, unter der Bürde auf dem Rücken, den Körper der Erde zugeneigt.

Gegen Mittag ist es wieder soweit. Einmal mehr hocke ich am Straßenrand und horche, wo die Luft dem Schlauch entweicht. Ist es der 13. oder 15. Plattfuß? Ich weigere mich, noch weiter zu zählen. Dabei hat das verfluchte Vehikel erst kurz vor der Abreise einen Vollservice genossen: Speichen und Schrauben nachgezogen, Tret- und Radlagerspiel neu eingestellt, vorderer Gepäckträger geschweißt, sowie beide Reifen auf Verletzungen untersucht.

Nach behobenem Schaden geht es mit Volldampf weiter, endlich hinunter zum Madre de Dios, hinunter ins Amazonasbecken, zum Gen-Pool der Erde. Der einzige Haken: Es liegt noch ein Paß dazwischen, der Hualla Hualla, und der ist mit seinen 4820 Metern einer der höchsten befahrbaren Andenpässe überhaupt.

Seit drei Tagen schiebe ich wieder. Als schmales Band windet sich die holprige Straße die östlichste Bergkette der Anden hinauf. In steilen, unzähligen Kehren. Irgendwann das allerletzte Indiodorf Ocongate, irgendwann die allerletzte namenlose Indiohütte aus Lehm und Stroh.

Auf einer Hochalp entdecke ich eine Lamaherde. Indiohirten begleiten sie. Vorsichtig versuche ich, ihnen näher zu kommen. Die ziehen sich jedoch gleich zurück und klettern mit ihren Tieren die steilen Hänge hoch. Mit dem bepackten Fahrrad muß ich ihnen wie ein Wesen aus einer anderen Welt vorkommen.

Der schon abartige Winkel, in dem die Straße nach oben weist, und der eisige Wind werden allmählich zu den Hauptfeinden; vor allem der Wind. Kalt und erbarmungslos zerrt er an den Gepäcktaschen, an den Kleidern, dringt durch den Anorak und die dicken Pullover hindurch. Meine Hände sind wie tiefgekühlte Zangen um den Lenker gekrallt. In immer kürzeren Abständen werden Pausen nötig. Langsam habe ich die Nase voll von den Bergen, und zwar gestrichen.

Die nächsten zwei Tage werden schlichtweg zur Quälerei. Es sind Tage, die man am liebsten aus dem Kalender streichen möchte. Doch irgendwann endet der höchste Bergpaß, selbst zu Fuß.

Total erschöpft, unter Aufbietung der letzten Kraftreserven, baue ich oben auf dem Paßrücken das Zelt auf. Zum Schlafen ziehe ich mir sämtliche Kleider über, die ich habe, selbst die

Schuhe lasse ich an den Füßen. Ohne etwas zu essen, verkrieche ich mich in den Schlafsack. Der einzige Trost: Das ist die letzte Nacht, in der ich friere, morgen bin ich unten im Tropenwald.

Das Licht wechselt gerade von einem nachtkalten Grau in das Blau des anbrechenden Tages, als ich mich aus dem Schlafquartier schäle. Während des Aufwärmens der steifen Glieder durch leichte Gymnastik packt mich eine Welle von Angriffslust. Ein Tatendrang, der nur von den nahen Urwäldern kommen kann. Beim Kauen eines Stücks harten Brotes muß ich mich direkt zur Ruhe zwingen.

Nach einer halben Stunde ist die gesamte Habe auf dem Fahrrad verstaut. Schon spüre ich, wie die Reifen auf dem Straßenbelag rollen. Auf einer Straßendecke, die aus Stein, Fels und Schlaglöchern besteht. Noch immer müde, aber unsagbar frei und glücklich, lasse ich mich vom Stahlroß die engen Serpentinen hinuntertragen. Die Berge sind hinter mir. Anden adios!

Lockruf des Dschungels

Bergab, mit vollem Risiko, mit grenzenlosem Vertrauen aufs Rad und auf die Steuerkunst. Eine Kurve jagt die andere. Hartnäckig verdränge ich die Gedanken an einen plötzlichen Plattfuß. Wetter und Licht wechseln schnell. Gerade noch strahlender Sonnenschein, dann kurze Strecken durch dichten Nebel, der Abgründe oder tiefe Schluchten nur ahnen läßt.

Nach vier Stunden »Achterbahnfahrt« erreiche ich Marcapata, wo mich zwei Überraschungen erwarten. Dieses kleine Hochandendorf hat eine heiße Thermalquelle. Die ist mehr als nur erfrischend für einen unterkühlten, durchgeschüttelten Körper. Dann erfahre ich auch, weshalb bis jetzt kein einziges Fahrzeug meinen Weg kreuzte: 180 Kilometer weiter unten sei eine Brücke zusammengebrochen. Seit zehn Tagen ist der spärliche Verkehr nach Puerto Maldonado lahmgelegt. Nach einem ausgiebigen Bad in dem heißen Quellwasser fahre ich trotzdem weiter, eingestürzte Brücke hin oder her.

Immer weiter rolle ich bergab, die Kurven nehmen kein Ende, das Landschaftsbild verändert sich nur wenig, und doch spüre ich die Nähe der Baumgrenze.

Als die Strahlen der frühen Morgensonne am nächsten Tag die tiefergelegenen Täler erwärmen, beginnt feuchte Luft in die kühleren Höhen aufzusteigen, kondensiert zu Nebelstreifen und dann zu einer dichten Wolkenschicht. Wie ein Meer aus Watte liegt sie knapp unter mir, verdeckt die Sicht auf die ersten Baumwipfel.

Ich unterbreche meine Fahrt, lege das Rad mitten auf die Straße, setze mich auf die hintere Gepäcktasche und schaue über die Wolkendecke.

Nun bin ich also angekommen am »Tor zur grünen Hölle«.

Dort unten liegen sie: die unendlichen Regenwälder Amazoniens. Über 5 Millionen Quadratkilometer Urlandschaft aus Wald und Wasser, zehnmal die Fläche von Frankreich, ein Drittel der gesamten Waldmasse unseres Planeten. Dort unten gibt es aber auch Städte, Dörfer, Straßen und Menschen. Menschen, die mit Feuer und Technik immer weiter in die Wälder vordringen.

Etwa 1500 Kilometer nördlich von hier, oben in Ecuador am Rio Napo, fielen die ersten Bäume für den Weg der Weißen hinein nach Amazonien. Man schrieb das Jahr 1541. Die Pizarro-Expedition war auf der Suche nach dem sagenumwobenen Goldland »Dorado« in größere Verpflegungsschwierigkeiten geraten. Hauptmann Orellana sollte mit sechzig seiner Leute für die halbverhungerte Konquista-Truppe flußabwärts nach Indianersiedlungen suchen und Proviant besorgen. Orellanas Boot schwamm gut, so gut, daß er gleich weiterfuhr. 4000 Kilometer ostwärts, den großen Fluß hinunter, bis zum Atlantischen Ozean. Er berichtete später, sie seien unterwegs von weißhäutigen, kriegerischen Indianerinnen mit Pfeilen beschossen worden. Die Damen hätten sich die rechte Brust ausgebrannt gehabt, damit sie beim Bogenschießen nicht hinderlich war. Im offiziellen Expeditionsbericht wurden diese Kriegerinnen als Amazonen bezeichnet.

Im Europa jener Zeit spukte noch kräftig das Mittelalter. Kein Wunder, daß Orellanas phantasievoller Reisebericht für bare Münze genommen wurde! Später hat man nach diesen Amazonen geforscht, aber nie auch nur die geringste Spur von ihnen gefunden. So verdankt der »König der Flüsse« und sein riesiges Einzugsgebiet seinen Namen einem Hirngespinst: Man nannte ihn Amazonas.

Nach einer halben Stunde setze ich die Reise fort. Bald befinde ich mich mitten in der Nebelsuppe. Wilder Bergdschungel, armdicke Lianen, moosbedeckte Felsen, umgestürzte Bäume sowie die Gischt vieler kleiner Wasserfälle drohen die armselige Straße zu ersticken. Eine Piste, die stellenweise einem besseren Bachbett gleicht, und entsprechend mein Vorwärtskommen dem einer Schildkröte. Ein paar Tage kein Verkehr, und schon nimmt sich die Natur zurück, was ihr gehört. Gierig sauge ich die Gerüche des Waldes auf. Gerüche von nassem Moos, Baumrinden, Blüten und vermoderten Blättern.

Immer wilder und verworrener wird das Urwalddickicht. Schwere Gardinen aus Schlingpflanzen fallen von überhängenden Ästen. Manche Bäume sind mit langen, graugrünen Bärten geschmückt. Efeuartige Ranken bilden würgende Spiralen um Stämme und Luftwurzeln. Aus rissigen Rinden und Astgabeln sprießen Baumfarne oder flammenfarbige Orchideen.

Ein leichter Wind schiebt die neblige Luft in großen Schwaden durch die gespenstische Landschaft. Obwohl es nicht regnet, tropft überall Feuchtigkeit von den Bäumen und Pflanzen. Trotz des Regenschutzes bin ich bachnaß. Die Nässe kommt von unten und von der Seite.

In diesem schluchtendurchzogenen Bergdschungel ist es nicht leicht, einen geeigneten Zeltplatz zu finden. Mal steht mein Nachtquartier hart an einem Abgrund, mal auf einem moosbewachsenen Felsen halb auf dem Fahrweg. Doch gibt es etwas Feierlicheres, als am Morgen das Durchbrechen der Sonnenstrahlen in einem nebelverhangenen Urwald-Canyon zu erleben?

Besonderen Spaß macht es, die Flugtechnik der vielen, buntschillernden Kolibris zu bewundern. Durch die hohe Frequenz der Flügelschläge machen sie ein summendes Geräusch wie eine Hummel. Meist kommen sie in pfeilschnellem Flug knapp über dem Boden dahergeschossen, stoppen schlagartig vor einer Blüte, bleiben in der Luft stehen und schlürfen den taufrischen Nektar aus dem Kelch. Gleich danach jagen sie, wie von einer Bogensehne geschnellt, zur nächsten Quelle. Den Kolibris hat man viele Namen gegeben. Den schönsten haben sie von den Brasilianern bekommen: Beija-Flores – Blumenküsser.

Schon viele Monate meines Lebens habe ich in den tropischen Regenwäldern Afrikas, Asiens und hier in Südamerika verbracht. Immer wieder erliege ich der unheimlichen Faszination der sogenannten »Grünen Hölle«. Dabei habe ich die Wälder nie als Hölle empfunden. Im Gegenteil, in dieser eigenartigen Geborgenheit der Wildnis fühle ich mich bedeutend besser aufgehoben als im menschenverschlingenden Hexenkessel einer Großstadt.

Ich will keine falsche Romantisierung betreiben, doch die Vorstellung vom tropischen Regenwald als »Grüner Hölle« – verfaulender Dschungel mit giftigen Schlangen und wilden Tieren, Indios, die nur das Töten kennen und grausame Sitten haben – ist unrealistisch. In den Flüssen der Mörderfisch Piranha, auf den Bäumen der menschenfressende Jaguar, an überwucherten Tümpeln der lauernde Tod in Gestalt riesiger Spinnen? Nein, nur die Zecken, Ameisen, Mücken, die Hitze und die Feuchtigkeit können lästig sein, doch mit der Zeit gewöhnt man sich daran, abgesehen vielleicht von den Moskitostichen.

Auch ist es nicht immer einfach, sich in diesem doch so reichhaltigen Tropengarten zu ernähren. Die Jagd ist schwierig und erfordert viel Geduld. Das Sammeln von Früchten? Da muß man sich auf einige Sorten spezialisieren, lernen, das Giftige vom Genießbaren zu unterscheiden.

Wirkliche Gefahr droht von den kleinen Dingen, wie Moskitos, die Fieber übertragen, Dornen, die Entzündungen hervorrufen, oder von Amöben, Hakenwürmern und Bilharzien, die sich im Wasser befinden. Die Wahrscheinlichkeit, sich zu verirren oder von einem umstürzenden Baum erschlagen zu werden, ist weitaus größer als die, von einer Schlange gebissen zu werden.

War ich im Dschungel wirklich in Gefahr, so war sie immer auf den Menschen zurückzuführen: durch Krieg, Rivalität oder durch meine eigene Dummheit.

Je weiter ich ins Tiefland komme, um so mehr ziehen sich die Steilhänge zurück. Die Schluchten werden breiter und flacher, die Galerien von Schlingpflanzen lichten sich. Kleine Pflanzungen mit Zitrusbäumen, Bananenstauden und palmwedelbedeckten Hütten unterbrechen das gleichbleibende Grün der Urwaldmauer von Zeit zu Zeit.

Der reifenplagende Schotterweg wird von einer gummifreundlicheren Erdpiste abgelöst. Auch der Speiseplan ist reichhaltiger geworden. Bei jeder Siedlung werden frische Papayas, Bananen, Limonen, Ananas und Kokosnüsse verkauft. Manchmal bekomme ich sie auch geschenkt. Mit den lange vermißten Früchten bringe ich meinen Vitaminhaushalt wieder in Ordnung. Die Kälte der Anden ist der feuchtheißen Tropenwärme gewichen. Zum Schlafen brauche ich kein Zelt mehr, sondern spanne die Hängematte auf.

In einem langgestreckten Tal, unweit des Goldgräber-Kaffs Laberinto, radle ich in guter Stimmung pfeifend durch eine Allee. Links und rechts dichter Wald. Kurz hinter einer Kurve tauchen vier stehende Lastwagen auf. Etwas weiter vorne erblicke ich auch den Grund für die ungewohnt hohe Verkehrsdichte: die fehlende Brücke. Überall wird gearbeitet, nur nicht an der Brücke. Die LKW-Fahrer, wohl an solche Situationen gewöhnt, nutzen die Gelegenheit für Reparaturen. Hier liegt ein halber Motor, dort ein Differential auf der Straße. Dabei hilft jeder jedem, man ist aufeinander angewiesen. Drei schmutz- und schweißüberzogene Gestalten montieren gerade eine Vorderachse. Bald zwei Wochen harren sie schon aus, und noch ist kein Ende abzusehen.

Auf der anderen Seite des braunen, träge dahinfließenden, etwa vierzig Meter breiten Flusses stehen ein führerloser Pneu-Trax und ein Kipplaster. Sie warten auf ihren Einsatz. Man sagt mir, ein Bautrupp sei im Wald unterwegs, um die geeigneten Baumstämme zu schlagen. Ein alter Mann mit einem Holzboot versieht den Fährdienst. Mein Drahtesel wird ins Boot verfrachtet, und der alte Herr rudert uns über den Fluß. Ich bilde mir ein, die Truck-Fahrer würden die Überfahrt neidisch beobachten.

Nach zwei weiteren Tagesetappen erreiche ich das Städtchen Puerto Maldonado am Ufer des Rio Madre de Dios. 540 Kilometer bin ich seit Cusco gefahren. Dazwischen liegen Welten.

Puerto Maldonado liegt noch 250 Meter über dem Meer. Ein Ort von Siedlern, Holzfällern, Gummisuchern und Goldwäschern, mit einem Dutzend Hotels, einem halben Dutzend Kneipen und einer asphaltierten Flugpiste. Neben dem Städtchen wälzen sich die trüben Fluten des Madre de Dios vorbei, dahinter die des Tambopata, und im Halbrund rückt der Urwald bis an die Türen der letzten Hütten heran.

Im Hotel Moderno quartiere ich mich für fünf Tage ein. Dort werde ich verwöhnt wie ein Fürst. Alleine schon das Schlafen unter dem echten Moskito-Baldachin über dem Bett ist eine Wohltat. Besitzer und Belegschaft meinen zwar einstimmig: Mit der Bicicleta hierher, so verrückt kann nur ein Gringo sein. Das Wort Gringo höre ich hier aber zum erstenmal ohne bissigen Unterton.

Zum Essen gehe ich immer zu Juanito in der Calle Loreto. An

den Nebentischen würfeln meist ein paar Gummihändler, Goldsucher oder Zollbeamte mit aufgekrempelten Hemdärmeln um eine Runde Bier oder mehr.

Zur Zeit gibt es nur eine Möglichkeit, um auf dem Landweg von Peru direkt nach Brasilien zu kommen: Über Puerto Maldonado zum Grenz- und Schmugglernest Iñapari im Dreiländereck Peru–Bolivien–Brasilien. Das letzte Teilstück der legendären Transamazonica zwischen dem brasilianischen Cruzeiro do Sul und dem peruanischen Pucallpa am Oberlauf des Amazonas ist bis heute nicht fertig, wird es wohl auch nie werden.

Abgelegene Grenzen haben immer etwas Unberechenbares. Man nähert sich ihnen mit einem unguten Gefühl in der Magengrube, atmet erleichtert auf, wenn man sie im Rücken hat.

Zwei Tage vor meiner Abreise kontrolliere ich mein ganzes Gepäck und mache einen Rundumcheck am Rad. Kaufe und montiere zwei neue Reifen sowie eine Machete, ein Buschmesser mit einer 60 Zentimeter langen Klinge.

Am letzten Tag gehe ich zur Oficina der Guardia-Civil, informiere mich über die Ausreise- und Zollbestimmungen. Der freundliche Beamte kennt mich aus dem Restaurant und meint: »Kein Problem, den Ausreisestempel kriegst du an der Grenze, und zum Verzollen hast du ja nichts.«

Als mich am Abreisetag ein Kanu über den Madre de Dios setzt, stehen viele neugewonnene Freunde am Ufer und winken zum Abschied: »Gute Reise, verrückter Schweizer, mit deinem Drahtesel.«

Schwerbepackt mit Proviant für zehn Tage nimmt mich der feuchtheiße Urwald in Empfang. Ich radle auf einer Erdpiste, die nicht mehr als ein Karrenweg ist, hinein in die grüne Unendlichkeit. Riesige Farne, ganze Baum-Kathedralen schließen mich ein wie in einem Tunnel. Am Boden klebt dorniges Gestrüpp, am Wegrand wachsen harte, messerscharfe Gräser. Armeen von Blattschneider-Ameisen überqueren in geordneten Kolonnen den Weg. Tausende werden durch die Reifen zu Brei gefahren. Das gleiche Schicksal trifft auch schon mal eine der behaarten schwarzroten oder grünen Raupen, die bis zu 10 Zentimeter lang sind.

Das Halbdunkel aufzuhellen gelingt der Sonne nur dort, wo

der Weg breiter und die Baumkronen etwas lichter sind. Ab und zu ertönt das Lied des Seringueiro-Vogels, so melodisch wie der Hammerschlag auf einen Amboß. Der Ruf dieses »Geistervogels« ist mir vertraut, man hört ihn oft im Amazonasgebiet, und doch habe ich noch nie einen zu Gesicht bekommen.

Führt der Weg über einen größeren Bach, dienen quergelegte Baumstämme als Brücke; die kleineren Gewässer muß ich durchradeln: Oberkörper über den Lenker gebeugt, die »Ohren angelegt« und mit Volldampf hindurch.

Träge gaukelt ein stahlblauer Morpho-Schmetterling vorbei, überholt mich lautlos. Seine blauschimmernden Flügel haben die Größe von zwei geöffneten Männerhänden. Einmal zieht eine Horde schwarzer Klammeraffen mit lautem Geschnatter durchs Geäst. Dann scheuche ich einen Schwarm grasgrüner Sittiche auf. Schrill zeternd stieben sie davon.

Ohne Vorwarnung donnern am späten Nachmittag die Wassermassen in voller Wucht auf das Blattwerk. Eine Viertelstunde später blinzelt die Sonne wieder so unschuldig durchs triefende Grünzeug, als sei nichts gewesen.

Die Urwaldsiedlung Panchon besteht aus zehn Hütten. Unter dem Grasvordach einer dieser Hütten verbringe ich in der Hängematte die Nacht. Die folgende Nacht dann wieder in einem richtigen Bett. Auf der Station der Perumission Mavila am Rio Manuripe. Etwa 60 Kilometer weiter liegt San Lorenzo, die nächsten fünf windschiefen Gebäude: Schilfdächer auf krummen Stämmen, die Wände aus knorrigen Brettern, und als Boden ein Bambusrost, 50 Zentimeter über der Erde, zum Schutz vor Ungeziefer.

Kurz vor diesen fünf Schilfdächern liegt noch ein Hindernis: Der etwa hundert Meter breite Rio Tahuamanu, ein Fluß, der keine Brücke hat, nur eine Furt. Das kann doch einen Seemann nicht erschüttern! Beim Durchwaten des hüfthohen Wassers kann ich nicht wissen, daß dieser Tahuamanu mir noch viele Sorgen bereiten wird.

Die kümmerlichen Hütten von San Lorenzo halten mich nicht lange auf. Ungefähr 20 Kilometer voraus liegt Iberia, eine größere Kolonie. Dort will ich übernachten, um dann die letzten siebzig Dschungelkilometer bis zur Grenze in einem Rutsch zu fahren. Kaum sitze ich wieder im Sattel, macht mich das Gekreisch von Aras auf einen riesigen Paranußbaum aufmerksam. Am Fuße des Stammes finde ich dicke, zerschlagene Schalen, die sicherlich jemand hier geöffnet und liegengelassen hat.

Nach kurzem Suchen entdecke ich drei noch ganze Fruchtkapseln. Braun, holzig und so groß wie Kanonenkugeln. Mit ein paar kräftigen Machetenhieben öffne ich sie. Jede enthält im Innern etwa dreißig Stück dreikantiger, harter Nuß-Samen, aufgereiht wie Apfelsinenstücke. Auf dem Stützrohr des Fahrradlenkers zertrümmere ich mit der Rückseite des Buschmessers ein paar dieser Castanas, esse sie und verstaue die restlichen Nüsse in meiner Provianttasche. Gratisverpflegung für Minimum zwei Tage.

Etwas weiter folgt die nächste Unterbrechung meiner Fahrradreise. Wieder ein Baum, doch der steht nicht, sondern liegt quer über dem Weg. Wenn das so weitergeht, krieg ich noch Blasen auf der Schulter.

Jorge heißt er, wohnt in einer Palmwedelhütte, zehn Minuten abseits vom Karrenweg nach Iberia im Wald. Er ist der Grund, weshalb dieses Iberia einen weiteren Tag auf meinen Besuch warten muß. Er kam mir auf dem Karrenweg entgegen, dieser alte Kautschuk-Zapfer, mit einer Bananenstaude unter dem Arm und hat mich zu sich eingeladen. Jetzt sitze ich auf einem Baumstamm vor seiner Hütte und höre ihm zu, wie er aus seinem Leben erzählt: Über vierzig Jahre hat er in den Wäldern nach Gummi gesucht. Von seinen acht Kindern sind drei gestorben, die anderen ausgeflogen. Seine Frau ist lange krank gewesen. Vor zwei Jahren hätte der Herr sie zu sich geholt. Seitdem lebe er alleine in diesem Haus.

Die Haut seines nackten Oberkörpers spannt sich über abgemagerten Rippen, und wenn er lächelt, verraten die letzten Ruinen seiner Zähne die Entbehrungen, die ihm sein Leben lang auferlegt waren.

Er bewirtet mich mit schwarzem Kaffee. Ein paar Hühner und zwei Ferkel haben den Vorplatz der Hütte unter ihrer ständigen Kontrolle. Oben im Geäst des Baumes, unter dem wir sitzen, ist ein laufendes Kommen und Gehen. Stärlinge basteln unermüdlich an ihren bizarren Nestern, die birnenförmig, wie überreife Früchte, an den Zweigen hängen.

Der tägliche Platzregen treibt uns in sein Haus. Der alte Mann bereitet ein einfaches Essen zu und teilt es mit mir. Kurz nach 18 Uhr bricht die Nacht herein, schnell, wie überall in den Tropen. Wir sitzen im Flackerschein einer Kerze noch lange beisammen. Jorge weiß so viel zu berichten, ich glaube, er hat nicht oft Besuch, doch die Mücken werden immer lästiger. An den Längssparren des Daches knüpfe ich meine Hängematte sowie das Moskitonetz auf und lege mich schlafen.

Am nächsten Morgen stehe ich mit den Hühnern auf. Mein Gastgeber hat bereits frischen Kaffee gekocht, dann stellt er noch Eier, Papayas und Bananen auf den Frühstückstisch. Zwei Stunden später verabschiede ich mich von dem liebenswerten alten Mann.

Das letzte Teilstück bis zur Grenze ist länger als erwartet. Der Weg wird immer schlechter, öfter muß ich absteigen und schieben. Nach zwei Tagen stehe ich vor Iñapari am Rio Acre. Wieder ein Fluß ohne Brücke, doch auf der anderen Seite liegt Assis-Brasil, das hinterste brasilianische Grenzkaff.

Bevor ich wieder einmal in mein geliebtes Brasilien einreisen kann, muß ich noch schnell eine kleine Formalität erledigen: Mir einen peruanischen Ausreisestempel in den Paß geben lassen.

Sauber gewaschen und in bester Montur, mein Reisebuch griffbereit, so erscheine ich im Büro der Grenzpolizei. Die haben viel Zeit, das sehe ich gleich. Kein Problem, die habe ich auch. In der ersten Stunde wird das Reisebuch bestaunt, in der zweiten das ganze Gepäck durchsucht. Nach der dritten Stunde muß ich froh sein, daß der Fahrradrahmen noch heil ist, und in der vierten kommt der dicke Hammer: Ohne rot zu werden erklären die beiden, daß für die Ausfuhr des peruanischen Rades 100 (einhundert!) US-Dollar zu bezahlen seien. Zuerst glaube ich, mich verhört zu haben und bleibe weiterhin freundlich, doch die zwei Galgenvogelgesichter lassen keinen Zweifel offen: Sie meinen es ernst.

Ich spiele den Selbstsicheren, den Entrüsteten, den Gekränkten, dann beginne ich zu fluchen: Schimpfwörter aus der untersten Schublade schmeiße ich den Kerlen an den Kopf. Vorsichtshalber auf »schwyzerdütsch«.

Die beiden Spitzbuben bleiben gelassen. Sie wissen, daß sie am längeren Hebel sitzen. Stur wie ein Esel weigere ich mich, so viel zu zahlen. Vampire sind Blutsauger, und ihr seid Vampire! Das sage ich auf spanisch, worauf der kleinere der beiden spöttisch meint: Na, Gringo, dann fahr mal schön zurück nach Lima mit deiner Bicicleta, aber beeile dich, deine Aufenthaltsgenehmigung für Peru ist bald abgelaufen!

Das weiß ich selber auch. Überhaupt, ich finde es eine unerhörte Frechheit, einem Menschen dieser Erde zu diktieren: Hierher darfst du für so lange, dorthin gar nicht, hier kannst du bleiben und drüben nicht. Der moderne Mensch fliegt ins All und zum Mond, aber die Grenzen abschaffen – ein Überbleibsel der Burgvögte – das hat er noch nicht erreicht!

Als ich so voller Wut in den tiefblauen Himmel starre, sehe ich mehrere farbenprächtige Aras über den Rio Acre fliegen. Ihre langen Schwänze wehen wie Brautschleier hinter ihnen her, ihr lautes Gekreisch tönt wie Spott in meinen Ohren. Lange verfolge ich ihre Bahn. In Gedanken gehe ich mit ihnen hinüber nach Brasilien. Wau! Jetzt habe ich's!

Richner, los, 90 Kilometer zurück, und ab über die grüne Grenze! Sollen die Gauner zusehen, von wem sie Schmiergeld bekommen. Ein Glück, daß ich etwas weiß, was sie nicht wissen, oder wissen wollen: daß es in der Nähe von San Lorenzo Coca-Schmugglerpfade hinüber in den bolivianischen Pando gibt.

Noch am gleichen Abend radle ich los, fahre die ganze Nacht im Schein der Taschenlampe bis Iberia, ruhe dort ein wenig aus, kaufe Proviant und nehme die restlichen Kilometer unter die Räder.

Der alte Kautschukzapfer ist sehr erstaunt, als er mich wiedersieht. Als ich ihm die Geschichte mit den Zöllern erzähle und er erfährt, daß ich durch den Pando nach Brasilien will, schaut er mich lange nachdenklich an: »Mario, das wird beschwerlich. Im Pando gibt es noch den Tigre (Jaguar), und du hast keine Waffe.«

»Der Jaguar bedeutet keine Gefahr, ich weiß, daß ich nachts nur im Zelt oder unter dem Moskitonetz schlafen darf. Wie ist es aber mit den Schmugglern?«

Jorge lächelt und meint: »Aha, das mit dem Tigre weißt du also. Nun, die Schmuggler tun dir nichts, das sind einfache

Leute. Wer dich mit deiner bepackten Bicicleta sieht, glaubt vielleicht, du gehörtest ebenfalls dazu.«

»Gut, dann riskier ich's.«

Doch der Kautschukzapfer hat einen weiteren Einwand: »Die Regenzeit setzt jetzt ein; es bilden sich Sümpfe, und du kannst dich verirren. Vor allem weiß ich nicht, ob du mit dem schweren Fahrrad überhaupt durchkommst.« Er schaut vor sich hin auf den Boden, dann fährt er fort: »Gut, ich begleite dich ein Stück und zeige dir den Pfad.«

Über eine Stunde folge ich dem alten Peruaner auf einem schmalen, gewundenen Waldweg, dann hält er an: »Wir sind jetzt an der bolivianischen Grenze, rechts ist der Rio Tahuamanu. Folge seinem Lauf, aber beeile dich, wenn es in den Anden stark regnet, überschwemmt er alles.«

Als wir uns verabschieden, schenke ich dem guten Mann eine ganze Schachtel Schmerztabletten, die er gerne annimmt, dann sagt er: »Vaya con Dios« – Gehe mit Gott.

Gut gemeint, aber hier enden wohl alle gottesfürchtigen Wege.

Auf Schmugglerpfaden in die Verzweiflung

Ohne Ausreisestempel im Paß verlasse ich Peru. Nur ein paar Vögel bemerken, daß sich da jemand aus dem Lande mogelt.

An Radfahren ist überhaupt nicht zu denken, denn der Trail wurde von Hand geschlagen und ist stellenweise bereits wieder am Zuwachsen. Um mich ein Meer von dichtem Unterholz, ein grünes Vegetationsgewirr. Hier muß ein Sumpf gewesen sein, die großen Baumriesen fehlen gänzlich. Ihr geschlossenes Blätterdach würde kein so üppiges Gestrüpp gedeihen lassen.

Bewußt gehe ich langsam und achte genau darauf, wo meine Füße hintreten. Es ist nicht einfach, das Fahrrad durch so ein Dickicht zu schieben; mal verfängt sich das Gepäck an einer Dornenranke, oder das untenstehende Pedal bleibt in einer Lianenschlinge hängen.

Doch der Pfad ist vorhanden, sonst würde man hier gar nicht durchkommen. Etwas anderes ist aber auch noch vorhanden: Myriaden auf Blut erpichter Pium-Fliegen. In erbarmungslosen Angriffswellen stürzen sich die Plagegeister auf die willkommene Beute. So winzig klein diese schwarzen Biester auch sind, sie machen ihre »Größe« damit wett, daß sie wolkenweise auftreten. Ihren Biß bemerkt man nicht, doch gleich danach bilden sich ein winziger Blutstropfen und eine stark juckende Stelle. Wehe dem, der ihrer Blutgier ungeschützt ausgesetzt ist – sie machen das Leben zur Hölle! Diese Banditen können mir jedoch nichts anhaben, ich bin auf die Begegnung vorbereitet; alle freien Körperstellen wie Hände, Hals, Kopf und auch die Haare habe ich mit Speiseöl aus meiner mobilen Küche eingerieben. Sobald die Viecher landen, bleiben sie auf der Haut kleben. Vor lauter Befreiungsversuchen vergessen sie zu stechen und verenden. Nach kurzer Zeit bin ich übersät mit schwarzen Punkten.

Das Gelände steigt etwas an. Immer mächtigere Bäume beherrschen die Szene. Bald schließen ihre Kronen in dreißig, vierzig Meter Höhe dicht ab, bilden einen mehrstöckigen Blätterbaldachin, tauchen den »Keller« in ein schummerig düsteres Grün und lassen das wildwuchernde Kleingehölz ersticken.

Eigentlich habe ich jetzt viel mehr Platz zum Schieben des Rades, doch Stütz- oder Brettwurzeln der Urwaldgiganten zwingen mich zu einer ständigen Richtungsänderung. Der Pfad hat sich verloren. Mit Hilfe des Kompasses orientiere ich mich nach Osten, und mit der Machete markiere ich den Weg.

Die Luft ist modrig, feucht und dick; drückt den Schweiß aus allen Poren. Äste und Blätter – kaum herabgefallen – verfaulen unter dem Baum, von dem sie kommen, um ihn wieder zu ernähren. Das perfekte Recycling auf dem nährstoffarmen Boden!

Hunger verspüre ich keinen, dafür trinke ich viel mit Salz angereichertes Wasser. Sobald die Trinkflasche leer ist, halte ich Ausschau nach wasserspeichernden Lianen. Mit dem Buschmesser hacke ich über Kopfhöhe eine Luftkerbe ins Lianenfleisch, danach schneide ich die Kletterpflanze knapp über dem Boden ab und lasse das klare Wasser in die Flasche tropfen; manche sind die reinsten Vorrat-Tanks, andere wiederum enthalten nur eine zähe, milchige Flüssigkeit, die ich meide.

Die Uhr an meinem Handgelenk zeigt 16 Uhr, als ich unten in einer Talsohle vor einem dichten Vorhang aus Lianengewächs und großblättrigen Pflanzen stehe. Dahinter das leise Plätschern eines Gewässers. Ein Flüßchen, welches einen Lichteinfall geschaffen hat! Hängendes, würgendes und kletterndes Grünzeug hat dieses Angebot schonungslos genutzt. Hier tobt eine lautlose Schlacht, und jeder versucht, dem anderen etwas zu stehlen – das Licht!

Mit kräftigen Machetenschlägen hacke ich eine breite Tür in diesen Behang. Nur widerwillig gibt die dichte Pflanzenwand den leise zischenden Hieben nach. Zweige und Blattrippen schlagen zurück. Meine langen Hosen und Hemdärmel dämpfen die Peitschenhiebe zwar, doch ein paar Striemen und Kratzer bleiben trotzdem. Die dicken, elastischen Lianen lassen das Buschmesser gefährlich abblitzen oder zurückschnellen wie von einem Gummistrang. Um mich nicht selber zu verletzen, muß ich mit der freien Hand den oberen Teil der Lianen zum Stabilisieren festhalten. Ein sechs-sieben Meter breiter Bach mit leicht getrübtem Wasser kommt zum Vorschein.

Bei heftigem Regen treten Urwaldflüsse schnell übers Ufer. Deshalb ist es eigentlich nicht ratsam, direkt an einem Gewässer zu campen. Ich entschließe mich dennoch dazu, die Nacht hier zu verbringen.

Mit angeschwemmtem Holz und abgestorbenen Ästen entfache ich an erhöhter Stelle ein Feuer. Danach nehme ich ein Bad und wasche die verschwitzten Kleider. Während ich mir etwas Reis koche, hängen die nassen Klamotten an Stöcken ums Feuer, damit sie trocknen.

Kurz vor Einbruch der Dunkelheit braust der schauerliche Chorgesang einer Horde Brüllaffen durch den Wald. Mit angezogenen Beinen sitze ich auf einer Gepäcktasche vor dem Lagerfeuer, esse den Reis und passe auf, daß keine wegstiebenden Funken die Wäsche in Brand setzen. Von Zeit zu Zeit schiebe ich etwas Feuerholz nach oder lege ein grünes Aststück auf die Glut. Der Rauch vertreibt die Moskitos. Die Geschwader des Tages sind von den Dämmerungsfliegern abgelöst worden. Die neue Sorte ist etwas weniger angriffslustig, doch andauernd klingt ihr feiner, stählerner Gesang in die Ohren.

Lautlos bricht die tropische Nacht herein. Matt erleuchtet der Schein des Feuers die Ufervegetation, die zwischen Bäumen befestigte Hängematte, das Moskitonetz, die Zeltplane darüber sowie das Fahrrad daneben. Mein »hängendes Schlafzimmer« sieht aus wie ein Gespensterschiff, welches im Dunkeln durch die Luft schwebt. Untertassengroße Fledermäuse huschen übers Lager. Glühkäfer hüpfen durchs Gebüsch, blitzen kurz auf wie fallende Sternschnuppen. Das Zirpen und Quaken von Grillen und Lurchen beginnt.

Nachdem ich mit Hilfe der Taschenlampe meine Tagebucheintragungen gemacht habe, horche ich noch lange den faszinierenden Lauten des nächtlichen Dschungels zu.

Das Feuer verglüht langsam, fällt in sich zusammen, und ich lege mich in meine Hängematte zum Schlafen.

Die relative Kühle der Nacht hat mich herrlich ruhen lassen. Am Morgen bin ich früh auf den Beinen; da ich jedoch keine

Lust habe, wieder zu kochen, besteht mein Frühstück aus einer Handvoll Paranüssen.

Durch einen Lärm, der wie das Rattern einer Kinderrätsche tönt, werde ich auf einen Vogel aufmerksam. Am gegenüberliegenden Ufer sitzt er auf einem dürren Ast, kaum einen Meter über dem Wasser. Ein Eisvogel. Schillernd, wie ein übergroßer Edelstein hockt er regungslos auf seiner Warte und starrt ins nasse Element.

Mit der blaugrün glänzenden Oberseite, dem weißen Halsband und dem rotbraunen Bauch gibt er sich eindeutig als »Amazonas Königsfischer« zu erkennen. Vorsichtig gehe ich in die Hocke und verstecke mich hinter Zweigen. In diesem Moment erscheint ein zweites Exemplar, verjagt das erste mit lautem Rattern von dem Ausguckposten und setzt sich selber dorthin. Eine Weile ist Ruhe, dann steigt der Vogel in die Luft und bleibt wie ein Falke im Rüttelflug über dem Bach stehen. Abrupt, mit dem spitzen Schnabel voran, stürzt er sich ins Wasser. Den Aufprall fängt er mit den Flügeln ab; trotzdem spritzt es, als das buntfarbige Geschoß in die Wellen taucht. Gleich darauf erscheint der kühne Fischjäger wieder und strebt mit zappelnder Beute im Schnabel zu seinem Ausguck zurück. Nicht für lange, denn da erscheint seine Konkurrenz wieder und kämpft lebhaft um den Frühstücksplatz. Auch die holt sich kurz danach ihre Mahlzeit. Ich frage mich ernsthaft, ob ich dort nicht auch mal angeln soll, doch die Worte des alten peruanischen Kautschukzapfers – »Beeil dich« – mahnen mich zum Aufbruch. Dennoch nehme ich mir die Zeit, das weitere Vorgehen zu überdenken.

Von einem Schmugglertrail ist hier weit und breit nichts zu sehen. Ich schätze die Verbindungsstraße von Cobija nach Porvenir etwa siebzig bis achtzig Kilometer weiter östlich. Mehr als zehn Kilometer pro Tag liegen unter den gegebenen Umständen nicht drin – bestenfalls zwölf.

Proviant habe ich für gut 14 Tage, außerdem das Rettungsboot-Notnahrungspaket, welches eine weitere Woche reicht. Schlimmstenfalls muß die Natur noch etwas spenden. Die Verpflegung ist also gesichert.

Soll ich stur nach Osten gehen oder mich dem südlich liegenden Rio Tahuamanu zuwenden und seinem kurvenreichen Lauf folgen? Das hieße: doppelt so viele Kilometer. Ich wähle die letztere Variante, weil sie mehr Sicherheit verspricht. Zum einen hoffe ich, dort wieder auf einen Schmugglertrail oder Wildwechsel zu stoßen, zum anderen kann ich notfalls ein Floß bauen und auf dem Wasserweg reisen.

Den ganzen Vormittag folge ich dem gewundenen Lauf des Baches. Er soll mich zum Fluß bringen.

Ich überlege mir gerade, ob es nicht besser gewesen wäre, beim Nachtlagerplatz gleich die Uferseite zu wechseln, als mir ein umgestürzter Baum zu Hilfe kommt. Er bildet eine natürliche Brücke. Was will ich mehr?

Ich stelle mein »Dschungelfahrzeug« an den Wurzelstrunk, nehme die Machete an mich und will es zuerst mit einem Probegang versuchen. Vor allem das störende Geäst wegschlagen.

Mit einem Satz springe ich auf den Baumstamm. Während ich oben noch ums Gleichgewicht ringe, kracht es bereits unter meinen Füßen. Bis zum Bauch stehe ich »mitten« im Stamm. Da bin ich Schlaumeier doch prompt in ein Termitennest gesprungen! Rundherum krabbeln Hunderte von weißlichen, fünf Millimeter langen Termitenarbeitern. Dazwischen aber auch größere, die »Soldaten« des Staates, und die gehen gleich zum Angriff über, zwacken den unerwünschten Besucher heftig mit ihren Zangen. Überall kribbelt und beißt es, selbst unter den Hosenbeinen. Verzweifelt versuche ich, mich aus der mißlichen Lage zu befreien. Ausgerechnet jetzt sucht ein fingerlanger Tausendfüßler Schutz bei mir! Zurück auf dem festen Boden, reiße ich mir – tanzend und hüpfend wie ein Verrückter – alle Kleider vom Leibe, stürme mit dem Hemd in der Hand ans Wasser und suche aufgeregt eine Öffnung im Ufergeschlinge. Es juckt und brennt. Um in der Hektik nicht mit den bloßen Händen in noch schlimmeres Ungeziefer zu fassen, renne ich zur Stelle, wo die Machete liegt und schlage mich damit durch zum Bach. Knietief im Wasser stehend, das Hemd zum Waschlappen zweckentfremdet, wird der ganze Körper abgeschrubbt. Das kühle Naß lindert den Juckreiz. Zurück beim Rad, entnehme ich dem Arzneibehälter ein Desinfektionsmittel und behandle damit die Biß-Stellen der kriegerischen Termitensoldaten.

Nach etwa einer Stunde setze ich den Weg fort und nähere

mich schon bald dem Fluß – dem Tahuamanu. Auch hier ist der Blick nach vorne durch einen dichten Vegetations-Vorhang versperrt, doch ich kann hören, wie das Wasser an den Uferpflanzen reißt.

Jetzt hilft alles nichts mehr, ich muß auf die andere Seite des Baches, um dem Fluß nach Osten folgen zu können. 200 Meter vor der Bachmündung bereite ich ohne Hast die Durchquerung vor: Gepäck- und Radtaschen demontieren, erneut eine Öffnung in die Galeriewand schlagen, einen zwei Meter langen Stab schneiden zum Ausloten der Wassertiefe sowie zum Vertreiben eventueller Stachelrochen. Dieser scheibenförmige Fisch gräbt sich gerne in Ufernähe in den Schlamm ein. Der Süßwasserrochen ist zwar – im Gegensatz zur landläufigen Meinung und zu einigen seiner größeren Vettern im Meer – nicht giftig, doch mit dem gezahnten Stachel am Ende seines Peitschenschwanzes kann er tiefe, schmerzhafte Wunden schlagen, die nur schwer heilen.

Dann ziehe ich mir noch meine »Gummi-Badehose« an, deren Bein- und Hüftenden fest abschließen; als Schutz vor dem Candiru, dem Harnröhrenfisch. Er ist eine der wirklichen Gefahren der Amazonasflüsse. Dieser winzige Parasitenwels heftet sich an die Kiemenblätter größerer Fische und lebt von deren Blut. Noch mehr liebt er die intimen Körperöffnungen von Menschen. Mit seinem Widerhaken setzt er sich dort fest und läßt sich nur durch einen chirurgischen Eingriff entfernen. Seit ich einmal sah, wie ein brasilianischer Goldwäscher, der im Wasser seine Notdurft verrichtet hatte, sich vor Schmerzen am Boden wälzte, habe ich einen Riesenrespekt vor diesem Schmarotzerfischchen.

In der einen Hand die Machete, mit einer Schnur ums Handgelenk gesichert, in der anderen den Stock, so steige ich ins Wasser. Das Ufer ist schlammig und weich. Der Bach hat praktisch keine Strömung mehr und ist hier etwa 20 Meter breit. Auf seiner Oberfläche schwimmt eine träge Masse aus Blättern, Blüten, Wassergräsern, Ästen.

Langsam pflüge ich mich durch den schwimmenden Pflanzenteppich. Spinnen flüchten von Blatt zu Blatt. In der Mitte ist der Boden des Bachbettes fest, steinig, und das Wasser reicht bis zur Brust. Als ich auf der anderen Seite nur noch knietief im Wasser stehe, klebt allerlei totes Blätterzeug am Körper. Schnell ist ein Schlupfloch in das Gestrüpp geschlagen, und dann hole ich das Gepäck. Einzeln – auf dem Kopf balancierend – bringe ich die Sachen trocken von einem Ufer ans andere. Nur das Fahrrad ist naß geworden – weil es in der Bachmitte feierlich getauft wurde.

An einer erhöhten Stelle, in sicherem Abstand zum Fluß, bereite ich mich auf die zweite Pando-Nacht vor, die genauso vorübergeht wie die erste. Vier weitere Tage bewege ich mich immer tiefer in den Wald hinein – mal den Windungen des Tahuamanu folgend, mal einer überschwemmten Stelle ausweichend.

Mehrmals stoße ich auf Spuren von Menschen: eine alte Feuerstelle, ein verlassenes Nachtlager und einmal sogar drei verrostete Sardinendosen. Beruhigt registriere ich diese Zeichen; demzufolge befinde ich mich auf der richtigen Fährte.

Täglich kommt es zu heftigen Tropengewittern. Kurz bevor sie losbrechen, wird es ruhig im Wald, die Tiere schweigen befangen. Für mich ein untrügliches Zeichen, daß es Zeit wird, das Gepäck auf dem Rad abzudecken. Mir selbst ist die Dusche willkommen. Gewaltige Regengüsse prasseln auf die Baumkronen, und es rauscht wie unter einem Wasserfall. Das Blattwerk verwandelt den Regen zu einem Gischt-Schleier und bildet Tausende von Kaskaden. In Bächen rinnt warmes Wasser an den Stämmen herab, durchtränkt den Boden und schafft für kurze Zeit morastige Lachen. Das Licht der Blitze ist kaum wahrzunehmen, nur schemenhaft wird das Halbdunkel der »Gruft« erleuchtet. Auch das Donnergrollen ist gedämpft.

So plötzlich das Gewitter beginnt, so schnell hört es wieder auf. Bald beginnt der Boden zu dampfen, und neblige, feuchte Luft steigt nach oben. Der ewige Kreislauf des Wassers: In der Hitze des gestrigen Tages ist es verdunstet – heute fällt es als Regen – morgen wird es wieder verdunsten. Irgendwo regnet es immer, und man ist auch immer naß; entweder vom Regen oder vom Schweiß.

Je weiter ich in diese »dunkle« Ecke Boliviens vordringe, um so schwieriger wird das Vorwärtskommen. Wieder liegt eine breite Senke vor mir. Spärlicher Baumbestand, dafür ein verfilztes Pflanzengewirr aus Krüppelholz, Ranken und Dornengestrüpp. Eigentlich ein unüberwindbares Hindernis, doch ich habe volles Vertrauen zu den Schmugglern. Bald finde ich nicht nur einen, sondern gleich mehrere tunnelartige Eingänge.

Was mich wundert, ist, daß die Schmuggler nicht den viel bequemeren Flußweg benützen. Hätte ich unterwegs leichtes Balsaholz oder Bambus gefunden, wäre ich schon längst beim Floßbauen. Ein gewisses Unbehagen befällt mich, als ich – das Fahrrad schiebend – in diese »Bio-Festung« dringe. Nach kurzer Zeit bin ich mehrmals vom Haupttrail abgekommen. Oft verliert er sich in einem Netzwerk von Trampelpfaden – mehr Wildwechsel als Gehweg für Menschen –, und viele enden einfach im grünen Nichts. Ein Labyrinth! Die Sicht ist auf ein paar Meter beschränkt, und der Kompaß hilft nicht mehr viel. Mit der Machete lege ich Wegweiser an – Kerben und abgehackte Zweige, deren Spur ich aus einer Sackgasse zurückfolgen kann. Dafür ist mir das Zeit- und Distanzgefühl abhanden gekommen.

Die dumpfe Treibhausschwüle läßt die schweißnassen Kleider wie eine zweite Haut am Körper kleben. Schlimmer sind jedoch die Millionenheere von Moskitos, Piumfliegen und anderen blutrünstigen Plagegeistern, die wieder strichweise auftauchen. Um nicht den gesamten Kochölbestand aufzubrauchen, trage ich nun einen Kopfschleier, so wie ihn die Imker kennen. Die Arm- und Beinenden von Hemd und Hose sind mit Schnüren zusammengebunden. Eine unnütze Vorsorge. Der Stoff liegt so dicht auf der Haut, daß kein Kriechzeug mehr dazwischen kann.

Zu allem Überfluß hauchen noch beide Reifen gleichzeitig die Luft aus. In den Pneus stecken mehrere Dornen. Um dieses Problem ein für allemal zu lösen, demontiere ich die Reifen und Schläuche, binde sie ungeflickt an den Fahrradrahmen. Ab sofort muß das Ding auf den Felgen rollen.

Den ganzen Tag kämpfe ich gegen sperrigen Unterwuchs und zähe Lianenstricke. Die Innenseite der rechten Hand ist vom Schwingen der Machete mit aufgeplatzten Blasen bedeckt, der Handrücken zerkratzt und zerstochen. Oberarme und Schultern schmerzen. Die Müdigkeit und die brütende Hitze machen mir ernsthaft zu schaffen. Stellenweise ist das verfilzte Geflecht so undurchdringlich, daß jeder Hieb mit dem Haumesser unnötig und lächerlich erscheint. Am liebsten würde ich mit Dynamit dagegen angehen.

Das Verhältnis zu meiner »Geliebten« – der Wildnis – verschlechtert sich zusehends. Kein begeistertes Beobachten der Flora und Fauna mehr, ich spüre nur noch das Brennen und Stechen einer Umwelt aus Dornen, Stacheln, Insekten und verkrüppelten Bäumen. Auch das Schieben, Ziehen, Stoßen und Heben des bepackten und unbereiften Drahtesels wird immer beschwerlicher – und doch ist es gerade das Rad, welches all die notwendigen Sachen trägt, die mir Schutz und Nahrung bieten. Da sind schon viele Buschläufer schlechter dran gewesen.

Als ich zwei massive Knorpelbäume entdecke, die nahe genug beieinander stehen, daß die Hängematte dazwischen gespannt werden kann, entschließe ich mich, hier zu übernachten. Erneut herniederdonnernde Wassermassen unterstützen diese Entscheidung. Die Naturbrause genieße ich in vollen Zügen und wasche mich von Kopf bis Fuß.

Bis jetzt sind mir weder der königliche Jaguar noch die »einfachen« Cocaschmuggler begegnet, und doch bereiten mir die letzteren immer größere Bedenken. Dieser endlose Irrgarten scheint mir eher das raffinierte Versteck eines Dschungellabors oder Lagers zu sein, als ein gewöhnlicher Durchgangs- und Nachschubweg.

Seit die DEA – die US-Drogenfahndungsbehörde – begonnen hat, mit Hubschraubereinsätzen und Elitetruppen gezielte Säuberungsaktionen vor Ort durchzuführen, hat das Kokain-Syndikat seine Lager und Raffinerien immer weiter in den Urwald verschoben. Der »Schneekrieg« ist in den tiefsten Dschungel vorgedrungen.

Wenn mein Verdacht stimmt, bewege ich mich auf ganz heißen Pfaden, denn solche Verstecke sind gewöhnlich mit Stolperdraht, Selbstschußanlagen und Sprengfallen gesichert. Das Weitergehen scheint mir mehr und mehr ein Vabanque-Spiel! Morgen mache ich kehrt, trete den Rückzug an und schlage mich durch zum Fluß. Irgendwie wird es gelingen, auch mit stärkeren Bäumen ein schwimmfähiges Floß zu bauen, und wenn ich tagelang Holz sägen muß! Wozu habe ich schließlich das zusammengerollte Blatt einer Schreinersäge, Rohrschellen, Draht, Reepschnüre und Leinen bei mir?!

Der Flügelschlag eines größeren Vogels weckt mich am folgenden Morgen. Das Licht des anbrechenden Tages vertreibt gerade die Schwärze der Nacht. Schlaftrunken strecke ich mich in der Hängematte nochmals genußvoll durch, hebe mit der einen Hand das Moskitonetz an, gucke über den Rand meines »luftigen Bettes« – und bin schlagartig wach: Mein Gott – das darf doch nicht wahr sein – unter mir alles Wasser! Das Fahrrad steht bis zum Tretlager in einem dunklen See! Jetzt ist der verdammte Fluß doch noch gestiegen! Oben in den Anden müssen gewaltige Regenfälle niedergehen.

Langsam gleite ich aus der Hängematte. Das warme Wasser steht etwa 20 Zentimeter hoch. Der Grund ist weich wie Torf, und meine nackten Füße nehmen ein blubberndes Bad. Wenn ich stehenbleibe, sinken sie langsam in den Boden ein, aber nur ein paar Zentimeter. Nicht gefährlich.

Nach kurzer Überlegung komme ich zum Entschluß, zuerst den Rückweg, ohne Gepäck und Rad, auf seinen Zustand zu erkunden. Außer der Machete und der Dschungel-Weste mit den vielen aufgesetzten Taschen, worin, teils wasserdicht verpackt, nur die allernötigsten Sachen wie Medikamente, Kompaß, Feuerzeug, Minihängematte, Angelzeug, Klappmesser, Taschenlampe, Notnahrung, Geld usw. stecken, lasse ich alles zurück.

Von schmatzenden Geräuschen begleitet, stapfe ich auf dem imaginären Pfad, auf dem ich gestern herkam, achte sorgsam auf die Wegweiser und lege gleich wieder neue an. Das Wasser hat der Umgebung ein anderes Gesicht gegeben, es kommt mir alles so unbekannt vor. Nie ist abzusehen, ob die Brühe beim nächsten Schritt bis zur Wade oder bis übers Knie reichen wird. Mit den Füßen jede unsichtbare Wurzel abtastend und den glitschigen Untergrund auf seine Festigkeit prüfend, arbeite ich mich langsam voran. Trotzdem passiert es, daß eine angeblich sichere Stelle mich einfach wegsacken läßt. An dieses heimtückische Loch, wo das Wasser bis zur Schulter reicht, kann ich mich überhaupt nicht erinnern! An Luftwurzeln und Gesträuch ziehe ich mich wieder hoch, verliere dabei aber einen der Turnschuhe.

Nach mehreren Tauchversuchen ist das Miststück wieder in meinem Besitz.

Je weiter ich den Weg zurückverfolge, um so höher ist der Wasserspiegel, manchmal bereits bis über die Hüfte. Hier komme ich niemals durch, schon gar nicht mit all dem Gepäck. Es gibt nur eine Möglichkeit: Ich muß die eingeschlagene Richtung nach Osten fortsetzen. Bedrückt mache ich kehrt, in der Hoffnung, daß es im unbekannten »Voraus« besser aussieht, vor allem aber, daß dieses grüne Gefängnis nicht das ist, was ich befürchte: ein Versteck der Drogen-Brüder.

Beim Lager erscheint mir alles düster und fremd, die Luft dick und bleiern. Fäulnisgeruch breitet sich aus. Da bin ich scheinbar mitten in den Eingeweiden Amazoniens gelandet. Statt eines weiteren Erkundungsganges packe ich alles zusammen und breche auf. Obwohl das Wasser nicht weiter steigt und hier kaum mehr als knöcheltief ist, wird das Vorrücken zur Tortur, eine elende Schinderei. Immer wieder muß ich alles Gepäck abladen und, damit es nicht im Schlamm versinkt, auf einen provisorischen Rost aus Ästen legen. Dann trage ich das nackte Rad ein paar hundert Meter voraus und hole die restlichen Sachen, Stück um Stück, viermal den gleichen Weg. Durch immer dichteres Geschlinge muß ich mich beißen und schlagen, stampfe durch das stehende Wasser und stolpere über Wurzeln. Gehen denn die verfluchten Schmuggler durch Sümpfe?

Je zäher der Dschungel mich halten will, um so mehr bäume ich mich auf. Um einer hoffnungslosen Erschöpfung vorzubeugen, teile ich meine Kräfte vorsichtig ein, gebe mir immer wieder Zeit, um auszuruhen, und trinke viel Wasser.

Von der ständigen Nässe sind die Finger schrumplig, die Ränder der Kratzwunden weiß und weich. Auch die Fußsohlen sind weiß und runzlig wie die Oberfläche einer Muskatnuß.

Frühzeitig halte ich Ausschau nach einem Lagerplatz für die Nacht, doch nirgends sind zwei nahe beieinanderstehende Bäume zu sehen. Somit baue ich aus Ästen, Stöcken, Schnüren, der Hängematte und der Zeltplane eine Art Feldbett – eine Liege – gerade einen halben Meter über dem Wasser. Es gibt kein Abendessen, nur Fäulnis, Nässe und schmerzende Glieder. Die Sorgen, wie es weitergehen soll, lassen mich kaum schlafen.

Am nächsten Morgen steckt mir eine schwere Mattigkeit in den Knochen. Schläfrig und mühsam befaßt sich mein Verstand mit dem, was ich heute alles zu tun habe: Unbedingt etwas kochen und essen, damit ich bei Kräften bleibe; Insektenstiche und Kratzwunden desinfizieren; während der Schlammwanderung so oft wie möglich versuchen, die Füße trocken zu kriegen.

Doch alles Planen scheint sinnlos, das Sumpflabyrinth wird zu einem immer schrecklicheren Gefängnis. Die Luft ist geschwängert von der Ausdünstung des stehenden Wassers und der faulenden Pflanzen. Treibhausluft; Modergestank; auf allen Seiten elastische, dornige Zweige; unten schwarze Wasserlöcher – und ich mit einem Fahrrad mitten drin!

Tief sacken die Beine in den Schlamm, das Tragen der Gegenstände wird immer mühevoller, die Machete schwerer, die Hiebe kraftloser. Das Teufelszeug weicht vor dem Messer zurück, die Klinge gleitet ab und droht mich zu verletzen.

Die anfängliche Aufmerksamkeit hat sträflich nachgelassen. Über mögliche Gefahren von seiten eines Drogenlabors mache ich mir keine Gedanken mehr. Dafür werden die »Gleitflüge« zur Routine. Naß und schmutzig bin ich sowieso, also stört es mich gar nicht mehr, wenn ich über eine Unterwasserwurzel stolpere und in den Sumpf fliege. Inmitten dieser übermächtigen, alles verschlingenden Natur fühle ich mich so mickerig klein und unbedeutend. Seit sechs Stunden quäle ich mich heute bereits vorwärts und schätze, etwa gleichviele Kilometer zurückgelegt zu haben – es können aber auch vier oder acht sein. Die Füße schmerzen immer mehr. Erschöpft – nur unter Willenszwang – bereite ich mir auf einem umgestürzten, halbvermoderten Baumstamm mit dem Benzinkocher eine warme Mahlzeit zu. Ein Holzfeuer zu entfachen ist in dieser nassen, triefenden Welt schlicht unmöglich. Hundemüde konstruiere ich danach wieder ein Schlafgestell und lege mich gleich hin.

Irgend etwas hat mich in der Nacht aufgeweckt, und mit erhobenem Kopf lausche ich unter dem Moskitonetz den Geräuschen, doch ich kann nichts Außergewöhnliches wahrnehmen. Die Leuchtziffern der Uhr zeigen vier Uhr. In zwei Stunden wird es hell. Alle Versuche, wieder einzuschlafen, fruchten nichts. Unruhig wälze ich mich hin und her. Gegen Morgen beginne ich zu frieren. Als es Zeit wird, das Lager abzubrechen, kann ich mich dazu einfach nicht aufraffen. Elende Müdigkeit, leichtes Fieber und Kopfschmerzen lassen mich einen eisernen Vorsatz brechen. Erst gegen Mittag treibt mich der Durst von der primitiven Liege.

Trotz einiger Gewissensbisse bleibe ich den ganzen Tag liegen – null Meter vorwärts; dafür wird das Fieber nicht stärker. Malaria? Kopf- und Gliederschmerzen sprechen dafür, doch ich habe regelmäßig Prophylaxe geschluckt, es dürfte sich eher um das harmlosere Dengue-Fieber handeln. Spätestens nach einer Woche ist dies vorüber. So lange kann ich aber nicht hierbleiben.

Der Zustand des Dschungels ist gleichbleibend. Mein Zustand verschlechtert sich auf dem Weitermarsch dafür immer mehr. Die Kleider am Körper stinken, und die im Gepäck sind – wie alles andere auch – von Schimmel befallen.

Der ständige Schmutz und die Nässe lassen Insektenbisse und Kratzwunden eitern. Am Rücken bilden sich entzündete Flekken. Wahrscheinlich ein Hautpilz. Viel mehr Sorgen bereiten mir jedoch die Füße. Die Haut ist nun gerötet, die Knöchel sind stark geschwollen und schmerzen sehr. Als sich in der Leistengegend geschwollene Lymphknoten bilden, ist mir klar, was ich habe: den »Reisfuß«!

Der Dschungel lebt von Moder und Fäulnis. Bin ich auch schon ein winziger Teil in diesem geschlossenen Kreislauf des Sterbens und Erneuerns? Muß ich hier verfaulen, damit etwas anderes nachwachsen kann? Angst erfaßt mich, Angst vor einem elenden Krepieren. Jede Minute läßt sie stärker werden, langsam, aus dem tiefsten Inneren heraus – immer mächtiger. Ich spüre sie geradezu körperlich. Das Blut pocht in den Schläfen, das Herz beginnt in wildem Stakkato zu hämmern. Eine unsichtbare Zange legt sich um den Brustkorb und preßt immer gnadenloser.

Hilflos bin ich diesem erbärmlichen Gefühl eine Zeitlang ausgeliefert. Unter größter Willensanstrengung gelingt es mir, mich von der Panik zu befreien. Als ich glaube, wieder klar denken zu können, zwinge ich mich zu einem Test, um das Urteilsvermögen zu kontrollieren.

Ich nehme das Tagebuch aus dem wasserdichten Schutzbeutel

und beginne auf einer leeren Seite, die Namen und Adressen von Freunden zu notieren. Problemlos kriege ich zehn Namen zusammen und vergleiche dann Anschriften und Postnummern mit denen im Adreßbuch. Bis auf eine stimmen alle. Dieses kleine Erfolgserlebnis gibt mir wieder Ruhe und Sicherheit.

Stumm betrachte ich das Fahrrad. Ein toter Gegenstand – und doch ist es mir als treuer Begleiter ans Herz gewachsen. Ich entschließe mich, alles zurückzulassen: Fahrrad, Koch- und Campingausrüstung, Tage- und Reisebuch, Filme, Stativ, die teure Kameraausrüstung, Kleider und Gepäck. Nur die Dschungelweste, die ich seit dem Eintritt in diesen Irrgarten nie mehr auszog und in deren vielen Taschen das Allernotwendigste steckt, will ich mitnehmen. Dazu das Jagdmesser in der Gürtelscheide, die Machete, alles Geld, den Paß, die Trinkwasserflasche sowie das kleine Paket komprimierter Notnahrung mit 5000 Kilokalorien.

Deprimiert kehre ich fast meinem ganzen Hab und Gut den Rücken und wühle mich weiter durch das stehende, stinkende Wasser. Kein Lufthauch weht. Die Hitze steht flimmernd zwischen dem Gestrüpp, und der Sumpf scheint zu dampfen. Der Schweiß rinnt in Bächen an mir herunter, wie aus einem zusammengedrückten Schwamm. Manchmal glaube ich, in der Enge des Pflanzenlabyrinths zu ersticken. Jeder Atemzug ist eine Anstrengung. Der Körper ist ausgebrannt, der Geist wird immer stumpfer von den grausigen Schmerzen, die von den Füßen kommen, die Beine hochschießen und irgendwo im Kopf enden. Ich fühle mich zurückgestoßen – vom Dschungel, von der Natur – und hoffnungslos einsam wie ein ausgesetztes Kind. Die Schläge der Machete werden immer seltener. Tieferen Wasserstellen weiche ich nicht mehr aus. Kratzer der Dornen spüre ich nicht mehr, nur den Schmerz, der bei jedem Schritt bis ins Gehirn sticht.

Wie lange soll das noch dauern?

In tranceähnlichem Zustand irre ich durch diese sumpfige Welt. Nein, der Boden ist ja gar nicht mehr sumpfig – seit längerer Zeit muß ich auf dem Trockenen umhertaumeln! Irgendwo vor mir sehe ich einen linientätowierten Baum. Milch läuft aus seinem Stamm in eine Tasse. Ist das Einbildung? Egal – ich lege mich neben dem Baum auf den Boden, todmüde und gemartert!

Irgendeine Stimme befiehlt: »Reiß dich zusammen, geh weiter, sonst fressen dich die Ameisen!« Doch der Körper gehorcht nicht. Eine andere Stimme sagt: »Bleib hier, und ruhe dich aus!« Mir ist, als hätte man mich verwundet auf einem Schlachtfeld liegengelassen. Irgendwann bin ich eingeschlafen.

Wo Straßen zum Verhängnis werden

Wie ein verwildertes Tier muß ich ausgesehen haben, als mich der Kautschukzapfer Antonio Ali-Wittig aus Cobija fand: Stinkend und verwahrlost – mit drecküberzogenen Haaren, struppigem Bart, eiternden Wunden und verschimmelten Kleidern.

Antonio war auf dem Rundgang zu seinen Kautschukbäumen, um deren Rinde nachzuschneiden, als ihn sein Hund auf das Häuflein Elend unter einem Baum aufmerksam machte. Er brachte mich zur Kautschukpiste, die zwischen der Verbindungsstraße Porvenir – Cobija und dem Pandomilitärposten »Estrema« verläuft, und wartete dort auf seinen Bruder Hugo. Der war mit einem Landrover unterwegs, um die Gummiballen von anderen Zapfern aufzukaufen. Mit dem Allrad-Fahrzeug brachten mich die beiden sofort nach Cobija in ärztliche Behandlung. Danach durfte ich mich im Haus von Hugo erholen und »austrocknen«.

Mehrere Tage werde ich liebevoll gepflegt. Die Geschichte geht wie ein Lauffeuer durch das Urwaldnest – doch keiner glaubt so recht, daß ich wirklich zu dieser Jahreszeit durch den Pando aus Peru gekommen bin.

Zwei Tage später stellt Hugo einen Trupp zusammen. Mit vier Mann will er versuchen, mein zurückgelassenes Material zu finden. Die Gruppe kommt noch am selben Tag mit all meinen Sachen zurück. Keine 1000 Meter von der Kautschukpiste haben sie es gefunden – 1000 Meter von der Piste – ich »Superwaldläufer«!

Während dieser Woche der Ruhe gehe ich in Gedanken die Tage im Pando nochmals durch. Welche Fehler sind mir unterlaufen? Als erstes ein falsches Einschätzen der zu erwartenden Situation: Die anbrechende Regenzeit zu sehr außer acht gelassen, und die Bedenken des peruanischen Kautschukzapfers, im Vertrauen auf die eigene Erfahrung, zu wenig ernst genommen. Außerdem habe ich meinen eigenen Zustand zu wenig beachtet: Ich hätte mich viel früher von Fahrrad und Gepäck trennen sollen, um schneller aus dem Sumpf zu kommen. Die Gefährlichkeit des tagelangen Wassertretens bei Wassertemperaturen über 25 °C und dem daraus entstehenden Reis- oder Brandfuß war mir bekannt. Ich hatte ihn oft genug bei der kämpfenden Truppe in Kambodscha gesehen.

Die wichtigste und für mich neue Erkenntnis aber war die: Wo sehr große Schmerzen und das Gefühl des »Verlassenseins« aufeinanderprallen, da wird das kräftigste Selbstvertrauen und der unbändigste Lebenswille schnell zerstört, da hilft auch Autosuggestion nicht mehr viel. Es war nicht das erste Mal, daß ich mich in einer Notsituation befand, doch noch nie waren beide Faktoren gleichzeitig aufgetreten.

Im Verlauf der Woche bekomme ich Besuch vom Chef der Fremdenpolizei. Es scheint ihm fast peinlich zu sein, mich nach meinen Dokumenten fragen zu müssen. Wahrheitsgetreu erzähle ich meine Geschichte, nicht ohne zu erwähnen, daß ich bereits über zwei Wochen illegal in Bolivien bin. Er bittet mich, sobald es die Gesundheit erlaube, bei ihm im »Ministerio del Interior« vorbeizukommen. Er würde das in Ordnung bringen.

Cobija liegt direkt am Rio Acre, ein Fluß, vor dem ich 120 Kilometer westlich, im peruanischen Iñapari, schon einmal stand. Hier bildet er die natürliche Grenze zwischen Bolivien und Brasilien. Auf der anderen Uferseite befindet sich die Ortschaft »Brasileia«, und die einzige Verkehrsverbindung zwischen beiden Dörfern stellen Holzkanus und eine kleine Fähre her.

In der bolivianischen Zollbaracke erscheine ich zwei Tage vor der geplanten Weiterreise. Hinter seinem Schreibtisch sitzt der Herr vom Ministerio del Interior. Von einer weißgekalkten Wand herab wacht der gerade amtierende Präsident des Landes hinter einem strapazierten Wechselrahmen über sämtliche Amtshandlungen. Vielleicht täuscht es, doch das Bild erweckt den Eindruck, als habe er die Augen geschlossen.

Zehn Minuten später habe ich in meinem Paß zwar noch immer keinen peruanischen Ausreisestempel, dafür aber zwei bolivianísche: Ein »Entrada« und ein »Salida«. Beide am selben Ort und zur selben Zeit ausgestellt. Immigrationstechnisch bin ich wieder einmal gerettet – der Teufel soll die peruanischen Zöllner holen!

Einen ganzen Tag Arbeit kostet die Instandsetzung des Fahrrades; entschlammen, entrosten, sämtliche Lager zerlegen und fetten, die Reifen flicken und montieren. Auch die restliche Ausrüstung muß einer kompletten Reinigungs- und Entschimmelungs-Prozedur unterzogen werden.

Es wird ein gemütvoller Abschied von der Familie Ali-Wittig, ein Abschied von wunderbaren Menschen. Über eine Woche schenkten sie mir ihre herzliche Gastfreundschaft. Wir scheiden mit vielen guten Wünschen.

Brasilien empfängt mich mit wütendem Hundegekläff. Bis vor dieser Radreise war ich ein überzeugter Hundefreund, inzwischen hat sich das ein wenig geändert. Es gibt kaum ein Dorf, wo nicht eine Horde struppiger, halbverhungerter Köter im Straßenstaub Siesta macht und gierig auf einen Passanten wartet. Auch hier im Grenznest »Brasileia« haben es wieder ein paar Zähnefletscher auf meine Waden abgesehen. Den Griff zur Machete wage ich nicht, zu viele Leute beobachten das Schauspiel erwartungsvoll. Also hilft nur der alte Trick: Abbremsen und mit einer Hand den Boden berühren. Wie durch ein Wunder stiebt die ganze Meute panikartig davon. Unglaublich, diese Gebärde wird international anerkannt.

Bis nach Rio Branco, der Wildwest-Hauptstadt des Bundesstaates Acre, und bis zur Einmündung in die legendärste »Verkehrsader« Südamerikas, die Transamazonica, sind es 220 Kilometer, auf denen ich mit allem rechne, was den Namen »Straße« schon getragen hat. Je weniger man erwartet, um so positiver fällt die Überraschung aus, und genau so ergeht es mir auf dieser roten Erdpiste. Sie ist breit, der Belag hart und gut zu fahren. Auf beiden Seiten dafür ein dichtes Gestrüpp aus knorrigen Bäumen, deren gewundene Äste sich ineinanderschlingen wie die Arme von Invaliden, die sich gegenseitig stützen müssen.

In Gemütsruhe radle ich Kilometer um Kilometer. Nur selten taucht eine einsame Siedlerhütte auf oder ein Mann, genauso knorrig wie die Bäume am Weg, meist barfuß und mit ausgefransten Hosen auf einem ausgemergelten Muli oder Gaul. Manchmal halte ich an und wechsle ein paar Worte mit dem Reiter. In dieser wilden Gegend gibt es keinen Grund zur Eile.

Vor einer Kurve reißt mich ein bestialischer Gestank aus dem Trott. Dahinter tauchen die schwarzen Gestalten von fünf, sechs Urubus auf. Truthahngeier, die wie Wegelagerer dahocken. Mit merkwürdig unbeholfenen Schritten und hängenden Flügeln weichen sie ein Stück zur Seite. Am Straßenrand liegt der ekelhaft aufgedunsene Kadaver eines Pferdes. Einer der Urubus hat mich scheinbar nicht kommen sehen und versucht eifrig, mit seinem kräftigen Schnabel die Bauchdecke des toten Tieres aufzureißen, um mit seinem nackten Kopf voller roter Hautfalten an die Gedärme zu gelangen. Nur widerwillig läßt er sich, ein pfeifendes Fauchen ausstoßend, bei seinem grausigen Mahl stören. Schwerfällig heben die Vögel vom Boden ab, fliegen auf die Äste der nächsten Bäume und verharren dort reglos in argwöhnischer Haltung.

So abstoßend der Anblick dieser Aasgeier auch ist, so wichtig ist ihre Tätigkeit als »Gesundheitspolizei«. Ihr Geruchsinn ist weit besser entwickelt als bei allen anderen Raubvögeln. Mit großer Ausdauer kreisen sie über weite Flächen. Stößt einer zu einem Freßplatz hinab, kommen sofort die nächsten herbei, die ihn beobachtet haben.

Im Vorbeifahren rufe ich den Urubus auf den Bäumen zu: »Los, ihr Leichenbestatter, geht hin und freßt euren widerlichen Pudding – auf mich müßt ihr noch ein bißchen warten!«

Dunkle Regenwolken lassen mich am späten Nachmittag an einer der seltenen Bretterhütten anhalten. Sie ist keine vier Meter im Quadrat und hat einen kleinen Vorbau mit Wellblechdach. Von Stützpfosten zu Stützpfosten spannen sich zwei verwaschene Hängematten. Seitlich an der Hüttenwand, unter einer Fensteröffnung, ist ein Waschbrett angebaut, worauf ein paar Email-Eßteller und Aluminiumlöffel liegen – die Geschirrspülmaschine.

Eine Frau tritt aus dem Häuschen. Mehrere großäugige, ärmlich gekleidete Kinder folgen ihr. Mit liebenswürdiger Offenheit begrüßt sie mich und bittet mich unters Vordach, bis der Regen vorüber sei.

Auf den ersten Blick sieht die Frau alt aus. Aber als ich ihr die Hand gebe, in ihre Augen blicke und die straffe Haut ihres Halses sehe, wird mir klar, daß sie nicht viel über dreißig sein kann. Sie bietet mir einen »Cafezinho« an. Es gehört zum brasilianischen Ehrenkodex, einen Besucher, ob Fremder oder nicht, mit Kaffee zu bewirten. Eine Geste, die man um so eher antrifft, je abgelegener die Gegend ist und je ärmer die Leute sind.

Kaum habe ich das Rad unter dem Vordach an einen Pfosten angelehnt, da prasselt auch schon der Regen aufs Wellblechdach und erstickt für einen Moment jede Unterhaltung im Lärm. Ich zähle sieben Kinder, keines älter als zwölf Jahre. Eines kommt mit einem Holzschemel und meint, ich solle mich doch setzen.

Später, während ich den dampfenden, pechschwarzen Cafezinho schlürfe, erzählt die Frau, daß ihr Mann zusammen mit dem ältesten Sohn im Wald als »Seringueiro« – Kautschukzapfer – arbeite. Die beiden würden bald zurückkommen, und wenn ich Zeit hätte, solle ich doch warten. Ihr Sohn sei nun vierzehn Jahre alt, sehr aufgeweckt, und würde sich bestimmt freuen, von einem weitgereisten Mann etwas über die Welt draußen zu erfahren. Leider hätten sie ihn nie zur Schule schicken können.

Während sie so redet, streicht sie zwischendurch mit der Hand eine Strähne ihres Haares aus dem Gesicht. Die Entschlossenheit ihrer Haltung, der natürliche Stolz, aber auch die mütterliche Wärme, die zum Vorschein kommt, wenn sie mit ihren Kindern spricht, verleiht ihr eine ganz besondere Anmut. Ein Blick in ihre klaren, dunklen Augen genügt, um jedes gönnerhafte Mitleid zu vertreiben. Ich glaube, der erste Eindruck ihres Alters täuscht deshalb, weil sie bereits ein hartes, entbehrungsreiches Leben hinter sich hat. Doch die Armut kann ihrer Würde nichts anhaben.

Kurz vor Einbruch der Dunkelheit erscheint der Mann mit dem Jungen. Er stellt sich als Carlos Alberto Elias und seinen Sohn als Carlito vor. Nach einer kurzen Unterhaltung lädt er mich spontan zum Essen ein und meint, ich soll hier bei ihnen übernachten. Da ich keine Lust mehr habe, in die anbrechende Nacht hineinzuradeln, nehme ich gerne an.

Während seine Frau drinnen im Häuschen das Abendessen zubereitet, sitze ich mit Carlos draußen unter dem Vordach, und er erzählt von seiner Arbeit als Seringueiro. Zusammen mit seinem Sohn bewältigt er täglich ein Pensum von 120 wildwachsenden Kautschukbäumen, deren weiße Latex-Milch zur Gummiherstellung dient. Er nennt es eine Seringueira-Straße. In seinem Waldrevier befinden sich drei solcher Straßen, deren Bäume er im dichten Dschungel selber ausgemacht hat. Jeden Tag nimmt er sich eine andere vor, was jedesmal einen Marsch von 15 bis 20 Kilometer bedeutet. Auf dem Hinweg wird mit dem Ritzmesser an den Stämmen eine 20 cm lange, V-förmige Rille geschnitten. Unterhalb der Kerbe ist ein tassengroßer Becher oder eine halbierte Kokosnußschale befestigt, welche den heraustropfenden Baumsaft auffängt. Auf dem Rückweg wird die Milch in einer großen Korbflasche eingesammelt und zu seinem Schwager transportiert. Der wohnt etwas weiter drinnen im Wald und verarbeitet die flüssige Gummimilch über starkem Rauchfeuer zu 40 Kilo schweren Gummiballen, die direkt an den Händler verkauft werden.

In der Technik des Zapfens und im Dasein der Seringueiros hat sich seit der Zeit, als vor rund hundert Jahren der Ansturm auf den Amazonas-Latex losbrach, kaum etwas geändert. Der Engländer Dunlop hatte gerade den luftgefüllten Gummireifen für Vehikel aller Art erfunden. Damals schrie die Welt nach Kautschuk, und die Exporteure, die Gummibarone von Manaus, diktierten die Preise schamlos. Das Urwaldkaff Manaus, im Herzen Amazoniens, wurde zur reichsten Stadt Südamerikas und schwappte über in einer Orgie von Prunk und Verschwendung. Nur die Heerscharen von Arbeitern und Indianersklaven, die den Stoff in den Wäldern einsammeln mußten, gingen leer aus.

Der Rausch endete, als die Hevea-Saat des Engländers Wickham, die er unter Lebensgefahr aus Brasilien herausgeschmuggelt hatte, auf Sumatra und Ceylon zu riesigen Plantagen heranwuchs. Sechzig Jahre hielt der Boom, dann wurde Manaus wieder das, was es vorher war – ein Urwaldkaff. Der Rohgummi, der heute noch in den Bundesstaaten Acre und Rondônia gesammelt wird, deckt nicht mal den nationalen Bedarf.

Ich frage Carlos, wie viele Liter er pro Tag einsammeln kann, und was der Händler für das Kilo bezahlen würde.

Da ich weiß, daß zehn Liter Milch höchstens fünf Kilo festen

Rohgummi ergeben, rechne ich einen Taglohn von sechs US-Dollar aus – für Vater, Sohn und Schwager. Die Bäume können aber nur sechs Monate im Jahr, von Mai bis Juli und von Oktober bis Dezember, gemolken werden. Demzufolge muß die zehnköpfige Familie und ihr Schwager den gesamten Lebensunterhalt mit drei Dollar pro Tag bestreiten.

Obwohl ich weiß, daß in den »Favelas« der Großstädte die meisten Familien ein viel kleineres oder gar kein Einkommen haben, ist es mir gar nicht wohl bei dem Gedanken, jetzt bei diesen Menschen mitzuessen. Hätte ich jedoch abgelehnt, wären sie beleidigt gewesen. Es ist auch zu spät, denn die Hausherrin erscheint und bittet zur Mahlzeit. Das Innere der Waldhütte besteht aus einem einzigen Raum mit einem gestampften Erdboden, und doch erscheint alles sauber und ordentlich aufgeräumt. Die Wohneinrichtung besteht aus vier Hängematten mit Moskitonetzen (für zehn Personen), ein paar Behältern mit dem Lebensnotwendigsten, und über einer offenen Kochstelle hängen zwei rußige Kessel. Einen Tisch gibt es nicht, dafür hat jedes der größeren Familienmitglieder einen Holzschemel. Die beiden Kleinsten liegen in einer Hängematte und haben wahrscheinlich ihr Nachtessen bereits bekommen. Eine Petroleumlampe aus einer Konservendose mit eingepflanztem Docht steht in der Mitte des Raumes auf dem Boden und strahlt zusammen mit dem Kochfeuer Licht und Wärme aus.

Erwartungsvoll sitzen wir nun alle auf den Hockern im Kreis um den »gedachten« Tisch, in den Händen Teller und Löffel. Der Duft von den kochenden Bohnen und vom Holzrauch, der vom Feuer aufsteigt, macht Appetit.

Mit einer großen Schöpfkelle verteilt die Köchin den Reis und die Bohnen aus dem Kochtopf in die einzelnen Teller. Eine Dose wird im Kreis herumgereicht, woraus jedermann kräftig »Farofa« über Reis und Bohnen schüttet. An Farofa – geröstetes Maniokmehl –, das wie Paniermehl aussieht und für mich auch so schmeckt, habe ich mich in all der Zeit in Brasilien nicht recht gewöhnen können und nehme nur aus Höflichkeit davon. Ab und zu bemerke ich einen verstohlenen Blick zu mir, ob es mir auch mundet, und ob mein Teller schon leer sei. Es schmeckt wirklich, trotz Farofa.

Zum Dessert spendiere ich eine ganze Rolle Vanille-Kekse, die ich in Cobija eingekauft hatte. Keine Krume geht verloren, hier ißt man bestimmt nicht oft sowas.

Nach dem Abendessen wird im Schein der Petroleumlampe mein Reisebuch bestaunt. Keiner meiner Gastgeber ist des Lesens mächtig, und so wollen sie zu jeder Seite, zu jedem Foto eine Geschichte hören.

Die Kinder, die in Anbetracht des nicht alltäglichen Besuches noch lange aufbleiben dürfen, sind seelig und tuscheln ganz aufgekratzt untereinander. Irgendwann, zu vorgerückter Stunde, gibt es dann aber doch Feierabend.

Als ich am nächsten Morgen von der liebenswerten Familie Abschied nehme und aufs Rad steige, bleiben die kleinsten der Kinder zurück bei ihren Eltern und winken unermüdlich, während die größeren noch ein ganzes Stück ehrgeizig neben mir herrennen.

Nach solchen Begegnungen, die geprägt sind durch Gastfreundschaft, Wärme und Herzlichkeit, reise ich immer in einer Hochstimmung weiter, weil ich spüre, auch für meine Gastgeber eine freudige Abwechslung gewesen zu sein.

Ich passiere die Stichpiste, die linker Hand zum zwölf Kilometer entfernten Ort Xapuri führt. Unaufhaltsam ändert sich nun auch die Umgebung. Immer karger wird der Wald, immer ausgefranster, durchlöcherter. Zuerst kleinere Kolonistensiedlungen, dann großflächigere Fazendas drängen ihn zurück. Mit Brandroden hat man Platz gemacht. Rudel weißer Zeburinder weiden zwischen verkohlten Baumstümpfen. Nur vereinzelte, riesige Paranußbäume sind stehen geblieben, ragen in den Himmel und wirken mit ihren brandgeschwärzten Stämmen noch höher als sie sind.

Plötzlich bricht eine Rindergruppe aus dem Weideland hervor. Weideland? Eine Mischung aus hohem Riesengras und anderem tropischem Gemüse. Aus dem respektvollen Abstand von fünfzehn bis zwanzig Meter beobachtet die Truppe mißtrauisch den fremdartigen Reiter. Kaum bin ich an ihnen vorbei, rennen sie in wildem Karacho über die Straße und verschwinden geräuschvoll im hohen Buschgras.

Kein Zweifel, künftig muß wieder mit anderen Verkehrsteilnehmern gerechnet werden. Zuerst merke ich es am schlechter werdenden Pistenzustand, danach an der staubüberzogenen Wäsche, die die Siedlerfrauen zum Trocknen aufgehängt haben, und dann sehe ich sie selber: Die »Büffel« der Landstraße! Viehtransporter – dreiachsige Mercedes-Lkws mahlen sich mit urwüchsiger Kraft durch die tieferwerdenden Furchen. Immer öfters wird meine Monopolstellung gebrochen. Dann glaube ich, das Opfer einer Sinnestäuschung zu werden, aber es ist keine, sondern Wirklichkeit. Die Erdpiste geht in eine Asphaltstraße über! Nicht zu fassen – Asphalt im hintersten brasilianischen Amazonasgebiet! Der Belag ist zwar durch Regenunterwaschungen mit scharfkantigen Löchern versehen, aber ich kurve elegant wie ein Slalomfahrer um sie herum und spüre nach langem wieder einmal den heißen Atem Amazoniens als frischen Fahrtwind im Gesicht.

Die Ortschaft Palmares, ein vorgeschobener Posten der Zivilisation, präsentiert mit der Fassade zur neuen Straße, was sie besitzt: Häuser, Mangobäume, Kirche, Schuppen, Sägewerk, Fußballplatz und ein »Luxushotel«. In dieser Feudalherberge quartiere ich mich für eine Nacht ein. Im angeblich einzigen freien Zimmer, einem Verschlag von zwei auf drei Meter, steht ein Bett, ein Rohrgestell mit einer Matratze, die Bettwäsche ist schmutzig und mit Zigarettenlöchern versehen. Der Schrank gähnt ohne Tür und Kleiderhaken. Von der Decke hängt am Stromkabel eine nackte Glühbirne herab. Am Boden liegen Zigarettenstummel und zwei leere Cachaça-Flaschen. Der Grund, weshalb ich das Loch doch nehme, sind die in den Wandecken eingelassenen Haken für die Hängematte. Vor den Augen des dicken, schmuddeligen Wirtes spanne ich meine Matte demonstrativ auf die Haken. Der scheint das erwartet zu haben.

Draußen beginnt es wieder, in Strömen zu gießen. Aber nicht nur draußen, hinter dem Bett auch. Dort flutet von der Decke ein handbreiter Wasserfall die Mauer hinunter, platscht auf den Boden und verschwindet in einem Loch, das eigens für diesen Zweck geschaffen ist. Das bißchen Wasser kann mich nun nicht mehr erschüttern, und ruhig schlafe ich in den Morgen.

Auf der Weiterfahrt begegnen mir immer wieder Menschen

entlang der Straße – sie trägt die Bezeichnung »BR 317« –, die voller Stolz auf den Asphalt zeigen. »Das ist nur der Anfang!« sagt ein Fazendeiro, »jetzt sind wir bald nicht mehr nur der Arsch der Welt. Sobald die restlichen fünfhundert Kilometer bis Porto Velho fertiggestellt sind, haben wir direkten Anschluß nach São Paulo.« Diese Gegend scheint noch nicht erfaßt zu sein vom Pessimismus der Industrienationen. Hier wird Beton noch wie ein Wunder verehrt, und frischer Asphalt ist ein Anlaß zur Freude, endlich schneller, bequemer und das ganze Jahr über transportieren zu können. Doch vier Tage später werde ich in Rio Branco eines besseren belehrt werden.

In Quinerie übernachte ich noch einmal in einem schäbigen Hotel, und am vierten Tag meiner Brasilien-Radtour stehe ich vor ihr: der Transamazonica.

Beim Bau nannte man sie »Straße des Jahrhunderts«. Siedler und Lkw-Fahrer nennen sie heute »Transamargura« – »Straße der Tränen«. Sie wurde zu einem Symbol für Raubbau und Kahlschlag, ein Wahrzeichen der Zerstörung des Amazonasgebietes.

Anfang der 70er Jahre wurden die utopischen Pläne ein paar Verrückter von der damaligen brasilianischen Regierung aufgegriffen: Der Bau einer Straße vom Atlantik zum Pazifik, quer durchs Amazonasbecken. Zur Erschließung der reichen Boden- und Edelholzschätze, zum Anzapfen der enormen Wasserenergie durch Kraftwerke und zum Kolonisieren der unerschlossenen Urwaldgebiete.

Ein Heer land- und rechtloser Kleinbauernfamilien aus den übervölkerten Elendsgebieten des Nordostens sollte entlang der Mammutstraße eine neue Heimat finden. Jeder Siedlerfamilie hatte man hundert Hektar Land versprochen.

Millionen von Bäumen wurden gefällt, Milliarden Kubikmeter schlammiger Erde bewegt, Hunderte von Brücken gebaut und für die sieben breitesten Flüsse riesige Fährboote ins Wasser gelassen. Die Straße war die größte Baustelle der Welt. Jedem Beteiligten wurde das berauschende Gefühl eingepflanzt, an einem der letzten Abenteuer des 20. Jahrhunderts teilzunehmen.

Schon bald fragten die ersten kritischen Stimmen, ob die 15 Milliarden US-Dollar Baukosten sowie jährliche 10 Millionen für Instandhaltungsarbeiten sich nicht als Fehlinvestitionen entpuppen könnten. Die warnenden Worte von Ökologen, die Zerstörung der größten zusammenhängenden Waldmasse könne katastrophale Folgen haben, wurden einfach ignoriert.

Hier, von Rio Branco, führt sie noch sechshundert Kilometer nach Westen, bis zum Urwaldstädtchen Cruzeiro do Sul, um dann irgendwo in den Sümpfen des Rio Javari zu versinken.

In Richtung Osten läuft sie über Porto Velho – Humaita – Itaituba – Altamira – Maraba – Carolina bis nach Cabedelo an der Atlantikküste, dem östlichsten Punkt Südamerikas. Fünftausend Kilometer! Das entspricht etwa der Strecke Lissabon – New York oder Dublin – Teheran.

Transamazonica, das heißt gegenwärtig noch: Knochenharte Waschbrettpiste wechselt sich ab mit puderfeiner Sandbahn und kilometerlangen, achstiefen Morastbädern mit halbverfaulten Holzbrücken. Transamazonica, das heißt auch: Wilde Goldgräbersiedlungen, einsame Pionierdörfer, Korruption bei der Landverteilung, Bodenerosion, Armut von Siedlerfamilien, Elend der Indianer, dubiose Bordelle, Wolken von Moskitos, Malaria, Gelbfieber und das Gebrüll von Guariba-Affen.

Was ist aus dieser Straße der Superlative wirklich geworden? Einige Abschnitte kenne ich von früher, doch jetzt will ich sie mir genau ansehen und versuchen, einen Großteil davon mit dem Fahrrad abzustrampeln. Zuvor muß ich jedoch nach Rio Branco und einen neuen Sattel kaufen. Leider, wo sich der alte doch so an mich gewöhnt hat!

Rio Branco wurde während des Kautschukbooms Ende des letzten Jahrhunderts als Hafen und Umschlagplatz gegründet. Die Stadt hat heute beinahe 100000 Einwohner und ist die Metropole des Bundesstaates Acre. Ein Gebiet, größer als Portugal und die Schweiz zusammen. Die Stadt ist teuer, schmutzig und leidet chronisch unter Versorgungsschwierigkeiten. So gibt es zur Zeit praktisch kein Benzin. In nächtlichen Aktionen klauen sich Einheimische den raren Saft gegenseitig aus dem Tank. »Nur noch dieses Jahr«, sagt man, »dann ist die Transamazonica bis Porto Velho asphaltiert.« Das habe ich nun so oft gehört, daß ich es selber bald glaube.

Auf der Suche nach einem Fotogeschäft, wo ich mir einen Testfilm zur Kontrolle der Kamera kaufen will, schlendere ich die Avenida Getulio Vargas hinauf ins Zentrum. Unweit der Polizeikaserne neben dem Stadtpark überholt mich ein lautstarker, transparenteschwingender Demonstrationszug. An der Spitze des Zuges fährt eine blaue Dodge-Camionette, von deren Kabinendach, verstärkt durch zwei große Lautsprecher, eine blecherne, sich fast überschlagende Stimme Parolen in die Avenida hinausschmettert. Erst als ich ein paar der handbeschrifteten, aus Bettlaken genähten Transparente entziffere, wird mir klar: Es sind Seringueiros, Kautschukzapfer, die gegen die Interamerikanische Entwicklungsbank, gegen die Regierung und gegen den Ausbau der Straße protestieren. Na sowas! Jetzt verstehe ich die brasilianische Welt nicht mehr.

Langsam bewegt sich der Zug aus vielleicht hundert Personen in Richtung Park und bleibt vor der Front des Regierungsgebäudes stehen. Dort rufen die Leute in Sprechchören nach dem Gouverneur von Acre, doch der erscheint nicht.

Als ich abends im Hotelvorraum inmitten einer Gruppe Brasilianer vor dem TV-Gerät sitze und mir das Jornal Nacional – die Tagesschau – ansehe, frage ich den Hotelgast neben mir, ob er etwas über die heutige Demonstration wisse. Er nicht, aber sein Nachbar. »Hast du die neuste Ausgabe der ›Manchete‹ nicht gelesen?« fragt er mich. »Nein, ich bin erst gestern hier angekommen«, gebe ich zur Antwort. »Von wo? Aus Porto Alegre oder São Paulo?« Dabei wechselt er den Stuhl mit seinem Nachbarn, sitzt nun direkt neben mir und steckt sich eine Hollywood-Zigarette in den Mund. »Nein, ich bin weder Gaucho noch Paulista, sondern Schweizer und aus Cobija gekommen.« Der Brasilianer nimmt einen tiefen Zug und meint, halb fragend, halb feststellend: »Dann bist du der Maluco Suiço – der verrückte Schweizer – mit dem Fahrrad?« Als ich bejahe, sprudelt er los. Er sei aus Xapuri und habe auf dem Weg in die Stadt von mir gehört. Dann ruft er noch drei andere und stellt sie als seine Freunde vor. Es sind alles Seringueiros, und sie sind eigens für die Demonstration nach Rio Branco gekommen. Die folgenden zwei Stunden erfahre ich, bei kühlem Brahma-Bier aus der Dose, viel über den Aufruhr der Kautschukzapfer.

Der brasilianische Staatspräsident José Sarney und sein peruanischer Amtskollege Alan Garcia haben hier in Rio Branco ein

Abkommen unterzeichnet, das ein großes Amazonasprojekt vorsieht: Eine Neuauflage der Transamazonica unter dem etwas weniger pompösen Namen »Rodovia Marginal da Selva«, oder in Spanisch »Carretera Marginal de la Selva«. Eine Asphaltstraße vom brasilianischen Tiefseehafen Belém an der Amazonasmündung zum peruanischen Pazifikhafen Matarani bei Arequipa. Von Carolina bis Rio Branco soll die alte Streckenführung der »Trans-Am« benützt werden, dann aber über Brasileia – Inapari – Puerto Maldonado über die Anden bis an den Pazifischen Ozean gehen. Eine Reportage des brasilianischen Boulevardmagazins »Manchete« hat es an den Tag gebracht. Jetzt weiß ich auch, weshalb ich 140 Kilometer auf Asphalt radeln konnte: Das war wohl das Versuchskaninchen.

Einer der Seringueiros schenkt mir ein Exemplar des Magazins und macht erregt auf das Interview des jungen Gouverneurs Flaviano Melo aufmerksam: »Siehst du, was der hier sagt? Er hoffe, mit der neuen Straße den ganzen Staat Acre für die ›Fleischproduktion‹ erschließen zu können. Weißt du, was das heißt?« »Ja, man wird euren Wald, eure Kautschukbäume abbrennen.«

Sie fürchten um ihre Existenz, sie haben Angst vor dem Asphalt, vor den Landspekulanten, die sie Piranhas nennen, vor einer Allianz zwischen der Holzindustrie und den zukünftigen Großgrundbesitzern. Sie meinen, ein paar Mächtige werden ein Riesenvermögen machen, das Land aussaugen und dann wieder abhauen. Danach komme der unendliche Treck der Posseiros – Kleinbauern ohne Eigentumstitel –, die legen anschließend den Rest in Schutt und Asche.

»Puta Merde!« flucht Roberto, derjenige, mit dem ich zuerst ins Gespräch kam, »haben die denn aus Rondônia nichts gelernt? Dort hat es genauso begonnen! Kaum sind aus den letzten Wäldern Anpflanzungen geworden, werden die ersten müden Felder bereits wieder verlassen.«

Was ich nicht in der Manchete-Reportage lesen kann, sondern von den Seringueiros erfahre: Daß die Kautschukzapfer in einer Gewerkschaft zusammengeschlossen sind, daß ein gewisser Chico Mendes aus Xapuri ihr Anführer ist, daß sie kämpfen wollen, und daß die hochverschuldeten Staaten Peru und Brasilien die Straße nur bauen können, wenn sie von der Weltbank beziehungsweise von der Interamerikanischen Entwicklungsbank Kredite in Milliardenhöhe bekommen. Die Weltbank hat bereits die BR 364 quer durch Rondônia mitfinanziert, allerdings mit der Auflage, daß für die Nambiquara-Indianer ein Reservat erstellt werde. Ob man die Seringueiros ebenfalls in ein Reservat einschließen will?

Viele Monate später werde ich durch eine Radio-Nachrichtensendung wieder an diesen Tag in Rio Branco erinnert. Mit monotoner Stimme verkündet der Sprecher: »Gestern wurde der prominente brasilianische Umweltschützer und Gewerkschaftsführer Francisco Chico Mendes von dem angeheuerten Killer eines Großgrundbesitzers ermordet!«

Diesel-Cowboys

»Tudo Bem« – begrüßt mich der Sergeant der Militärpolizei beim Kontrollposten eingangs der Dreckpiste, welche sich Transamazonica nennt. Dabei sieht er mich prüfend an und tastet unauffällig die Gepäcktaschen auf dem Fahrrad ab. Ob ich mit neuen Kleidern hausiere, die umliegenden Fazendas beliefere, will er wissen. Fazendas beliefern? Ich will nach Porto Velho, um meine Freunde dort zu besuchen. Als er das hört, ist in seinem dunklen Gesicht die Abgeklärtheit, die er sich auf so einem Außenposten zugelegt hat, einer auffälligen Neugier gewichen.

»Toletinho«, ruft er einen Soldaten, einen Hünen, der gerade die Papiere eines Lkw-Fahrers kontrolliert, »durchsuche alles Gepäck hier!« Dabei zeigt er auf mein Rad. Nun, mein »Wundermittel«, das Reisebuch, erspart mir diese Prozedur. Dafür vertrödle ich über zwei Stunden des noch jungen Morgens in vertraulich lockerer Atmosphäre mit den Soldaten. Dann wollen sie mir unbedingt einen Camion besorgen, der mich mitnimmt.

Dankend lehne ich ab und steige fröhlich winkend auf meinen »Amazonasgaul«, lasse sie hinter mir, die Soldaten, den Posten und die grüngelbe brasilianische Flagge am Mast mit der Inschrift »Ordem e Progresso« – Ordnung und Fortschritt.

Vor mir liegen 540 Kilometer bis Porto Velho. Einer meiner »Heimathäfen«. Dort war ich schon oft, kenne die meisten Ekken, die besten Restaurants, die billigsten Spelunken, und dort erwarten mich alte Freunde. Sie wissen, daß ich komme. Ich habe sie gestern aus Rio Branco angerufen. Was sie nicht wissen, ist, daß ich per Velo komme.

Wie eine schnurgerade Narbe zieht sich die Erdpiste durch grünes Weideland. Da und dort ein schlammbrauner Fluß in der baumlosen Ebene oder ein Fazendagebäude. Tatkräftige Haudegen haben weite Flächen urbar gemacht. Keine vom Regen aufgerissenen Erdwunden, kein wildes Unkraut auf weißgrauem Sand wie anderswo. Hier wächst saftiges Gras und kräftiges »Beefsteak«. Die Umgebung spottet der Theorie: Nur im Urwald richte der Regen keinen Schaden an; alleine das intakte System des Dschungels halte ihm stand. Die Theorie von der bitterarmen Amazonaserde, die keinen Humus enthält, wo nach dem Brandroden eine Mondlandschaft entstehe. Ein Triumph der Planungsstrategen? Wurde hier in Acre endlich das gelobte Land Amazoniens gefunden? Haben die aus den Anden kommenden Weißwasserflüsse durch mineralreiche Ablagerungen dieses Randgebiet aufgedüngt, nutzbaren Tropenboden gemacht? Wenn das zutrifft, dann: Bye-bye, ihr schönen Wälder von Acre!

Die steile Mittagssonne wirft ihre sengenden Strahlen auf die Piste, hat den vom morgendlichen Regen aufgeweichten Straßendreck zu einem von Schlammlöchern durchbrochenen Lehmziegel gebrannt. Mir soll's recht sein, so versinken die Reifen nicht im Morast. Dafür entpuppt sich der neue Fahrradsattel als erbarmungsloser Gesäßfeind. Wenn er bis Porto Velho nicht anpassungsfreudiger wird, ist sein Schicksal besiegelt.

Hie und da überholen mich robuste Dieselungetüme vom Typ Mercedes, VW, Scania, Volvo brasilianischer Produktion, in einem Tempo, das nicht viel über meinem liegt. Sie sind schwer beladen, und die Fracht ist mit Planen abgedeckt. Wenn die rollenden Lastkähne in die badewannegroßen Schlammlöcher eintauchen und sich dann wieder herauswürgen, sieht es aus, als ob ein Zirkuselefant aufs Podest stiege. Den Kennzeichen ist zu entnehmen, daß sie aus Rio, Santos, Porto Alegre, Salvador oder São Paulo kommen. Auf der Rückseite der Ladeflächen und auf den Kotflügeln prangen in farbigen Lettern lebenskluge Sprüche: »Kennst du São Paulo, dann kennst du alles Elend dieser Welt.« »Mein Reichtum sind meine drei treuen Frauen.« »Wenn ich einmal sterbe, komme ich in den Himmel, denn in der Hölle war ich schon.«

An einer Abzweigung – ein Karrenweg –, die nach irgendwohin führt, halte ich gegen Abend vor einer angegrauten Bretterhütte mit offener Veranda. Ein Stück Freilichtmuseum des Wilden Westens! Neben einem parkierten Schwertransporter stehen zwei angebundene Gäule unter einem Baum. Die Reitsättel noch auf dem Pferderücken, mit hochgezogenen Steigbügeln, als Unterlage ein Schaffell.

Es könnte sich um eine Poststation des alten nordamerikanischen »Pony-Express« handeln, doch die Pferde sind keine Mustangs, sondern brasilianische Pantaneras, und an Stelle von Buffalo Bill werden sie von Vaqueros geritten. Diese Viehhirten reiten oft meilenweit, um in so einer einsamen Straßenkneipe ein paar Zuckerrohr-Schnäpse hinter die Binde zu gießen oder eine Kuhhaut gegen Tabak, Dolchmesser oder sonst etwas einzutauschen. Wer in die Stadt muß, reitet ebenfalls zur Straße, bindet seinen Gaul irgendwo fest und nimmt dort den Bus oder die Ladefläche eines Lkws. Kommt er später zurück, ist das Roß noch an der selben Stelle angebunden.

Meinen »Gaul« stelle ich ebenfalls am Baum ab. Hungrig und durstig betrete ich über die Veranda die Bretterbude. Sie umfaßt einen einzigen Raum. Auf der einen Seite stehen zwei grobschlächtige Gesellen an einem Holztresen. Ein langer Lulatsch, den Hut grimmig in die Stirne gezogen, und ein kleiner Dürrer. Ihre Hemden sind zerrissen, die Hosen geflickt, die Sporen an den nackten Füßen festgeschnallt. Die Jungs riechen nach Schweiß und Leder. Vor jedem steht ein großes Wasserglas mit einer klaren Flüssigkeit drin. Die Hände baumeln irgendwie verloren entlang der äußeren Hosentaschen, als suchten sie nach Coltgriffen. Meinen Gruß erwidern sie mit einem unverständlichen Murmeln. Auf der anderen Seite sitzt ein grauhaariger, älterer Mann hinter einem Tisch und zählt Nägel, die er in Tüten aus verblichenem Zeitungspapier abfüllt.

An den Wänden stehen Regale aus rohgezimmerten Latten, vollgestopft mit Konserven, Zwieback, Geschirr, Äxten, Buschmessern, Scheren und vielen Flaschen mit billigem Cachaça, Zuckerrohrschnaps. Von der Decke baumeln fliegenschmutzstarrende Kochtöpfe, Würste, Besen sowie ein Lampenschirm aus dem Panzer eines Gürteltiers.

Die Hälfte des Bodens ist ausgelegt mit Pferdehalftern, Zügeln, Peitschen, Zwiebeln, Stacheldrahtrollen und geöffneten

Jutesäcken mit Mais und Reis. Als Schöpfmaß dienen leere Konservendosen.

Krämerladen und Bar in einem, wie man sie überall in abgelegenen Gegenden findet. Höflich bitte ich um ein Glas Wasser. Der nägelzählende Senhor steht auf, geht zu einem tönernen Krug und schöpft mit einer Kelle klares Wasser in einen Aluminiumbecher. In zwei Zügen kippe ich das köstlich kühlende Naß hinunter und fasse gleich noch einmal nach. Mit versteckter Neugier wird der Fremde gemustert. Dann kaufe ich vier hartgekochte Eier, Zwieback und Wurst, setze mich draußen auf der Veranda auf die Holzbank und esse mit gesundem Appetit.

Während ich mein Abendbrot kaue, fährt ein knatternder, dreckiiberzogener Überlandbus auf den Vorplatz und stoppt. Fahrgäste stolpern müde und mitgenommen aus der strapazierten Blechdose und strecken ihre durchgerüttelten Glieder. Jeder, der in einer langen Hose steckt, hat die Beinstulpen bis zum Knie hochgerollt und trägt seine Schuhe oder Plastiksandalen in der Hand. Die nackten Füße sind mit angetrocknetem Schlamm überzogen. Frauen, Kinder und Männer, knorrige Gestalten. Bestimmt sind einige darunter, die ihre alte Heimat für immer zurückgelassen haben. Einwanderer, die vom neuen »Wunderland« Acre gehört haben, von dem Land, wo die Arbeit Früchte trägt, wo die Zukunft Hoffnung und Zuversicht ist. Ob sie willkommen sind, diese Besitzlosen, ohne Startkapital, Planierraupen und ohne Kühe? Oder haben sie sich bereits damit abgefunden, nur die Dreckarbeit für andere zu verrichten: Feuer legen, Land roden, Zäune ziehen als Tagelöhner von Rinderbaronen, die lieber komfortabel in Rio oder São Paulo wohnen?

Nach einer viertelstündigen Unterbrechung treibt der Busfahrer seine »Schäfchen« wieder ins Innere des klapperigen Transporters und tuckert wagemutig hinaus auf die Lehmpiste, den restlichen Schlaglöchern seiner langen Fahrt entgegen.

Der grauhaarige Senhor, der Besitzer des »Truckstops« erlaubt mir, unter dem Verandadach an den Sparren meine Hängematte für die Nacht zu spannen.

Der Tag verabschiedet sich mit eindrücklicher Intensität, und die Nacht bricht mit ungestümer Macht über die Landschaft herein. Obwohl durch die Wolkenlöcher einzelne Sterne blinken, lastet die Finsternis wie ein schwarzes Tuch über dem weiten, flachen Weideland. Nur dann und wann zuckt ein fernes Wetterleuchten durch diese Löcher und läßt die Konturen der näheren Umgebung für den Bruchteil einer Sekunde erahnen. Mitten in der Nacht weckt mich ein apokalyptisches Gewitter. Vielfingerige Blitze stechen zur Erde und blenden die Gegend weißgrell aus. Donner explodiert Schlag auf Schlag, verschmilzt zu einem ununterbrochen krachenden Gedröhn.

Ich verlasse die Hängematte fluchtartig und drücke mich schutzsuchend an die Hüttenwand. Gebannt verfolge ich das infernalische Spektakel. Links ein Blitz, vorne einer und rechts der nächste, alle zwei, drei Sekunden ein vielfach verästeltes Strahlenmeer. Der Himmel reißt auseinander. Ein Zornesausbruch der Amazonas-Götter, als wären sie von Sinnen. Ungeheure Wassermassen stürzen hernieder und werden von Sturmböen fast waagerecht über die Erde gefegt. Meine leere Hängematte zerrt wild an den Halteleinen und peitscht wie eine Fahne am Mast. Keine zehn Minuten dauert das enthemmte Schauspiel der Naturgewalten, dann ist der Spuk vorbei! Totenstille. Nur noch das gedämpfte Gurgeln des ablaufenden Wassers auf dem Boden. Bald läßt mich die unschuldige Ruhe und eine harmlose Dunkelheit wieder weiterschlafen.

Um sechs Uhr früh sitze ich wieder auf meinem vollbepackten Stahlroß, das immer mehr zum Dreckfänger wird. Der nächtliche Regen hat die Erdpiste aufgehen lassen wie einen Hefeteig. In langen Fladen quillt die zähe, rotbraune Masse unter den Schutzblechen hervor. Immer öfters muß ich diese mit dem Schraubenzieher von der Lehmlast befreien. Streckenweise erlaubt es der Pistenrand, auf einen schmalen, befahrbaren Grasstreifen auszuweichen, doch jeder Fußgänger könnte das Tempo mithalten.

Nach sechs Stunden habe ich genug, baue mein Zelt neben der Straße im freien Grasland auf und warte auf den nächsten Tag. Der kommt auch, und mit ihm die Erkenntnis, daß es nicht gerade eine glorreiche Idee ist, während der Regenzeit auf der Trans-Am eine »Fahrrad-Rallye« zu absolvieren. Am Himmel ballen sich bereits am Morgen wieder schwarze Wolkengebilde, und kaum sitze ich eine halbe Stunde im Sattel, holt mich der

Regen ein. Was heißt »Regen«! Es schüttet! Der Schlamm verfängt sich dermaßen in den Bremsen und Schutzblechen, daß die Räder blockieren. Nachdem ich die Bleche demontiert und auf dem Gepäck festgebunden habe, drücke und ziehe ich unter dem schwitzigen Regenschutz das Rad barfuß durch den Dreck. Zwei Schritte voraus, einen Rutsch zurück. Mühsam kämpfe ich mich durch den glitschigen Pfuhl, doch gewinnen kann ich diese Schlammschlacht nicht. Der Regen hat mir jede Chance genommen.

Gegen Mittag taucht eine Fernfahrerkneipe auf. Es muß eine sein, denn drei Trucks stehen davor. Zielstrebig steuere ich darauf zu.

Unter einem Wellblechdach stehen ein paar Holztische, darum herum rohe Baumklötze, als Stühle gedacht. Auf drei dieser Klötze sitzen stoppelbärtige, wilde Pioniertypen, die sich Fleischbrocken, Reis und Bohnen in die zumeist zahnlosen Mäuler schaufeln. Mit kleineren Essensresten werden die Hunde unter dem Tisch gefüttert, größere räumt ein etwa zehnjähriges Mädchen ab und kippt sie auf eine Halde direkt neben der Raststätte. Dort wühlen Schweine und Hühner in trauter Zweisamkeit im Abfall.

Ich setze mich an einen freien Tisch und bestelle beim Mädchen einen »Prato-Feito« – einen »fertigen Teller«. Kurz danach kriege ich das Gewünschte vorgesetzt. Fein säuberlich aufgehäuft, liegen vor mir schwarze Bohnen, Reis, Farofa, Salat und Fleischstücke an einer etwas zu fettigen Sauce. Das Eßbesteck ist tadellos eingerollt in einer blütenweißen Serviette aus Toilettenpapier. Während ich esse, bedient der Wirt persönlich die Stoppelbärtigen. Er stellt ihnen Gläser und eine volle Cachaça-Flasche auf den Tisch. Großzügig bedienen sie sich daraus.

»Como-vai, Suiço?« ertönt eine Stimme. Überrascht schaue ich auf. Wer kennt mich hier? Einer der Männer, die vorher mit dem Rücken zu mir saßen, hat sich umgedreht und mich angesprochen. Ich beende meine Mahlzeit, und »Rogenio«, so nennt er sich, erzählt unterdessen, daß er mit seinem Camion von Rio Branco komme. Beim Kontrollposten und in der letzten Kneipe hätte man ihm berichtet, daß ein Schweizer mit dem Fahrrad unterwegs sei.

»Du willst nach Porto Velho?« Dabei füllt er sein Glas wieder mit Schnaps auf und nimmt einen gesunden Schluck. »Ja«, antworte ich ihm. »Mit dieser Bicicleta schaffst du das nie!« meint er. »Du mit deinem Camion auch nicht, wenn du so weitersäufst«, kontere ich. Er lacht und meint: »Wer in den Amazonas fährt, braucht das. Willst du auch einen Pinga?« »Natürlich, aber einen doppelten!« Puh! Da habe ich den Mund wohl zu voll genommen. Der Stoff ist blödsinnig scharf und vermutlich auch mehr oder weniger ungesund. Mehr Methylalkohol als Gebranntes aus Zuckerrohr.

»Du bist Marinheiro, richtig zur See gefahren, über die Meere?« fragt derjenige, der sich beim Anstoßen als Sergio vorstellte. »Ja, alles zusammen etwa sieben Jahre. Auf Schiffen unter verschiedenen Flaggen, über alle Weltmeere.« Rogenio meint: »Dann kennst du bestimmt viele Länder«, und fügt hinzu: »Sag mal, wo gibt es die heißblütigsten Frauen?« Meine Antwort »schöne Mädchen gibt es überall« befriedigt ihn nicht. Jetzt bohren alle drei und wollen es genauer wissen. Mir ist natürlich klar, was diese Machos hören wollen. Als ich eingestehe, unten in Belo Horizonte einmal eine bildhübsche und sehr liebe Freundin gehabt zu haben, gucken sie sich gegenseitig an, als hätte ich jede Brasilianerin zur Miss Universe gekrönt. So sind sie halt, diese Portugiesisch sprechenden Südamerikaner, die schlimmsten »Patrioten«, die ich kenne. Während Rogenio eine weitere Flasche bestellt, erwähne ich noch beiläufig: »Nur treu ist mir die Schöne nicht geblieben.« Da brechen sie in schallendes Gelächter aus.

Die drei Fernfahrer überzeugen mich, daß ein Weiterradeln auf der Morastpiste unmöglich ist. Auch sie wollen bis morgen früh hier bleiben und mich dann mitnehmen. Notfalls bis Manaus, wenn ich wolle. Bescheiden gebe ich mich mit Abuná am Rio Madeira zufrieden.

Weniger bescheiden wird der Nachmittag, dabei hat er so harmlos begonnen. Als ganz gewöhnlicher, verregneter Wochentag in einer billigen Kaschemme, irgendwo entlang der Transamazonica am Rande der Zivilisation.

Einer nach dem anderen schmeißt eine Runde. Selbst der Wirt hält mit, bis ihn seine Frau in die Küche holt. Durch die dünne

Bretterwand hören wir, wie sie ihm deshalb die Leviten liest. Die Trucker amüsieren sich köstlich darüber und reißen Witze. Nicht lange, dann ist der Lokalbesitzer wieder unter uns.

Irgendwann frage ich mich, ob brasilianische Fernfahrer mit einer Reserveleber ausgestattet sind. Die Gespräche drehen sich immer wirrer im Kreise, und mit ihnen der Strudel des »Feuerwassers« im Kopf. Natürlich muß in solch einem Saufgelage noch irgend etwas passieren, und so kommt es, daß der Kneipenwirt das größte der frei herumrennenden Schweine verkauft. An Sergio, zu einem Spottpreis, unter der Bedingung, daß er es alleine und innerhalb einer Stunde einfängt. Gelingt ihm das nicht, geht der bezahlte Betrag trotzdem an den Wirt. Ich mische mich nicht ein, doch die beiden anderen Fahrer raten ihrem Kollegen, die Hände davon zu lassen. »Das Vieh kriegst du nie!« Der hat indessen bereits ein ganzes Bündel Cruzados aus einer Hemdtasche gezogen, zählt den geforderten Preis ab und lallt: »Billiger habe ich noch kein Ferkel gekauft, zu Hause werden sie sich freuen.« Der Handel wird mit einem weiteren Schnaps begossen und ich zum neutralen Zeitstopper erkoren.

Punkt 16.00 Uhr erfolgt der Start des Rennens. Die Müllkippe, dort, wo Borsten- und Federvieh ihr stinkendes Reich haben, wird zur Arena. Ein schwarzes, spitzbäuchiges Schwein ist der auserwählte Gegenspieler und ahnt noch nichts von seinem Glück. Sterngranatenvoll schleicht sich der Truckfahrer von hinten an. Gar nicht einfach bei dem nassen, rutschigen Boden und den Promillen. Gespannt verfolgen wir die Show, vor allem der Wirt sitzt wie auf Kohlen. Da hechtet der Gladiator mit Todesverachtung nach dem Tier. Hochaufspritzender Schlamm, panisches Hühnergegacker, hysterisches Schweinequietschen, und der gute Mann liegt einsam und alleine mitten im Abfall. Wir halten uns die Bäuche vor Lachen.

Mühsam versucht der glücklose Schweinefänger, sich aufzurappeln. Er torkelt zu uns an den Tisch, kippt sich einen weiteren Pinga in die Kehle und behauptet steif und fest, das Bein der Sau gefaßt zu haben. Der Kerl sieht vielleicht aus: Von oben bis unten beschmiert mit Schlamm, Abfall und Tierkot! Er verbreitet einen Gestank wie eine Jauchegrube. Ich wechsle hinüber an einen anderen Tisch und verkünde lauthals: »Eins zu null für das

Vieh. Sergio, du hast noch immer fünfzig Minuten.« Nach kurzer Verschnaufpause steht er wieder auf und bahnt sich zwischen den Tischen und Holzklötzen seinen Weg in Richtung Küche. Was hat er jetzt für eine Schnapsidee? Dort angelangt, muß er mit der Wirtsfrau zusammengeprallt sein. Ein heftiges Wortgefecht ist zu vernehmen. Sie wirft ihn kurzerhand raus, doch einen Teilerfolg kann unser Komödiant – dem es todernst ist, geht es immerhin um seinen halben Wochenlohn – trotzdem verbuchen: Mit beiden Händen balanciert er einen Teller, randvoll mit gekochtem Reis. Mit glasigen Augen steuert er unseren Tisch an und blubbert zwischen stinkenden Schluckaufs: »Das Mistvieh gehört mir!« Er nimmt eine dreiviertelvolle Flasche Pinga und schüttet sie über den Reis. Aha! Der schlaue Fuchs will sie füttern und benebeln. So genau sehe ich das Zifferblatt meiner Uhr zwar nicht mehr, bin eher beim Schätzen angelangt. Trotzdem rufe ich: »Sergio, du hast noch vierzig Minuten!«

Für Sergio wird dies immer mehr ein Kampf gegen den schmierigen Boden. Verzweifelt versucht er, mit dem Teller Schnapsreis seinen Camion zu erreichen. Zwanzig Meter davor ist der Seiltanz zu Ende, der Reis liegt verstreut auf dem Boden, und der Südamerikaner legt die restlichen Meter auf allen Vieren zurück.

Sergio zaubert aus seinem Laster ein lassoähnliches Seil hervor, mit dem er eine Beinschlinge legt. Als Köder dient der Reis auf dem Boden. Was der Kerl an Gesten vollführt, ist reif für den Zirkus. Leider hat mich die Zecherei dermaßen gefordert, daß ich die Nummer nur noch schemenhaft wahrnehme. Irgend etwas ist da noch mit den Hühnern, die an den ausgelegten Köder wollen... Dann wird die Zeitnahme unterbrochen!

Warum werde ich verprügelt? Jemand traktiert erbarmungslos meinen Kopf. Wo bin ich überhaupt? Nur langsam löst sich der Dunst vor meinen Augen, doch da ist niemand, der mich schlägt. Die Mißhandlung sitzt mitten im Schädel. Mühsam richte ich mich auf, was die Drescherei im Schädel noch verstärkt. Von einem der Tische fixieren mich teilnahmslos zwei Augenpaare. Sehen die aber schlecht aus! Eine gute Fee muß mein Leiden ahnen und stellt einen Zuber voll Wasser neben mich. Instinktiv tauche ich meinen schmerzenden Körperteil dort hinein, worauf die gemeine Hämmerei geringfügig nachläßt. Komisch, das Erinnerungsvermögen ist nahezu ausgelöscht. Erst als ich mühsam aus dem »Restaurant« trete, hilft mir ein an einen Lkw angebundenes Schwein, den Vortag einigermaßen zu rekonstruieren. Ich gehe wieder zurück und setze mich zu den zwei verwetzten Gestalten an den Tisch. Bruchstückhaft erfahre ich dort den Rest der Geschichte: Mit dem Glück des blinden Huhnes sei es Sergio gelungen, das Schwein zu fangen. Ob es noch im Rahmen der vorgeschriebenen Stunde geschah, wisse man nicht, da die vielgerühmte Schweizer Zeitmessung ausgefallen sei. Den Wirt hätte man seitdem auch nicht mehr gesehen. Dafür zeigt seine Frau sportliche Fairneß und bedient uns mit heißem Kaffee. Die Genesungsphase dauert den ganzen Vormittag.

Die Sonne hat ihren Höchststand erreicht, als wir gemeinsam mein Fahrrad, das Gepäck sowie die an den Läufen zusammengebundene Sau verladen. Nur der neue Besitzer des Tieres hat sich zur Morgentoilette und zum Kleiderwechseln zurückgezogen.

Eine allerletzte Fahrzeugkontrolle, dann werden die Camions bestiegen. Rogenio übernimmt die Konvoispitze und sagt, ich solle bei ihm mitfahren. Als ich auf dem Beifahrersitz meinen Platz eingenommen habe, startet er den Motor. Gleich stellt sich ein starkes Schütteln des Fahrgestells ein. Die Vibrationen gehen aufs Lenkrad, den Schalthebel und die innere Motorenabdekkung über. Entsprechend laut ist die Geräuschkulisse in der Kabine.

Langsam tuckert der Lkw auf die Piste hinaus. Die drei anderen folgen in Abständen. Während der Fahrt überträgt die harte Vorderachsfederung Stöße und Schläge direkt auf den transpirationsfördernden Kunstledersitz und weiter auf mein Gesäß. Ob dem neben mir diese Schlaglöcher auch so zusetzen? Anmerken läßt er sich jedenfalls nichts. Im Gegenteil. Er nimmt eine Musikkassette aus dem Handschuhfach und schiebt sie ins eingebaute Abspielgerät. Fröhlich pfeift er zur Melodie, jenem typischen »Highway-Sound« von Fernweh, Freiheit und Heimweh, wie man ihn genausogut in einem Truck zwischen Amarillo und Memphis oder Hamburg und Istambul hören könnte.

Auf einmal dreht Rogenio die Musik etwas leiser und sagt zu mir, ohne den Blick von der Straße zu nehmen: »Suiço« – eine brasilianische Eigenart, man wird selten mit seinem Namen angesprochen, sondern nach der Gegend benannt, aus der man stammt – »weißt du, drei Dinge sind es, von denen sich ein echter Caminhoneiro nicht trennen kann: der Lkw, die Musik und die Mutter seiner Kinder.« Eine bemerkenswerte Reihenfolge. Ich nicke, drehe die Musik noch leiser und antworte ihm: »Das glaube ich dir alles, bis auf das mit dem fürsorglichen Familienvater. In diesem Land kenne ich keinen Trucker, der nicht zwei, drei Verhältnisse gleichzeitig an verschiedenen Orten hat.«

Die folgende Stunde bemüht er sich, mich vom Gegenteil zu überzeugen. Auch er habe zwar fünf Kinder, verteilt übers ganze Land, doch ich dürfe das nicht als unmoralisch ansehen. Das hänge mit der etwas lockeren brasilianischen Mentalität und den unmenschlichen Distanzen des riesigen Straßennetzes zusammen. So gut es mit seinem bescheidenen Einkommen möglich sei, würde er alle unterstützen.

Monoton zieht die Gegend an den offenen Seitenfenstern vorbei. Wassersattes Land und unermeßliche Weite. Unser Gespräch hat sich ebenfalls in der Weite des Landes verloren. Alle Horizonte gleichen sich und machen apathisch. Wenn deshalb einmal ein Fahrzeug entgegenkommt, halten die Fahrer an, wechseln ein paar Worte oder geben sich den neuesten Straßenzustand durch. Dann schließen auch die Laster hinter uns auf, und wir sind für kurze Zeit wieder ein Konvoi.

Manchmal ist die Transamazonica so breiig, pappig und voller Löcher, daß nur im ersten oder zweiten Gang gefahren werden kann. Kein Durchdrücken des Gaspedals, kein lässiges Halten des Lenkrades, sondern knochenharte Schwerarbeit.

Die Durchfahrt eines Baches, der dort, wo die Piste im lehmfarbigen Wasser verschwindet, einen großen Tümpel bildet, scheint der Chauffeur gut zu kennen. Mit zunehmender Geschwindigkeit saust er die Senkung hinunter, direkt auf den »Baggersee« zu. Ein Knall, und wir werden wie von einer Riesenfaust hin und her geschüttelt. Das Wasser spritzt bis zu den Scheiben hoch. Einen Augenblick später dringt es durch Tür- und Bodenritzen ins Innere. Dann sind wir durch. Mit hoher

Motorendrehzahl mahlt sich der Camion auf der Gegenseite die Steigung hinauf. Nach 300 Metern wird angehalten, bis auch der letzte Brummer sein Bad hinter sich hat.

Bald nähern wir uns einem Baucamp mit einer Tankstelle. »Porto Velho ist weit, wer weiß, wo noch ein paar Tropfen Diesel erhältlich sind«, meint Rogenio. Die drei hinter uns halten ebenfalls an. Nach zehnminütigem Hupkonzert erscheint jemand, ein mißmutiger, leidlich verschlafener Kerl. Ob er wieder Brennstoff habe, wollen die Fahrer wissen. Das schon, nur der Generator für Strom und Zapfsäule sei defekt. Drüben würden ein paar volle Fässer stehen. Zwei davon könne er abgeben.

Zu viert wuchten wir eine der rostigen 200 Liter-Tonnen auf zwei andere. Einer holt ein Stück Plastikschlauch, saugt an, spuckt aus, und schon läuft der kostbare Treibstoff in den Tank.

Monumentale Türme aus dunklen Gewitterwolken veranlassen die Fahrer, auf dem Campgelände die Nacht zu verbringen. Unser Maskottchen, das schwarze Spitzbauchschwein, wird aus seiner ungemütlichen Lage befreit. An langer Leine kriegt es seinen Auslauf, suhlt sich in einer Pfütze und sucht nach Futter. Hunger? Natürlich, auch von uns hat heute noch keiner was gegessen.

Ich hole meine Kochausrüstung und die Vorratstasche und baue die Feldküche unter dem Dach eines Bauschuppens auf. Da mein Zweiliter-Topf für fünf Personen und ein Schwein viel zu klein ist, leihe ich von den Fahrern zwei größere Kessel. Interessiert verfolgen die vier mein Tun, zweifeln jedoch an der Leistungsfähigkeit des kleinen Benzinkochers. Als das Wasser nach kurzer Zeit siedet, zweifelt keiner mehr. Das Abendessen, ein Nudeleintopf mit Fleischklößchen aus der Dose, übergossen mit einer Pfanne voll gebratener Zwiebeln, Sardinen und Corned-Beef, ist zwar kein typisch brasilianisches Gericht, doch übrig bleibt nichts. Das Schwein muß sich mit einem Kessel voll weißem Reis begnügen. Diesmal ohne Schnaps.

Im Kreis, um den Lichtschein einer Petroleumlampe, spannen wir unter dem Schuppendach die Hängematten. Der eine liegt, der andere sitzt darin, doch die Unterhaltung wird bis spät in die Nacht geführt. Ich genieße es, den Geschichten zuzuhören. So wie Jäger, Seeleute, Legionäre, Gauchos oder Goldwäscher haben eben auch Truckis ihre eigene Sprache, ihre eigenen Anekdoten, bei denen Reales und Irreales oft innig miteinander verschmelzen.

Was ich von ihnen wissen möchte, ist, weshalb sie im Konvoi fahren, während andere alleine unterwegs sind. Man erklärt mir das so: Alle vier sind Dono do caminhão – selbstfahrende Besitzer des LKWs. Auf abgelegenen Pisten, wie die Transamazonica, werden öfters mal Laster überfallen, geklaut und rollen dann über Boliviens, Paraguays oder Perus Straßen. Im Konvoi wird das Risiko auf ein Minimum reduziert. Die Solofahrer jedoch sind für eine Firma unterwegs und, im Unterschied zu ihnen, gegen Diebstahl versichert. Der Verlust ihres Camions dagegen, auf dem meist noch eine Hypothek lastet, wäre das Ende. Brasiliens Frachtverkehr läuft über die Straße. Der Konkurrenzkampf der selbstfahrenden Unternehmer gegen die großen Transportfirmen ist zwar hart, die Gewinnspannen klein, dafür würden sie aber ihre Gesundheit behalten. Auf meine naive Frage, wieso Gesundheit behalten, wollen sie nicht recht eingehen, doch ich bohre hartnäckig weiter. Etwas zögernd beginnen sie dann doch, aus der Schule zu plaudern.

Nun, der Traum des eigenen Fahrzeuges sei der eines jeden Caminhoneiros, der länger als ein Jahr hinter dem Lenkrad sitze. Jeder von ihnen habe sich das Startkapital als Verdureiro in der mörderischen Gemüsefahrt verdient. Das heiße im Klartext: Von Porto Alegre im Süden mit Zwiebeln nach Recife oder Belém, 4000 Kilometer in 48 Stunden, ohne zu schlafen, Anhalten nur bei den innerstaatlichen Zollposten, Essen während der Fahrt. Von dort mit Papayas oder Cajufrüchten zurück nach São Paulo. Zwei Tage ausschlafen und dann mit Salat wieder in den Norden nach Porto Velho und Manaus. 300000 Kilometer im Jahr sei die Norm. Das schaffe keiner nur mit Kaffee. Jeder Verdureiro – Gemüsefahrer – würde sich mit Aufputschmitteln wie Pervitin oder Dexedrin dopen. Nach zwei, drei Jahren sei man kaputt, ausgebrannt, süchtig, oder man ende in einem tödlichen Unfall. Ihnen wäre es gelungen, diesem Horror zu entfliehen. Reich werden könne man nicht mit nur einem Camion, dafür aber menschenwürdig leben.

Die Diskussion geht weiter, um Fracht und nochmals um

Fracht, über Vor- und Nachteile verschiedener Marken, vorwiegend über die vier oder fünf europäischen Firmen, die in Brasilien produzieren. Rogenio schwört auf seinen Daimler-Benz und meint: »Damit komme ich überall durch und flicke ihn notfalls mit Hammer, Nagel und Draht.«

Von mir will man wissen, was draußen in der Welt an Brummis so herumkurvt. Ich erzähle ihnen von den zwölf- bis vierzehnachsigen Lastzügen in Australien, den Road-Trains, von dem Luxus in amerikanischen Kenworths und Macks, und von den wohl farbenprächtigsten rollenden Tempeln überhaupt, den Trucks der Naniwa-Kai-Clans in Japan, und zu guter Letzt, daß ich die brasilianischen »Diesel-Cowboys« für die verrücktesten und verwegensten Fahrer halte. Von den tausend Meilen, die ich auf Fernlastern mitfuhr, habe ich nirgends Blut und Wasser geschwitzt, außer in Brasilien. Mit Schaudern denke ich an einige halbverfaulte Holzbrücken und ans unerschütterliche Gottvertrauen der Fahrer zurück.

»Nun, das bessert sich ja täglich, schließlich wird auch hier fleißig gebaut, betoniert und asphaltiert.« Den ironisch-bitteren Unterton meines letzten Satzes hören sie nicht heraus. Wie sollen sie auch? Ihr persönliches Schicksal, ihre Existenz ist zu eng mit dem vermeintlichen Fortschritt verbunden.

Irgendwann machen sich die Strapazen des gestrigen Tages doch bemerkbar. Einer nach dem andern rollt sich in seiner Hängematte in die bequemste Position, meldet sich ab zur Nachtruhe.

Seit dem ersten zaghaften Lichtschimmer walzen die vier Camions wieder gegen Osten. Rogenio hat die Spitze einem anderen überlassen und liegt mit seinem Mercedes an zweiter Stelle. Wir befinden uns inzwischen im Bundesstaat Rondônia. Bis zum Holzfluß, dem Rio Madeira, mögen es noch 100 Kilometer sein. Die Landschaft wird abwechslungsreicher. Die Piste verliert ihre linealgerade Eintönigkeit, durchschneidet ein Buschland mit hohem Gras, aus dem hie und da ein Strauch, ein einzelner Baum oder ein paar Fächerpalmen herausragen. Plötzlich, beim Einbiegen in eine abschüssige Kurve, geht der Fahrer vor uns auf die Bremsen. Wir schließen dicht auf und halten an. Unten in einer Mulde liegt ein sechsachsiger Tankwagen, ein Sattelschlepper, auf seiner Breitseite. Er präsentiert die vom Regen blank gewaschene Unterseite wie ein totes Tier. Zu dritt stapfen wir zum Führerhaus hinunter. In der querliegenden Kabine schläft ein junger Kerl in halber Hockestellung und fährt erschreckt hoch, als wir ihn wecken. Er erzählt, daß er der Beifahrer sei und seit zwei Tagen hier auf seinen Chef warte. Der sei per Autostop unterwegs nach Porto Velho, um Hilfe zu holen. Verletzt sei niemand, doch der Laster könne nur mit Raupenfahrzeugen geborgen werden. Inzwischen sind die beiden anderen Fahrer ebenfalls erschienen. Gemeinsam wird beraten, ob man den Havaristen nicht doch aufstellen und hinaufziehen könnte. Die Antwort gibt die Piste: Unmöglich. Sie läßt keinen Schleppversuch zu. Hilfloses Schulterzucken. Der junge Beifahrer behauptet, nichts nötig zu haben, wobei er sehnsüchtig nach der Zigarettenschachtel in der halboffenen Brusttasche unseres Schweinedompteurs guckt. Der überläßt sie ihm, nicht ohne vorher auf die Aufschrift »Inflamavel« am Tankwagen zu weisen.

Als wir die Böschung hochkraxeln, meint Rogenio mit dem ihm eigenen, bissigen Spott zu mir: »Na ja, jetzt siehst du, wie es geht, wenn man mit solchen Asphaltschlitten die Trans-Am fahren will.«

Das schwierige Teilstück der Straße, dort, wo der Sattelschlepper ausbrach, ist höchstens 50 Meter lang, aber gefährlich abfallend und rutschig. Jeder fährt seinen Truck einzeln durch, während ihn die anderen zu Fuß lotsen. Zwei haben die kritische Stelle bereits passiert, als der Fahrer des dritten LKWs in der Kurve zu weit ausholt und in die Spur des Sattelschleppers gerät. Mit aufheulendem Motor versucht er, sich daraus zu befreien, verliert jedoch immer mehr die Kontrolle und rutscht mit durchdrehenden Rädern dem Abhang entgegen. Unmittelbar vor der Böschung sinkt er nabentief ein, kippt bedrohlich zur Seite. Wild gestikulierend geben die »Lotsen« ihrem Kollegen zu verstehen, daß er endlich aufhören soll. Einer holt ein 20 Meter langes Stahlseil, bindet es um die Hinterachse des Festsitzenden, das andere Ende koppelt er auf die Zugvorrichtung unter der vorderen Stoßstange des vierten, hintersten Camions. Beide Fahrer schalten den Rückwärtsgang ein. Die Räder schleudern Dreck, wühlen sich noch mehr ein. Sergio winkt ab, holt aus seinem Werkzeugkasten eine Motorsäge, geht damit zu einer Fächerpalme und ruft mir zu, ich solle mitkommen. Die Palme fräst er kurzerhand um, entastet sie, und ich schleppe die Äste zu den Camions. Dort legen die anderen mit Schaufeln und Hacken die eingesunkenen Räder frei. Hinter jedem freigeschaufelten Reifen entsteht ein regelrechter Palmblätterteppich. Dann der zweite Befreiungsversuch. Langsam, ganz langsam fassen die Reifen, rutschen wieder durch und greifen erneut. Es stinkt nach verbranntem Gummi. Zentimeter um Zentimeter bewegt sich das tonnenschwere Fahrzeug rückwärts. Ich stehe etwas abseits und beobachte den Chauffeur des eingesunkenen Trucks. Mit größter Konzentration sitzt er am Steuer, die Zigarette zwischen die verkniffenen Lippen geklemmt. Er dreht nicht mal den Kopf, nur seine Augen huschen von einem Rückspiegel zum anderen, als ob er sein verbissenes Adlergesicht mustern würde. Dann wieder ein kurzer Blick zu Rogenio, der zehn Meter vor seiner Motorenhaube steht und ihm genauso konzentriert mit den Händen Zeichen gibt. Jeder weiß, daß es nicht mehr viel braucht, bis sich der Laster überschlägt. Im Zeitlupentempo bewegt er sich aus dem Gefahrenbereich. Dann ist er draußen, und alle lachen wie Jungen, denen ein Streich gelungen ist. Keiner macht dem Fahrer Vorhaltungen, jeder ist sich wohl bewußt, daß ihm schon auf dem nächsten Kilometer dasselbe passieren kann.

Eine ganze Stunde arbeiten wir mit Hacken und Schaufeln barfuß im matschigen Dreck und bessern die Kurve aus. Ein mühseliges Unternehmen. Wenn sich der Spaten schmatzend aus der braunroten Masse löst, bleibt der Lehm danach hartnäckig am Schaufelblatt kleben. Mit weiteren Palm- und Baumstämmen werden die tiefsten Fahrrillen aufgefüllt und mit Zweigen, Steinen und Dreck zugepflastert. Daß ich auf der Transamazonica noch zum Straßenbauer würde, hätte ich mir auch nie träumen lassen.

Zu Fuß wird jeder Meter der Baustelle abgeschritten und die sicherste Durchfahrt gesucht. Ohne große Probleme schaffen es die beiden Nachzügler, und der Konvoi ist wieder komplett.

Eine kurze Kaffeepause, und schon wühlen sich die Trucks weiter durch den Morast. Nach knapp zweistündiger Fahrt erreichen wir den Wald. Ein Wald aus Riesenbäumen und Lianengerank beidseitig der Pistenschneise, eine Mauer aus zusammengewachsenem Blätterwerk und Holz, im unteren Teil beworfen mit einem Lehmverputz.

Das Wetter ist sprunghaft, eben waschen wieder sintflutartige Regenschauer die verschmutzten Scheiben mit solcher Wucht, daß die beiden massiven Wischer die Flut kaum bannen. Die tiefen Reifenspuren werden zu Bächen. Eine Dreckbrühe wälzt sich den Rädern entgegen. Dank der hohen Luftfeuchtigkeit, der Wärme, die der Motor abstrahlt, und den nun geschlossenen Seitenfenstern verwandelt sich die Fahrerkabine schnell in eine Sauna. Nicht nur mein Hemd beginnt am Körper zu kleben, sondern auch Rogenios rotschwarzes T-Shirt, das ihn als Anhänger des Fußballclubs Flamengo-Rio verrät, ist klatschnaß. Heimtückisch verdeckt das Wasser Steine und Löcher. Was eine Straße sein sollte, ist ein glitschiges Schlammbad geworden. Im Schneckentempo versucht der Fahrer, den Laster so gut als möglich in der Spur zu halten. Unermüdlich sind seine Arme in Bewegung. Kuppeln, schalten, am Steuer reißen. Ein ununterbrochenes Suchen nach der geeigneten Passage in diesem bodenlosen Morast. Trotzdem werden wir manchmal von den Sitzen abgehoben oder hin und her geschleudert.

Nachdem die Regenschauer vorüber sind, können wir wenigstens die Seitenscheiben wieder runterkurbeln und den »Dampf« ablassen. Doch das unendliche Band der »Straße der Tränen« bleibt gleich. Tief durchgewühlte Ackerfurchen laufen parallel zueinander, schneiden sich, streben auseinander und bündeln sich wieder. Man könnte Kartoffeln darauf pflanzen. Zum Ausweichen vor den größten Wasserlöchern muß der »Kapitän« oft hart an die Urwaldmauer herangehen. Dann peitschen Äste und Zweige die Frontscheibe, das Kabinendach, verstellen den Außenspiegel und scheuern entlang der Frachtplane. Kilometer um Kilometer ein erbarmungsloser Härtetest für Fahrer und Material. Die Kerle, die ich hier bei der Arbeit sehe, sind nicht mehr die, welche ich am ersten Tag in der Kneipe kennenlernte. Keine hirn- und gefühllosen Säufer, sondern jeder ein Profi vom Scheitel bis zur Sohle, der mit der Zähigkeit eines Maultieres seine Arbeit verrichtet. Was die US-Konzerne des blauen Dunstes mit viel Tamtam und Geld als »härtestes Abenteuer« für ein paar Auserwählte organisieren – hier ist es mühsame, tägliche Arbeit.

Die »Gesetzlosen« vom Rio Madeira

Seit eh und je gehört die Figur des einsamen Goldsuchers ins Stromland Amazoniens. Schon immer haben sich Männer, vom Elend getrieben oder dem Lockruf des schnellen Reichtums folgend, in die unendlichen Wälder gewagt. Glücksritter, Verbrecher, Desperados oder Familienväter, die mit dem Beackern des Bodens die hungrigen Mäuler ihrer Kinder nicht mehr stopfen konnten. Die Spuren vieler dieser Menschen haben sich im Dschungel verloren, andere kamen zurück, todkrank, von Malaria oder Gelbfieber gezeichnet. Nur ein paar Wenigen stand das Glück zur Seite, doch dies hat dem Mythos von El-Dorado nichts anhaben können.

Lange merkte niemand, daß der eigentliche Reichtum auf dem Boden der Flüsse und nicht an ihren Ufern liegt. Das seit Urzeiten aus dem Andengebirge und dem nördlichen Guayana-Schild heruntergeschwemmte Edelmetall hat sich an vielen Stellen in Flußmulden angehäuft. Der Rio Madeira, der Holzfluß, hat schon viele Tonnen Gold preisgegeben. Dennoch narrt er die Menschen, die in seiner Schmucktruhe wühlen, jedes Jahr auf neue. Jedes Jahr versteckt er seinen Schatz irgendwo anders.

Es mögen noch zehn, vielleicht fünfzehn Kilometer bis an sein Ufer und zu der Fähre sein, die jeder benutzen muß, will er auf die andere Seite gelangen. Noch ein paar Kilometer, dann ist für mich die Schüttelorgie durch die wassergefüllten Fahrrinnen beendet. Beklagen will ich mich aber nicht, denn per Zweirad hätte ich es nie geschafft. Das sage ich auch zu Rogenio und erkundige mich, was ich ihm schulde. Energisch winkt er ab. »Nichts, wir haben dich gerne mitgenommen. Warum kommst du nicht gleich mit bis Porto Velho?«

»Rogenio, das kann ich nicht. Drüben will ich zuerst in entgegengesetzter Richtung entlang des Flusses fahren, und ich hoffe, ein paar alte Freunde zu finden. Die Straße soll ja in besserem Zustand sein als hier.«

Mir scheint, als zucke um seinen Mund ein spöttisches Lächeln, als er weiter fragt: »Sag bloß, du willst zu den Garimpeiros – den Goldwäschern –, die dort arbeiten?« »Ganz genau, du hast es erraten.« Er schüttelt mißbilligend den Kopf. Ich grinse. »Sei beruhigt, es sind alte Kumpels, die ich besuchen will.«

Für einen Moment starrt er mich fassungslos an, und es amüsiert mich köstlich, den selbstsicheren Kerl aus dem Gleichgewicht gebracht zu haben. Ich kann förmlich sehen, wie es in seinem Schädel arbeitet. Dann hat er sich die Moralpredigt zurechtgelegt. Ein Auge auf die Straße, das andere halb auf mich gerichtet, sprudelt er los: »Amigo, laß die Finger davon und komm mit uns. Garimpeiros sind Spieler, ihr Einsatz ist das Leben. Und sie verlieren immer, keiner stirbt im Bett. An den Gold- und Diamantenflüssen gehen die Revolver von selbst los. Da steckt die ganze Hölle drin. Hörst du?«

Ich heuchle Interesse, und voller Eifer fährt er fort: »Glaube mir, dort findest du nur Verbrecher, Banditen, zerstörte Existenzen und Männer, die aus Eifersucht ihre Frau oder Geliebte mitsamt dem Liebhaber ermordet haben. Und die Weiber, die sie mitschleppen, sind von so einer Schamlosigkeit, daß sie es nicht mehr wagen, eine Kirche zu betreten. Sogar dem Zölibat entlaufene Priester soll es dort geben.«

Ich finde es rührend, wie er sich um mich sorgt. Als er sich beim letzten Satz bekreuzigt, ist mir jedoch klar, daß er das glaubt, was er sagt. Die Ankunft bei der Fähre erlöst mich vorläufig aus dem Dilemma. Ein riesiges Stahlfloß wartet bereits mit heruntergelassener Auffahrrampe an der Anlegestelle. Mit wichtiger Miene dirigiert das Bedienungspersonal die vier LKWs über die Rampe auf die Plattform und kassiert gleich von jedem Fahrer eine »Spende«, obwohl das Verschiffen eigentlich gratis ist. Damit ist eine pannenfreie Überfahrt gewährleistet, und die »störungsanfälligen« Antriebsmotoren arbeiten garantiert ohne Aussetzer.

Als die Fähre das östliche Ufer erreicht, geht die Sonne unter. In einem der billigen Restaurants beidseitig der Uferauffahrt lade ich die Trucker zum Abendessen ein. Es kostet mich wirklich Mühe, die vier davon zu überzeugen, daß ich hier mein Rad abladen möchte.

»Jungs, macht euch keine Gedanken, auf dieser Seite des Flusses bin ich zu Hause. Zwischen Guajará-Mirim, dem letzten Kaff unten an der bolivianischen Grenze, und Porto Velho kenne ich mich aus wie in meiner Hosentasche.«

Erst nachdem ich auf ihre »Testfragen« noch einiges obendrauf gebe, scheinen sie beruhigt zu sein.

Mit wehmütigem Lächeln nehmen wir Abschied voneinander, wie es unter guten Bekannten nach Landessitte üblich ist: Umarmen und auf den Rücken klopfen.

Der Wirt der Flußkneipe, ein geschwätziger Fettwanst in Bermuda-Shorts, zeigt mir die Balken, wo ich meine Hängematte aufspannen kann. Doch schlafen läßt er mich nicht. Er schleppt mich an den Tisch, wo die letzten Gäste sitzen. Ein Schwarzer zupft an seiner Gitarre und singt ein eigenartiges Lied, voll tiefer Schwermut. Gerne würde ich dem Gitarrenspieler zuhören, doch der Dicke will unbedingt seine erfolgsgekrönte Lebensgeschichte bei mir loswerden. Drei Jahre härtester Arbeit als Goldtaucher erlaube es ihm, die Zukunft in freundlicherem Licht zu sehen. Für ihn sei nun Schluß mit dem Garimpo. Er habe sich dieses Restaurant gekauft und könne gut davon leben.

Bald überfällt mich eine bleierne Müdigkeit. Ich ziehe mich zurück und lasse mich in das »Schaukelbett« fallen. Die Fähre hat ihren Dienst eingestellt. Nur der Rio wälzt die schweren Fluten unablässig seinen vielen Stromschnellen entgegen. Die einzige auf einem Tisch stehende Petroleumlampe projiziert die Schatten der Männer auf mein Moskitonetz. Der Schwarze, dem Dialekt nach ein Bahianer, singt noch immer mit leiser melancholischer Stimme zur Gitarre. Es ist die Geschichte eines alten Sklaven, der dem weißen Herrn von seiner Erschöpfung klagt. Ein ergreifendes Lied. Doppelt ergreifend in solcher Umgebung, wo etwas weiter drüben noch die Geleise der berüchtigten Madeira-Mamoré-Todesbahn liegen. Bei ihrem Bau, während des Kautschuk-Booms, starben für die 360-Schienen-Kilometer mehr als 6000 Arbeiter in den malariaverseuchten Sümpfen. Für jede fünfte Geleiseschwelle ein Menschenleben. Mit der Urwaldbahn sollten die großen Transportverluste der Rohgummiballen in den Wasserfällen des Madeira vermieden werden. Die makabre Ironie des Schicksals: Im Jahr der Fertigstellung war der Gummiboom zu Ende.

Der Morgendunst über dem Fluß löst sich langsam auf, als ich nach einem üppigen Frühstück mein Fahrrad besteige. Kurz nach dem verlotterten Dörfchen Abuná und dem Schienenstrang der stillgelegten Eisenbahn gabelt sich die Piste. Dort befehle ich dem Stahlroß, nach rechts abzubiegen, den Weg nach Süden einzuschlagen, hinunter zur bolivianischen Grenze.

Aus der am Lenker befestigten Proviantasche verpflege ich mich während der Fahrt, und die Bananenschalen fliegen in hohem Bogen ins Gebüsch.

Gegen Mittag erreiche ich den Garimpo-Periquitos, etwa vierzig Kilometer südlich von Abuná. Eine zwischen Straßenrand und Urwaldmauer errichtete primitive Hüttensiedlung. Ihre Bewohner sind Händler oder Angehörige jener Männer, die draußen auf dem Fluß nach Gold tauchen. Sie hausen in Unterständen, die über Nacht gebaut wurden, nicht mehr als ein paar Pfähle in den Boden gerammt, mit Querbalken verbunden, darüber Dächer aus schwarzen Plastikplanen, die Wände vorwiegend aus Tropenluft. Ein Übergangsquartier, nur für so lange gedacht, bis der Pulk der Saugebagger sich wieder in Bewegung setzt, um einige Flußkehren rauf oder runter erneut die Anker zu werfen.

Ich schlage mich zum »Marktplatz« durch. Überall liegt Unrat: matschige Melonenschnitze, Ananasreste, Orangenschalen, Hühnerknochen, Fischköpfe und leere Konservendosen. Wolkenbrüche haben den Weg stellenweise in eine Abflußrinne verwandelt. Frauen schleppen volle Wassereimer, Kinder tragen Fleischfetzen oder in Plastiktüten verpackten Reis, Bohnen und Kaffee. Schmutzige, hohläugige Waldkinder, die Gesichter schrumpelig und ernst, als bedürfe es zum Lächeln einer anderen Umgebung.

Mitten auf dem Weg sitzt ein Hund und weigert sich hartnäkkig, Platz zu machen. Er leckt sich die von Schmeißfliegen bedeckten Schwären. Eine abstoßend offene Geschwulst baumelt wie ein Golfball an seinem Hals. Der Klügere gibt nach. Ich weiche dem Hund aus.

Ein Gestank nach Abfällen, Aborten und faulem Fisch erfüllt die Luft. Eine trostlose und brutale Welt, in der nur die Zähesten überleben.

Neben einer kleinen Imbißbude stelle ich das Rad an einen Pfosten. Daneben steht eine handbetriebene Zuckerrohrpresse, liegt ein Bündel zurechtgeschnittener Zuckerrohre, dünn und grün wie Bambus. Ich bestelle mir einen »Caldo de Cana«, einen Saft aus diesen Stengeln. Heikel bin ich sicher nicht. Doch das erscheint mir die einzig mögliche, der Gesundheit dienende Bestellung aus dieser Kantine. Das fettig-schmierige Glas des Verkäufers weise ich zurück und halte meine eigene Trinkflasche hin. Dann kurble ich wild an der Preßmaschine, die Räder knarren und quietschen, und der Verkäufer schiebt einen Zuckerrohrstengel durch die Walzen. Ein wässeriger Sirup tropft in die Trinkflasche, ein erfrischendes Getränk.

Auch die Fleischbude schräg gegenüber strotzt nicht gerade vor Sauberkeit. Ein offener Lattenverschlag, auf dessen Ladentisch, einem blutverschmierten Plastiksack, kiloschwere Fleischstücke liegen. Darüber an Haken aufgehängte Kuhmägen samt der knorpeligen Speiseröhre, umschwirrt von dunklen Fliegenschwärmen. Von Zeit zu Zeit klopft der Schlachter mit einem langen Messer auf die unappetitlichen Brocken. Wohl mehr eine Alibiübung als ernsthaftes Bemühen, die Fliegen zu verjagen. Nur auf die ausgemergelten Hunde, die ganz unauffällig und harmlos um seine Bude schleichen, hat er ständig ein Auge gerichtet.

Ich presse mir einen weiteren Rohrsaft und frage den Verkäufer, ob er nicht für zwei Stunden auf mein Rad aufpassen könnte. Mit einer wegwerfenden Handbewegung meint er: »Laß es stehen, hier klaut niemand.« Dann erklärt er mir den Weg hinunter zum Ufer, wo die Flußtaxis liegen, die einzige Verbindung mit den »Balsas«, den Flößen.

Auf einem ausgetretenen, in den wildwuchernden Dschungel geschlagenen Pfad erreiche ich nach kurzem Fußmarsch die Anlegestelle. Neben einer schwimmenden, am Ufer vertäuten Tankstelle dümpeln ein paar Aluminiumboote, jedes mit einem PS-starken japanischen Außenbordmotor bestückt.

Im Schatten eines Strauches hocken zwei junge Kerle. Ihre

Aufmachung verrät sie eindeutig als Garimpeiros. Unter dem aufgeknöpften Hemd glänzen goldene Ketten auf der dunklen Brust. Die Handgelenke sind ebenfalls schwer behängt mit Schmuck und protzigen Golduhren. Die Kettchen sind sicher echt, was ich von den Uhren bezweifle. Ich frage einen der Burschen nach einem Bootsführer. »Die machen alle Mittagspause, es wird wohl dauern, bis sie wiederkommen.« Beim Sprechen entblößt er eine Galerie von Goldzähnen, die ganze obere Reihe funkelt wie eine Opernloge. Der beste Schutz gegen Karies. Dann fragen sie, ob sie mitfahren dürfen. Sie wollen auf eines der Balsas zum Arbeiten, haben jedoch kein Geld, um die Passage zu bezahlen. Nicht besonders überzeugend versuchen sie, mir weiszumachen, daß sie krank waren und ihre gesamte Barschaft in Porto Velho für ärztliche Behandlung draufgegangen sei.

»Krank ist gut«, maule ich empört, »versoffen, verspielt und verhurt habt ihr euren Verdienst, ich kenne doch Garimpeiros.« Ihr schelmisches Lachen ist nicht nur ein Geständnis, sondern bittet zugleich um Nachsicht. »Na gut, ich nehme euch mit, dafür müßt ihr mir einen Fahrer auftreiben.«

Einer der beiden springt hoch und entschwindet auf dem Pfad in Richtung Hüttendorf. Nach längerem Warten kommt er wieder mit einem Typ, der sich als Bootsbesitzer ausgibt. Ich miete ihn und sein Taxi für zwei Stunden.

Zwei, drei kräftige Züge am Starterseil, und der Außenborder springt an. Unweit des brasilianischen Ufers flitzen wir flußaufwärts. Drüben auf der anderen Seite liegt Bolivien. Einige Kilometer weiter oben sollen wir auf die ersten arbeitenden Balsas stoßen.

In weit ausholendem Bogen windet sich der Madeira zwischen verfilzter Uferböschung zu Tal. Eine Symphonie in Grün zieht an uns vorbei. Abgestorbene Äste, Strünke, Baumstämme und Schwemmsand bilden immer wieder kleinere Inseln, denen wir ausweichen müssen. Die Strömung formt ihre Umrisse, um sie bald wieder zu vernichten. Wie ein Künstler, dem die letzte Kraft zum Gestalten fehlt und das Werk seiner Hände verbittert auslöscht.

Die zwei »blinden Passagiere« sitzen stumm neben mir, starren gedankenverloren vor sich hin. Sie wissen, daß sie bald wieder ins schlammige Wasser tauchen müssen, um in fünfzehn bis zwanzig Metern Tiefe die Saugrohre am Flußgrund zu führen. Ihr Leben hängt nur an dem Atemschlauch, der sie mit dem Luftkompressor oben auf dem Floß verbindet. Wer Pech hat, stranguliert sich selbst damit, oder der entstandene Krater, in dem er wühlt, bricht über ihm zusammen. In den nächsten zwei, drei Wochen wird das Risiko mit jedem Tag steigen, denn das Hochwasser hat bereits eingesetzt. Und in zwei, drei Wochen werden die Taucharbeiten für ein halbes Jahr eingestellt. Jetzt müssen sie noch so viel verdienen, daß sie bis zur folgenden Schürfsaison über die Runden kommen.

Die beiden neben mir sind zwei von ungefähr 500 000, die kreuz und quer durch das Stromland zigeunern, Garimpeiros, ein Wort, mit dem Legenden, Glücksmärchen, Horrorgeschichten, Hoffnung und Elend, Wahres und Unwahres verknüpft sind. Geschichten wie die von Jorge Souza, eine Dutzendgeschichte aus dem Alltag entlang des Rio Madeira.

Jorge erschien in Porto Velho beim Portier des Seltom-Hotels, dem besten in der Stadt, und wollte im teuersten Zimmer einziehen. Der Portier war sicher noch nicht lange in dieser Gegend, sonst hätte er sich von der heruntergekommenen Montur des Mannes nicht täuschen lassen. Er verweigerte dem Goldwäscher den Zutritt in die Nobelherberge. Der ließ sich nicht abweisen, sondern verlangte den Geschäftsführer zu sprechen und kippte diesem aus einer billigen Leinentasche elf Kilo pures Gold vor die Füße. Jorge Souza durfte einziehen und feierte eine geschlagene Woche mit Import-Whisky und willigen Mädchen seinen Reichtum. Dann verschwand er wieder aus der Stadt.

Auch die vielen namenlosen Holzkreuze auf den Friedhöfen von Mutumparaná, Jaciparaná oder Porto Velho haben alle eine Geschichte, eine andere, und diejenigen, welche sie wirklich kennen, fragt man besser nicht danach.

Die Sonne steht fast senkrecht über dem Wasser. Das Aluminiumboot reflektiert die Hitze auf unsere Körper. Nur der Fahrtwind kühlt etwas. Dann liegen sie plötzlich vor uns: In der Flußmitte verankerte Plattformen auf leeren Ölfässern, mit gelben oder blauen Kunststoffplanen überdacht. Drei, vier nebeneinander, hundert Meter voraus die nächsten und dann die übernächsten. Ein ganzer Flottenverband. Die roten Saugschläuche verschwinden im Fluß, und über die Waschrampen plätschert schäumendes Wasser.

Unser Bootsführer dreht ab, drosselt den Motor und steuert seitlich ans erste Floß. Während einer der Garimpeiros das Taxi mit einer Leine am Aufbau des Saugbaggers festmacht, hangle ich mich hinüber auf die Plattform. Es ist eines der ungeschriebenen Gesetze, daß man jederzeit eine Balsa betreten darf. Auch eine Sandprobe aus dem Sammelkanal mit der stets bereitliegenden Stahlpfanne ist erlaubt. Absolut lebensgefährlich ist es hingegen, ungefragt etwas wegzunehmen, und sei es nur eine rostige Schraube, ein Stück Schnur oder eine Handvoll Reis.

Zwei unrasierte, vierschrötige Männer, nur mit Badehosen bekleidet, begrüßen mich mit Händedruck. Gegen das knatternde Stakkato eines Dieselmotors und eines Luftkompressors brüllen wir uns an, um uns verständigen zu können. Ich bin enttäuscht, als ich höre, daß keines der hier arbeitenden Flöße meinem Freund Silvino gehört. Zwischen Benzinkanistern, Ölkannen und Butangasflaschen suche ich den Weg zur Waschrampe. Mit einer schwarzen, tellergroßen Blechpfanne entnehme ich ihr etwas Sand. Im klaren Wasser eines Plastikeimers wasche ich mit langsam kreisenden Bewegungen den Sand aus der Pfanne, so, wie ich es einmal gelernt habe. Als sich in der Schalenmulde nur noch ein halber Teelöffel voll befindet, schimmert ein hauchdünner Streifen winziger Goldblättchen durch. Das Gelb des Edelmetalls hebt sich gut sichtbar vom schwarzen Untergrund der Prüfpfanne ab. Anerkennend nicke ich den Männern zu und kippe den Goldsand wieder dorthin, woher ich ihn genommen habe.

Inzwischen befinden sich die beiden Taucher ebenfalls auf dem Floß. Auffällig nahe stehen sie neben der Kochnische und starren mit großen Augen auf die drei Kochtöpfe. Endlich wird es bemerkt. Einer der Unrasierten gibt ihnen ein Zeichen. Sie sollen sich bedienen, während der andere weiterhin den Betrieb überwacht: die Wassermenge auf der Waschrampe beobachtet, die Motorendrehzahl entsprechend reguliert, das Druckmanometer der Luftflasche kontrolliert und vor allem die Signalleine, die zu ihrem Mann hinunter auf den Flußgrund führt, im Auge behält.

Wie heißhungrige Wölfe machen sich meine zwei Begleiter

über die Speisekessel her. Generös füllen sie gleich noch einen Teller für den Taxifahrer und einen weiteren für mich. Mit dem einzigen Besteck, meinen Fingern, angle ich den kalten Reisklumpen, der in einer Bohnen- und Fleischbrühe schwimmt.

Der starke Motorenlärm läßt keine Unterhaltung entstehen. Bald sitzen wir wieder in dem schlanken Leichtmetallboot. Angetrieben von 40 PS prescht es übers Wasser. Die Garimpeiros weisen den Weg zu ihrem Floß. Dort angekommen, klettert gerade ein Taucher über eine Hühnerleiter aus den lehmfarbenen Fluten. Oben setzt er sich auf die Plattform, nimmt den einschläuchigen Lungenautomaten aus dem Mund und streift die Taucherbrille über den Kopf. Sie hinterläßt auf seinem Gesicht einen tiefen, kirschroten Abdruck um Augen und Nase. Umständlich löst er den schweren Bleigurt von der Hüfte und schält sich mit müden Bewegungen aus dem schwarzen Neopren-Schutzanzug. Dann legt er sich rücklings auf die Bretter und pumpt in tiefen Zügen frische Luft in die Lungen. Was seine Atemorgane in den letzten Stunden inhalierten, kam nicht aus einer Sauerstoff-Flasche auf dem Rücken, sondern durch eine gartenschlauchähnliche Zuleitung direkt vom Kompressor. Reine Amazonasluft, nur etwas vermischt mit den Abgasen und Öldämpfen der laufenden Motoren.

Gewöhnlich sind es drei Taucher, die sich in einem zwei- bis dreistündigen Intervall unter Wasser ablösen. Ihr Anteil an der Goldbeute beträgt 40 Prozent bei freier Verpflegung. Die gesamte Ausrüstung stellt der Besitzer der Balsa. Tiefer als 20 Meter kommen sie nicht, doch keiner dieser Männer hat irgendwelche Kenntnisse in der Technik des Druckausgleichs, keine Kenntnisse der Tauchmedizin. So fürchten sie sich auch nicht vor einem Trommelfell- oder Lungenriß, dafür um so mehr vor dem Rivalen des Nachbarflosses, der vielleicht an der gleichen Stelle saugen will. Dann werden die Unterwasserclaims zu grimmig verteidigtem Eigentum. Tödliche Kämpfe mit dem Messer sind zwar selten, aber daß einer dem anderen den Luftschlauch durchschneidet, kommt schon mal vor, und das reicht manchmal auch.

Die meisten Goldwäschergebiete sind ein Niemandsland. Es gibt keine Polizei und kein Militär. Wo Garimpeiros arbeiten, sind sie unbehindert von der Autorität des Staates, unbehelligt von der Willkür einer Minengesellschaft, gefährdet nur von den Tücken des Flusses und von ihresgleichen.

Während ich neben dem am Boden liegenden Taucher stehe, werden meine Begleiter mit viel »Glockengeläut« empfangen. Ein schlanker, drahtiger Kerl mit jener gelblich-braunen Gesichtsfarbe, wie man sie in Brasilien oft bei Mischlingen findet, kommt federnden Schrittes auf sie zu. Sein mörderisches Fluchen übertönt bei weitem den gedrosselten Motorenlärm: »Ihr Scheißkerle! Seit zwei Tagen warte ich auf euch!« Dabei drückt er den Zeigefinger der rechten Hand wie einen Revolverlauf auf die Brust des einen und brüllt weiter: »Raimundo, du ziehst den Tauchanzug an und steigst gleich runter!«

Die jungen Garimpeiros lassen die Standpauke schweigend über sich ergehen, sie lächeln sogar mit ihren Kinderaugen. Raimundo heißt jener also, das hat er mir nicht verraten, und älter als 18 Jahre ist er bestimmt nicht. Wo mag er den Großteil dieser Jahre verbracht haben?

Kurz danach wendet sich der Schreier an mich, ohne die Tonstärke zu senken: »Willst du hier arbeiten?« Ich schüttle den Kopf und brülle genauso laut zurück: »Nein, danke!« Als ich mich zum Gehen wende, hält er mich am Oberarm zurück und bedeutet mir, ihm zu folgen. Bei einer der Schlafkojen, übereinanderliegende Holzkisten, kaum größer als ein Sarg, hebt er den Vorhang aus Moskitotüll an. Über einem zerwühlten Kopfkissen undefinierbarer Farbe stecken zwei Nägel in der Rückwand. An einem hängt ein brauner Tabakbeutel, am anderen ein ledernes Revolver-Holster mit Waffe. Der Mischling nimmt den Tabakbeutel vom Nagel, öffnet ihn und kippt den Inhalt in die andere Hand. Ein Goldklumpen von der Größe eines Pfirsichs. Mit einem irren Glitzern im Blick wiegt er den eingeschmolzenen Brocken in der halboffenen Hand, als ob er sich erneut von seinem Gewicht, von seiner Echtheit überzeugen müßte. Dann schreit er mir ins Ohr: »Das haben wir in zwei Tagen heraufgeholt. Wir liegen über einer guten Stelle, willst du nicht doch hier bleiben?« Ich schüttle abermals den Kopf und frage ihn, ob ich den Revolver ansehen dürfe. Da mustert er mich prüfend. Erst jetzt scheint er zu bemerken, daß ich kein Landsmann von ihm bin. Zögernd nimmt er das Holster heraus und gibt mir die Waffe. Eine Taurus Kaliber 38, wie sie die brasilianische Polizei als Dienstwaffe trägt. In jeder Trommelkammer steckt eine Patrone.

So wie er den Goldklumpen, so wiege ich die Waffe in der Hand und frage ihn, was die auf dem Schwarzmarkt koste. »Dreißig Gramm Gold, aber diese habe ich umsonst bekommen.« Ich gebe ihm das Schießeisen zurück. Kaum hat er den Revolver wieder, glaubt er eine Demonstration seiner Wehrfähigkeit geben zu müssen. Breitbeinig wie ein Combat-Schütze stellt er sich auf die Bretter und beginnt, wild auf den Fluß hinaus zu ballern. Drei, vier, fünf Mal, dann schaut er mit naivem Stolz zu mir. Aufgeschreckt durch den Lärm der Schüsse kommt mein Fahrer, der die ganze Zeit im Boot saß, auf die Balsa gestürmt. Schnell hat er sich von der Harmlosigkeit der Situation überzeugt und beginnt zu lachen. Er hat wohl schon anderes erlebt. Ich tippe auf meine Armbanduhr und signalisiere ihm, daß ich nun zurückfahren möchte.

Kurz nach 16 Uhr sind wir zurück in Periquitos. Mein Fahrrad steht noch so da, wie ich es verlassen habe. Das würde ich in keiner zivilisierten Ortschaft riskieren, doch der Garimpo ist eine andere Welt. Eine Welt ohne Telefon, Fernseher, Waschmaschine, ohne fließendes Wasser und medizinische Versorgung. Es ist eine Welt ohne Zeitung und Bücher, denn lesen und schreiben können die wenigsten. Der Großteil von ihnen kommt aus dem bitterarmen Nordosten oder aus den Slums der Großstädte. Und ihr Leben wird nicht geregelt durch anonyme Paragraphen einer Gesellschaft, der sie nicht mehr angehören oder nie angehörten, sondern nach dem, was sie als Recht empfinden. Entsprechend handeln sie nach ihren eigenen, ungeschriebenen Gesetzen, und das Urteil vollstreckt alleine die Faust, das Messer oder der Revolver. Es mag viele Gründe, sicher auch Delikte und Verbrechen geben, die diese Menschen hierher treiben, doch eines sind sie nicht, jedenfalls nicht untereinander: Diebe und Betrüger. Wer hier stiehlt und erwischt wird, der wird umgebracht, wird gelyncht. In ihrem Dasein ist der Tod allgegenwärtig, so natürlich wie Geburt und Leben.

Aufziehende Wolkenbänke und fernes Donnerrollen veranlassen mich, die Nacht hier zu verbringen. Umringt von Schaulustigen baue ich mein Zelt mit geübten Handgriffen in ein paar Minuten auf. Man ist erstaunt über die Zweckmäßigkeit des kleinen, faltbaren Eigenheims. Artig, aber unablässig fragen Kinder, ob sie kurz hineinkrabbeln dürfen. Daß sie dabei laufend über die Spannschnüre und Zeltheringe stolpern, ertrage ich mit stoischer Gelassenheit. Die »Gießkanne des Himmels« löst das Problem dann schlagartig. Eine Sintflut von oben geht über den Fluß und über das Goldwäschercamp nieder.

Für die 240 Kilometer auf der ausgefahrenen, glitschigen und mit Wasserlachen angefüllten Urwaldstraße bis nach Porto Velho brauche ich vier Tage. Das ist lang, selbst wenn man die Minuten nicht zählt, weil man zu beschäftigt ist, Haltung zu bewahren, und zwar die aufrechte. Rechts und links urzeitliche Farne, Lianendickicht und Riesenbäume. Der Wald ist zwar voll von Geräuschen und Stimmen, doch seine Bewohner wissen sich geschickt den Blicken des Menschen im dichten Blatt- und Strauchwerk zu entziehen. Die Straße benutzt noch immer die aus Stahl konstruierten Schienenbrücken der alten, ausrangierten Kautschuk-Bahn. Nur dort ist das Schmalspurgeleise sichtbar. Zwischen drei armseligen Ortschaften, von wo Stichpisten zu weiteren Garimpos führen, ein paar einsame Siedlerhütten mit verlassenen Plantagen.

Porto Velho, die Hauptstadt von Rondônia, wurde erst im Jahre 1914 gegründet. Als Talstation der Madeirabahn erblühte sie kurz, um dann wieder in Dämmerschlaf zu versinken. Manche erinnern sich an die Zeit, wo es noch keine Autos gab und nur die Fluß-Schiffe vom Amazonasstrom, der Schlagader allen Verkehrs, gemächlich den Rio Madeira heraufzuckerten. Jetzt liegt die Stadt im Schnittpunkt der wichtigsten Straßensysteme, des Ost-West-Korridors »Transamazonica« und der Süd-Nord-Achse von Cuiabá nach Manaus. Das wilde Land Rondônia, seine unerschlossenen Wälder und die Indianer wurden zum »Abschuß« freigegeben. Tag für Tag rollen Lastwagen und Busse aus dem übervölkerten Süden heran, Busse voller Händler, Handwerker, Siedler, Landspekulanten, Bauarbeiter, Huren, und seit den neuesten Goldfunden auf dem Holzfluß auch das unruhige Volk der Garimpeiros.

Porto Velho ist heute die dynamischste Pionierstadt Amazoniens. Ein ohrenbetäubendes Hupen und Bremsengekreisch erfüllt die Luft. Mein erster Eindruck ist, daß die Verkehrsdichte enorm zugenommen hat und daß die Fahrer aggressiver geworden sind. Und es gibt viel mehr fliegende Händler auf dem Platz neben dem großen Kaufhaus, auch mehr Bettler, Krüppel und Hippies mit den Bo-Derek-Zöpfchen. Nur die Tupari-Indianer, die früher mal Pfeilbogen und Federschmuck feilboten, sind nicht mehr da.

Überall stehen die Symbole des Reichtums in den Auslagen: Farbfernseher, Stereogeräte, Kühlschränke, Taschenrechner, Digitaluhren und japanische Motorräder. Entlang der Avenida Kennedy finden sich teure Hotels, Steakhäuser, große Einkaufszentren, aber auch schwüle Bretterkisten – Etablissements mit roten Laternen, heißer Musik und schönen Frauen, wo dem fündigen Goldwäscher noch der letzte Goldstaub abgegaunert wird.

Als ich den Busbahnhof – die Rodoviária – passiere, trottet eine vielköpfige Familie im Gänseschritt die glühendheiße »Kennedy« entlang, die spärliche Habe gebündelt auf den Schultern, mit Gesichtern, die der Hunger formte. Wohl haben auch sie ihr Land verlassen, weil die Ernte immer magerer wurde und doch jedes Jahr ein weiteres Kind hinzu kam. Von der Stadt erhoffen sie sich das Ende ihrer Sorgen.

Mit quietschenden Bremsen bleibt plötzlich ein Jeep auf »Käfer-Chassis«, erbaut von VW do Brasil, vor mir stehen. Ist er es, oder ist er es nicht? Beim Fahrer der Jeepimitation müssen sich ähnliche Gedankengänge abspielen, dann springe ich vom Fahrrad und lasse es einfach in den Straßengraben fallen. Der andere kommt mir nun auch entgegengestürzt: Silvino, mein Freund! Die Wiedersehensfreude ist groß, die Rührung wird mit derben Sprüchen überspielt. Das erste, was ich zu hören bekomme: »Bist du pleite, daß du mit so einem Vehikel daherkommst?« Ich gebe zurück: »Du Gauner, ich suche dich auf allen Garimpos, doch der feine Senhor amüsiert sich in der Stadt.« »Auf allen Garimpos? Lügner! Auf Teotônio warst du nicht, sonst hättest du mich gefunden. Ich bin erst seit gestern in der Stadt und komme soeben von den Correâs, die erwarten dich schon seit einer Woche. Komm, lade dein Gepäck ein, ich bringe dich hin, heute wird gefeiert!« »Halt, das Fahrrad muß mit!« Der Kerl wollte es einfach liegen lassen, der hat noch immer nicht begriffen, daß das mein Transportmittel ist.

Dann ein Riesenhallo im Haus meiner Freunde, in dem ich schon mehrmals zu Gast war. Nichts hat den alten Bindungen etwas anhaben können, nicht die lange Trennung, nicht die großen Entfernungen und die Erlebnisse, die wir nicht teilen konnten. Nur eines können sie nicht recht verstehen, das Brüderpaar Leonel und Henrique Corrêa mit Anhang, und noch viel weniger mein schlitzäugiger Freund, der Garimpeiro Silvino: Daß einer mit einem Bicicleta über die Anden in den Amazonas fährt. Zwar sind Brasilianer für Verrücktheiten zu begeistern, aber das ist ihnen doch etwas zu fremdländisch.

Unsere langjährige Freundschaft begann 1977 in der brasilianischen Hafenstadt Santos. Ich fuhr damals als dritter Maschinen-Offizier zur See. In einer Hafenkneipe lernte ich Silvino kennen, der mir von seinem Leben als Garimpeiro erzählte und vom Amazonas, ein Wort, das selbst beim verbohrtesten Stubenhocker die Fantasie ankurbelt. Unerforschte Wälder, ungebändigte Flüsse, wilde Indianer, Abenteuer auf Schritt und Tritt. Mein Gast spürte, was in mir vorging. Er bot mir seine Partnerschaft an, er wollte mich als Soçio mitnehmen. Eine dreiwöchige Hafenliegezeit, sowas gab es damals noch, und ein auslaufender Heuervertrag bekräftigten meinen Entschluß, noch in Santos abzumustern. Nur mein Vorgesetzter, der Chief-Ingenieur, ein kleiner energischer Mann aus Hamburg-Harburg, war damit nicht einverstanden. Als er meine Kündigung las, veränderte er die Gesichtsfarbe und zerriß das Papier: Verrückt! Unmöglich! Das geht nicht! Wo krieg ich hier so schnell einen anderen »Dritten« her? Wir einigten uns, daß ich noch bis Kanada mitfahre, dafür bezahlt mir die Reederei den Flug von Montreal nach São Paulo.

Sechs Wochen später war ich mit Silvino im Amazonas, genauer gesagt am Rio Tapajós, im Bundesstaat Pará. Wir verstanden uns auf Anhieb, und ich lernte viel von ihm. Mit Bastkörben auf dem Rücken, Machete und Gewehr in der Hand zogen wir in die Wälder, ernährten uns von Palmfrüchten, Paranüssen, Fischen, Wildenten, Faultieren und Affen. Unser Arbeitsgerät bestand aus Hacke, Schaufel und »Bateia« – der Waschpfanne. Wir fanden Gold und investierten es in technische Hilfsmittel: Kanu, Außenbordmotor, Wasserpumpe, Schläuche, Quecksilber, Gasbrenner. Damit steigerten wir die Ausbeute, begaben uns aber zugleich in ein Netz der Abhängigkeit.

Goldwäscherromantik? Wer Boot und Ausrüstung über Dutzende von Felsbarrieren geschleppt und die Nächte in der schweiß- und eitergetränkten Hängematte verbracht hat, ist seine romantischen Gefühle bald los. Wer Zentner um Zentner Flußsand geschaufelt, gesiebt, gewaschen und verflucht hat, kann über so ein Wort nur noch hämisch lachen. Malaria, Amöbenruhr und Hepatitis verwandelten für manch einen das schillernde Abenteuer, die goldigen Träume in eine persönliche Tragödie. Und doch ist diese Plackerei für viele so unwiderstehlich wie Roulette.

Anfang der 80er Jahre schallte der Schlachtruf »Gold« erneut durch Amazonien, lauter und gieriger denn je. Tausende und Abertausende folgten ihm. Viele hatten nichts mehr zu verlieren, denn dort, wo sie herkamen, gab es nur Hunger und Elend.

Der kahle Berg »Serra-Pelada«, eine trächtige goldene Kuh, gab Weltrekordklumpen von über sechzig Kilo preis. Gleichzeitig, 2500 Kilometer davon entfernt, begann der Rio Madeira mit seinem glitzernden Flußbett zu protzen. Brasilien stieg in der Hierarchie der Förderländer hinter Südafrika und Rußland mit einer Jahresproduktion von 50 Tonnen auf Platz drei.

Zufall oder nicht, wieder traf ich damals Silvino, und wieder zogen wir los. Wir entschieden uns gegen den Berg, wir zogen zum Fluß. In Porto Velho zimmerten wir unser erstes primitives Floß. Dabei lernten wir Henrique und Leonel kennen. Sie, die Inhaber einer Baufirma, unterstützten uns in großzügiger Weise.

Die Balsa schwamm hervorragend, der 130 PS starke Lkw-Motor lief wie geschmiert, die Saugschläuche waren mit einem Durchmesser von sechs Zoll zur Förderleistung der Wasserpumpe richtig berechnet. Nur die Waschrampe hatten wir nicht im Griff. Technische Hinweise von anderen Flößen bekam man keine, jeder behielt seine Erfahrungen für sich.

Stellten wir das Gefälle der Rampe zu flach ein, behielten die Querleisten zuviel Schlamm zurück. Der Filzteppich auf dem

Waschbrett verstopfte und konnte den feinen Goldstaub nicht mehr aufnehmen. Erhöhten wir das Gefälle, schwamm uns nicht nur der Dreck, sondern auch das Edelmetall davon. Die Feineinstellung war mühsam und zeitraubend. Nach langem Tüfteln hatten wir es raus: Eine Steigung von 16 Prozent und ein Spielraum von 33 Zentimetern zwischen den einzelnen Querlatten erwiesen sich als optimal. Der Waschvorgang dauerte zwischen 24 und 30 Stunden, dann wurde gestoppt, die Rampe zerlegt, der Filzteppich gereinigt und die goldhaltigen Rückstände zusammen mit Quecksilber in einen Betonmischer gekippt. Zwei Stunden mischen, dann hatten sich die Goldpartikel mit dem Quecksilber verbunden, bildeten einen Pudding, schwabbelig wie eine Meeresqualle. Dieser Pudding wurde in einer Stahlpfanne mit einer Lötlampe erhitzt, bis das Quecksilber verdampfte. Zurück blieb ein eingeschmolzener Klumpen reinsten Flußgoldes von 23 Karat. Damit wir beim Ausglühen die giftigen Dämpfe nicht einatmen mußten, schweißten wir uns eine Stahlglocke mit Sammelrohr, was auf den anderen Flößen als lächerlich abgetan wurde. Die einen »dampften« frisch fröhlich drauflos, andere wiederum trennten das Gold vom Quecksilber, indem der Pudding in Tüchern ausgepreßt wurde. Die Tücher warf man danach in den Fluß – deshalb esse ich keinen Fisch aus dem Rio Madeira.

In der Regel lag die Ausbeute pro Waschvorgang zwischen 80 und 150 Gramm. Für das Gramm Gold bekamen wir damals umgerechnet elf US-Dollars. Die gesamte Ausrüstung, inklusive eines Beibootes zum Schleppen des Floßes oder zum Wechseln des Standortes, kostete uns 6000 US-Dollar. Die ertragreichsten Stellen lagen kurz vor den Gesteins- und Felsbarrieren der Stromschnellen. Es waren aber auch die gefährlichsten. Riß die Verankerung, hatte man kaum noch Zeit, sich ins Beiboot zu retten. Wie viele Flöße in den vielen Wasserfällen schon zerschellten, wie viele Garimpeiros schon ertranken, das weiß wohl nur der Fluß. Doch wir wurden blind für jede Gefahr. Auch ich sah nur noch den offenen, lockenden Tresor unter uns, als wären wir auf den sagenhaften Schatz von El-Dorado gestoßen: Gold – sattgelbes, schimmerndes Gold! Die Seele loderte, etwas Irrationales hatte mich gepackt. Ich, der ich mich stets an die Devise gehalten hatte, keine Schätze auf Erden zu sammeln, die von Rost und Motten verzehrt, die von Dieben, Inflation und Steuerbeamten gefressen werden könnten, ich war vom Gold gebannt.

Wir heuerten noch einen dritten Mann an, malochten wie die Ochsen und tauchten auf Teufel komm raus. Unten auf dem Flußgrund, in der Dreckbrühe, wo man kaum die Hand vor den Augen sah, hatte ich mich immer mit einem drei Meter langen Strick am Saugrohr angebunden. So hatte ich genug Spielraum zum Arbeiten, konnte mich aber, ermüdet vom steten Anstemmen gegen die Strömung, im Seil hängend etwas ausruhen. Verlor ich den Sandsauger aus den Händen, die einzige Halte- und Orientierungsmöglichkeit, fand ich schnell wieder zu ihm zurück.

Eines Tages, ich hatte erst kurz zuvor meine Unterwasserschicht angetreten, riß mir ein tieftreibender Baumstamm den Atemschlauch weg. Bis ich mich vom Sicherungsseil befreit und den Bleigurt abgeworfen hatte, verstrich allerhand Zeit. Ich schluckte so viel Wasser, daß ich ein für allemal vom Goldfieber geheilt war. Meine beiden Kameraden holten mich aus dem Fluß. Sie verloren kein weiteres Wort darüber und nickten nur stumm, als ich erklärte, sofort aussteigen zu wollen.

Mir ist, als hätte ich erst gestern das letztemal hier im Kreise meiner Freunde in einem der bequemen Korbstühle auf der Veranda gesessen. Die Zeit ist wie ausgelöscht, und doch liegen drei Jahre dazwischen! Wir haben uns viel zu erzählen, und der Himmel ist mit uns: Eine sternenklare Tropennacht.

Silvino, ein Nachfahre japanischer Einwanderer, der eigentlich Toshimi Assunuma heißt, ist ein echter Garimpeiro geblieben. Einer der Erfolgreichen. Ich gönne es ihm von Herzen, denn das Gold hat ihn nicht verändert, er ist noch so, wie ich ihn von früher kenne: Ehrlich, geradlinig, und keiner von denen, die sich schmuckbehangen wie eine Diva zur Schau stellen. Einer der wenigen in dieser Berufsgilde, der auch mit dem Kopf arbeitet. Nur vom Goldrausch ist er mehr denn je gepackt.

Die letzten zwei Jahre lag seine Ausbeute mit drei Balsas und zehn Mann bei 27 Kilo Gold. Jetzt arbeitet er nicht mehr mit kleinen Balsas und Tauchern, sondern mit drei großen Dragas, Baggerschiffen, deren Saugrohre, von Kränen dirigiert, das Flußbett ablutschen. Das erübrigt nicht nur die gefährliche Taucherei, sondern sie kommen damit auch in jede beliebige Tiefe. Daß sich der Ertrag damit mehr als verdoppelt hat, erwähnt er nur ganz nebenbei.

Zwei Tage später fahre ich mit ihm zum Garimpo Teotônio. Was ich dort sehe, verschlägt mir die Sprache. Eine schwimmende Stadt. Dutzende und Aberdutzende von Dragas bilden eine kilometerlange Schlange in der Mitte des Flusses. Oft ankern sechs bis acht dieser Schlammsauger nebeneinander.

Entlang des Ufers liegen schwimmende Werkstätten, Tankstellen, Kaufläden, Restaurants, Puffs und Apotheken, die Geschäfte der Händler und Trittbrettfahrer der neuesten »Go-West-Bewegung« Brasiliens. Laufend flitzen Zubringerboote hin und her, rauf und runter. Boote mit Brennstoff, Proviant und Ersatzteilen. Flußtaxis mit Garimpeiros und käuflicher Liebe.

Am Holzfluß ist eine neue Ära angebrochen, die industrielle Jagd nach seinem Goldschatz hat begonnen. Einsteigen kann nur noch, wer Geld hat, denn bis zu 20000 US-Dollar kostet so ein »Goldesel«. 25 Meter lang, zehn Meter breit, sechs Waschrampen, eigene Stromerzeugung, eingerichtete Küche, Kantine und mehrere Schlafräume mit Doppelbetten. Die Besatzung besteht aus einer Köchin und vier Mann, von denen jeder zwei Stunden lang die Anlage bedient. Zwei Stunden sitzt er neben dem Motor, starrt zur Waschrampe und korrigiert über eine mechanische Winde fortlaufend die Position des Krans.

Diese riesigen Saugbagger haben nur noch das Grundprinzip gemeinsam mit den armseligen Balsas der Taucher.

Auf der letzten von Silvinos Dragas erwartet mich eine weitere Überraschung: Aladino, unser dritter Mann von damals. Er ist nun Gerente, die Vertrauensperson beider Parteien, des Besitzers und der angeheuerten Arbeiter, der Mann, der das Gold ausglüht, wägt und jedem seinen Anteil berechnet.

Mit Silvino und ihm gehe ich in ein kleines, lärmgeschütztes Büro neben den Schlafkabinen. Dort steht eine Feinwaage auf einem Tisch, dort liegt das Lohnbuch, welches jedem Mannschaftsmitglied sein Guthaben verrät, und dort liegen in einer Schublade eineinhalb Kilogramm Gold. Gold, das Silvino nun auf sein »Flaggschiff«, die Draga No. 1, mitnimmt.

Zu Aladino gerichtet sage ich: »Da hast du dir einen gefährlichen Job ausgesucht, schau bloß, daß dir kein Rechenfehler unterläuft.« »Ach was, auf den Dragas haben wir keine Kriminalität, hier wird gearbeitet wie in einer Fabrik. Mein Personal hat Vertrauen zu mir, ich bin ihr Obmann, ihr Leittier, für mich gehen sie durchs Feuer. Wenn die Jungs durchdrehen, dann drüben an Land, in den Kneipen und Bars, und dort halte ich mich raus.«

Die folgenden zwei Wochen verbringe ich auf dem Garimpo Teotônio. Silvino stellt mir, wie selbstverständlich, eines seiner schnellen Boote zur Verfügung. Zu meiner Lieblingsbeschäftigung wird es, damit auf dem Fluß herumzukurven oder Botengänge zu machen. Dabei lerne ich die skurrilsten Typen kennen, doch nie habe ich Probleme mit ihnen, nie werde ich belästigt. Nicht mal in den berüchtigten Flußkaschemmen, wo manchmal wildwestartige Zustände herrschen.

Überheblich betonen die Garimpeiros ihre eigene Wichtigkeit. Selbstherrlich überschätzen sie ihre Kräfte. Aufgebläht tragen sie eine pfauenhafte Männlichkeit zur Schau: Goldener Firlefanz und, mal griffbereit im Gürtelholster, mal diskret in der berühmten kleinen Ledertasche mit einer Schlaufe ums Handgelenk, ihre Artillerie, ihre »Potenz«. Stets müssen sie ihren Mut beweisen. Fühlen sie sich beleidigt oder betrogen, greifen sie ziemlich schnell zu Messer oder Revolver. Silvino wollte mir eine automatische Pistole, eine amerikanische Colt Government 45 ACP, zustecken. Ich habe es vorgezogen, mich unbewaffnet auf dem Garimpo zu bewegen. Nicht weil ich mich für besonders kühn halte, sondern weil ich nicht provozieren will.

Im Umgang mit diesen Männern spricht man eine rauhe Sprache, nur ein Wort muß man aus dem Vokabular streichen: »Filho da Puta« – Hurensohn. Die eigene Mutter ist jedem zutiefst heilig. Meistens die einzige Person, von der Geborgenheit, Schutz und Zärtlichkeit kam. Ihren Vater hingegen kennen hier die wenigsten. Gegenüber Frauen im allgemeinen sind diese Männer eher rücksichtslos, oft brutal, denn dort, wo sie herkommen, wo die Ärmsten der Armen wohnen, beginnt die Verknechtung der Frau schon im Kindesalter. Bereits in ganz jungen Jahren werden die Mädchen zu Arbeiten hinzugezogen, müssen im Haushalt helfen, müssen vor allem in der Bruchbude bleiben, während die Knaben draußen spielen dürfen, sich in Banden und Gangs formieren und die ersten kriminellen Taten begehen.

Während den nächsten zwei Jahren meiner Amazonas-Odyssee werde ich noch mehrmals die Garimpos am Rio Madeira besuchen, und jedesmal wird an einer anderen Stelle geschürft werden. Vor allem die Umgebung von Abuná wird zum Schauplatz einer vollmechanisierten Ausbeute werden. Immer mehr kapitalkräftige Spekulanten, Bankiers, Ärzte, Besitzer von Ladenketten und Fazendeiros werden in die Goldernte am Holzfluß investieren. Bautrupps werden die Schlammpiste nach Abuná in eine regenfeste Straße verwandeln, die Policia-Federal wird Kontrollposten erstellen, Bürokraten mit Faßbäuchen, Beamte der Bergbaubehörde werden sich als mürrische Verwalter des Goldschatzes versuchen. Das 200 Kilometer lange Teilstück eines Flusses wird zum Wirtschaftsfaktor eines großen, hochverschuldeten Landes werden. Es liegt viel zuviel Mammon dort, als daß man ihn den unzivilisierten Garimpeiros überlassen könnte. Dann werden die Garimpeiros, diese Träumer und Abenteurer, vertrieben sein, ausgewechselt gegen abhängige Tagelöhner, die bereit sind, sich unterzuordnen.

Spazierfahrt durch den Mato Grosso

Zurück vom Garimpo habe ich noch vier Wochen lang in Rondônias Hauptstadt das Leben eines Stadtmenschen geführt und genossen: in weiß überzogenem Bett schlafen; bei Tisch mich bedienen lassen; statt warmen Wassers kühles Bier getrunken; Briefe gelesen und Briefe geschrieben und ein bezauberndes Mädchen zum Essen und Tanzen ausgeführt.

Mein Plan, auf der Transamazonica bis nach Belém zur Amazonasmündung zu radeln, versinkt im achstiefen Morast. Die Regenzeit macht einen dicken Strich durch diese Rechnung. Kurzentschlossen ändere ich die Richtung mit einer scharfen Wende nach Süden und peile den paraguayanischen Gran Chaco an. Dort habe ich Bekannte, die ich schon lange wieder mal besuchen wollte. Dazwischen liegen aber die unendlichen Weiten des Mato Grosso: Steppe, Savanne, Kornkammer und Weideland in einem. Eine Spazierfahrt von 2500 Kilometern auf spiegelblankem Komfortasphalt liegt vor mir.

Porto Velho schläft noch, als ich beim Abschied meine treubesorgten Freunde mit den Worten beruhige: »In sechs Monaten bin ich wieder bei euch, spätestens jedoch in einem Jahr!«

Diesen Satz sagte ich gestern abend schon zu Maria Carmen, als sie verstohlen ein paar Tränen aus den Augen wischte, jedenfalls deren erste Hälfte – sie möge mir verzeihen. Wir haben uns so herrlich verstanden, und ich wollte ihr nicht noch mehr weh tun. Ihr helles Lachen, ihr langes, schwarzes Haar, ihre verwirrende Nähe werde ich sehr vermissen.

Vor den Spelunken am Ende der Avenida Kennedy gröhlen ein paar betrunkene Spätheimkehrer den blasser werdenden Mond an. Weiter stadtauswärts kann ich die Einmündung zum Highway nach Süden nicht verfehlen. Die weiße Schrift auf einem riesigen Wegweiser sagt: Cuiabá 1450 Kilometer. Fast schon entmutigend, diese Zahl.

Mit den ersten zaghaften Sonnenstrahlen kommt auch der Verkehr. Camions und Überlandbusse donnern mit hundert Sachen vorbei. Große Sorgen bereiten sie mir nicht, denn der meterbreite Randstreifen, auf dem ich radle, läßt genug Spielraum zwischen mir und den gehetzten, mehrachsigen Monstern.

Schon toll, diese Rodovia BR-364. Für südamerikanische Verhältnisse eine richtige Prachtstraße. Nun, sie ist ja noch neu, und ihr Hauptsponsor, die Weltbank, wird bei ihrem Bau bestimmt einigen Herren auf die Finger geguckt haben.

Meile für Meile schnurgeradeaus. Je höher die Sonne steigt, um so glühender wird der Teerteppich. Trotz des Fahrtwindes schwitze ich, greife immer häufiger zur Trinkflasche. Die Hitze und der Gestank verwesender Kadaver machen das Atmen schwer. Mal liegt eine Kuh mit grotesk verdrehtem Kopf am Straßenrand, mal klebt ein Hund, ein Fuchs, ein Gürteltier, eine Schlange oder eine Kröte platt auf dem grauen Belag. Die nächtliche Wärme des Asphalts hat sie in den Tod gelockt. Selbst die schwarzen Urubus zahlen ihren Tribut. Ab und zu erwischt es auch einen von ihnen, nur weil die Freßgier ihn eine Sekunde zu lang festhielt.

Das schmale Band der zweispurigen Schnellstraße durchschneidet sattgrünes Kulturland. Ländereien, wo Reis und Bohnen, Maniok, Kakao und Kaffee wachsen oder schon mal wuchsen. Dann wieder ein Stück jungfräulichen Dschungels, der sich bis an den Fahrdamm heranwagt.

Doch diese friedliche Koexistenz zwischen Landwirtschaft und Wildnis trügt. Frischgeschlagene Schneisen, neuerbaute Holzhütten, verkohlte Baumskelette und schwache Rauchschwaden irgendwo in der Ferne zeigen, daß hier gekämpft wird: Urnatur gegen Menschen, Motorsägen, Caterpillars und Feuer. Regenschauer zerteilen den Nachmittag in viele kurze Pausen. Trotzdem wird der beißende Schmerz am Gesäß, in den Beinen und Füßen immer heftiger, die Folge des »dolce far niente«. Ich mache mir Mut. Es ist nur halb so schlimm wie damals, drüben in der Wüste von Peru. In ein paar Tagen haben sich die Muskeln wieder eingewöhnt. Aber die Seele?

Mir fällt sie immer wieder ein, die schöne Maria Carmen mit den tiefdunklen Augen und den braunen Schultern, an die ich mich jetzt gerne angelehnt hätte. Scheinbar bin ich verliebt wie ein Primaner, und da hilft es auch nichts, den Kopf ungeschützt dem niederprasselnden Regen entgegenzustrecken.

Nach acht Stunden im Sattel und hundemüde erreiche ich Itabolá. Ein Pionierdorf, kaum älter als fünf Jahre. Ich will nichts mehr sehen, mich nur noch ausstrecken. Die Hotelwahl wird mir leicht gemacht. Es gibt nur eine einzige Herberge direkt neben dem unlängst fertiggestellten Busbahnhof.

In Ariquemes übernachte ich am folgenden Abend im Hotel Casarâo. Der Wirt lebt schon acht Jahre in Ariquemes, mehr schlecht als recht, aber jetzt geht es bergauf. Mit ihm und der Stadt. Die Einwohnerzahl nimmt jeden Tag zu. Aus der ärmlichen Kolonie ist eine »Hauptstadt des Kakaos« mit über 100000 Zuwanderern geworden.

Langsam beginnt mich das Radlervirus wieder zu packen. Immer weiter rollen die Räder durch den unermeßlich erscheinenden Kontinent. Jeden Tag ein paar Dutzend Meilen unter dem Bogen der sengenden Sonne oder in Regengüssen. Immer gen Süden. Abends ein lockeres Ausspannen in lauter neu entstandenen Dörfern und Kleinstädten: Ouro Preto, Jiparaná, Presidente Medici, Cacoal, Pimenta Bueno.

Keine dieser Ortschaften ist viel älter als zehn Jahre. Ihre Pionierarchitektur besteht aus rot, grün, blau oder gelb bemalten Holzbretterfassaden, die aussehen wie Ställe. Tankstellen und Reparaturwerkstätten, Gemischtwarenläden, Friseursalons, Apotheken und Zahnarztpraxen. Und alle weisen mit buntkitschiger Reklameschrift auf sich hin.

Zwanzig Häuschen mögen es sein, aus denen Riozinho besteht. Beidseitig des Highways aufgezogen wie eine Perlenkette. Jetzt liegt der Ort wie ausgestorben da. Keine Menschenseele ist an diesem brütend heißen Nachmittag zu sehen, als ich nach einer kühlen Erfrischung Ausschau halte.

Irgendwo plärrt ein Radio. Die Töne kommen aus einem Camp der Funai, der staatlichen Indianerbehörde. Ungehindert kann ich das mit Maschenzaun umgebene Gelände betreten. Im Schatten eines langen, kasernenartigen Gebäudes sitzen Indianer. Vier Männer und mehrere Frauen mit Kleinkindern. Alle sind bekleidet, einfach, aber sauber. Keine Alkoholleichen, keine zerlumpten, bettelnden »Badelatschen-Winnetous«, wie man sie in so vielen Ecken Amazoniens antrifft. In einem offenen Büroraum finde ich die Senhora, mitte Dreißig, die sich als Vertreterin der Funai ausgibt. Bereitwillig beantwortet sie meine Fragen: »Ja, das sind Nambiquaraindianer. Ja Senhor, sie verkaufen ihre Handarbeiten an uns und werden auch medizinisch betreut. Ja, im Reservat leben diese Indianer noch nach ihrer Vorväter Sitte. Nein, eine Besuchererlaubnis fürs Reservat können Sie hier nicht bekommen, die gibt es nur im Hauptquartier der Funai in Brasilia. Nein, nein, das ist ganz bestimmt falsch, davon habe ich noch nie gehört, daß Siedler die Indianer bekämpfen und daß im Reservat schon leere Herbizidkanister von dem als Agent-Orange im Vietnamkrieg eingesetzten Tordon gefunden wurden.«

Es ist nur ein ganz kurzer, sehr oberflächlicher Eindruck, den ich in Riozinho von dieser Urbevölkerung bekomme. Aber als ich die sauber gekleideten Indianer diskret aus der Distanz beobachte, habe ich das Gefühl, als ob sie sich in einer Dauerdepression befänden, als ob sie sich durch Flucht in die totale Lethargie der almosenspendenden Fürsorge der Weißen entzögen.

Zum erstenmal sah ich den hageren Mann mit nordeuropäischen Gesichtszügen in einem Supermercado in Vilhena. An der Kasse stand er vor mir. Wir sprachen ein paar belanglose Worte, als ihm eine Dose mit Würstchen vor meine Füße fiel.

Auf meinem abendlichen Bummel durch den Ort sehe ich ihn wieder an der Ecke, dort, wo die Fernbusse halten. Er hockt zusammen mit einem blonden Knaben auf einer Lattenkiste neben einem Stapel Gepäckstücken: Handkoffer, Taschen, Tragkörbe, Hausrat und Bündel aus Sackleinen. Auf der anderen Seite des Gepäckhaufens sitzt eine Frau auf einer ausgebreiteten Steppdecke. Vor ihr liegen drei Mädchen im vorschulpflichtigen Alter und schlafen, zusammengerollt wie müde Kätzchen. Das Kleinste hält eine armlose Puppe umschlungen. Als ich vorbeischlendre, erkennt mich der Mann wieder und nickt freundlich. Ich bleibe stehen und suche das Gespräch.

»Ah, Schweizer sind Sie.« Dabei wechselt er von Portugiesisch in ein holpriges Deutsch. »Alberto Franke heiße ich. Meine Urgroßeltern kamen aus Deutschland, so genau weiß ich nicht mehr, von wo, ich glaube aus dem Harz.«

Die Familie Franke ist gestern von Rio Grande do Sul hier angekommen. 48 Stunden im Bus. Jetzt warten sie auf einen Lkw, der sie nach Colorado d'Oeste, ins brasilianisch-bolivianische Grenzgebiet mitnimmt. Als Landlose hoffen sie, dort ein Stück herrenlosen Urwald zu finden, das sie alle ernährt. »Macht euch die Erde untertan« – dieses Gotteswort wollen sie dort in die Tat umsetzen.

Der Leidensweg dieser Neusiedlerfamilie ist ähnlich denen, die mir in Rondônia so oft berichtet wurden. Auch den Frankes ist bitteres Unrecht widerfahren. Eigentlich sind sie zu müde, davon zu reden. Die Frau weint manchmal lautlos vor sich hin. Nur Alberto erzählt – halb Wut, halb Hoffnung:

Sie stammen aus dem Dreiländereck Brasilien – Paraguay – Argentinien. Ihre eigene Scholle, die sie seit drei Generationen bewirtschafteten, versank in dem großen Stausee des gigantischen Kraftwerks von Itaipú – dem größten der Welt. Neuer Boden oder Geld wurde ihnen versprochen, doch bekommen haben sie es nie. Sie wurden Landlose, ohne Arbeit, ohne Mittel, ohne Recht. Die Frankes sind einfache, gottergebene Menschen, deren Leben nach den zehn Geboten gerichtet ist und nach dem, was ihnen Hochwürden in der Dorfkirche eingebleut hatte. Der Glaube, sie würden irgendwann irgendwo wieder Grundbesitz bekommen, wenn sie nur lange genug ausharrten, gab ihnen Kraft. Als die Kinder immer öfters mit leeren Mägen weinten, beackerten sie zehn Hektar ungenutztes Land. Ihr Pech war, daß es zu einer großen Fazenda gehörte. Die Militärpolizei vertrieb sie. Eine unselige Irrfahrt durch die Staaten Paraná und Rio Grande do Sul begann, ihr Heim wurde das Plastikzelt.

Zusammen mit anderen Schicksalsgenossen besetzten sie Land, von dem man wußte, daß es zu Spekulationszwecken diente. Mal rückte die angeheuerte Privatmiliz der Großgrundbesitzer an, mal wurden sie von der Polizei verjagt. Mit Unterstützung des Hilfswerks »Sem Terra« und mit Spenden von kirchlichen Organisationen aus Europa hoffen sie jetzt auf Rondônia.

Alberto Franke will nicht mehr über die ungerechte Verteilung der Bonbons auf der Welt grübeln. Er hat wieder Hoffnung; und ich habe nicht die Courage, ihm zu sagen, daß ich bereits diverse Neubürger Rondônias weiterziehen sah, weil der ausgelaugte Boden kaum mehr etwas hergibt. Weiterziehen nach Acre in den Westen oder in den Norden nach Roraima.

Der Fehlschlag mit der Transamazonica soll sich im jungen Amazonasstaat nicht wiederholen – sagten die Politiker –, nur hatten sie vergessen, »Mutter Erde« zu fragen. Die Menschenströme der Armut werden immer mehr zum Totenfeuer der Urwälder, doch wer hat schon das Recht und den Mut, das einem Alberto Franke zu sagen.

Im Unterschied zu den Fernlastern, die alle beim Kontrollposten kurz nach Vilhena anhalten müssen, fahre ich ohne Verzögerung in den Mato Grosso hinein. Auf einer glatten geraden Straße, so endlos linear, daß sie sich am Horizont zu einem Punkt verliert, dem man nie näherkommt. Links und rechts Wälder – hier stehen sie noch –, stundenlang Wälder, stundenlang treten.

Zur Abwechslung lasse ich mich von jedem der nicht allzuvielen Flüßchen verwöhnen. Entspannt lege ich mich ins kühle Wasser auf blankgespülte Steine. Die Strömung massiert einem so behaglich den Rücken und die Beine.

Irgendwann passiere ich die kontinentale Wasserscheide. Die Bäche fließen nicht mehr nach Norden zum Amazonas, sondern nach Süden zum Rio Paraguay. Auch der amazonische Winter liegt hinter mir, gutgelaunt radle ich dem Sommer entgegen.

Der Regenwald geht über in ungezähmten Campo Cerrado: vom Wind gekrümmte Knorpelbäume, Knüppelbuschwerk, Dornengestrüpp und Savannengras. Es riecht nicht mehr würzig nach vermodertem Holz und Laub, es riecht nach staubiger, hartgebrannter Erde. Glühende Morgenrots, so intensiv, als ob der ganze Campo brenne, machen dafür das Aufwachen zum Erlebnis.

Die ersten Ranchos, Feldhütten, tauchen auf. Ihre fensterlosen Wände bestehen aus festen, ins Erdreich gerammten Palmstämmen. Hier findet man noch den ursprünglichen Mato Grosso – den »Großen Wald« –, der nie ein eigentlicher Wald war, sondern wilde, ungebändigte Steppe mit Klapperschlangen, wo nur entlang der Flußläufe Galerie- und Palmwälder wachsen, wo Ameisenbären mit ihren kräftigen Krallenfüßen die zementharten Termitenhügel aufbrechen, wo Gürteltiere ihre Wohnhöhlen graben und wo Graufuchs, Mähnenwolf und Puma auf die Jagd gehen.

Der alte Bundesstaat Mato Grosso, mit seinen über 1,2 Millionen Quadratkilometern – so groß wie Portugal, Spanien, Frankreich, Belgien und Holland zusammen – war verwaltungstechnisch einfach zu unhandlich. Darum wurde er in der Mitte geteilt. Campo Grande wurde die Hauptstadt des südlichen, Cuiabá die des nördlichen Mato Grosso. Zugleich liegt Cuiabá im geographischen Mittelpunkt Südamerikas.

Auf den letzten 200 Kilometern bis dorthin gibt es nicht mehr viel zu sehen: Zwei, drei Tankstellen, ein paar einsame Barackensiedlungen. Der Rest ist eintönige Buschlandschaft, der Weg wird mir sehr lang.

Endlich tauchen in der Ferne die ersten Gebäude der 170 000 Einwohner zählenden Metropole auf. Im »eigenen Saft« gebadet, sucht sich ein angeschlagener Radler den Weg durch stillose Trabantenvororte. Dann der Blick hinunter zu dem Fluß und über eine Brücke hinein in das verwinkelte Zentrum. Eine sympathische Stadt. Erst recht, als ich in einem Hotel mit kolonialem Flair eine preisgünstige Unterkunft finde. Das »Sight-Seeing« wird auf den folgenden Tag verschoben, im Augenblick sehne ich mich nur noch nach Ruhe und dem erlösenden Schlummer im kühlen, abgedunkelten Zimmer.

Genüßlich schlürfe ich morgens einen dampfendheißen, pechschwarzen Cafezinho und knabbere an frischen Blätterteigtäschchen, gefüllt mit Käse. Nichts kann mein Morgenidyll stören. Nicht die Geräuschkulisse der Blechlawine auf der Avenida Dom Aquino, nicht die Hektik der Fußgängermassen.

Drei Tage lang horche ich im Herzen der Metropole nach den Zwischentönen des Lebens. Unter den schattenspendenden Bäumen der Plaça da República klagen Zeitungsleser über den immer schneller drehenden Kreisel der Inflation, über die Unfähigkeit der Staatslenker. Amüsiert verfolge ich das Katz- und Mausspiel der Schuhputzer auf Kundenfang. Arbeitslose, die ihren letzten Cruzado bereits gesetzt haben, erklären mir die Regeln des illegalen Glückspiels »Jogo do Bicho« und können nicht verstehen, weshalb ich nicht auch mein todsicheres Glück versuche. Gestreßte Büromenschen, den Aktenstapel vor der Brust, spülen ihr Mittags-Sandwich hastig mit einer Cola hinunter.

Cuiabá wurde 1719 von einer Gruppe Bandeirantes auf einem ihrer Entdeckungs- und Bereicherungszügen gegründet. Von São Paulo aus machten jene Fähnchen (Bandeira) tragenden Raubritter nicht nur Jagd nach Indianersklaven, sie waren auch Schatzsucher.

Cuiabá ist das Eingangstor zum Pantanal, einem riesigen, natürlichen Überschwemmungsgebiet, das bis hinein nach Bolivien und hinunter nach Paraguay reicht, eines der größten und artenreichsten ökologischen Heiligtümer beider Amerikas. Ein Gebiet, wo sich Fauna und Flora in überströmender Fülle und Vielfalt präsentieren. Eine Fundgrube für Zoologen und Botaniker, ein Paradies für Ornithologen. Allerdings ist es nur schwer zugänglich. Entweder auf der Holperstraße ins Nichts, der Sackgasse »Transpantaneira« bis Porto Jofre oder per Lufttaxi zu einer der sündhaft teuren Safarilodges.

Cuiabá war schon immer ein Sprungbrett für abenteuerliche Trips. So zum Beispiel die mysteriöse Expedition des Engländers Percy Harrison Fawcett. Der, ein Mitglied der Königlichen Geographischen Gesellschaft, fand in der Nationalbibliothek von Rio de Janeiro das Tagebuchdokument einer kleinen portugiesischen Bandeira-Expedition aus dem Jahre 1743. Daraus ging hervor, daß die Portugiesen eine versunkene, vom Dschungel überwucherte Stadt aus riesigen Steinblöcken und rätselhaften Inschriften entdeckt hatten. Eldorado, Ma-Noa oder ein amazonisches Atlantis? Wie auch immer, das vergilbte Dokument Nr. 512 aus der Bibliothek wurde Fawcetts persönliches Schicksal.

Im April anno 1925 startete der englische Forscher mit Begleitern und indianischen Trägern von Cuiabá aus in Richtung Xingufluß. Damit ging er in die Geschichte ein. Nicht, weil keiner von ihnen mehr zurückkam – das ist anderen auch passiert –, sondern weil er unter großem publizistischem Aufwand das Geheimnis lüften wollte.

Im Laufe der Jahre wurde öfter nach dem Engländer gesucht.

Einige kamen erfolglos zurück, andere blieben selbst verschollen, bildeten neue Nahrung für geheimnisvolle Legenden.

Flankiert von den stadtauswärts dröhnenden Autokolonnen rollen die Räder meines Drahtesels wie von selbst. In drei mühelosen Tagesetappen strample ich bis Rondonópolis. Dort verlasse ich die Schnellstraße 364 und wechsle auf die BR 163 nach Campo-Grande. Der Unterschied liegt nicht nur in der Straßennummer, auch die Umgebung verändert sich schlagartig. Anstelle von verfilzter Buschsteppe mit einigen kleinen Landhöfen tauchen schier endlos weite Soja-, Zuckerrohr- und Maisfelder auf. Felder, die mit Flugzeugen besät und besprüht werden. Kein Baum, kein Strauch gibt Schatten vor der Sonne. Wie Robinson komme ich mir vor, der suchend in die Grenzenlosigkeit des Meeres starrt. Alle 20–30 Kilometer ein riesiger Komplex mit Silos und Speicherhallen, umzäunt von einem Kordon windschützender Eukalyptus-Bäume. Agrarkultur-Fabriken mit eigenem Traktoren-, Mähdrescher- und Camionpark. Landwirtschaftlicher Gigantismus!

Hier müssen jene Brasilianer leben, die vor einigen Jahren allen Ernstes behaupteten, »wir werden die USA überrunden«, oder heute noch sagen: »Deus e Brasileiro« – Gott ist Brasilianer.

Nach Coxim dann, bereits tief im Staat Mato Grosso do Sul, immer mehr Viehherden auf frischgrünen Weiden, so weit das Auge reicht. Farmen mit Hunderten und Aberhunderten weißer Nelore-Rinder, Bilder, wie gemacht für einen Marlboro-Werbespot.

Entlang Geleisesträngen radle ich ins Zentrum von Campo Grande. Beim alten Bahnhof passiert es. Vor mir stoppt ein Stadtbus an einer Haltestelle. Die Gegenfahrbahn ist frei. Ich schaue zurück und will den stehenden Bus überholen. In den Augenwinkeln habe ich das Gefährt hinter mir erspäht und denke noch: »Das wird knapp.« Da trifft mich mit ungeheurer Wucht ein Schlag in die Flanke. Kopf voran fliege ich über die Lenkstange. Das Kreischen von Bremsen und Quietschen von Reifen dringen an mein Ohr. Benommen rapple ich mich hoch, reibe die geschundenen Knie und Handballen. Die Knochen sind heil, nur das Fahrrad liegt wie ein Haufen Elend halb unter dem Stadtbus, und die große hintere Gepäcktasche liegt mitten auf der Straße neben einer Camionette. Leute umringen mich, befassen meine blutenden Beine und bewegen meine Arme. Ein stämmiger Kerl mit ledernem Stetson auf dem Schädel zuckt mit den Schultern und meint: »Tut mir leid, ich habe Sie zu spät bemerkt.«

Der Sachschaden ist nicht allzu groß. Leicht gestauchte Vorderradgabel, verdrehter Lenker, aufgerissene Gepäcktasche und ein leckgeschlagener Wasserkanister.

Nach einigem Hin und Her packen wir meine ganze Habe auf die leere Ladefläche des Kleinlasters. Der Herr mit dem Stetson fährt mich zum Hotel Turis Rodoviario. Leandro Zys, der Sohn des Besitzers, ist ein alter Bekannter von mir, und ein reserviertes Zimmer wartet bereits.

Als der Camionette-Fahrer sich verabschiedet, nennt er mir den Namen eines anderen, eines exklusiveren Hotels und meint: »Dort finden Sie mich in den nächsten Tagen, schauen Sie mal vorbei.«

Verpflastert an Knien und Ellbogen, gekleidet in einen sauberen Khakianzug, bummle ich am folgenden Spätnachmittag die Hauptstraße entlang. Nicht ganz unabsichtlich komme ich am Hotel meines gestrigen Unfallfreundes vorbei. Ich trete ein und finde ihn in der vornehmen Hotelbar in Gesellschaft von weiteren Stetsonträgern. Er begrüßt mich wie einen alten Bekannten, dann stellt er mich seinen Freunden vor: lauter Viehzüchter. Einer feiert gerade den erfolgreichen Verkauf von einigen hundert Rindern.

Es ist 18.00 Uhr. Der Barkeeper gähnt diskret in sein weißes Tuch, füllt jedoch stilvoll der fidelen Runde weitere Eiswürfel und Whisky in neue Gläser. Mit der in dieser Gegend üblichen Großzügigkeit werde ich als »Exote« herzlich aufgenommen. Na dann, warum nicht?

Drei Stunden später betreten wir zu viert die Churrascaria Gaúcha, ein Restaurant, oder besser gesagt, ein Fleischvertilgungs-Tempel.

Das Lokal ist fast voll. Natürlich kennt jeder jeden. Man gibt sich leutselig. Die Atmosphäre schwankt zwischen Ungezwungenheit und Viehbörse. Da wird lässig mit Zahlen herumgeschmissen, die mich fast schwindlig machen. Ein Hauch von Dallas liegt in der Luft.

Der uns zugewiesene weißgedeckte Tisch wird überladen mit opulenten Salatplatten und »Chope«, dem leichten Faßbier in hohen Gläsern. Dann werden auch wir von der immerzu rotierenden Kette spießtragender Kellner erfaßt. Schlag auf Schlag servieren sie in bunter Reihenfolge von den langen Spießen direkt in die Teller: appetitlich gebratenes Rumpsteak, Schweinerücken, Pouletschenkel, Würstchen, Rippchen, Nierchen, Leber und Rinderfilet – eine wahre Freßorgie.

Angesichts der Mengen, die vom Grill auf die Tische und von dort in die Mägen wandern, wird mir erneut bewußt, daß ich inmitten der brasilianischen »Speisekammer« sitze. Hier fällt es schwer zu glauben, daß in diesem Land Millionen Menschen hungern, daß Tausende von Kindern an Unterernährung sterben.

Am nächsten Morgen verschwinden hinter mir im Dunst die paar Mini-Wolkenkratzer von Campo Grande, vor mir liegt, wie gehabt, wogendes Grasland, belebt durch weidende Viehherden.

So ganz ohne hat mein peruanisches Fahrrad den »Schleudertest« doch nicht weggesteckt. Irgendwie zieht das Ding immer nach rechts, wie ein müder Gaul, der sich am Straßenrand ausruhen möchte. Freihand fahren und dabei noch pfeifen kann ich glatt vergessen. Gleichwohl schätze ich, via Dourados, in einer knappen Woche unten an der paraguayanischen Grenze zu sein.

Mato Grosso mit dem Fahrrad. Das ist grenzenlose Langeweile, wenn man nur von A bis B will, aber ein grenzenloses Vergnügen, wenn man Freude am Radeln und genug Zeit hat. Wenn man Wind und Sonne auf der Haut und das Wechselspiel von Anspannung und Entspannung am eigenen Körper spüren möchte. Allein die intensiven Farben sind Grund genug: das weiche Braun der Savanne und das bleierne Grün der Weiden, das flammende Morgenrot und das strahlende Blau am Mittag oder die sternklaren Nächte unter dem weitgespannten Himmelszelt des Mato.

Wo habe ich nicht schon überall geschlafen auf diesem überdimensionalen »Billardtisch«? In Kneipen, in Herbergen, Tankstellen, Polizeiposten und verlassenen Hütten, unter Brückenbogen aus Beton, in Maisfeldern und im Steppengras, auf Fazendas mit Familienanschluß und einmal sogar kurz im Fahrradsattel!

Bruchsturz im Gran Chaco

Das Interessante an Ponta-Pora ist seine offene Grenze in Paraguay. Es gibt keinen Schlagbaum und keine Schranke. Wer etwas von der Zollbehörde will, der muß sie in einem Gebäude mitten in der Stadt suchen. So was von Freundlichkeit; das weiß ich zu schätzen.

Kurz nach meiner Ankunft wechsle ich hinüber ins »Land des Friedens und der Arbeit«, wie Paraguay sich selber nennt, und werde dort gleich als Hindernis behandelt.

»Hey, hey – Platz da!« ruft einer hinter mir. Mitsamt dem Fahrrad springe ich zur Seite. Ein Eselkarren holpert vorbei, in eine Wolke aus abendlichem Straßenstaub gehüllt. »Vamos!« Die Rute trifft klatschend auf den Rücken des Tieres. In Pedro Juan Caballero möchte ich alles, nur kein Esel sein. Und das direkt hinter dem hundert Meter breiten Streifen Niemandsland, dort, wo aus den Schaufenstern der kleinen Läden spottbillige Uhren, Parfüms, Importzigaretten und viel, viel Alkoholika hinüber nach Brasilien blinzeln. Selbst die schwarzlackierten Holzkisten für die allerletzte Reise sind da günstiger zu haben als drüben im großen Nachbarland.

Später, im Hotel, bestätigen mir Insider unter vorgehaltener Hand, daß in diesem Grenzort genügend Scotch lagert, um den ganzen Mato Grosso mehrere Monate lang »feucht« zu halten.

Apropos Hotel, ich habe wieder einmal Glück gehabt. Es hat vier Sterne und ist doch so preiswert, daß ich mich geniere, das Bett zu benützen. Deshalb ruhe ich in meinem Schlafsack auf dem Boden. Die Sterne des Hotels sehe ich ganz klar durch ein Loch im Dach am fernen Firmament! Das Mobiliar besteht aus einem Bettgestell, einem Stuhl und einer Kerze. Die Nacht verbringe ich in der gleichen illustren Gesellschaft, mit der ich den

Abend schon genossen habe. Ich habe zwar mein eigenes Zimmer, doch klaffen die Fugen der Bretterwände so weit auseinander, daß ich mich mit dem Nachbarn zur Rechten und den beiden zur Linken so gut wie in einem Raum befinde. Das Einschlafen fällt mir schwer. Der eine ist ein Dauerhuster, und die zwei anderen erzählen sich schmunzelnd ihre letzten Liebesabenteuer.

Diese etwas dubios aussehenden Gestalten hatte ich während des Nachtessens kennengelernt. Wir saßen zusammen im hauseigenen Restaurant an einem der zwei einzigen Tische und aßen »Bori-Bori«, ein Fleischeintopf mit Gemüse, Mais und Käse. Dazu gab es »Chipas«, Eier und Käse auf einer Maisbrotunterlage. Nach der Mahlzeit kreiste der traditionelle Maté-Becher in der Runde: ein Trinkgefäß aus geschnitztem Kuhhorn mit einem Saugröhrchen, reich mit Blattschmuck verziert, und jedermann schlürfte an dem bitteren Yerbatee. Hätte ich abgelehnt, wäre das einer Beleidigung gleichgekommen. War der Becher leer, wurde aus einer Thermosflasche wieder heißes Wasser auf den Sud aus gemahlenen, grünen Blättern gegossen.

Als Ausländer war ich Mittelpunkt der Tischgemeinschaft. Meine Erklärung, daß ich hergekommen bin, um Bekannte im Gran Chaco zu besuchen, wurde mit Lächeln und Augenzwinkern zur Kenntnis genommen.

Offene Grenze hin oder her, ich muß mich trotzdem um die Einreiseformalitäten kümmern, sonst gibt es später Ärger. Da sich in meinem Paß kein kubanisches Visum befindet, bekomme ich problemlos eine dreimonatige Aufenthaltserlaubnis in Form eines Stempelabdrucks. Gleich nach dieser »Markierung« schwinge ich mich auf den Sattel des Velos. Auf einer brandneuen Asphaltstraße fahre ich hinein ins Landesinnere. Nicht lange, denn schon nach 15 Minuten erblicke ich eine geschlossene Barriere mit einem unheilverkündenden Abfertigungsgebäude daneben. Zwei junge Männer, halbe Kinder, mit kahlgeschorenen Köpfen und in abgewetzten Uniformen, einen Weltkriegskarabiner umgehängt, betonen den Sinn des Schlagbaumes. Die zwei bewegen sich in jener Haltung auf mich zu, die einem verrät, daß sie über eine Unmenge Zeit verfügen. Gepäckkontrolle? Mühselige Filzprozedur?

Man begleitet mich ins Gebäude. Der Trick mit dem Reisebuch zieht auch hier wieder einmal. Der Postenkommandant wird immer freundlicher, schickt die jungen Soldaten hinaus, und dann trinke ich Maté mit ihm. Langsam gewöhne ich mich an diesen bitteren Tee. Zum Abschied will sich auch der Chef in meinem privaten Reisedokument verewigen: Die Commandancia »Batallon de Frontera« der IV. Infanteriedivision wünscht gute Reise.

Die Sonne angenehm im Rücken, fahre ich weiter, dem Flußhafen Concepcion, dem Rio Paraguay entgegen. Bald geht die neue Teerstraße in eine erdene Karrenpiste über. Die Bauarbeiten sind eingestellt worden, wer weiß warum. Nur selten überholt mich ein ächzender alter Laster, eine dicke schwarze Abgaswolke hinter sich herziehend, die ahnen läßt, womit der Motor gefüttert wird.

Die Landschaft ist grün und sanft gewellt. Dann tauchen ein paar majestätische Tafelberge auf. Felsinseln mit senkrechten, verwitterten Wänden. Wie unbezwingbare Burgen erheben sie sich aus dem Gelände.

Ich stelle keine Norm für die tägliche Kilometerzahl auf, sondern nehme es, wie es kommt. Gefällt es mir irgendwo, bleibe ich, solange ich Lust habe.

So schaue ich im Schatten eines breitgewachsenen Baumes nach einer Stelle aus, mähe mit der Machete das Gras und versuche, meinen Mittagsschlaf zu halten.

Wie wunderbar ist das Leben aus dieser Perspektive! Über mir der blaue Himmel, lautlos ziehender Wolkenflaum, dazu das leise Rascheln einer nahen Fächerpalme, die ihre buschige Krone träge im Winde wiegt. Die Erde ist warm, ich rieche den Duft der Gräser.

Als ich aufwache, steht die Sonne als glutrote Scheibe schon tief am Horizont. Was soll's? Wenn es sich hier so schön schlafen läßt, kann ich auch gleich übernachten.

Die folgenden Tage radle ich in aller Seelenruhe auf dem unbefestigten Weg durch eine ländliche Idylle. Durch Weideland, auf dem Braunvieh, Weißvieh und Pferdeherden umherziehen, dann wieder durch kleine Plantagen mit Tabak-, Maté- und Baumwollfeldern. Ich übernachte in verträumten Dörfchen wie Naranja-Y, Yby-Yau, Bella Vista und Cerro Cora. Erdenwinkel, in denen Frauen mit Körben voller Wäsche auf dem Kopf zur Waschstelle am Fluß gehen oder im Amazonensitz hoch zu Esel aufs Feld reiten; wo braune Kinder mit übermütigem Lachen auf der Straße spielen, schwerfällige Ochsenkarren mit großen Speichenrädern unterwegs sind, und Viehtreiber auf verschwitzten Pferden, das zusammengerollte Lasso am Sattel, heimwärts traben. Ich passiere schlichte Gehöfte ohne jeglichen Komfort, aber immer sauber und mit Blumentöpfen geschmückt. Daneben steht meist ein halbkugelförmiger Lehmofen, in dem Maisbrot gebacken wird und ein Ziehbrunnen mit Handkurbel, aus dem man das kühle Naß in Eimern aus zehn Metern Tiefe heraufholt.

Die Gastfreundschaft der Paraguayaner ist überwältigend. Wenn ich in irgendeinem Dorf vor einem Haus oder draußen vor einer einsamen Estanzia Halt mache, weist man mich nie ab. Im Gegenteil. Ich habe immer das Gefühl, richtig willkommen zu sein. Mit größter Selbstverständlichkeit nimmt man den Fremden auf. Immer bekomme ich einen Platz zum Übernachten. Meistens bleibe ich dann hängen, genieße den Tag vom ersten Hahnenschrei bis zum letzten Gitarrenständchen mit Menschen, die keine Hektik kennen, wo die kleine Gemeinschaft intakt und die Welt noch in Ordnung scheint. Oder ich lasse die Stunden eines Nachmittags, behäbig in der Hängematte schaukelnd, im Schatten eines Baumes zerrinnen. Momente einer Robinsonade mit träumerischen Rückblicken auf all die zufriedenen Stunden. Die Tage vergehen ohne spektakuläre Ereignisse, haften aber als eindrucksvolle Erlebnisse.

In Concepcion wird mein treues Stahlroß ein weiteres Mal während seiner Marathonreise verladen. Diesmal auf einen Frachtdampfer auf dem Rio Paraguay, eingeklemmt und verkeilt zwischen Tabakballen, Maissäcken, Kisten und Fässern. Wie sich später herausstellt, hat ihm diese Flußreise hinunter nach Asuncion gar nicht gut getan.

Asuncion, die Hauptstadt Paraguays, benütze ich als Sprungbrett für einen Ausflug zu den Wasserfällen von Iguaçu – Großes Wasser –, wie sie in der Sprache der Guarani-Indianer heißen. Zur Abwechslung per Autobus. Foz do Iguaçu, diese herrlich schönen Wasserfälle im Länderdreieck von Argentinien –

Brasilien – Paraguay habe ich schon mehrmals besucht, und doch ziehen sie mich immer wieder an.

Auf einer Strecke von 2,5 Kilometern schießen die gewaltigen Wassermassen des Rio Iguaçu in zwanzig großen und über 200 kleinen Kaskaden in die Tiefe, bilden ein einzigartiges Naturschauspiel. Leicht begehbare Wege und Brücken führen durch eine üppige Vegetation, und trotz der vielen Touristen läßt sich die tropische Vogelwelt in ihrem Garten Eden nicht sonderlich stören.

Zurück in Asuncion stehen plötzlich zwei Journalisten vor meinem Hotelzimmer. Irgendwie hat die Zeitung »Ultima Hora« von meiner Radreise erfahren. Am nächsten Tag lacht mir mein Konterfei aus der Tageszeitung entgegen, mit der Überschrift: Un Raidista Suizo en la Ruta Trans-Chaco!

Der Gran Chaco ist teils eine wasserarme, versandete Kaktus- und Dornbuschsteppe, teils ein Schwemmland mit Grasfluren, verfilzten Waldungen und Sümpfen. Ein Gebiet, das stark schwankenden Witterungseinflüssen ausgesetzt ist. Man erzählte mir, daß die Chacoindianer »Allesfresser« seien. Eidechsen, Raupen, Käfermaden und Kopfläuse wären bei ihnen ebenso beliebt wie Heuschrecken, Ameisen und Schaben. Was man nicht erzählte, ist, daß diese Indianer einmal ausgezeichnete Pfeil- und Bogenjäger waren, in kollektiven Treibjagden Straußenvögel, Hirsche, Pekaris und Alligatoren schossen, Palmherzen, Honig und vor allem die Wildfrüchte des Algarrobo-Baumes sammelten. Im Zuge der fortschreitenden Erschließung ihres Lebensraumes wurden sie gezwungen, den Menüplan zu ändern.

Straßenbau, Dezimierung des Wildes durch Fellhandel und Sportjäger, Landnahme und Aufbau fester Siedlungen änderten das Leben dieser Menschen von Grund auf, nicht zuletzt auch jene skrupellosen Grundstücksmakler, welche investitionsfreudigen Europäern ganze Kakteenplantagen andrehten. Mancher Steuerflüchtling, der sich schon als stolzer Farmbesitzer wähnte, erlebte ein böses Erwachen zwischen Wurzelbäumen und Stacheldickicht.

Die Mennoniten-Kolonie Filadelfia liegt 450 Kilometer von der Hauptstadt entfernt im Herzen des Chaco und ist nun im

Visier meines Wildnisrenners. Ein Renner, der sich immer mehr der strapaziösen Meilen auf seinem Buckel bewußt wird. Besonders die Vorderradgabel hat sich während der Flußfahrt noch mehr verzogen. Doch ich will es einfach nicht hören: das Wetzen der Messer! Genausowenig wie die übergroße Standschrift »Wohlstand und Einigkeit dank Strössner«, an der ich vorbeiradle, es hören will. Ja, ja »Don-Alfredo«, wir können beide nicht in die Zukunft sehen...

Das topfebene Teerband führt mich durch offenes Grasland. In den feuchten Niederungen stehen vereinzelte Gruppen von Wachspalmen. Mal picken blauschwarz glänzende Seidenkuhstärlinge dem weidenden Vieh die Zecken vom Rücken, mal steht ein weißer Reiher oder ein Schwarzstorch bewegungslos wie eine Brunnenfigur im seichten Wasser eines Tümpels und lauert auf Beute. Ich fahre vorbei an Behausungen von Tagelöhnern großer Estancias, an Holzranchos, vor denen gesattelte Pferde dösen und unter deren Vordach Männer in hüfthohen Lederstiefeln oder luftigen Pluderhosen ihren Maté trinken. Vorbei an mannshohen Korrals, in denen Pferde gezähmt werden.

Je weiter ich in den Chaco komme, um so mehr strauchartiges Gehölz beginnt zu wachsen. Ganze Schwärme grüner Sittiche flattern von Busch zu Busch. Auf der Suche nach Früchten und Kerbtieren hüpfen bunte Tangaren durchs Geäst. Ich beobachte zwei weißhalsige Chimango-Falken bei der Plünderung eines Vogelnestes. Mein Kommen stört sie überhaupt nicht.

In Tacuara und Rio Negro habe ich übernachtet und erreiche am dritten Tag Pozo Colorado. Die Hälfte des Weges liegt hinter mir.

Was ich bis jetzt sah, ist ein anderer Chaco, als der, den ich in Erinnerung habe. Und Pozo Colorado, heute ein richtiger Ort, war damals nur ein Militärstützpunkt mit ein paar lausigen Hütten aus rohen Pfählen.

Damals, im schrecklichen Dürrejahr 1981, kam ich hier schon mal durch. Breitbeinig stand ich auf der Ladefläche eines rüttelnden Vehikels neben einem halben Dutzend Fässern Benzin und einem verstaubten Rucksack. Es waren bolivianische Fellhändler, die mich auf ihrem museumsreifen »Dodge Power-Wagon« mitfahren ließen. Ich wollte durch den Gran Chaco nach Bolivien.

Der Weg bestand stellenweise nur aus zwei Spuren im Sand, und manchmal schien er sich völlig in der Wildnis zu verlieren. Oft ging es nicht schneller als im Schrittempo weiter. Alle kleineren und mittleren Flußläufe, alle Sümpfe waren ausgetrocknet. Längs der Wüstenpiste lag verdurstetes Vieh. Die schwarze Armee der Aasgeier konnte ihre Aufgabe nicht mehr bewältigen. Kadaver verpesteten immer wieder die Luft. Die Sonne brannte erbarmungslos und grausam heiß vom Himmel. Vertrocknete Grasbüschel, niederes Strauchwerk und Trupps wandernder Nandus gaukelten mir das Landschaftsbild einer afrikanischen Steppe vor.

Ich war schon halb gebraten, gedörrt und geröstet, da tauchte eine Fata Morgana auf: Bewässerte Weiden mit prächtig gedeihenden Kühen, sauber gehaltenen Pflanzungen und schmucken Bungalowhäusern. Ein blühendes Land in der unwirtlichen Ödnis?

Ich sah Gestalten, die besser in die Hochgebirgswelt der Alpen zu passen schienen, als mitten in eine zunderdürre Wüstenei mit kreischenden Papageien: Pausbäckige Burschen in blauen Latzhosen und mit breitkrempigen Strohhüten, Mädchen mit langen blonden Zöpfen und blauen Augen. Ich glaubte zu spinnen. Statt weiter nach Bolivien zu fahren, nahm ich meinen Rucksack und sprang von der Karre.

Der Sprung auf die staubige Straße ließ die Fata Morgana verschwinden. Er brachte mir eine interessante Woche, die Bekanntschaft einer sehr netten Familie und die Begegnung mit einem ungewöhnlichen Mann.

Ich war in einer anderen Welt – in Filadelfia –, einem Ort der Glaubensgemeinschaft der Mennoniten. Die Leute sprachen ein friesisches Plattdeutsch, das ich kaum verstand. Zudem waren sie zunächst sehr zurückhaltend, fast verschlossen. Am Ende der Avenida Hindenburg fand ich in einer Herberge Unterschlupf.

Am folgenden Tag lernte ich Ernst Wieler kennen, Mennonite und Schmied aus Filadelfia. Durch ihn fand ich Zugang in die konservative und eher fremdenfeindliche Gemeinschaft. Dann, es war am 23. September 1981, wurde ich vom Oberschulzen der

Kolonie Fernheim, Helmut Giesbrecht, einem mittelgroßen, älteren Herrn mit grauweißem Haar vorgestellt. Er hinkte leicht, trug eine Beinprothese und begrüßte mich mit der linken Hand. Wie er mir später anvertraute, war sein rechter Arm seit einem Schlaganfall gelähmt. Der Name des Mannes sagte mir zuerst nichts, doch mußte er eine höhere Persönlichkeit sein, denn er war im Privatflugzeug des Präsidenten Strössner eingeflogen worden.

Dank dieses Herrn und in seiner Begleitung kam ich zu Rundgängen durch die kolonieeigene Molkerei, die Erdnußmühle und das Gründermuseum. Zur Besichtigung umliegender Mennonitendörfer, Rinderfarmen, zu Gratisessen und zur Filmvorführung »Heimat für Heimatlose«, welche die Pioniertage der Mennoniten zeigte. Wie sie mit Ochsenfuhrwerken, Farmgeräten, Hausrat, Getreidebehältern, Hühnern und Gänsen in den Chaco gekommen waren und ihre erste Siedlung gegründet hatten.

Nun, im Laufe des Zusammenseins, wurde ich aufgeklärt, wer der Mann war: Der höchstdekorierte deutsche Soldat des Zweiten Weltkrieges, der Fliegeroberst und Stuka-Pilot Hans Ulrich Rudel.

Die Spuren der Mennoniten führen ins 16. Jahrhundert, nach Holland, Deutschland und in die Schweiz zurück. Sie nennen sich nach dem holländischen Pfarrer Menno Simon. Ihr Leben ist nach der Bergpredigt ausgerichtet. Sie lehnen die Scheidung und jede Art von Wehrdienst strikt ab. Gerade letzteres trieb sie in die Isolation und schließlich ins Exil. Katharina II. von Rußland holte einen Großteil von ihnen in die ukrainische Steppe. Als fleißige Ackerbauer blieben sie dort bis nach der Revolution.

Ich erinnere mich, wie ich dem alten Nachtwächter vor der Molkerei in Filadelfia stundenlang zuhören konnte, wenn er von dem zweijährigen Exodus quer durch Rußland, über den Amur nach China und von dort mit Schiffen nach Paraguay erzählte. Er war mit dabei und einer der ersten, die 1927 in den Chaco kamen. Gerne berichtete er von der Anfangszeit, der Zeit des Ringens um das nackte Leben. Vieler Jahre härtester Arbeit hatte es bedurft, bis die ärgsten Nöte überwunden waren. Von den Chaco-Indianern wurden sie nicht behelligt, wohl wegen ihrer entwaffnenden Friedfertigkeit.

Heute leben über 10000 Glaubensmitglieder in Gemeinden, die sie »Menno«, »Fernheim«, »Neuland« nennen, in Ortschaften wie »Loma Plata«, »Filadelfia« und »Halbstadt«. Von der paraguayanischen Regierung haben sie unverletzliche Privilegien bekommen: keinen Militärdienst, vollständige Religions-, Wirtschafts- und Unterrichtsfreiheit. Es gibt keine Polizei, sie wählen ihre Ordnungshüter selber aus ihrem Kreis. Ein Staat im Staate.

Mit strengen Glaubensregeln widersetzen sie sich modernen Einflüssen. Jede Neuerung, die von der Außenwelt einsickert, wird zunächst abgelehnt. Das führt unweigerlich zu Spannungen zwischen den alten Traditionalisten und der jüngeren, fortschrittsfreudigeren Generation.

Meine Chaco-Rad-Tour entpuppt sich mehr und mehr als gemütliche »Fahrt ins Blaue« auf einem bequemen Teerbelag. An die Schlagseite des Bike habe ich mich gewöhnt. Einfach unverwüstlich, dieses massive »Unding« aus Peru! Die letzten 50 Kilometer bis Filadelfia sind dann doch noch Sandpiste, aber auch die können uns zwei nicht mehr erschüttern.

Eine Woche lang werde ich als persönlicher Gast im Hause der Familie Wieler umsorgt und verwöhnt. Bei meiner Ankunft sagte Frau Wieler ohne zu zögern: »Ich bin Trudy, fühl dich wie zu Hause.« Als ob sie mit ihrem Mann und den beiden Söhnen Karl und Luis nicht schon genug Männer zu betreuen hätte! Ihre Küche führt sie nach deutschen Grundsätzen. Für mich wirklich extravagant, fast am Ende der Welt mit frischer Milch, selbstgemachtem Brot, Käse, Marmelade, mit Gemüsesuppen, Kartoffelstock, Sauerbraten, ofenwarmem Apfelkuchen und vielen anderen Leckereien bewirtet zu werden. Trotz unterschiedlicher Weltanschauung führen wir abends lange und interessante Gespräche, nicht in urfriesischem Platt-, sondern in reinem Hochdeutsch.

Auf den täglichen Streifzügen durch die Ortschaft begegne ich fast ausschließlich der deutschen Sprache. Das Altenheim nennt sich »Abendfrieden«. Die Gedenktafel am dreisäuligen Monument sagt: »Zu Ehren des paraguayischen Volkes und seiner Regierung, die den Flüchtlingen und Heimatlosen einen Zufluchtsort und eine neue Heimat boten.« Auf den Grabsteinen des Friedhofs stehen Namen wie »Jakob Hildebrand« und »Kornelius Umrau«, und beim lokalen Rundfunksender »Stimme des Chaco« interviewt man mich in Hochdeutsch.

Das puritanische Leben der Mennoniten, keinerlei Vergnügen, nur Arbeit und Gebet, birgt auch Nachteile: Sie werden immer reicher. Ein Reichtum, den sie aus Viehzucht, Baumwoll-, Erdnuß- und Getreideanbau erwirtschaften, den sie nicht vorzeigen, sondern gleich wieder investieren. Das bringt ihnen nicht nur ein sehr hohes Ansehen bei der paraguayischen Bevölkerung, es bringt auch vollmotorisierte Feldgeräte, Traktoren, Lastwagen, Motorräder, Radios, Fotoapparate und die Opposition der Alt-Kolonisten. Die sprechen bereits von einem Moralzerfall und sehen die fundamentalen mennonitischen Leitsätze in Gefahr.

Beim Abschied in Filadelfia schüttle ich unzählige schwielige Hände und nehme von Herzen kommende Wünsche mit auf den Weg. Auf die Frage, wohin ich jetzt führe, antworte ich: »Nach Süden«.

Mit Proviant und Wasser für mehrere Tage im Gepäck suche ich den ganzen Morgen entlang der Trans-Chaco-Route nach der Piste, die hinunter zum argentinischen Grenzfluß Pilcomayo führen soll. Ohne die Sicherheit eines Wegweisers benützen zu können, nehme ich an, die Einmündung gefunden zu haben. Vor mir liegt der wilde, praktisch unbesiedelte Teil des Chacos. Verflucht noch mal – was suche ich eigentlich dort?!

Mittagshitze, Mittagsschweigen. Den ganzen Nachmittag radle ich, ohne einer Menschenseele zu begegnen. Doch Karrenspuren zeigen, daß irgendwo jemand leben muß.

Den zuerst gewählten Platz für das Nachtlager verlasse ich blitzartig wieder. Er liegt in der Kriegszone von Erdwespen. Die kleinen rotbraunen Streitsucher wollen mich partout nicht in der Nähe ihres Nestes haben. Etwas weiter baue ich mein Zelt einfach in der Mitte des Feldweges auf und verbringe eine ruhige Nacht.

Argentinien, ich komme! Voller Tatendrang und unverdrossenem Elan geht es am nächsten Morgen weiter. Der Weg ist nicht schlecht, es rollt ganz gut. In der Abfahrt von einem Hügel lasse ich das Rad voll laufen.

Auf der ganzen Fahrradreise bis hierher haben mindestens drei gute Schutzgeister über mir gewacht, aber jetzt schlafen sie wohl noch, und zwar alle drei. Unten am Hügel macht der Weg eine leichte Kurve, eine nasse Stelle, eingefahrene Karrenspuren. Ich reagiere zu spät, und schon liegt ein wüstes Durcheinander von Fahrer, Gepäck und Fahrradteilen im Gestrüpp. Gabelbruch! Aus! Vorbei!

Acht Monate lang wurde das Radl geschunden, geplagt, getreten und geflickt. 6000 Kilometer haben wir zusammengehalten, waren ein verschworenes Reisegespann, und jetzt liegt mein Partner am Boden, und es gibt nichts mehr zu reparieren. Was tun?

Als erstes ziehe ich eine saubere Hose und ein frisches Hemd an, stelle das Stativ auf und mache mit dem Selbstauslöser ein Abschiedsfoto. Dann sortiere ich die tragbaren Gepäckstücke heraus und ziehe die besten Marschschuhe an!

Neubeginn am Ende des großen Stroms

Die Bezeichnung Strom trifft eigentlich gar nicht zu. Es ist vielmehr ein System von riesigen Flüssen, die irgendwann einen gemeinsamen Talweg finden und miteinander in den atlantischen Ozean fließen. Die Rede ist vom Amazonas, dem »König der Ströme«.

In der Länge streitet er sich mit dem Nil. Seine offiziellen 6500 Kilometer reichen nicht ganz zum Weltrekord, doch neuerdings berechnen viele Geographen die Distanz von der Quelle bis zur Mündung auf 7200 Kilometer.

Wie dem auch sei, die Wassermenge, die der Amazonasstrom mit seinen 1100 Nebenflüssen führt, läßt sich mit nichts vergleichen. Ein Fünftel des Süßwasserpotentials der Erde.

Alleine die wichtigsten Zuflüsse Tocantins, Madeira und Purus sind mächtiger als der Ganges, 14 weitere länger als der Rhein, und der Rio Negro hat stellenweise eine Breite von 50 Kilometern. Täglich transportiert der Hauptstrom 250000 Tonnen Schlamm (der Inhalt von 25000 Güterwagen) ins Meer hinaus, und die Deltainsel Marajó ist größer als die Schweiz. Nichts als Superlative, doch der Amazonas verlangt oft danach. Bei ihm ist einfach alles größer und extremer als anderswo.

Zehn Tage sind seit meiner erfolgreichen Bruchlandung im Gran Chaco vergangen. Ich sitze in Belém, der feuchtheißen Hafenstadt im Mündungsbereich des Rio Amazonas, eine knappe Autostunde vom offenen Meer entfernt.

Von hier tuckern Hochseefrachter, Lastkähne und Personenflußboote mit doppelstöckigen Holzaufbauten den Urwaldstrom hinauf. Nach drei bis vier Tagen auf einem dieser Hängemattendampfer trägt dann in Manaus mancher unternehmungslustige Tourist eine Illusion zu Grabe. Ganz einfach, weil die

Flußreise mehr einer Atlantikfahrt als einer abenteuerlichen Dschungelexpedition gleicht, weil die weitentfernten und oft überschwemmten Ufer keine Safaribilder hergeben. Außer Moskitos, tropischer Schwüle und langweiligem Essen vielleicht nur noch ein bißchen Darmgrippe vom Flußwasser aus der Kombüse.

Was ich in Belém suche, ist kein Boot, das mich mitnimmt, sondern ein neues Fahrrad. Das scheint gar nicht so einfach zu sein, im Telefonbuch steht jedenfalls nichts von einem Velo-Fachgeschäft.

Zu Fuß durchstöbere ich die Stadt und lande auf dem »Ver-o-Peso«, dem Markt unten am Fluß. In der großen Halle mit den Ecktürmchen hängen Unmengen Fleisch in der stickigen Luft, liegen die exotischsten Fische zum Verkauf: Pirarucu, Tambaqui, Tucunaré und selbst der sagenumwobene Piranha. Entsprechend werden die Geruchsorgane strapaziert. Zwischen Halle und Kaimauer drängeln sich Reihen von Ständen, randvoll bepackt mit aufgehäuftem Obst und Gemüse. Mini-Basare offerieren Plastiksandalen, Babypuder, Knöpfe, Bänder, Gürtel, Nägel, Schrauben, an Gewürztischchen bieten dicke Mulattinnen Tüten und Fläschchen mit Cayennepfeffer, Wurzeln, Blättern, Rinden, Samenkörnern und Pülverchen feil; auf Wunsch auch Amulette aus Sägefischzähnen, Papageienkrallen, Affenschwänze und manch andere Absonderlichkeiten, für weiß der Teufel welchen Macumba-Zauber. Um aufgerissene Kartons und Flechtkörbe mit verschimmeltem Obst, die von der Müllabfuhr übersehen wurden, schleichen schnüffelnde Straßenköter. Hinter holzgerahmten Glaskästen sitzen Profiuhrenmacher und hantieren mit Pinzette und winzigen Schraubenziehern an Chronometern oder versuchen, Occasions-Digitaluhren an den Mann zu bringen. Im kleinen Hafenbecken liegen Frachtboote, drei, vier nebeneinander vertäut, ein Gewirr von Masten, Tauen und Flaggen. Über federnde Laufplanken entladen halbnackte Männer Bananenstauden und Säcke, schleppen Körbe mit Maracuja- und Pupunhafrüchten. Ein malerisches Treiben – nur ein Velo finde ich hier bestimmt nicht.

Gemütlich spaziere ich die Hauptstraße, die Avenida Presidente Vargas, hinauf. Hochhäuser, Hotels, Restaurants, Souvenirshops und Postkartenverkäufer vor dem Postbüro. Alles, nur nicht das, was ich suche. Ich überlege, ob ich ein Taxi nehmen soll. Taxifahrer wissen immer Bescheid. Ich gehe dann doch weiter, in die verwinkelten Seitengassen hinein. Dort reiht sich Kleingeschäft an Kleingeschäft, mit Schuhen, Kleidern, Porzellangeschirr, Kochtöpfen und Fischerzubehör. Aus Schallplattenläden powern Samba- und Discomelodien. Kein Mädchen, das beim Vorbeibummeln nicht unweigerlich den Schrittrhythmus wechselt, in unbeschwerten Bewegungen kokett mit dem Popo wakkelt, an der nächsten Konfektionsauslage aber bereits wieder kritisch ein T-Shirt, ein Paar Tennisschuhe oder Jeans prüft.

In der Rua Manoel Barata finde ich das Kaufhaus Yamada und in der Sportabteilung eine ganze Auswahl an Fahrrädern. Auswahl aber nur in den Farben, vom Modell her sind alle gleich. Solide Allerweltsgebilde mit massivem Rahmen und breiten Reifen, wie sie landesweit verkauft und gefahren werden. Wunderbar, je stabiler und einfacher, um so weniger geht kaputt, und Ersatzteile für ein einheimisches Produkt gibt es in jedem größeren Kaff. Zudem sind sie sehr preisgünstig. Für umgerechnet 80 US-Dollars wechselt der einzige »Schimmel« im Stall den Besitzer.

Nach 6000 »Trainingskilometern« fühle ich mich fit wie schon lange nicht mehr und habe jetzt ein knallhartes Attentat auf mein Durchstehvermögen vor. Auf der berühmt-berüchtigten Transamazonica will ich nach Porto Velho strampeln. Etwa 3500 Kilometer oder die Strecke Madrid – Moskau auf der »Straße der Tränen«.

Ganz so unbekümmert wie damals in Lima will ich diesmal nicht losfahren. Auf Testfahrten wird das neue Rad auf Herz und Nieren geprüft. Schwachpunkte werden beseitigt, die nötigen Ersatzteile und die passenden Werkzeuge besorgt. Für eine lange Überlandtour durch sandige, nasse und schlammige Gegenden erscheint mir der stabile, tiefgebaute Rahmen ideal. Das Auf- und Absteigen ist viel müheloser.

Genau wie sein Vorgänger hat auch das »Caloi-Rad« leider keine Gangschaltung. Die Übersetzung von 46 × 20 Zähnen ist auf ebener Straße natürlich zu klein, doch sie erweist sich später auf der Wellblechpiste als brauchbarer Kompromiß.

Fahrradkonstrukteure in der dritten Welt wissen, wie ihre Pappenheimer mit so einem Vehikel umgehen, deshalb liefern sie es gleich mit belastbaren Stahlfelgen. Das kommt nun auch mir zugute, und die 2-Zoll-Ballonreifen lassen sich bei reduziertem Luftdruck selbst auf sehr schlechten Straßen noch einigermaßen fahren.

Die entscheidende Verbindungsstelle zwischen Mensch und Rad, den Sattel, habe ich in weiser Voraussicht aus dem Chaco mitgebracht. Um mir die schmerzhafte Eingewöhnungsphase zu ersparen, wechsle ich den neuen gegen den alten aus. Das komplizierte Bremsgestänge sowie seine Wirkung auf die Felgenbremsen gefällt mir gar nicht, doch daran läßt sich nichts ändern. Typisch Brasilien: hier wird gefahren und nicht gebremst. Auch die fehlende Lichtanlage besagt, wie in Südamerika nachts herumgekurvt wird. Nun, für den Notfall habe ich eine gute Taschenlampe. Und wer bereist schon ein Land, um nachts durch die Gegend zu fahren?

Fahrradgepäcktaschen sind mir in Südamerika nie begegnet. Meine Zweitgarnitur haben liebenswerterweise Freunde aus Europa nach Rio mitgebracht.

Aus Stabilitätsgründen, vor allem beim Lenken, erachte ich es für wichtig, das Gepäck auf Vorder- und Hinterrad zu verteilen. Außerdem hatte ich ganz am Anfang hinten öfters Speichenbrüche durch Überbelastung.

Vorderradgepäckträger sind ebenfalls schwer erhältlich und hier am Amazonas schon gar nicht. Mein letzter, eine roh zusammengenietete Konstruktion aus schwerem Bandeisen und Rundstahl, liegt im Gran Chaco auf dem Fahrradfriedhof. Nachdem ich ihn unterwegs zweimal schweißen mußte, notierte ich die genauen Maße, und nun wird in einer kleinen Werkstätte unten am Hafen eine Kopie angefertigt.

In meinem Gepäck befindet sich eine Stahlkette mit einem Zahlenkombinationsschloß, um nicht bei verlorenem Schlüssel mein Schloß selber knacken zu müssen. Die Kette ist auch nicht für unterwegs in den abgelegenen Dörfern und kleinen Ortschaften gedacht, sondern für Städte, dort, wo die Kriminalität mit zunehmender Arbeitslosigkeit und Armut steigt, wo das Stehlen zwangsläufig zur Ganztagsbeschäftigung vieler wird.

Damit mein »Expeditionsfahrzeug« nicht auf den langen, einsamen Streckenabschnitten liegenbleibt, wird es komplett mit Werkzeug ausgerüstet. Vom Leerlaufabzieher, Kettennietendrücker, Pedalschlüssel bis hin zu Spitzzange, Schraubenzieher, Speichenschlüssel und zwei Luftpumpen. Auch Ersatzteile kaufe ich großzügig ein: Schlauchmäntel, Schläuche, Flickzeug, Speichen, Bremsgummis, Tretlagerbolzen, Kettenglieder, Lagerfett und noch einiges mehr, das mir ein ratloses Kopfkratzen ersparen soll.

Voller Tatendrang radle ich auf der BR-010, der Schnellstraße Belém-Brasilia, zehn Tage lang nach Süden.

In Estreito beginnt für mich das Abenteuer »Transamazonica«, das Abenteuer auf der Monsterstraße, an deren anderem Ende ich ja bereits geschnuppert habe. Dort begegnen mir auch zwei amerikanische Minenfachleute. Sie arbeiten in der nahen Serra dos Carajás für den brasilianischen Stahlgiganten Vale do Rio Doce, wo sich mitten im Urwald eines der größten Rohstofflager der Welt befindet. Im Tagbau beginnt man dort, sich an die unglaublichen Vorräte von Erz, Kupfer, Mangan, Bauxit, Nickel und Zink heranzutasten. Die beiden »Amis« schauen mich entgeistert an, als sie meine Reiseroute erfahren.

»Wo hat man dich denn rausgelassen? That's crazy! Für diese Wahnsinnsstraße braucht man einen Waffenschein.«

Ganz ohne Waffenschein kann ich eine Spingada, eine Schrotflinte, kaufen. Für 70 US-Dollar bekomme ich von einem Offizier der Poliçia-Militar eine gebrauchte »Rossi«, Kaliber 20–65 und 30 Schrotpatronen dazu. Ich weiß, dieser Handel ist nicht ganz ungefährlich, weil die Waffe höchstwahrscheinlich Armee-Beständen entwendet wurde, aber bevor ich unterwegs hungere, gehe ich lieber jagen.

An das feuchtheiße Waschküchenklima des tropischen Regenwaldes hat sich mein Körper seit Belém bereits wieder gewöhnt, an die schlechten Straßen aber noch nicht. Die letzten 800 Kilometer auf der geteerten BR-010 waren der reinste Radlergenuß.

Doch nun hat mich die »Trans-Am« empfangen. Und wie! Die Schotter-Wellblechpiste ist so von Schlaglöchern übersät, daß man glauben könnte, sie sei kürzlich bombardiert worden.

Das wäre alles nicht so schlimm, wenn nicht die großen Serra-

Pelada-Taxis wie geistesgestört an mir vorbeipreschen würden. Das sind Mercedes-LKWs mit einem käfigartig überdachten Aufbau auf der Ladefläche. Darin sitzen auf Holzbänken, eng zusammengepfercht wie Sträflinge, vierzig bis fünfzig Arbeiter, die von weit her zur Goldmine gebracht werden. Die Camionfahrer werden pro Fuhre bezahlt, entsprechend räubern sie über die Piste.

Jedesmal, wenn so ein Transporter vorbeidonnert, trifft mich ein Steinhagel, und eine dichte Staubwolke hüllt mich ein. Der Staub hängt oft minutenlang in der Luft, füllt die Lungen und läßt die Augen tränen. Ich binde mir ein Frottee-Handtuch als Filter um Mund und Nase. So, wie ich jetzt aussehe, darf ich mich keiner Bank nähern.

Nachdem mich mehrere Steingeschosse schmerzhaft an Beinen und Oberkörper getroffen haben, frage ich mich, was dieser Blödsinn soll. Weiterradeln unter solchen Umständen ist lebensgefährlich. Ich habe zwar einen harten Schädel, aber so hart, daß er gegen Steine unempfindlich ist, auch wieder nicht.

Aufladen? Schön wär's. Aber auf dieser Rennpiste hält kein Mensch. Alle wollen zum Gold der Serra, und vollgestopft sind sie eh schon. Da bleibt nur eines übrig: einen Motorradhelm zu kaufen. Aber wo?

Was für ein sturer Esel bin ich bloß, daß ich trotzdem weiterfahre! Langsam beginne ich die Taxis zu hassen. Wieder kommen, wie von Furien gehetzt, zwei Laster hintereinander aus einer Kurve gejagt. In der Staubwolke des ersten glühen die Scheinwerfer des zweiten wie böse Augen. Verängstigt drücke ich mich ins Randgebüsch, um dem gefürchteten Steinschauer zu entgehen.

Dann schließe ich Frieden mit den Taxis, dem Staub und der Knochenbrecherpiste. Ein fliegender Stein hat mich dazu überredet. Zum Glück ist sein Aufprall am Hals durch das Staubschutztuch gedämpft worden.

An einer lichten Stelle verkrieche ich mich ins Gebüsch und baue das Zelt auf. Es bleibt mir nichts anderes übrig, als am Tag zu schlafen und in der verkehrsarmen Nacht zu fahren. In fünf »Nachtschichten« von vierzig Kilometern schleiche ich die Stadt Marabá an und bleibe nun einigermaßen »ungesteinigt«.

Goldrausch

In Marabá, dem Tor zur verrücktesten Goldmine der Welt, der Serra Pelada, suche ich eine Absteige für mehrere Tage. Eigentlich sollte man dieses staubgeschwängerte Drecknest nur »fliegend« passieren, aber ich habe mir vorgenommen, einen Blick in das »Babylon« an den Wassern des Rio Grota-Rica zu werfen. In den Krater des »Kahlen Berges«, wo sich 80000 Männer mit Hacke, Schaufel und bloßen Händen wie Maulwürfe einbuddeln. Dorthin, wo ich mit meinem Garimpeirofreund Silvino in den Anfangstagen des Goldrausches beinahe selber gelandet wäre.

In Marabá-Nova, im Dormidoro Pioneiro, direkt an der Transamazonica gelegen, werde ich im Hinterhof unter einem wassergefüllten Benzinfaß wieder ein sauberer Mensch. Und das zu einer Zeit, wo andere Leute noch beim Frühstück sitzen. Müde von der letzten Nachtfahrt legte ich mich danach bis tief in den Nachmittag hinein aufs Ohr.

In der Schwüle des scheidenden Tages sitze ich nun auf einer Holzbank vor der Herberge, ein lauwarmes Mineralwasser in der Hand, hänge meinen Gedanken nach und beobachte den Untergang der flammend orangefarbenen Sonne im grünen Meer der Baumwipfel.

Wie der Name der kleinen Pension schon sagt, steigen hier vorwiegend Pioniertypen ab, die von der Serra Pelada kommen oder zu ihr wollen. Es dauert auch nicht lange, da sitzen zwei etwas heruntergekommene Gestalten neben mir auf der Bank und genießen den Abendfrieden.

Der eine scheint mir ein typischer Cabeça Chata, ein Flachkopf, ein Nordestino zu sein. Mit einer Mischung aus Indianer-, Neger- und Portugiesenblut fast schon eine eigene Rasse: klein,

O-beinig, flacher Kopf, leicht gekraustes Haar und die Haut von der Farbe vertrockneten Lehmbodens.

Der andere ist ein junger Schwarzer. Beinahe schüchtern fragt der Nordestino: »Sind Sie der Senhor, der heute morgen mit dem Fahrrad ankam?« Aha, das hat sich bereits herumgesprochen. »Ja, ganz recht«, antworte ich, noch etwas verschlafen, aber doch freundlich. Mit aufrichtiger Teilnahme erzählen die beiden, daß auch sie knapp bei Kasse sind, daß sie den Fahrpreis zur Serra Pelada bei Bekannten zusammengepumpt haben.

»Wissen Sie«, meint der Schwarze, »wir kommen aus dem tiefen Hinterland im Staat Piaui, und das ist mit dem Fahrrad doch etwas zu weit. Wir brauchten zwei Tage bis hierher, einen zu Fuß zur Hauptstraße und einen mit dem Personentransporter.«

Für meine Gesprächspartner besteht kein Zweifel, ich will zur Goldmine und bin mangels Finanzkraft per Velo unterwegs. Dann fluchen sie über die halsabschneiderische Preispolitik der Gatos – der Fahrer der Camion-Taxis. Gato werden sie genannt, weil ihre Arbeitsweise der von Raubkatzen auf Beutefang nicht unähnlich ist.

Der Schwarze fährt das erste Mal zur Mine und kann seine Nervosität kaum verbergen. Noch brandneu ist seine Matrikelkarte, ausgestellt vom Ministerio da Fazenda, ohne die er nicht ins hermetisch abgeriegelte Goldgräbercamp gelassen wird.

Sein älterer Kumpane hingegen war schon mehrmals dort. Jedes Jahr verläßt er seine Familie, seine mageren Bohnen- und Maniokfelder im verdorrten Sertão für ein paar Wochen, um das Geld fürs nächste Saatgut zu verdienen, oder weil die Kinder wieder mal neue Kleider brauchen.

Gemeinsam gehen wir zum Abendessen und verkriechen uns alsbald in die Federn. Die beiden wollen morgen ihren Kuli-Job antreten, und ich muß mir einen Passierschein bei der Minenkooperative »Coogar« besorgen.

Drei Tage später. Mit einem dieser Käfig-Lastwagen, die ich so oft verdammt habe, fahre ich nun selber zur Mine, eingeklemmt zwischen Menschenleiber, auf einer schmalen Sitzlatte hockend.

Welch ein Hohn: Marabá und die Transamazonica versinken beinahe in Staub und pulverfeinem Sand, doch die 120 Kilometer bis zum ersten stacheldrahtumzäunten Kontrollposten sind asphaltiert. 50 Mann springen dort vom Lastwagen und schließen sich einer langen Reihe Wartender an. Alles verläuft geordnet und diszipliniert. Kein Vordrängen, kein Rempeln.

Jedermann trägt Shorts und hat nur eine kleine Handtasche mit Waschutensilien dabei. Gerade so, als ob man eine Badeanstalt betreten wolle. Nach einer Stunde öffnet sich die Schleuse. Mann für Mann wird einzeln durchgelassen. Polizisten kontrollieren die kreditkartengroßen Ausweise, durchsuchen die Taschen wie beim Flughafenzoll.

Hier passiert kein Revolver, kein Messer, kein Tropfen Alkohol – und keine Frau. Die Serra Pelada ist eine reine Männerwelt, ein Eremitenlager. Bis zur Mine sind es nochmals 35 Kilometer auf einer ausgefahrenen Urwaldpiste mit zwei weiteren Kontrollposten. Trotz Gepäck, Fotoapparat und als einziger in langer Hose komme ich problemlos durch die drei Musterungen.

Zu Fuß gehe ich durch die »Stadt«, ein riesiges Barackenlager; auf der Hauptverkehrsader, einer holprigen Erdpiste, begegnen mir schmutzüberzogene Männergestalten mit geschulterten Spaten, Brechstangen und Hacken. Die Straße führt mich zu einem weiten, kasernenhofartigen Platz, stellenweise eingeschlossen von zweistöckigen Lattenburgen. Ähnlich einer Kulissenstadt für Westernfilme. Es sind die Verwaltungsgebäude des Syndikats, der Staatsbank, der Polizei und anderer Institutionen. Dahinter liegen Lebensmittelgeschäfte, Imbißbuden, Fotoateliers, Zahnklempner und Metzgereien mit offenem Fleischaushang.

Durch enge Seitengäßchen finde ich zur Rückfront der »City«. Dann stehe ich vor einem gigantischen Panorama. Unglaublich!

Ich habe ja schon manches gesehen, doch an etwas wie dieses kann ich mich nicht erinnern. Das Bild ist so fremd, daß sich meine Augen erst an die Einzelheiten gewöhnen müssen.

Ein riesiger, nierenförmiger Krater, rostrot, zerhackt, zernarbt und ausgefranst. Knapp einen Kilometer breit und 150–200 Meter tief. Auf den Terrassen, in den Wänden, am Grund der Grube: Männer – Hunderte, Tausende, Abertausende – 80 000 Männer! Ein babylonisches Gewimmel! Ein nicht abreißender Strom von Trägerkaravanen bewegt sich die Kraterwände hoch. Ununterbrochen, wie im Dauerrausch. Ein menschliches Ameisenheer!

Ich verschaffe mir einen Überblick und suche den Zugang in den Kessel. Entlang einer Erdrampe steige ich langsam hinunter zum Kopf einer Geröllhalde, zum Ende eines Förderbandes aus Fleisch und Blut. Kolonnen schwer beladener Träger ziehen vorbei. Schweißglänzende Leiber, eingehüllt in Fetzen, überkrustet von rotem Staub. Auf ihren Schultern schleppen sie Säcke voller Steine und Erde. Stöhnend und ächzend kippen sie die Last auf die Halde und machen sich mit dem leeren Sack in der Hand wieder auf den Rückweg, ohne Pause, eine immerfort rotierende Körperkette, wie ein Heer von Sklaven.

Am schlimmsten sehen diejenigen aus, die von ganz unten kommen, von dort, wo das Grundwasser steht. Schwarzroter Schlamm läuft ihnen aus dem grobleinenen Sack über den Rükken in die kurze Hose, und unten wieder raus über die Beine in die Schuhe – Bilder, wie sie Hollywood für einen biblischen Kolossalfilm kaum besser schaffen könnte. Wie vor tausend Jahren wird hier gearbeitet, mit der puren Muskelkraft von Menschenmassen, und das im Zeitalter von Mikrochips und Weltraumspaziergängen!

Nach einer halben Umrundung der Mine stehe ich vor der Felswand, wo die Barrancos – die Claims – übereinander und nebeneinander in den Berg gehauen sind. Durch Leitern, aus dünnen Holzknüppeln gezimmert, sind sie miteinander verbunden. Leute hacken und schaufeln auf den einzelnen Feldern. Andere tragen das Gestein über die Leitern nach oben. Wer wo arbeitet, wer zu welcher Gruppe gehört und wo die Grenzen der Claims genau liegen, ist für einen Außenstehenden nicht zu erkennen.

Gerade unter den »Bergziegen« herrscht eine große Solidarität. Ohne aufzublicken, braucht ein strauchelnder Kletterer nur die Hand auszustrecken und schon greift irgendwer zu, hält ihn fest. Später höre ich, daß es auch Momente gibt, wo keiner mehr helfen kann: wenn eine Leiter aus der Balance gerät oder zusammenbricht. Zynisch werden sie »Adios Mama« genannt.

In diesem Hexenkessel scheinen alle Altersstufen vertreten zu sein. Da sehe ich junge Kerle, noch halbe Kinder, die ihre besten Jahre verheizen, und Männer, die wie Greise aussehen, mit so tief gefurchten Gesichtern, als hätten sie schon zweimal gelebt.

Wie schon oft auf dieser Reise habe ich Glück und lerne den Barranco-Besitzer Alipio Pinheiro de Azenedo aus Vila-Rondon kennen.

Bei einem fliegenden Apfelsinenverkäufter steht er neben mir und korrigiert für mich den Preis für drei geschälte Orangen um die Hälfte nach unten. Spontan schenke ich ihm dafür eine. Im Laufe des Tages wird mir dann bewußt, daß dieser kleine unscheinbare Mann mit den kurzen Hosen, dem roten Leibchen und dem zu großen Strohhut auf dem runden Kopf sich ganze Wagenladungen Orangen kaufen könnte.

Während wir die saftigen Früchte essen, spazieren wir zusammen zu seinen Claims und setzen uns am Rande der Grube auf Felsbrocken.

Ich bin nun über zwei Stunden in der Goldmine und beobachte noch immer ganz fasziniert das gewaltige Spektakel. Für den Brasilianer muß ich mit meinem aufrichtigen Interesse an dem Geschehen ein dankbares Opfer sein. Er ist in seinem Element und erzählt mit großer Ausführlichkeit.

Alipio Pinheiro, ein Mann der ersten Stunde, beschäftigt 80 Arbeiter und ist damit einer der kleineren Unternehmer. An der Spitze, so erläutert er die soziale Struktur des »Millionenlochs«, stehen die Claimbesitzer. Sie sind mit ihrem registrierten Besitztitel die Unternehmer und seit einigen Jahren in einer Genossenschaft zusammengeschlossen. Es soll über 4000 Grundbesitzer geben, die wahren Herrscher aber zählen nur eine knappe Hundertschaft. Viele Barrancos (2,20 m × 1,80 m) sind mehrfach aufgeteilt. Der Handel mit Anteilen ist schwunghaft, ein guter Claim aber kaum mehr zu bekommen.

Obwohl die geographische Karte der Mine wie ein Kreuzworträtsel aussieht, kennt jeder die Grenzen auf den Zentimeter genau und respektiert sie.

Auf der nächsten Stufe der Rangordnung steht die Verwaltung der Genossenschaft. Diese steckt fünf Prozent der ganzen Goldbeute ein. Damit unterhält sie eine gewisse Infrastruktur: Anle-

Abb. 1: *In Cusco – Ein Lächeln für den Indio*

Abb. 2: *Bei Nasca, Mumien im Wüstensand*

Abb. 3: *Auf wilden Pfaden ins Amazonasbecken*

Abb. 4: *Diesel-Cowboys auf der Trans-AM*

Abb. 5: *Typische Siedlung entlang der Trans-AM*

Abb. 6: *Goldflöße auf dem Rio Madeira*

Abb. 7: *Serra Pelada – Bizarre Goldgrube*

Abb. 8: *Gold – pures Gold*

Abb. 9: *Transamazonica – Schwere Stunden*

Abb. 10: *In den Anden – Heimat des Condors*

Abb. 11: *Die Mutter hat ihr Kleinkind immer bei sich*

Abb. 12: *Auch mir blieb das nicht erspart*

Abb. 13: *Piranha*

ɔb. 14: *Symbolträchtig: Indio zieht eißen Mann aus dem Dreck*

Abb. 15: *Ein Waika – Ein freier Waldindianer*

Abb. 16: *Gran Sabana – Camp am Chinak-Meru*

gen neuer Zufahrtswege, Abtransport von ertraglosen Schutthalden mit Raupenfahrzeugen, Abpumpen des Grundwassers und Instandhalten sanitärer Anlagen.

Die unterste Gruppe, die große Masse, sind die Arbeiter. Schürfer, Gräber, Sackzähler und die Träger, die Kulis. Sie rekrutieren sich vorwiegend aus Kleinbauern, entlassenen Industriearbeitern, Kellnern, Busfahrern, gescheiterten Studenten, abgehalfterten Polizisten, entlassenen Sträflingen und vielen anderen, die es schwer haben, im brasilianischen Alltag ihr Brot zu verdienen. Dieses Heer teilt sich in zwei Anstellungssystemen auf: die Vorsichtigen und die Spieler.

Erstere verdingen sich als Tagelöhner und werden pro geschleppten Sack oder pro Schaufelstunde bezahlt. Ein geregeltes Einkommen ist ihnen gewiß – im Schnitt 15 US-Dollar pro Tag –, aber an den großen Zaster kommen sie nie.

Die anderen, die Glücksritter, lassen sich prozentual am Ertrag beteiligen. Ist der Barranco unergiebig, malochen sie nur für Gotteslohn und drei warme Mahlzeiten täglich. Ihre Gage wird aber horrend, wenn, wie bereits öfters geschehen, »Pepitas« – Nuggets – von 20, 39, 48, 56, 62 Kilo gefunden werden. Oder 200 Kilo auf einem einzigen Claim an einem einzigen Tag.

»Die zweite Kategorie«, sagt Alipio offenherzig, hoch oben über dem Erdbewegungsgeschehen, »ist mir lieber. Solange kein Gold kommt, habe ich praktisch keine Auslagen, fördern wir aber, ist ihre Besoldung gerechter. Zudem sind sie viel stärker motiviert. Verrichten Schwerstarbeit im Eiltempo. Ihr Anteil verleiht ihnen Flügel. Wir hatten gute Tage, da hievten meine Leute Säcke hinauf, bis ihnen die Beine einknickten.«

Indessen, das Glück der Serra Pelada ist heimtückisch, eine Lotterie. Es gibt Felder, da schuften sie schon Monate und finden nichts außer Dreck und Fels. Doch die Männer graben weiter, gepeitscht von der Hoffnung, irgendwann auf die richtige Ader zu stoßen, denn Glück und Verzweiflung liegen manchmal nur einige Meter auseinander.

Diese Hoffnung ist nicht unberechtigt. In sechs Jahren hat der Berg rund 40 Tonnen Gold im Wert von über 500 Millionen Dollar ausgespuckt. Tonnenweise Gold und tausendfache Enttäuschung.

Als ich heute mittag in die Serra Pelada kam, wußte ich noch nicht, wo ich schlafen würde. Im Camp gibt es zwar Imbißbuden, aber kein einziges Hotel, keine öffentliche Schlafstelle.

Alipios Angebot, ich könne in einer der Hütten bei seinen Arbeitern übernachten, kommt mir gelegen. Dann meint er noch: »Bleib bei uns, solange du willst, und zu essen kriegst du auch. Einer mehr oder weniger, das spielt keine Rolle.«

Es ist fünf Uhr nachmittags. Feierabend. Die Sonne verzieht sich langsam im Dunstschleier der umliegenden Wälder.

Inmitten eines Stroms verschmutzter, müder Männer gehe ich zusammen mit meinem Gastgeber zurück ins Lager. Er zeigt mir die Schlafstelle: unter einer schwarzen Plastikplane ein windschiefer Bretterverschlag. Davor hängen an aufgespannten Wäscheleinen Kleider zum Trocknen. Alles umzäunt mit einem zwei Meter hohen Bambusvorhang. Überraschend sauber, aber von karger Schlichtheit ist das Nachtquartier, in dem zehn Goldgräber hausen. Diese unkomplizierten Gesellen »adoptieren« mich vom Fleck weg. Ademir, Paulino, Geraldo, Julio-Cesar, Edilsom und wie sie alle heißen. Nach der Dusche sehen sie auch wieder ganz zivilisiert aus. Nicht anders als ein Kumpel im belgischen Kohlenpott, wenn er die Zeche verläßt.

Die Jungs nehmen mich mit zum Abendessen in ihre Kantine, wo zwei Köche die 80 Mann aus großen Kochkesseln verpflegen. Kochkessel über offenem Feuer, wie sie Karikaturisten in den Missionar-Kannibalenwitzen zeichnen. Interessantes Detail: Die Küchenmesser haben alle eine stumpfgeschliffene Spitze.

Nach dem Abendbrot bummle ich mit meinen Zimmergenossen noch ein wenig durch das Camp, das weit über abgeholzte Hügel wuchert. Eine sonderbare Atmosphäre herrscht in dieser Stadt, eine eigenartige Ruhe. Kein Kinderlachen, kein Frauenschwatz, kein Hundegebell, kein Verkehrslärm.

Das erste spärliche Licht aus müden Funzeln flackert durch Barackenwände. Hinter einigen klingen leise Gitarrenklänge oder die Gesprächsfetzen gedämpfter Stimmen. Arbeitsruhe, Mußestunden in einer Strafkolonie für Freiwillige, die am Tage knochenharte Sklavenarbeit verrichten.

Acht Tage lang bleibe ich im Camp und lebe mit diesen Männern zusammen. Sie erzählen mir aus ihrem Leben, und ich gehe mit zu ihrer Arbeit.

Abends, im Schein der Petroleumlampe, muß ich ihnen von meiner Radreise und von anderen Ländern, anderen Kulturen, von der großen Welt dort draußen berichten. Eine Welt, die sie nicht kennen, von der sie aber träumen und die sie eines Tages mit eigenen Augen sehen möchten. Paulino will unbedingt mal in die USA, Ademir und Edilsom nach Portugal; von dort kommen ihre Großeltern, und Lissabon ist für sie die schönste Stadt der Welt. Und der schwarzhäutige Julio-Cesar sehnt sich nach Afrika, dort vermutet er seine Wurzeln. Jawohl, sobald er genug verdient hat, geht er nach Afrika.

Allmorgendlich um sechs Uhr ist Tagwacht. Nach dem Frühstück folgt ein fast militärischer Appell auf dem Hauptplatz, und dann beginnt, sobald die Sonne die langen Schatten der Hügelkuppen in die oberen Ränge wirft, die große Show im pompösen Amphitheater. Allmorgendlich, außer sonntags.

Auf welche Weise man auf das Gold der Serra Pelada gestoßen ist, darüber kursieren einige Geschichten: abenteuerliche, versponnene, realistische.

Eines Nachmittags sitze ich wieder mit Alipio Pinheiro auf den Felsbrocken über dem Krater. Schweigend verfolgen wir den Weg der Formigas, der »Ameisen«, wie sie flink und verbissen die Kesselwände hochkraxeln. Wie sie sich an den rutschigen Stellen mit den mit Gummizapfen bespickten Sohlen ihrer Einheitsturnschuhe an den Berg krallen und Schritt für Schritt die 30-Kilo-Säcke hinaufstemmen. Da frage ich Alipio nach seiner ganz persönlichen Geschichte, wie er denn dazu kam. Er schaut lange hinunter in die Mine und beginnt dann, den Blick noch immer starr ins Loch gerichtet, als ob sein Lebensfilm dort unten ablaufen würde, langsam zu erzählen:

»Schon lange wurde das Flußufer des Rio Grota Rica von Garimpeiros durchwühlt. Viele waren es, und keiner wurde reich. Wenn ich mal nach Marabá kam, sah ich, wie sie ihr letztes Goldkörnchen versoffen, und manch einer tat mir leid. Ich arbeitete als Wandermetzger im Taglohn und zog von Fazenda zu Fazenda. Es ging uns nicht schlecht. Meine Frau und die Kinder hatten genug zu essen, waren anständig gekleidet. Wir besaßen zwei Kühe, sechs Ziegen, und oft brachte ich Fleisch von meiner Arbeit mit nach Hause. Im Jahr 1979 ging die Kunde von großen Goldfunden wie ein Lauffeuer durch die Region. Auf dem Gebiet der Fazenda »Três-Barras« liege Gold, viel Gold. Irgendein Schlauer hatte, mehr aus Versehen, statt unten am Fluß oben auf einem kahlen Hügel zu buddeln begonnen. Bald wurden dort faustgroße Nuggets gefunden. Auf einmal rannte alles zu diesem kahlen Berg. Eines Tages kam mein Nachbar zu mir und sagte: »Komm! Wir gehen auch, aber nur als Händler!« Ich überlegte es mir lange, dann verkaufte ich eine Kuh und drei Ziegen, und meine Frau tobte vor Wut. Mit Evaraldino, dem Nachbarn, kaufte ich in Marabá Lebensmittel, Kochtöpfe, Werkzeuge und Medikamente ein, all die Produkte, von denen wir glaubten, daß die Goldgräber sie kaufen würden. Und wir hatten richtig gepokert. Was du hier als Loch siehst, war damals ein drei- bis vierhundert Meter hoher Buckel.

Einige tausend Leute, auch Frauen waren darunter, behackten den Hügel. Dazu mußten sie das goldhaltige Geröll mit Schubkarren noch viele hundert Meter zum Auswaschen ans Wasser transportieren. Da blieb keine Zeit mehr zum Einkaufen im fernen Marabá. Unser Geschäft florierte. Bezahlt wurde mit Gold, einfach im Tauschhandel. Das erste Mal in meinem Leben hatte ich Gold in den Händen. Immer mehr Händler kamen und immer wildere Goldgräber. Schnell errichtete Hütten schossen aus dem Boden. »Boites« – Bordelle, wurden eröffnet. Das Ganze geriet außer Kontrolle. Chaos und Anarchie brachen herein. Es herrschte das pure Faustrecht, und jeder mußte sein Gebiet selber verteidigen. Die Größe der Barrancos wurde von der Kampfkraft des Mannes bestimmt. Kein Tag endete ohne Schießerei und Messerkämpfe. Es kam vor, daß einer Lebensmittel oder Schnaps von mir wollte, und wenn es ans Bezahlen ging, zog er den Revolver mit den Worten: »Ich habe kein Gold, gib her oder du bist tot!« Was konnte ich da machen?

Graças a Deus – Gott sei Dank habe ich jene Zeit überlebt. Mitte 1980 kam das Militär und räumte auf, beendete die tumultartige Planlosigkeit, das Lasterleben, den Hexensabbat. Waffen wurden eingesammelt, Alkohol verboten, die Frauen aus dem Gebiet verbannt und die Claims neu aufgeteilt. Jeder, der

Geld hatte, kaufte sich welche. Auch ich. Seitdem bin ich jeden Tag hier, außer in der Regenzeit, wenn nicht gearbeitet wird. Meine Kinder können jetzt die besten Schulen in Belém besuchen, und mein Ältester studiert in São Paulo.«

Ohne Unterbrechung habe ich mir dieses Glücksmärchen angehört, und der Mann neben mir weiß es genauso wie ich: Die Serra Pelada hat viele solcher Lebensmärchen hervorgebracht, aber noch viel mehr Leidensgeschichten produziert. Blitz-Millionäre, die heute in der Gosse liegen. Farmer, die Vieh und Land verkauften, falsch spekulierten, und jetzt als Tagelöhner Säcke schleppen. Familien, die ihren Ernährer als Krüppel zu Hause haben. Tragödien, die auf dem Friedhof endeten. Der »Rausch des Goldes« ist ein Glücksspiel, bei dem es immer mehr Verlierer als Gewinner gibt. Doch solche »Räusche« hat es schon immer gegeben in der Menschheitsgeschichte, bei allen Rassen, Kulturen und Religionen. Nichts anderes hat eine solch unbändige Leidenschaft und Raffgier erweckt wie die Faszination des Goldes.

Freudlose Straße

Flott voran gegen Westen... das zu behaupten, wäre gelogen. Vor drei Tagen habe ich Marabá verlassen, seit drei Tagen bin ich wieder unterwegs auf diesem Alptraum von Straße und habe kaum 150 Kilometer zurückgelegt. Gleich von der ersten Stunde an begann ein zermürbendes Auf und Ab. Steile Hügel, sogenannte Ladeiras, zwingen mich, abwechselnd 200 Meter zu schieben, dann wieder 300 Meter zu fahren. Dabei ist die Abfahrt keine große Erholung. Tiefe Auswaschungen und Querrinnen vereiteln jedes luftkühlende Hinuntersausen.

Nachdem die anfängliche Rücksicht auf das Rad verflogen war, versuchte ich eine forschere Gangart. Zwei Speichenbrüche und ein Sturz in eine Furche brachten mich wieder zur Vernunft.

Wie eine Gasse zieht sich die Piste durch den Dschungel. Nur die leblosen Stümpfe vereinzelter Urwaldriesen, die über den nachdrängenden Capoeira – den Sekundärwald – ragen, sind stumme Zeugen früherer Brandrodungen durch Siedler, die ihr mageres Ackerland längst wieder verlassen haben. Ganz selten eine armselige Hütte am Rande; die Wände aus luftgetrockneten Erdziegeln, das Dach aus Holzschindeln oder flachgedrückten Blechbüchsen. Davor meist ein Trupp braunhäutiger Kinder, kleine Racker, die unten nichts und oben nicht viel mehr anhaben.

Doch wer braucht schon Kleider bei dieser blödsinnigen Hitze!

Dafür gibt es fast keinen Verkehr auf diesem Abschnitt. Stundenlang bin ich alleine, eingeschlossen in diese grüne Masse. Überholt mich dann doch einer der wenigen LKWs, kann ich ihm lange Zeit folgen; er ist nicht viel schneller als ich. Mühsam quält er sich rauf und runter und wieder hinauf, verzweifelt versucht der Fahrer, den schlimmsten Löchern auszuweichen. Manche Stellen sind mit dem Velo bestimmt einfacher zu bewältigen als mit einem schweren Motorfahrzeug. Was auf allen Landkarten großartig als Trans-Amazon-Highway eingetragen ist, verdient hier höchstens das Prädikat »Karrenweg«; einer, der während der Regenzeit von November bis April selbst für Jeeps unpassierbar wird.

Und seit drei Tagen »wandere« ich entlang eines großen Sees, den ich aber nie zu Gesicht bekomme. Irgendwo zu meiner Rechten liegt er, liegt auch der Staudamm von Tucurui. Er hat den Rio Tocantins zum Stillstand gebracht, zum Überfluten einer Fläche von 2100 Quadratkilometern, und in seinen Wassern verfault eine kolossale Fülle organischen Lebens. Nicht mal der Schatz von Edelhölzern von enormem Wert wurde vorher geborgen.

Dafür beliefert das zweitgrößte Wasserkraftwerk Brasiliens die Aluminiumhütten von Barcarena bei Belém mit Strom.

Die Turbinen von Tucurui und ihre zukünftige volle Kapazität von 7500 Megawatt sind aber nur ein Stein im Mosaik eines der gigantischsten Industrialisierungspläne Südamerikas: dem »Projeto Grande Carajás«. Hier, zwischen den Amazonaszuflüssen Tocantins und Xingu, soll sich laut geologischen Gutachten das größte Rohstofflager unseres Planeten befinden: 18 Milliarden Tonnen Eisenerz! Eine Menge, die den gesamten Weltbedarf über viele Jahre decken kann, dazu Millionen Tonnen Bauxit, Mangan, Nickel, Kupfer und Zink. Ein Hort unermeßlichen Reichtums, das »Eldorado« der Schwerindustrie und Wirtschaftskapitäne. Dagegen sind die Goldvorkommen am Rio Madeira, in der Serra Pelada und anderswo nur ein Fliegenschiß.

Brasilien knüpft seine Hoffnungen für das 21. Jahrhundert an die Entwicklung dieser Region, ein Gebiet, dreimal so groß wie die alte Bundesrepublik Deutschland. Was für Saudi-Arabien die Erdölfelder im heißen Wüstensand, das sollen für Brasilien die Mineralminen und die Wasserkraft in Ostamazonien werden. Die Firmen Electrobras und Electronorte haben sechs bis acht weitere Staudämme am 2000 Kilometer langen Rio Xingu vorgesehen; zur Energieversorgung der industriellen Konquista.

Die Westfront – so der Plan Grande Carajás – soll eine Landschaft aus Dämmen, Stauseen, Transformatoren und Hochspannungskabeln bilden. Das Herzstück soll aus Mineralabbau und Hüttenkombinaten bestehen und der Osten für Fabriken, Rinderfarmen, Plantagen und Infrastruktur freigehalten werden: Eisen für europäische Stahlwerke, Rinder für Schnellimbißketten der USA und Aluminium für Elektrogeräte »Made in Japan«, wenn möglich nicht mehr zu »Bananenpreisen« wie bisher.

Die Augen der rohstoffhungrigen Welt richten sich auf Ostamazonien. Mit Hilfe Japans wurde bereits die 890 Kilometer lange Erz-Breitspurbahn von der Serra dos Carajás zu den Kais des neuen Tiefseehafens von São Luis fertiggestellt.

Die Freude der Brasilianer an Mammutunternehmen und astronomischen Zahlen kommt hier wieder voll zum Durchbruch. Studien zufolge soll das Ganze rund 60 Milliarden US-Dollar verschlingen, etwa die Hälfte der heutigen Auslandsverschuldung. Das wird die Größenwahnsinnigen in den Teppichetagen von São Paulo, Rio de Janeiro und Brasilia aber kaum daran hindern, ihre Pläne zu verwirklichen; obwohl die immer höhere Schuldenlast das Tropenland zwingt, rücksichtslos für den Export zu produzieren. Und Brasiliens Ernten sind verpfändet, noch ehe sie angepflanzt werden; sie gehören den Gläubigern in Übersee.

Inzwischen formiert sich der Widerstand. Es sind nicht nur Grüne und Indianerromantiker, die heftige Kritik am Projekt »Grande Carajás« üben, es sind auch bürgerliche Politiker im In- und Ausland, die vor den ungeheuren ökologischen Auswirkungen warnen. Die Falken in der brasilianischen Regierung weisen jedoch jede Kritik, vor allem die aus dem Ausland, entschieden zurück und sprechen von »ökologischem Imperialismus«. Noch krasser sagt es Carlos Tozetti, der bei Pacacha, bei Kilometer 282, die Serraria Tozetti, sein Holzsägewerk betreibt: »Ihr Gringos seid doch schizophren und verdammte Heuchler! Zuerst habt ihr über Jahrhunderte eure Wälder gerodet, ihr habt Fabriken gebaut und Großtechnik eingesetzt, und heute habt ihr einen Superlebensstandart, borgt uns Milliarden, mit denen ihr uns erpreßt, holt euch unser Eisen, unseren Kaffee, unser Soja und unser Fleisch. Jetzt aber , wo ihr im sauren Regen steht und euch langsam die Luft ausgeht, kommt ihr wieder her und sagt: Halt, der Urwald muß bleiben, wir brauchen ihn für das Klima. Gut. Ihr könnt sie haben, die Luft aus diesem verfluchten Dschungel, aber bezahlen müßt ihr dafür! Ihr bezahlt schließlich auch für das Öl der Araber.«

Mir scheint, der Mann hat nicht einmal so unrecht und ich frage mich: Wer ist eigentlich der skrupellosere, der Kreditgeber oder der Kreditnehmer?

Kurz hinter dem Rio Anapu muß ich von der Piste runter, um weiterzukommen: ein umgestürzter, mit Personenwagen beladener Sattelschlepper blockiert für Tage die Verbindungsader. Die »Straße der Tränen« läßt keine Fehler zu, sie rächt sich für jede Unterschätzung. Auch mich bringt dieses Miststück zum Weinen: Aus allen Poren läuft der Schweiß.

Sieben bis acht Liter Wasser trinke ich pro Tag, und bei jeder Gelegenheit tauche ich mein Hemd in ein Flüßchen oder einen Tümpel, um dann für wenige Minuten die wohltuende Verdunstungskälte zu genießen.

Wieder einmal übernachte ich im Zelt neben einer verlassenen Siedlerhütte. Das Dach ist halb eingestürzt, eine Seitenwand und die Rückwand sind eingebrochen. Über der Feuerstelle hängt noch ein verrußter Eisenkessel, auf dem Boden liegen einige von Ungeziefer zerfressene Leinensäcke. Verstreuter Hausrat ist mit Sand überweht, mit Kot von Fledermäusen bedeckt, und am folgenden Morgen schwärmen Wespen durch die leere Türöffnung.

Es gibt nichts Trostloseres als eine dem Verfall preisgegebene menschliche Heimstätte. Aber es gibt auch noch welche, die bewohnt sind von Menschen, die ausharren, trotz aller verlorenen Träume.

Gerade auf den 300 Kilometern zwischen der Urwaldsiedlung Hepartimento und dem Xingufluß zeigt sich das Elend der »Trans-Am« vollends. Tagtäglich sehe ich es, lebe mit ihm und in ihm. Man kann sich diesem traurigen Schauspiel nicht entziehen. Das Fahrrad gibt mir wenigstens einen »Tarnanstrich«. In den Augen dieser Hoffnungslosen bin ich genauso ein armer Hund wie sie, und so erzählen sie ohne Scham und Selbstmitleid von ihrem Schicksal. Meist sind es Frauen mit einer Schar Kinder, deren Väter irgendwo als Tagelöhner arbeiten. Frauen, denen die

Sonne die Schönheit aus der Haut gezogen und die Arbeit den Rücken gebeugt hat. Früh gealtert, aber mit warmen, melancholischen Augen, freundlich und auch neugierig. So wie jene mit ihren sechs Kindern in der einsamen Hütte, zwei Tagereisen von der Fähre über den Xingufluß. Während sie mit mir spricht, trägt sie einen totenblassen Knaben im Arm. Der vielleicht zweijährige Junge kann den Kopf kaum halten. Seine abgezehrte Mutter sagt: »Ich habe ständig Malaria gehabt, schon während der Schwangerschaft. Im Fieber habe ich nicht richtig stillen können, wie soll da der Junge gedeihen?« An ihrem Rockzipfel hängen noch zwei kleine Mädchen, deren Nasen tropfen, und nach ihren aufgequollenen Bäuchen zu schließen, leiden sie unter Eingeweidewürmern.

Zusammen mit ihrem Mann Romulo war die Frau einem Regierungsaufruf zur Besiedlung der Transamazonica gefolgt. Wie hätten sie denn wissen können, daß die strotzenden Baumkathedralen auf Sand wachsen! Wie nur ahnen können, daß die wilde Fruchtbarkeit, die sie anfangs bestaunten, nicht von den Nährstoffen der Erde herrührt, sondern aus einem in sich geschlossenen Kreislauf des Vergehens und Entstehens.

Niemand hatte sie vor dem Verhängnis der stürzenden Himmelsfluten gewarnt, die auf dem ungeschützten Boden reißende Bäche bilden, die dünne Krume und das bißchen fruchtbarer Asche im Nu davonschwemmen. Bald standen sie fassungslos vor ihrem Land, das jedes Jahr weniger hergab, von der Sonne immer härter ausgetrocknet. Vierzehn Jahre der Enttäuschungen. Ihr Mann verdient den Unterhalt der Familie jetzt als Sackkuli in der fernen Serra Pelada und ist vier bis fünf Monate außer Haus. Damit kommen sie dann recht und schlecht über die Monate der Regenzeit.

Zwölf Kilometer vor dem Xingufluß beginnt die Zivilisation wieder mit einer Tankstelle und Gaststätte, mit Brathühnern, Cola aus der Eisbox und TV-Empfang. In Favânia, 440 fürchterliche Kilometer und zwei Wochen von Marabá entfernt, ist die Mannschaft der großen Stahlfähre aber keineswegs auf Empfang eingestellt. Die machen »blau«, weil der Verkehr noch immer unterbrochen ist. Ein Fischerjunge rudert mich und mein Rad in einem Holzkanu über das klare Wasser des Xingu. Die letzten 60

Kilometer bis Altamira strample ich auf der flachen, staubigen Piste mühelos an einem Tag herunter.

In Altamira logiere ich in einem Drei-Dollar-Hotel. In dicken Waben hängt der Staub vor dem jaulenden, aber nicht kühlenden Klimakasten. Auf dem Fußboden ziehen Ameisen ihre Straßen, und im Duschraum kommt das Wasser tropfenweise als brauner Saft aus der rostigen Röhre. Am folgenden Morgen ziehe ich deshalb um zu »Vater und Sohn«. »Pai e Filho« heißt die Herberge direkt im Zentrum. Sie ist doppelt so teuer, dafür sauber und führt ein hauseigenes Restaurant, in dem die Farmer aus der Umgebung ihr zweites Frühstück einnehmen.

Der 35 000 Einwohner zählende Ort ist zwar keine Perle, doch bestimmt die sauberste und gepflegteste Ansiedlung entlang der Monsterstraße. Auch erstaunlich, wie viele Motorräder, Autos und Camions auf diesem entlegenen Flecken Zivilisation herumkurven. Unter den Fußgängern sieht man Indianer, einige mit untergehakten Transistorradios, wohl auf der Suche nach Batterien. Andere wiederum sind kaum noch imstande, geradeaus zu gehen. Das Feuerwasser hat sie »geschwächt«. Einige von ihnen, nicht alle, denn Altamira wird immer mehr zum Zentrum des Indianerwiderstandes. Sie kommen aus den entlegensten Wäldern hierher. Vom oberen Xingu, von den Flüssen Iriri und Cururá, um gegen die geplanten Wasserkraftwerke auf ihrem Territorium zu demonstrieren: Die Waushá und Kamayurá, die Txukarramãe mit den hölzernen Lippentellern im Mund und allen voran die streitlustigen Kayapó. Jetzt kämpfen sie nicht mehr mit Keulen, Pfeil und Bogen, sondern haben gelernt, die Waffen des weißen Mannes zu benützen: das weltweite Mediensystem. Ihr verzweifelter Hilfeschrei scheint endlich gehört zu werden. Marlon Brando macht sich stark für sie. Der nordamerikanische Sioux-Häuptling Floyd »Red Crow« Westerman kam an den Xingu, rauchte die Friedenspfeife mit seinem roten Bruder, dem Txukarramãe-Häuptling Raoni und sprach von einer Brücke der Solidarität. Und Ex-»Police«-Bassist Sting ging mit Raoni gleich auf Welt-Tournee: Zum Papst nach Rom, zu Mitterand nach Paris.

Am zweiten Tag in Altamira läuft mir der amerikanische Völkerkundler Stanford Zent von der Columbia-Universität in New

York über den Weg. Er hat soeben eine mehrmonatige Feldstudie bei den Piaroa-Indianern in Venezuela beendet. Vorher war er im brasilianischen Roraima, im Catrimani- und Surucucu-Gebiet. Dort hat er die Zusammenhänge erforscht, die zur Ausrottung der Yanomami-Indianer führen.

Der Mann ist eine wahre Informationsbörse. In abendfüllenden Gesprächen erfahre ich vieles über die heutige Situation der Urbevölkerung Amazoniens. Über die zweifelhafte Schutzfunktion der brasilianischen Indianerbehörde Funai und über die Rolle der verschiedenen Missionen und Sekten auf Seelenfang. Wo der durchschnittliche Brasilianer das Wort »Indianer« mit dem Etikett »minderwertig und faul« verbindet, da erklärt mir der Amerikaner auf verständliche Art das Kulturgut, die humane Überlebensstrategie und die Stammessitten dieser Naturkinder.

Auf meine naive Frage: »Gibt es noch unberührt lebende Gruppen in Amazonien?« meint er:

»Vielleicht in Venezuela. In Brasilien wohl kaum. Hier ist auch die letzte Ecke von Gummisuchern, Goldgräbern, Forschern, weißen Missionaren, Siedlern, Filmteams und Hobbyabenteurern durchkämmt worden.«

»Wann hat man die letzten freilebenden Indianer gesichtet?«

Darauf antwortet mir der Ethnologe: »Das muß 1973 gewesen sein. Den bekannten Sertanistas (Waldläufer) Claudio und Orlando Villas-Bôas gelang damals der Kontakt mit den Kranhacãrore, den ›Riesenindianern‹. Einige Männer maßen 1,90 Meter und darüber, eine Größe, die von keinem anderen Stamm in ganz Südamerika erreicht wird. Wegen des Baus der Straße von Cuiabá nach Santarém wurden die Kranhacãrore umgesiedelt. Ein Jahr später waren sie zu einem Lumpenproletariat verkommen und ihre Kultur zerstört.«

Mit einem bitteren Zug um den Mund meint er noch: »Aber wir Nord-Amerikaner müssen da schön ruhig sein, unseren Rothäuten erging es noch schlimmer.«

Fünf Tage lang treffe ich Stanford jeden Abend. Wir gehen zusammen essen und sitzen danach bis spät in die Nacht in der ruhigen Ecke eines Restaurants. Voll Wissensdurst höre ich dem kompetenten Mann zu, torpediere ihn mit Fragen und mache mir Notizen.

Am Vorabend meiner Abreise kommt er mit zwei dünnen Büchern an und schenkt sie mir. Eines nennt sich »Antropologia No. 57«, ist in Spanisch geschrieben und handelt über Venezuelas Indianer. Das andere ist die Dissertation eines gewissen Kenneth I. Taylor, der seine Doktorarbeit über die Sanuma-Indianer, einer Untergruppe aus der Sprachfamilie der Yanomami, gemacht hat. Als ich das eine Buch durchblättere und die Fotos so betrachte, frage ich mein Gegenüber:

»Sag mal, wo ist das genau?«

Er schmunzelt und meint: »Das habe ich erwartet, deshalb wollte ich dir die Bücher zuerst gar nicht geben. Du willst dorthin, nicht wahr?«

»Yes Sir!«

»Vergiß es. Das ist in der schwerzugänglichen venezolanischen Sierra Parima, im Quellgebiet des Orinoco, einer der noch unberührtesten Flecken unserer strapazierten Erde.«

»Aber Stanford, so schnell gebe ich nicht auf.«

Er schüttelt den Kopf. »Für die Sierra Parima brauchst du eine Spezialbewilligung der Regierung. Die zu bekommen ist etwa so einfach wie ein Volltreffer im Lotto.«

Sierra Parima, Sierra Parima! Verdammt. Der Name nistet sich mehr und mehr ein in meinem Gehirn.

Bevor wir uns für immer verabschieden, gibt er mir seine New Yorker Adresse und meint: »Komm mal vorbei, wenn du in dieser Ecke bist.«

Um sechs Uhr morgens weckt mich ein verschlafener Portier. Da wird mir bewußt, daß ich heute wieder auf Tour gehe. Bis dann alles Gepäck auf dem Drahtesel festgezurrt ist, scheint schon wieder die Sonne. Und die Schrotflinte steckt einfach offen zwischen den Haltegurten auf der großen Hinterradtasche. Gebraucht habe ich das Ding noch nie, außer für ein paar Probeschüsse auf Kokosnüsse.

On the road again! Entlang der Straße haben sich Siedler niedergelassen. Alle 500 Meter steht ein schmuckes Holzhäuschen mit Veranda und Palmen davor. Links und rechts Pflanzungen: Kakao, Bananen, Limonen, roter Pfeffer. Weit im Hintergrund, zuweilen gar nicht mehr auszumachen, der Wald.

Welch ein Unterschied zu dem, was hinter mir liegt! Hier muß der Boden anders beschaffen sein. Auch die Piste ist erstaunlich gut, zwar noch immer eine Berg- und Talbahn, doch die Steigungen schaffe ich im Wiegetritt. Autobusse der Transbrasiliana fahren zur Hafenstadt Santarém; Fernlaster sind unterwegs, und mehr als mir lieb ist; schnelle Ford- und Toyota-Pick Up's, mit Gemüse oder Coca-Colakisten beladen.

Bei Kilometer 46 passiere ich das Nest »Brasil Nova« und gönne mir dort an der Tankstelle eine Erfrischung. Vila Medicilandia liegt bei Kilometerstein 90, die Einheimischen beginnen in jeder größeren Stadt wieder bei Kilometer Null, und etwas weiter übernachte ich auf dem Areal einer Zuckerfabrik. Auch die gleich lange Etappe am folgenden Tag bringt mich in eine Ortschaft mit Einkaufsmöglichkeiten: Restaurant, Tankstelle und Supermarkt. Nur sind die Preise für Lebensmittel und Getränke doppelt so teuer wie anderswo, doch wen wundert das bei diesem Transportweg!

Man soll den Tag nicht vor dem Abend loben. Ich bekomme zu spüren, daß Itaituba noch weit weg ist. Der dritte Tag bringt eine Wellblechstrecke, die gar kein Ende nehmen will. Teufelsrippen nennt man sie. Der Trick, möglichst schnell zu fahren, um sie quasi zu überfliegen, klappt nicht. Ich kann strampeln wie ich will, es gibt einfach nicht genügend Geschwindigkeit, die Rippen liegen zu weit auseinander. Dieses Gehopse durch die Wellenbrecher liebt mein Tretmobil überhaupt nicht. Das Rad ist zwar ein echtes Kaltblut von beachtlicher Tonnage mit einem unverwüstlichen Rahmen, doch das Klagelied der Speichen nehme ich erst wahr, als wieder eine mit spitzem Knall den Geist aufgibt. Die wievielte ist das nun?

Der Freund unter meinem Hintern tut mir echt leid, solche Prügel hat er nicht verdient, und ich gönne ihm eine humanere Fahrweise. Dennoch werden wir beide auf solchem Straßenbelag und bei fünfzig Tageskilometern bis an die Grenze belastet. Abends fühle ich mich wie gerädert.

Fünf Tage und 250 Kilometer bis Itaituba, da sehe ich im wahrsten Sinne des Wortes Rot! Hatte ich bisher mit Hügeln und Bodenwellen zu kämpfen, so bringt mich der Staub nun fast um den Verstand. Teilweise pneudick liegt er wie rotbrauner Puderzucker auf der Piste. Zur Abkühlung und Wäsche springe ich in jedes der zahlreichen Klarwasserflüßchen. Von langer Dauer ist die Sauberkeit nach dem Bad aber nicht. Jedes Fahrzeug, das mich überholt, wirbelt eine neue undurchdringliche Wolke auf, die dann in dichten Schwaden über der Strecke liegt und für Minuten die Sicht nimmt.

Nur wer solche staubigen Wege oft geradelt ist, kann die Entfernung abschätzen. Die Kilometerzahl wird bedeutungslos, man zählt statt dessen die vom Regen ausgewaschenen und vom Staub zugedeckten Schlaglöcher, die so heimtückisch sind wie Elefantenfallen. Man zählt, wie oft man in derlei Abgründe einsackt und mit heilen Knochen wieder herauskommt. Die schlimmsten Gruben liegen stets am Ende einer langen Geraden, vor und nach der Kurve.

Itaituba ist weiß Gott nicht der Nabel der Welt, aber Itaituba ist, und darin sind sich alle einig, welche die Trans-Am kennen, der verkommenste und kriminellste Ort entlang der Straße. Daran kann auch die weißgraue Kirche mit den zwei viereckigen Türmen unten am Hafen nichts ändern. Auch nicht goldene Kreuze auf harriger Männerbrust und das Lachen mit goldenen Zähnen. Noch bin ich nicht dort, noch liegt der breite Rio Tapajós dazwischen.

Zu Fuß schiebe ich das vom Pistenstaub rostrot gefärbte Velo zum Anlegeplatz der Fähre. Entlang der abfallenden Rampe stehen Wellblechbaracken, die meisten als Bars deklariert, in denen sombrerotragende Gesellen den Schnaps in Wasserglasdosis konsumieren. Mädchen in engen Röcken hocken vor den Eingängen, spielen mit ihren Armreifen, wippen gelangweilt mit den Füßen zur Musik, die aus dem Innern herausplärrt.

Unten am Fluß stehen Hütten auf Pfählen, bedenklich einander zugeneigt. Man muß befürchten, daß sie beim nächsten Hochwasser weggespült werden. Zwischen den Pfahlbauten wühlen magere Schweine in den aus Küchenfenstern geworfenen Abfällen. Auf einem Laufsteg aus Holzbrettern geht eine junge Frau zum Fluß. Sie hält ein nacktes Kind auf Armeslänge von sich. Am Wasser wäscht sie dem Kleinen den kotverschmierten Hintern. Daneben steht ein Papayabaum, dessen Wurzeln tief in all den Schmutz hinabreichen. Mir kommt es vor, als ob gerade er die üppigsten Früchte trüge, empörend groß und saftig.

Die Stahlfähre wird bis auf den letzten Quadratmeter mit Fahrzeugen und Fußgängern beladen, bevor sie über den Tapajós tuckert. Am anderen Ufer spuckt sie ihre Ladung zu Füßen der Kirche aus.

»Como vai Ceara?« rufe ich. »Hast du noch ein Zimmer für mich?« Überrascht trocknet der Hotelier die nassen Hände ab und kommt langsam auf mich zu. Wir haben uns einige Jahre nicht mehr gesehen, doch jetzt erkennt er mich wieder.

»Suiço?« – »Tatsächlich!« – »Was treibt dich hierher?« Dabei klopft er mir kräftig die Schulterblätter, wie es Brasilianer halt mit alten Bekannten tun.

»Für dich habe ich immer ein Zimmer frei. Ich dachte schon, dich gäb's nicht mehr. Hast du keine Damenbegleitung?«

»Doch, draußen steht sie und ist verflucht schmutzig.«

Verwundert steigt er mit mir die Treppe runter zum Eingang. Als er das Fahrrad sieht, guckt er mich fragend an, zeigt auf das bepackte und dreckbeworfene Transportmittel, dann bricht er in schallendes Gelächter aus.

Es ist immer wieder spannend, in einer Stadt anzukommen, in der man sich schon mal herumgetrieben hat. Findet man noch Kumpane von damals? Was hat sich verändert? Ich liebe diese Mischung aus Neugier und Überraschung.

Bevor ich auf Streifzug gehe, versorge ich meinen »Knochenschüttler«, nehme eine erfrischende Dusche und ziehe mich noch etwas zurück zum Ausruhen. Die Absteige ist nicht luxuriös, aber man bringt mir gleich ein kühles Bier aufs Zimmer. Eine Wohltat bei der Hitze in den Räumen. Ich öffne das Fenster und schaue zwischen Hauswänden hinunter zur Straße. Lärm dringt an meine Ohren, die ersten Lichter gehen an, vor einem Geschäft sitzt ein Wächter in Uniform, Revolver im Gürtel, und scheint zu schlafen.

Hebt man den Blick, sieht man ein wüstes Gewirr von elektrischen Leitungen. Wie Spinnweben breiten sie sich nach überallhin aus, und viele davon sind längst tot. Rätselhaft, wie die Elektriker in diesem Kabelspaghetti noch den Durchblick behalten! Gleichwohl funktioniert alles, jeder hat Licht, hat Energie.

Eigentlich möchte ich mich noch zwei Stunden hinlegen, doch eine innere Unruhe erfaßt mich, trotz der Schwüle. Nochmals das Gesicht in die Emailschüssel auf dem Drahtständer ins lauwarme Wasser getaucht, und die Unternehmungslust erwacht definitiv. Ich ziehe mir eine saubere Leinenhose und ein leichtes Baumwollhemd über. Wenig später marschiere ich zielstrebig zur nicht sehr weit entfernten Avenida Nova de Santana. Vor der Casa de Saude »Santo Antonio«, einer Arztpraxis, bleibe ich stehen, klopfe an die Tür und trete ein.

In dem durch Klimaanlage gekühlten Vorraum sitzt eine junge Frau in Krankenschwestertracht hinter einem Schreibtisch und fragt, was ich wünsche.

»Ich möchte Dr. Gonsalves sprechen, ich bin ein Bekannter von ihm.«

Sie verläßt den Empfangsraum. Kurz danach kommt sie in Begleitung eines Mannes zurück. Auch der steckt in weißem, nicht mehr ganz sauberem Menschenhelfertenue. Für einen Moment bin ich nicht ganz sicher. Doch er ist es.

»Antonio, wie geht es dir?«

Nach der üblichen Begrüßungszeremonie bittet er mich nach hinten in sein Sprechzimmer. Dort lassen wir die Vergangenheit Revue passieren. Nach einiger Zeit fragt er mich:

»Amigo, fehlt dir etwas? Kann ich dir helfen?«

»Ja, dasselbe wie früher, ich möchte Medikamente für meine Reiseapotheke bei dir kaufen.« Dabei hole ich eine Liste aus der Hemdtasche und gebe sie dem Arzt. Er überfliegt sie und spricht dabei halblaut vor sich hin:

»Jodtinktur, Wundsalbe, fieberdämpfende und schmerzlindernde Mittel. Ja, kannst du haben. Auch ein Narkotikum. Und was nimmst du als Malariaschutz?«

»Mein Moskitonetz, ich kann schließlich nicht monatelang Chemie schlucken.«

»Hast du aber Medikamente bei dir?« will er wissen. Typisch Arzt.

»Ja, aber ich benütze sie nicht mehr als Prophylaxe, sondern nur zur Behandlung im Ernstfall. Mach dir keine Sorgen, an den Wasserlöchern krieche ich vor Sonnenuntergang unters Netz und betrachte die Anopheles-Damen dann mit schadenfreudigem Gitterblick aus sicherer Distanz.«

»Hm, Antibiotika kann ich dir leider nicht geben, es fehlt uns an allen Ecken und Enden. Wir haben hier alles: Typhus, Fleckfieber, Leptospirose, Geschlechtskrankheiten, Dysenterie; für Antibiotika könnte ich eine eigene Fabrik gebrauchen. Nun zu dir: Hast du persönliche Beschwerden?«

»Nein, mir geht es gut – tudo bem – alles in Ordnung.«

Während er nochmals die Liste durchgeht, beobachte ich ihn. Der Mann, Besitzer dieser Praxis, ist in den Vierzigern, unrasiert, und seine Augen scheinen einen schmerzlichen Traum zu träumen. Ich kann es nicht für mich behalten und sage zu ihm:

»Antonio, du siehst müde aus.«

Überrascht schaut er mich an, lehnt sich im Stuhl zurück und meint mit ernster Miene:

»Mario, das bin ich auch. Diese Stadt frißt jeden. Und dabei kam ich mal her, voller Idealismus, Mut und Kraft, wollte die Welt wenigstens hier verändern. Doch manchmal glaube ich, in Itaituba gibt es nur Gauner; vom ersten Lebensschrei bis zum letzten Seufzer!«

Auf diesen Gefühlsausbruch bin ich nicht gefaßt und muß ihn wohl ganz erstaunt angesehen haben, und so erklärt er mir:

»Schlägereien, Vergewaltigungen, Messerstechereien bestimmen den Alltag. Dann bringt man die Opfer mit faustgroßen Löchern im Körper zu mir oder einem Kollegen. Von uns und dem lieben Gott erwartet man dann Wunder. Itaituba ist nicht die Kloake von Brasilien – das ist São Paulo – Itaituba ist der abgeschöpfte Schaum der Kloake.«

Dr. Gonsalves steht auf, geht zum Fenster und schaut hinaus. Verstohlen reibt er seine rechte Handkante, als habe er sich verbrannt. Ich weiß nicht recht, was ich antworten soll, und frage ihn:

»Antonio, du hast resigniert? Ich habe dich anders in Erinnerung.«

Mit einem säuerlichen Lächeln setzt er sich wieder an den Tisch und faltet die Hände über der Platte, als ob er beten wolle:

»Du weißt es selber, die Gegend war schon immer ein heißes Pflaster. Inzwischen haben wir eine Rate von zwei bis drei Morden pro Woche, und das bei 20000 Einwohnern. Bitteschön! Ein einziges Umsichschlagen. Morde auf offener Straße, die Täter findet man nicht. Es geht auch um Gold, Diamanten, Drogen,

Frauen, doch jeder zweite Mensch stirbt im Streit um Land. Der Kampf um Grund und Boden ist längst militant geworden, und die Korruption wuchert bis in die höchsten Ämter.«

Wie ein Vulkan sprudelt es aus dem Mann. Ich glaube, es tut ihm gut, mal einen fremden, einen neutralen Zuhörer zu haben. Gerade will ich ihn zum Abendessen einladen, da kommt eine Arzthelferin und verlangt nach ihm. Wir verabschieden uns. Zwischen Tür und Angel ruft er noch: »Komm Montag vorbei und hole deine Arzneimittel! Morgen ist Sonntag, da bin ich nicht da.«

Es ist bereits 20 Uhr, als ich die Hauptstraße hinunter schlendere; vorbei an Baracken, in denen mit Gold gehandelt wird, vorbei an Gemischtwarenläden und Reparaturwerkstätten. In den Wohnhäusern zeigen sich neugierige, noch am Abendessen kauende Gesichter über den Fenstersimsen.

Mein Magen meldet sich ebenfalls zum Nachtessen an. Klar, heute ist ja Samstag, der Tag des Nationalgerichtes »Feijoada«.

Die löcherige Straße ist von müden Laternen schwach beleuchtet. Ich stolpere über eine kindskopfgroße, glitschige Kröte, die vom nahen Fluß heraufgekommen ist und ausgerechnet dort hocken muß, wo ich meinen Fuß hinsetze.

Vor einem neuerrichteten Speiserestaurant mit großer Gartenterrasse schnuppere ich die herumschwebenden Düfte. Nicht übel! Kurzentschlossen betrete ich das gutbesetzte Lokal und finde in einer Ecke einen freien Tisch. Bei einem Kellner in weißem Jackett mache ich meine Bestellung. Feijoada – der Eintopf aus schwarzen Bohnen, Speck, Kochwurst, Schweinepfötchen, geräucherter Rinderzunge, getrocknetem Rindfleisch, als Beilage Reis, Grünkohl, Orangenscheiben. Für mich ohne Farofasägemehl, bitte, dafür ein Agua Mineral. Ein Menü, deftig und schwer, eher etwas für kulinarische Ignoranten als für Gourmets.

Vom nahen Tapajós her weht eine angenehme Brise. So unauffällig, wie es einem Fremden überhaupt möglich ist, registriere ich die Umgebung. In unbekümmert lockerer Atmosphäre sitzen die Gäste in der Runde; ein zwangloser Treffpunkt nach Feierabend. Hübsche Mulattinnen zeigen wohlgeformte Beine, plaudern, scherzen, schlürfen exotische Drinks, löffeln Eiscreme, Männer mit Goldketten und weit aufgeknöpften Hemden, Gold auch an den Handgelenken, und dicke Klunker zieren wulstige Finger. Man sieht, daß die Stadt mal im Goldrausch war. Alles zusammen ein bißchen Jet-Set und Schicki-Micki, ein bißchen vom glänzenden Leben der Touristen und Yuppies in einem Strandcafé an der Copacabana oder Ipanema.

Sitzt hier die Haute Volée oder die Unterwelt? Wer hat Angst vor wem? Wer hat die wirkungsvollste Guerillataktik zum Überleben? Mag man diesen Leuten noch so viel Böses ankreiden, ich kann nichts davon sehen. Ist der gute Doktor Antonio einfach am Ende seiner Nerven?

»Darf ich mich zu Ihnen setzen?« Jemand spricht mich an, reißt mich aus meinen Gedanken.

»Bitte sehr.« Mit der Hand weise ich auf den leeren Stuhl. Im gleichen Augenblick wird meine Mahlzeit aufgetragen.

Der Mann, der sich zu mir gesellt, stellt sich kurz als João vor, verlangt beim Kellner einen Caipirinha und läßt mich in Ruhe essen. Er hat ein schmales, knochiges Gesicht, eine vornehme Haltung, trägt eine helle Hose und ein gebügeltes, weißes Hemd ohne Krawatte.

Mit gesundem Appetit verzehre ich die Feijoada. Dabei versuche ich, den Tischnachbarn einzuordnen. Seine Kleidung ist zu gut geschnitten, um einem Farmer, Landarbeiter oder Carimpeiro zu gehören, aber seine Haut ist zu sonnengegerbt und zerstochen, als daß er ein Büromensch sein kann.

Nachdem ich mein Essen genüßlich mit einem dampfend heißen Cafezinho abrunde, bestellt sich dieser João einen weiteren Drink. Mit einer gewissen affektierten Lässigkeit lächelt er mich an:

»Zum erstenmal in Itaituba?«

»Nein, aber das letzte Mal liegt schon sechs Jahre zurück.«

Der Fremde nickt. »Ja, früher war es lustiger hier. Jetzt laufen zuviel schräge Vögel herum. Ich bin aus Manaus und werde auch nicht ewig hier bleiben. Aber solange das Geld noch auf der Straße liegt...«

Brasilianer sind gesprächige Menschen. Bald weiß ich, daß er Buschpilot ist, Aero-Taxi fliegt und daß seine zweimotorige Piper-Comanche draußen auf dem Flugfeld steht. Aha, denke ich für mich, wohl auch so eine Zierde der tropischen Luftfahrt, wo Rost die vorherrschende Farbe ist.

Im Laufe der Unterhaltung fragt er mich: »Kennst du das ›São Jorge‹? Kommst du noch mit dorthin?«

»Die Spielhölle von Perrera da Silva! Gibt es die noch?«

Wieder nickt er.

»Okay, ich komme mit, aber ich muß dich enttäuschen, ich spiele nie, jedenfalls nicht um Geld, wenn du das meinst.«

In einem brandneuen »Golf« von Volkswagen do Brasil fahren wir mit einer Alkoholfahne weg. Die »Fahne« kommt vom äthanolgetriebenen Motor der Kutsche und nicht vom Fahrer. In der Rua 13 de Mayo parkiert der Buschpilot sein Auto vor dem besagten Lokal.

Unter dem Dach der Bar stehen Stühle und Tische aus Blech, mit den Reklameschriften von Biermarken verziert. Männer in kurzen Hosen und freiem Oberkörper sitzen im Neonlicht und spielen Domino. Im Schlepptau von João betrete ich die Pinte.

In einer Ecke steht ein Billardtisch; verteilt im ganzen Lokal dieselbe Möbelgarnitur wie draußen. Die Hälfte davon ist besetzt von abenteuerlichen Gestalten. Es riecht nach Cachaça, abgestandenem Bier, Zigarettenrauch und Schweiß. An den Wänden hängen Poster der ruhmreichen Clubmannschaften des brasilianischen Fußballs: »Corinthians« aus São Paulo, der »FC Santos«, »Flamengo«, »Fluminense«, »Vasco« und »Botafogo« aus Rio.

Bei einem Koloß von Menschen mit Dschingis-Khan-Schnurrbart bestellen wir zu trinken: Mein Begleiter ein Bier und ich ein Guarana, ein kohlensäurehaltiges, süßes Mineralwasser.

Bald gesellt sich Raymondo, der Wirt, zu uns. Er und der Pilot müssen sich gut kennen. Vertraulich stecken sie die Köpfe zusammen, sprechen geheimnisvoll und sehr leise, als ob jemand mithören könnte. Ich unterbreche die beiden kurz, zeige mit dem Daumen zur Tür, die nach hinten führt, und frage den Lokalbesitzer:

»Zocken noch welche? Darf ich mal reingehen?«

»Natürlich, aber verhalte dich ruhig und schau keinem in die Karten!« bekomme ich zu hören.

Mit dem Glas und der Flasche Mineralwasser in der Hand betrete ich den Raum. Im hellerleuchteten, ungetünchten Zimmer, dessen Wände als einzige Zierde eine Aspirinreklame, eine aufgespannte Anakondahaut und eine kitschige Madonnafigur schmücken, sitzen Spieler an zwei Tischen. An beiden wird gepokert. Mein Eintreten wird kaum wahrgenommen. Ich stelle mich in die neutrale Ecke unter die Madonna und beobachte die Szene.

Anstelle von Chips liegen verschlossene Kodakfilmdöschen vor den Zockern. Was drin steckt, kann man nur ahnen: Goldstaub, Rohdiamanten oder Kokain?

In Südamerika ist diese Art von Glücksspiel nicht sehr verbreitet. Die Gemeinde der Pokerfans rekrutiert ihre Mitglieder aus ganz bestimmten Kreisen: Snobs, Neureiche, junge Intellektuelle und Gangster. Ich möchte wetten: Was hier zusammensitzt, sind Lebensläufe, die Aktenschränke füllen. Ob wohl jeder mit sauberen Karten spielt?

In Schiffskabinen auf hoher See sah ich, wie philippinische Matrosen mit gezinktem »Royal-Flush« ihre Monatsheuer verdoppelten. Einer der Philippinos, ein halber Profi, sagte mal: »Bei hohen Einsätzen trage ich immer eine Sonnenbrille. Es sind die Augen, die dich verraten können. Sie telegrafieren die Emotionen zum Gegner, und dann nimmt er dich aus wie eine Weihnachtsgans.«

Von den Anwesenden hat keiner eine Sonnenbrille auf. Und es sind tatsächlich die Augen, die mir bei einem Spieler besonders auffallen. Bestimmt fünf Minuten stehe ich nun im Raum an der Wand, als mich diese eiskalten, grauen, unter dünnen Brauen liegenden Augen ganz kurz mustern. Auf der Oberlippe trägt der Typ ein gepflegtes Bärtchen. Die Haare liegen glatt pomadisiert um den schmalen Raubvogelkopf. Als einziger hat er eine Jacke an, eine olivgrüne US-Fliegerjacke aus Polyester – und das bei tropischem Klima.

In seinem Blick liegt ein ständiges Lauern, ein aufsaugendes Beobachten. Scheinbar konzentriert er sich wieder auf die Karten. Nur scheinbar, denn abrupt wendet er sich an mich:

»Gehen Sie, Senhor!« sagt er giftig. »Sie passen nicht zu uns!« Er starrt mich boshaft an, dann verziehen sich seine dünnen Lippen, und was ein Lächeln sein soll, ist nur ein tückisches Grinsen. Das Raubtier mustert sein Opfer.

Im Zimmer wird es mucksmäuschenstill. Alle warten gebannt auf das, was nun folgt. Mir wird sofort bewußt: Hier ist es nicht ratsam, den Helden zu spielen. Ohne ein Wort verlasse ich die Spielhölle. Draußen setze ich mich, als sei nichts gewesen, wieder zum Piloten und dem Wirt.

»Nanu, gefällt es dir nicht dort drinnen?« fragt der Letztere.

»Nein, der Pomadisierte mit dem Schnäuzchen mag mich nicht, er hat mich hinausgejagt.«

João schaut den Wirt an, nennt einen Namen und der bejaht, worauf der Buschpilot aufsteht und knurrt:

»Komm, wir gehen, das ist besser für dich. Ich bringe dich ins Hotel.«

Im Auto kann ich mich nicht mehr halten: »Was ist jetzt los, was ist das für ein Kerl?«

Statt den Golf zu starten, sieht mich der Brasilianer halb mitleidig, halb treuherzig an: »Schweizer! Dieser Mann ist ein Jagunço, ein Pistoleiro! Er tötet für Geld. Bei ihm haben Sein und Nichtsein eines Menschen einen festen Tarif. Er ist käuflich und gefährlich. Aber er tötet auch, weil er Angst haben muß, selbst getötet zu werden, und je mehr Leute er umbringt, desto größer wird seine Angst, bis auch ihm die letzte Stunde schlägt.«

Überrascht von dieser Mitteilung frage ich:

»Und der läuft einfach frei herum, geht Samstag abends zum Pokerspiel in die Kneipe?«

»Jawohl, der läuft, wie noch viele von seiner Sorte, frei herum. Manchmal spielt er sogar mit einem der Polizeikommissare. In dieser Stadt weißt du nicht, wer mit wem unter einer Decke steckt.«

Mein »Das ist ja spannend, wie damals im Wilden Westen!« kriegt der Südamerikaner in den falschen Hals. Fast böse erwidert er: »Mein Gott, zieh es nicht ins Lächerliche! Es ist noch keine Woche her, da kam ein Kolumbianer ins São Jorge, die Taschen voller Smaragde. Einige Stunden später besaß er keinen einzigen Stein mehr. Genau dieser Profikiller dort drinnen hatte sie nun alle, beim Pokern gewonnen. Danach offerierte er dem Kolumbianer die Rückgabe des gesamten Gewinns in Form eines spektakulären Russisch-Rouletts: Drei Patronen in sechs Kammern...«

»Und...?« frage ich.

»Der Kolumbianer muß Affendreck in seiner Hirnschale gehabt haben, wie die meisten dieser Salsa-Tänzer, oder er stand unter enormem Druck. Er legte den Revolver an die Schläfe, drückte ab... und verlor. Nicht mal auf den Friedhof haben sie ihn gebracht, sondern irgendwo draußen verscharrt, wie ein Tier.«

Es geht auf Mitternacht zu, als mich João vor meiner Unterkunft absetzt. Wir verabreden uns auf den folgenden Abend.

Den Sonntag verbringe ich mit Instandsetzen des Fahrrades, Reinigen der verdreckten Gepäckstücke und Waschen meiner Kleider.

Danach notiere ich auf einem Zettel die Eßvorräte, welche unbedingt vor der Weiterreise besorgt werden müssen, denn vor mir liegen die unbewohntesten, die abgeschiedensten und schwierigsten sechs- bis achthundert Kilometer der gesamten Transamazonica. Energiereiche und wasserarme Nahrungsmittel, um Gewicht und Volumen in erträglichem Rahmen zu halten: Sojamehl, Maiskörner, Reis, Nudeln, schwarze Bohnen, etliche Beutel Instantsuppen, Hartkäse, Milchpulver, Kakao, Tee, Zukker, Salz, Speiseöl. Als Luxus etwas Puddingpulver, zwei Rollen Kekse und eine Dose Marmelade. Zusätzlich rechne ich fest mit »Gaben der Natur«, durch Jagen, Fischen und Sammeln von Wildfrüchten und Paranüssen.

Um 18 Uhr wollte mich der Brasilianer abholen kommen. Um 19 Uhr sehe ich im Empfangsraum des Hotels noch immer fern. Um 20 Uhr gehe ich um die Ecke in eine Brathähnchenbude und laß mir einen Teller Galeto – Pouletschenkel – geben. Um 21 Uhr kommt er dann ganz unbekümmert angetanzt und meint:

»Auf Amigo, laß sehen, was uns noch geboten wird!«

An diese Art von Pünktlichkeit gewöhnt man sich rasch südlich des Panamakanals.

»Gut, aber hör mal, du Luftakrobat, in deine Stammkneipe komme ich nicht mehr mit.«

»Keine Angst, ich kenne hier alles, was interessant ist. Wir machen uns anderswo einen schönen Abend. Vamos!«

Auf einer Ausfallstraße verlassen wir in seinem Auto die Stadt nach Westen, fahren vorbei an einem ärmlichen Hüttenviertel und passieren die Fernsehstation. Am hellerleuchteten, neuen Gebäude steht in großen blauen Lettern: Itaituba Canal 6 – Rede Globo. Zwei Kilometer weiter, bereits auf der Trans-Am, eine letzte Tankstelle mit Restaurant, gegenüber die Zufahrt zum Flugfeld.

»Na, willst du mich zu einem Nachtrundflug einladen?«

»Quem sabe – wer weiß – vielleicht morgen, vielleicht übermorgen. Heute aber gehen wir tanzen. In die Zona bei Kilometer 7«, antwortet er und grinst verhalten.

»Du meinst, ins Klamottenviertel? Für dich besteht das Kulturprogramm wohl nur aus Spielhöllen und Häusern mit roten Laternen?«

Anstelle einer Antwort biegt er bereits ab und fährt einen schmalen, holperigen Weg hinein ins Lasterdorf. St. Pauli am Rio Tapajós!

Auf 400 Metern reihen sich Bars und Bordelle dicht an dicht, Kaschemmen, roh aus Brettern gezimmert, aber voll mit kreischendem Leben. Laute Brasileira-Musik und Mädchen. Flirrende Animation. Und gleich dahinter beginnt der Dschungel.

Zu Fuß gehen wir durch die sündige Viertelmeile. Die Lokale tragen Namen wie »Bar Popular«, »Chega Mais«, »Sambaha«, »Carinhoso«.

Etwas weiter: Betrunkene krächzen einen Gassenhauer. Einer singt nicht mehr, er liegt wie ausrangiert im Rinnstein, gekrümmt wie ein Wurm und zerfleddert wie sein eigenes Leben. Ein Transvestit zeigt seinen künstlichen Busen. Klein und fest wie Tennisbälle. Kerle lachen und grölen um ihn herum.

Im »Bramalândia« steigen wir die morsche Holztreppe zu einer großräumigen Veranda empor. Im rötlichen Schummerlicht sitzen Leute an runden Tischen auf ramponiertem Stahlrohrgestühl. Aus Lautsprechern plärrt der »König« der Schnulzenhaucher Roberto Carlos – der brasilianische Julio Iglesias. Auf der Tanzfläche in der Mitte schieben sich Pärchen hin und her, als kämpften sie um jeden Quadratmeter Boden.

Wir steuern auf einen Tisch zu, der mit leeren Cachaçaflaschen und halbvollen Gläsern eingedeckt ist. Ein Kellner beginnt abzuräumen. João bestellt zwei Pinga. Ich korrigiere die Bestellung: »Nein, für mich einen Cuba-Libre!« Und zu meinem Begleiter gewandt: »Heute bleibe ich dabei, an Pinga habe ich nur schlechte Erinnerungen.«

Eine Zeitlang beobachten wir schweigend das Geschehen um uns herum. Die klebrige Musik wird gewechselt. Irgendein Sambahit vom letzten Karneval beginnt in voller Lautstärke. Tamburins, Schellen, Pauken, Blasinstrumente und Rasseln. Die Tanzenden lösen sich aus der Umklammerung, beginnen zu stampfen und steppen. Dann – explosionsartiges Einsetzen der Trommelbatterie. Kein Brasilianer kann jetzt noch sitzen bleiben, jedermann steht auf, singt mit, klatscht in die Hände. Tische werden zur Seite geschoben, Stühle fallen um.

Die anwesenden Nixen tanzen begeisternd gut und sexy. Spätestens jetzt vergessen sie ihren Job. Die Gefühle wallen auf, die Nerven liegen auf der bloßen Haut. Vibrierendes Leben!

Der Disc-Jockey weiß, was seine Landsleute mögen, was gut ist fürs Geschäft. Ununterbrochen läßt er die Sound-Turbinen auf Volltouren laufen und schreit ins Mikrophon: »Está noite é Nossa« – diese Nacht gehört uns! Karnevalstimmung in einem Puff mitten im Urwald.

Trotz der späten Stunde lastet die Luft heiß und schmierig über dem pulsierenden Geschehen. Scheinbar bin ich der einzige, der noch sitzt. Ein »Nachtfalter« schwebt heran und zerrt mich ins Gewimmel. Zum Glück kennt mich hier keiner. Ein Schweizer mit steifen Radlerbeinen, der Samba tanzt! Au weia!

Unaufhörlich wirbeln die Trommeln. Sie steigern die Lärmkulisse und peitschen ein. Der Schuppen brodelt, und der Funke springt über, selbst auf einen kühlen Mitteleuropäer! Nach einer halben Stunde verlasse ich schweißtriefend das Parkett und setze mich wieder auf meinen Stuhl.

Eine moccafarbene Schöne, nur mit einem weißen Tanga bekleidet, befreit sich von ihrem Oberteil. Wild schwenkt sie ihre Brüste in der Luft. Ein Unverschämter will Evas Äpfel pflücken. Lachend flüchtet diese auf einen Tisch. Zwischen Gläsern und Flaschen tritt sie im Sambarhythmus auf der Stelle, reißt die Arme hoch, rotiert dabei mit ihrem Hintern und tanzt sich in Ekstase. Das Volk hopst um sie herum, und je lauter und schneller die Trommeln wirbeln, um so sinnlicher kreist sie mit ihrem Popo. Überschäumende Lebenslust verdrängt die Realität.

Natürlich soll es nicht so bleiben. Die erhitzten Leiber werden mit langsamen, leisen Melodien abgekühlt, zum Konsumieren angehalten. Schweißgebadet kommt João zurück an den Tisch. Wenn der so fliegt, wie er tanzt?! Ich will noch zwei Drinks bestellen, doch mein lebenslustiger Kumpan winkt ab. »Laß uns noch einen Moment hier bleiben, dann gehen wir in den Saloon Branca zu Dona Martha.«

Im Bramalândia ist ein ständiges Kommen und Gehen. Mädchen, zu zweit, zu dritt; Männer alleine und in Gruppen. Auf der Tanzfläche finden sie sich zu Pärchen.

Ein Bursche mit feingestutztem Menjoubärtchen scheint Pech zu haben. Bei näherem Kontakt hat sich seine Schöne als Schöner entpuppt. Lauthals schreit er es in die Runde, jedes zweite Wort ist »Filho da Puta«. Die Anwesenden grölen vor Lachen, und der arme Sünder steht schweigend da, den Blick gesenkt. Irgendwie tut mir das Zwitterwesen leid. Der Geneppte kann sich nicht beruhigen. Plötzlich fliegt seine Faust unters Kinn des Transvestiten, derart hart, daß der mit rudernden Armen auf den Hintern fällt und dabei die Perücke verliert. Hoppla, ist das eine Handschrift! Nach einem finsteren Blick auf den Halbbewußtlosen am Boden schreitet der Schläger durch die von den Gaffern ehrerbietig geöffnete Gasse zu seinem Platz. Dort steckt er sich in überheblicher Manier eine Zigarette an. Der Vorfall ist schnell vergessen. João gibt mir ein Zeichen. »Komm, wir gehen!«

Wir befinden uns kurz vor dem Ausgang an der Treppe, als es schon wieder losgeht. Glas splittert. Unbemerkt muß der Transvestit eine Flasche an sich genommen und sie seinem Ex-Verehrer blitzschnell von hinten über den Schädel gezogen haben. Ich sehe nur noch, wie er, die Perücke in der Hand, mit einer eleganten Flanke über das Holzgeländer der Veranda flüchtet. Ich gehe hinüber, dorthin, wo das Flaschenopfer auf dem Boden liegt. Glasige Augen stieren von unten. Aus einer Rißwunde läuft Blut übers Gesicht. Einer der Umstehenden hebt den Kopf des Verletzten. Ein paar Frauen kreischen. Es sieht ärger aus, als es ist,

Kopfwunden bluten nun einmal besonders stark. Jedenfalls beginnt sich der Mann wieder zu regen, stößt einen röhrenden Laut aus und verlangt nach Schnaps.

Ich wende mich zum Gehen. Vorkommnisse wie diese können mich nicht mehr groß erschüttern, sie gehören zum Alltag eines jeden Hafenviertels.

Hinter meinem Rücken hat sich ebenfalls einiges abgespielt. Mein Begleiter steht unten auf dem Weg. Ein junges Mädchen in herausfordernder Aufmachung hat sich bei ihm eingehakt. Er ruft mir zu: »Wir gehen zu Martha. Komm nach!« Schon stiefeln die beiden übermütig lachend durch die ausgewaschene Gasse. Heiliger Himmel, das ging jetzt schnell, hat der ein Tempo drauf!

In sicherem Abstand folge ich den beiden. Rechts ein offener Hof, in dem ein Haufen leerer Bierdosen und Unmengen Einwegflaschen liegen. Vor der übernächsten Spelunke sitzt eine alte Frau an den Stamm eines Mangobaums gelehnt und schläft. Sie ist schmutzig, häßlich, und ihre Haare sind verfilzt. Das Leben meint es nicht gut mit ihr. Ein Hund schlummert daneben. Wie die bei dem Lärm überhaupt schlafen können? Auf einem Zeitungsfetzen liegen ein paar Münzen, Lockvögel, die andere anziehen sollen. Da fällt mir ein, daß ich heute noch gar keine gute Tat vollbracht habe. In Spenderlaune greife ich in die Hosentasche und hole eine Handvoll zerknüllter, schmuddeliger Cruzado-Scheine hervor, um, wie mich ein gutgestellter Einheimischer mal belehrte, dem Verderben den Weg noch mehr zu ebnen. Bevor ich weitergehe, wecke ich den Hund. »Du Schlafkopf, paß auf, und laß dir das Geld nicht vor der Schnauze wegklauen!«

Kurz hinter dem neugebackenen Liebespaar betrete ich durch zwei offene Flügeltüren den »Salon Branca«. An der Decke drehen sich träge die Flügel von großen Ventilatoren, wälzen süßlichschwere Parfümschwaden und Tabakrauch um. Tanzende werden mit dezenten Combo-Klängen berieselt.

An der Bar sind noch Hocker frei. Auf einen setze ich mich und lasse den Buschpiloten mit seiner Neueroberung an einem Tischchen in Ruhe weiterschäkern. Wie ich es sehe, sind die beiden sowieso nicht mehr lange hier. Oft genug hat man mir in diesem Land erklärt: »In Brasilien gibt es nur zwei Arten von Frauen. Die eine heiratet man und zeugt mit ihr auf taktvoll höfliche Weise Kinder. Die andere ist zum Vergnügen da.«

Hinter der Kasse sitzt Dona Martha, die Puffmutter, und hat alles unter Kontrolle. Mama wiegt, vorsichtig geschätzt, drei Zentner, trägt ein hautenges Kleid aus irgend etwas Glänzendem und hat einen resoluten Zug in ihrem breiten Gesicht.

Zwei junge Burschen mit entblößten Oberkörpern bedienen die Gäste. Wer ein leeres Glas vor sich hat, klatscht laut in die Hände, und schon wird er bedient.

Der eine oder andere der anwesenden ausgedörrten Kerle kommt bestimmt direkt aus den Wäldern oder von einer der umliegenden Fazendas, ist es gewohnt, mit Pferden und Maultieren umzugehen, auf der Erde zu schlafen und hinter Bäumen zu scheißen. Doch jetzt gibt er sich als eleganter Kavalier, unbekümmert der Tatsache, daß die Eleganz an den Hösenstößen Fransen aufweist.

Selbst im rauchigen Licht des Cabarets sieht man den unverhohlenen Stolz, wenn seine »Lilie der Nacht« mit kundigen Zärtlichkeiten und noch heißeren Versprechungen ihm das berauschende Gefühl verschafft, der Platzhirsch zu sein. Und dabei können sie schlucken wie halbverdurstete norwegische Vollmatrosen, diese anschmiegsamen Senhoritas.

Ich nippe an meinem Cuba-Libre. Auf einmal steht João neben mir, legt den Arm kumpelhaft um meine Schulter und meint:

»Schau dich um, da an den Tischen und dort drüben an der Wand, das sind alles Tanzpartnerinnen für Junggesellen. Du versäumst etwas.« Und mit einem verschmitzten Lächeln: »Aber sieh dich vor, achte darauf, ob die Dame eine Perücke trägt!«

»Perücke? Mein lieber Freund, du kennst die Wunderwerke moderner Chirurgie noch nicht. In São Paulo, Rio oder fernöstlichen Großstädten kannst du lange nach einer Perücke suchen, da ist alles echt: die Haare, der Busen, der Unterleib. Da hilft nur ein alter Seemannstrick weiter. Aber den verrate ich dir nicht.«

Meine Rechnung geht auf: Der Kerl soll erst mal büßen dafür, daß er mich einfach sitzenläßt! Natürlich will er unbedingt wissen, was das für eine garantiert sichere Musterung ist.

»João, du bezahlst mir zwei Cuba-Libres, und ich verrate es dir.«

»Einverstanden, aber nur, wenn dein ›Trick‹ kein fauler Zauber ist.«

»Nein, das ist ganz einfach und sogar äußerst diskret.« Gespannt schaut er mich an. »Achte auf den Kehlkopfknorpel. Den hat sich noch kein Transvestit wegoperieren können. Hast du schon eine Frau mit einem Kehlkopfknorpel gesehen?«

Ohne zu antworten geht der Brasilianer zu seiner temporären Freundin. Die begreift gar nicht, was es an ihrem Hals auf einmal so Interessantes gibt. Amüsiert beobachte ich, wie der gute Mann noch andere Mädchenhälse untersucht. Dann kommt er zurück. »Tatsächlich, du hast die Drinks gewonnen!«

»Jetzt mußt du sie nur noch bezahlen«, erinnere ich ihn, als er sich verdrücken will. Murrend erledigt er an der Kasse seine Schuldigkeit, danach läßt er mich wieder alleine.

Irgendwann spüre ich eine Hand auf der meinen, vertraulich, zart, anschmiegsam. »Wollen wir tanzen?«

Eine angenehme Stimme, und doch wieder nicht. Es sind die Worte, die stören, abgenützte Worte, wie eine Platte, die durch zu häufiges Abspielen zerkratzt ist. Ich drehe mich um und versuche beim Anblick dessen, was ich sehe, zu lächeln. Eine junge Frau mit kupferbraunem, schmalen Gesicht, dessen Züge mir wegen der schön geschwungenen Brauen und den tiefrot geschminkten, vollen Lippen als erstes auffallen. Das blauschwarze Haar fällt ihr offen über die Schultern und den Rücken. Eine dieser brasilianischen Frauen, in deren Blut sich weiße, indio und schwarze Anteile mischen. Eine faszinierende Schönheit. Was dieses Land an Exotik und Wildheit, an Größe und Grausamkeit, an Verzauberung und Haß besitzt, scheint mir in diesem Typ Frau konzentriert. Zu einem Wesen, das Himmel und Hölle gleichzeitig verschenken kann.

Ich ertappe mich dabei, daß ich sie aufdringlich anstarre. »Nein, ich bin kein guter Tänzer.« Im gleichen Augenblick sage ich zu mir »blöder Esel«, und versuche zu retten, was zu retten ist. »Aber darf ich dir einen Drink bestellen?«

Dem Feuerwerk aus ihren leicht mandelförmigen Augen kann ich kaum standhalten. Sie antwortet:

»Ja gerne, aber nicht hier.«

Zu meinem Erstaunen kommt im selben Augenblick Dona Martha wie eine Furie hinter der Kasse hervorgestürzt. Diese Schnelligkeit würde man ihrer Masse gar nicht zutrauen. Rabiat packt sie das Mischlingsmädchen und wirft es unter schrillem Zetern aus ihrem Saloon. Danach kommt sie zu mir und sagt noch immer aufgebracht:

»Verzeihen Sie, Senhor, aber die kommt von drüben, vom ›Carioca‹ – dem Aasgeier. Aus der Räuberhöhle, aus diesem Sumpfloch will ich keine bei mir haben.«

Darauf kann ich nur antworten: »Natürlich Senhora, doch wie ich sehe, treiben aus fauligem Grund die schönsten Blüten.«

Meinen Kumpel und seine Begleiterin kann ich nicht mehr finden. Der Schuft hat sich endgültig aus dem Staub gemacht. Dafür habe ich herausgefunden, daß Mama Martha fürchterlich übertrieben hat. Das Lokal vom »Carioca« ist gar nicht so schlimm, wie sie behauptet hat.

Irgendwann erreiche ich Itaituba per Taxi, da sich der Buschpilot buchstäblich in Luft aufgelöst hat.

Tief in den Wäldern

Nach einer Woche Aufenthalt verlasse ich die verwegene Wildwest-Stadt wieder und nehme die nächste Etappe unter die Räder. Zuerst führt das rotbraune Erdband entlang des Rio Tapajós. Über weite Strecken ist die Sicht durch Strauchwerk beidseitig eingeengt. Dazwischen liegen kahlgefressene, in trostloses Schwarz gehüllte Brandstellen. Drei Stunden später stehe ich vor einem Rätsel: vor einer neuen Zementfabrik?! Tatsächlich, eine Zementfabrik! Bei Kilometer 50, in der Kneipe von »Paulista«, wird dies bestätigt. Auf die Frage »Wofür eine Zementfabrik?« weiß man keine Antwort. Dafür empfiehlt man mir, die Nacht in der Nähe des Hauses zu verbringen, denn die nächsten 120 Kilometer führen durch ein Indianerreservat. Dort drinnen sei es verboten, zu campen und auch nicht ratsam.

Am folgenden Morgen passiere ich in aller Herrgottsfrühe einen offenen Schlagbaum, ein verlassenes Gebäude der Funai, und radle hinein ins verbriefte Schutzgebiet der Urbewohner. Ich radle und sehe nur den schmalen Streifen des Himmels über mir, so eng und hoch stehen die Dschungelriesen links und rechts der Piste. So unendlich wie diese Straße, so vielfältig ist ihr Antlitz; jetzt zeigt sie ihre Schokoladenseite. Der Oberflächenbelag ist in sehr gutem Zustand, und der Wald wird immer üppiger. Schlingpflanzen verstricken sich mit den dunkelgrünen, saftstrotzenden Bäumen.

Dort, wo der morgendliche Platzregen Pfützen hinterlassen hat, versammeln sich viele bunte Schmetterlinge. Hunderte saugen im trüben Wasser. In der Masse erwecken sie von weitem den Eindruck eines Blumenbeets. Sobald ich mich nähere, erheben sie sich als anmutige Wolke. Hellgelbe gibt es in Hülle und Fülle, orange-schwarz gestreifte, ganz winzige braune und blaue und grüne mit schwarz- oder weißgetigerten Flügeln. Den untertassengroßen, grünblau schillernden Morpho sehe ich seltener. Jeder von ihnen ist schön. Zusammen sind sie überwältigend!

Den ganzen Tag fahre ich durch diesen botanischen Garten. Von Indianern ist nicht die geringste Spur zu entdecken, und nur ein einziges Fahrzeug begegnet mir in den zwölf Stunden.

Erst nach Einbruch der Dunkelheit erreiche ich die Siedlung São Leopoldo dos Tapajós; fünf Häuser, eine Flugpiste direkt neben der Trans-Am und das kleine Hotel Paranaence. Zu meiner Überraschung spricht dort jedermann deutsch. Egon und Amanda Siebeneichler sind deutschstämmige Brasilianer. Aus dem Süden kamen sie vor Jahren hierher. Sie gehören zu den Glücklichen, die es geschafft haben. Es geht ihnen gut. Glücklich auch, weil die bebaute Erde ausnahmsweise keine Erosion aufweist, eines der vielen kleinen Wunder Amazoniens. Die Siedlung soll bald zu einer Ortschaft ausgebaut werden.

Spontan quartiere ich mich für drei Tage in dem Familienhotel ein. Nach vielen Wochen wieder mal Kartoffeln, Gemüse und Bratenfleisch mit würzigen Saucen. Da kann man nicht einfach so vorbeifahren. Aber nicht nur deshalb; die Leute führen ein gastfreundliches, offenes Haus, und wir haben uns viel zu erzählen. Die Kinder schenken mir ihre schönsten Zeichnungen: Giebelhäuser inmitten von Blumenrabatten, Weiden und Kühen. Erinnerungen an ihre alte Heimat im fernen Süden.

Was hinter dieser »letzten« Ortschaft kommt, ist tiefe Wildnis ohne jeglichen Verkehr. Alle vierzig, fünfzig Kilometer eine vergraute Holzhütte, vom Regenwald umkrallt, manchmal verlassen, manchmal bewohnt. Die Transamazonica hat ihr Gesicht flugs gewendet und zeigt die andere Seite: eine gräßlich zerfressene Fratze. Die Hügel stellen alles Vorangegangene in den Schatten. An manchen Stellen kann man nicht einmal mehr von Steigungen sprechen, sondern von Treppen, die erklommen werden müssen.

Vom Waldboden bis zu den obersten Baumkronen sind es vier bis fünf Stockwerke. Auf dem Scheitel der Pistenkuppen steht man auf der Höhe des fünften Stocks und kann den Dschungelriesen direkt ins Penthouse gucken.

Was in der Talsohle zweier Höcker noch an Straße übrigbleibt, ist ein ehemals acht Meter breiter Damm, der stellenweise kaum drei Meter hat. Die Wassermassen haben stetig und zentimeterweise das Fundament weggerissen, es schluchtenartig ausgewaschen.

Mein Tagespensum sinkt auf zwanzig Kilometer, und was eine Radtour sein soll, wird zu einem alpinen Marathon. Doch wieder einmal lacht mir das Glück. Irgendwann taucht ein verrückter Studienrat auf. Er fährt mit seinem Allrad-Geländewagen eine private Rallye. Wohl das perfekte »Offroad-Training« überhaupt.

Jost Schaper, ein Deutscher aus Bad Pyrmont, unterrichtet zur Zeit an der Deutschen Schule in São Paulo, verbringt seinen Urlaub auf der »Trans-Am« und nimmt mich wie selbstverständlich mit. Dafür lotse ich ihn zu Fuß, oft Zentimeter um Zentimeter, über die immer schlechter werdenden Brükken; Holzplanken auf wackeligen Stelzen, oder einfach ein paar quergelegte Baumstämme, deren Benützung wahrlich einer Mutprobe gleichkommt. Auf diesen Brücken habe ich zum erstenmal im Leben einen »Pauker« schwitzen sehen.

In der einzigen Siedlung weit und breit mit dem unaussprechlichen Namen Jacareacanca übernachten wir. Das Kaff ist eine Miniaturausgabe von Itaituba, und das in jeder Hinsicht. Jost schläft mit meiner geladenen Schrotflinte neben sich.

Anderntags fahre ich noch ein Stück mit ihm mit. Als die Hügel flacher werden, lade ich meinen Drahtesel ab. Dann bin ich wieder alleine; mit mir, dem Rad und dem Wald. Zwar schaue ich die nächsten Bach- und Flußübergänge genau an, ob irgendwo ein blauer Toyota-Jeep herumschwimmt, doch der gute Jost scheint es geschafft zu haben.

Um mich gleichbleibende Bilder: Majestätische Bäume, die ein Wirrwarr von Sträuchern und Pflanzen durchbohren. Nichts anderes als nackte Natur im Urzustand, und die Luft ist warm, dick und feucht.

Als Campstandort wähle ich immer die Nähe eines Igarapé, einer dieser vielen namenlosen Flußläufe, die auf keiner Karte eingetragen sind. Dort steht das Zelt dann etwas abseits der Piste oft drei, vier Tage auf einer Sandbank oder Felsplatte. Um an solche idyllische Plätzchen zu gelangen, verlangt die geflochtene Mauer der Randvegetation zwar den schonungslosen Einsatz der Machete, doch tiefer im Innern, wo das Unterholz jede Hoffnung auf Licht aufgegeben hat, komme ich mühelos voran.

Es sind Tage in einem Bilderbuchdschungel, in dem man automatisch zum »Tarzan« wird: Verborgene Schönheiten entdecken, Tiere beobachten, fotografieren, fischen, Feuer machen, kochen und auch mal Sandflöhe unter den Zehennägeln hervorpulen.

Von diesen verschwiegenen Basislagern aus unternehme ich ausgedehnte Streifzüge. Voller Neugier und mit offenen Augen, aber ruhig und ohne Angst. Ich sehe in den Büschen die Spinnennetze, welche schwer an der Last der Tautropfen tragen und in den einbrechenden Sonnenstrahlen wie Diamanten glitzern. Sehe, wie Kolibris wassergefüllte Blütenkelche als Badewanne benützen. Folge dem Ameisenvogel, der die Nachhut einer Wanderameisenkolonne bildet und die von der kriegerischen Heerschar aufgescheuchten Kerbtiere genüßlich einsammelt. Beobachte Tukane mit prächtig gefärbten Riesenschnäbeln, wie sie halb flatternd, halb segelnd die Ufergalerie entlangfliegen und bestaune die akrobatischen Turneinlagen der Affen im Geäst. Ich klettere über Luftwurzeln, liegende Baumstämme, schlage mich durch Lianenvorhänge, und Blätter betasten mein Gesicht. Der Wald gehört mir, so, wie er ist: Jungfräulich, geheimnisvoll, unendlich!

Ich versuche, soweit es einem Menschen aus der Zivilisation überhaupt möglich ist, mich diesem grünen Universum, wo Millionen Kreaturen hausen, vollständig anzupassen. Respektiert man die Gesetze dieser Welt, spürt man die Geborgenheit, die sie bietet. Den Dschungel kann man nur lieben oder fürchten. Ein Dazwischen gibt es nicht.

Inmitten dieses unberührten Tropenwaldes lebe ich ganz in dem Bewußtsein, unbeschränkt viel Zeit zu haben; zum Nachdenken, zum stillen Beobachten. Dort, wo das Tageslicht durchdringt, wuchert, treibt und blüht es: Farne, Moospakete, Pilze, Kletterpflanzen, Bromelien und Orchideen. Es sprießt aus jeder Ritze und Krume. Die Pflanzen wachsen nicht nur, sie kochen fast aus der Scholle heraus – drei, fünf, zehn Zentimeter am Tag.

Man braucht nicht die geschulten Augen eines Fachmanns, um den Fluß des Werdens und Wachsens zu erkennen, um zu sehen, daß eine ununterbrochene Flut von Geburten den Tod illusorisch macht, weil aus ihm bereits wieder neues Leben keimt.

Der tropische Tag- und Nacht-Rhythmus hat ein immer gleiches Zwölfstunden-Maß. Um sechs Uhr geht die Sonne auf, punkt 18.00 Uhr wird es Nacht. Fast schlagartig, als würde ein dunkles Rollo über den Himmel gezogen.

Mit der Sonne stehe ich auf, und an moskitoverdächtigen Plätzen gehe ich eine Stunde vor ihr unters schützende Netz oder ins Zelt, denn zwischen 17.00 Uhr und 19.00 Uhr ist die Stunde der »Malariageister«. An unverseuchten Stellen bleibe ich jedoch am Lagerfeuer sitzen und horche auf den Gesang des Urwaldes, horche auf seine tausend Lieder.

Mit der Abendstimmung kommen sie. Zaghaft beginnend, dann immer vielschichtiger und lauter: Summen, zirpen, pfeifen, quaken, kreischen; Stimmen von Fröschen und Nachtvögeln, das Bellen der Kaimane und als akustischer Höhepunkt das Toben der Guariba-Affen, die auch frühmorgens vor Sonnenaufgang schreien, was den Vorteil hat, daß man nie verschläft. Ein Konzert dieser Brüllaffen fängt an mit abgehacktem Grunzen und steigert sich schnell zu einem vollen, an- und abschwellenden »Röhren«, das mehrere Kilometer weit hörbar ist. Es tönt, als ob eine ganze Schweineherde auf der Schlachtbank läge.

Das Ekelgefühl vor der unüberschaubaren Vielfalt von Kriechzeug habe ich schon lange abgelegt. Maden und behaarte Raupen in faulendem Holz, Spinnen, Lurche, schwarze oder grüngolden glänzende Käfer erschrecken mich nicht. Sicher eine Grundvoraussetzung, um sich in solcher Umgebung wohl zu fühlen. Auch an das kleine Getier mit Beißwerkzeug, das schon mal von oben auf einen herunterfällt, gewöhnt man sich mit der Zeit. Ein Brennen am Hals und ein Beißen auf den bloßen Armen muß man halt in Kauf nehmen.

Was mir nie gelingen wird, ist das Akzeptieren des fliegenden Packs von Moskitos, Mutuca- und Piumfliegen; wohl das Impertinenteste, was die Schöpfung hervorgebracht hat. Diese Saboteure des Seelenfriedens haben schon manche in Ehren ergraute Waldläufer in Derwischtänzer, manche fromme Missionare in fluchende Berserker verwandelt. Oh, armes Geschöpf, welches dieser »Pest« schutzlos ausgeliefert ist. Dabei nützt es gar nichts, sie am Körper zu erschlagen: Tausende ihrer Geschwister kommen zur Beerdigung! Zum Glück ist ihr Aktionsradius beschränkt, denn ihre Reviere liegen oft weit auseinander.

Schlangen? Ha, die scheinen einen Heidenrespekt vor mir zu haben und zudem ganz intelligente Tiere zu sein – sie weichen mir aus! Selten mal, daß sich eine beim Sonnenbaden überraschen läßt. Weder ist mir bisher eine der hochgiftigen Buschmeisterschlangen – Jararaca, wie die Einheimischen sie nennen – noch eine Korallenschlange begegnet. Auch die legendäre Anakonda scheint so selten zu sein wie ein weißer Elefant.

Ich glaube, im Urwald besteht keine Gefahr durch Schlangen, wenn man gewisse Verhaltensprinzipien berücksichtigt. Dazu gehören: Vor dem Verlassen des Zeltes den Boden abklopfen, nie mit bloßen Händen in Erdhöhlen, Baumlöcher, Steinnischen und verworrenes Gesträuch fassen, beim Brennholzsammeln das ins Auge gefaßte Stück zuerst mit der Machete bearbeiten, keine Bäume erklettern, beim Gehen fest auftreten, nie rennen, und wer barfuß herumläuft, ist selber schuld.

Alles in allem fühle ich mich in dieser »feindlichen Wildnis« pudelwohl, ziemlich sicher, und ich habe keine Bedenken, sie alleine zu durchwandern.

Warum schleppt der Kerl dann einen Schießprügel mit sich herum? Nun, in erster Linie zur Nahrungsbeschaffung, zur Jagd. Nur hat das so seine Eigenheiten.

Von Tapir und Pekari fand ich bis jetzt nur Spuren an Flußufern. Der Tapir wäre mit seinen zwei-, dreihundert Kilo eh zu groß für meinen Einmannhaushalt, und die wildschweinartigen Pekaris sind nicht ganz harmlos. Wird eines angegriffen, kommt ihm die ganze Rotte zu Hilfe, und dann zertrampeln sie blindwütig alles, was sich in den Weg stellt. Sie schlagen selbst den Jaguar in die Flucht. Das Paka, ein katzengroßes Nagetier, hält sich tagsüber in Höhlen versteckt und zeigt sich nur nachts. Süßliches Affenfleisch aber ist für meine Begriffe nicht gerade ein Leckerbissen. Und der große Ameisenbär hat das zäheste, sehnigste und essigsauerste Fleisch aller Amazonastiere überhaupt.

Einfach ungenießbar, der Kerl. Ameisen ohne Bär munden besser. Das Fleisch von Faultieren habe ich schon öfters gegessen, es schmeckt zart wie Hammel. Das Problem ist nur, daß dem Faultier viel daran liegt, nicht gesehen zu werden. Es hat sich seiner Umgebung so angepaßt, daß es sich kaum von den Bäumen abhebt. Bedeutend leichter ist ein fasanartiges Hocko-Huhn zu erlegen. Auch ein Hauben-Schakuhuhn bereichert schon mal meinen Speisezettel. Am einfachsten ist die Proviantbeschaffung, abgesehen vom Fischen, durch Jagen von Kaimanen.

Hier, weit abseits, wo Tierhandel und Lederwarenindustrie noch nicht vorgedrungen sind, gibt es jede Menge dieser urweltlichen Reptilien. Ihre einzigen natürlichen Feinde sind der Jaguar und die Anakonda. Oft höre ich sie bellen, sehe manchmal drei, vier von ihnen faul auf einer Sandbank liegen. Oder sie schlittern, von mir aufgestört, mit verblüffender Geschwindigkeit eine Böschung hinunter ins Wasser. Im Durchschnitt variiert ihre Größe von 1,50 bis 2,50 Meter; aber manchmal sind auch »Jumbos« von drei bis vier Metern darunter. Lasse ich nachts den Strahl der Taschenlampe über die Oberfläche eines Brackwassers oder einer Lagune gleiten, sehe ich unzählige leuchtende Augen. Kein Glitzern, sondern dumpfes Gelbrot, als ob Dutzende von Kerzen auf dem Wasser brennten. Manchmal kaum zehn Meter vom Zelt entfernt. Trotzdem fühle ich mich nicht bedroht. Ich habe nie erlebt oder gehört, daß die südamerikanischen Brillen- und Mohrenkaimane einen Menschen an Land angreifen. Viel später bekomme ich dies noch oft bestätigt, als ich zusammen mit dem belgischen Wildhüter Roger van der Stock im Pantanal buchstäblich von Jacaré-Herden umgeben ohne Alpträume schlafen kann. Dies gilt natürlich nicht für gewisse Alligatorenarten, noch weniger für asiatische und afrikanische Krokodile. Auch dem Orinoco-Krokodil begegnet man besser mit Vorsicht, und im Wasser ist sicher keiner dieser Panzerechsen zu trauen.

Obwohl der südamerikanische Kaiman, und das zu Recht, nach dem Washingtoner Artenschutzabkommen geschützt ist, erlaubt das »ungeschriebene Gesetz des Urwaldes« das »Ernten« zur Verpflegung. Zu unterlassen ist es in Indianer-Reservaten. Man geht schließlich auch nicht in ein fremdes Haus und bedient sich in der Küche.

Halte ich es für erforderlich, eine der Echsen zu schießen, wähle ich ein kleineres Tier auf einer Sandbank aus. Eine volle Schrotladung aus kurzer Entfernung tötet schnell und schmerzlos. Den toten Körper behandle ich mit größter Achtung und Sorgfalt. Leider lassen sich nur der Schwanz und die Beine verwerten. Den Rest übergebe ich den Fischen und seinen eigenen Artgenossen. Das weiße Fleisch des gehäuteten Schwanzes ist eine Delikatesse und schmeckt wie Hummer. Einen Teil davon koche ich in Würfelbrühe, der Rest wird in Stücke geschnitten, gesalzen und über der Feuerglut gegrillt. Noch schmackhafter wird es in einer zugeschütteten Feuergrube; im Blätterpaket gegart oder im Lehmteig gebacken. Da esse ich mich für zwei Tage satt.

Wer lange genug in der Wildnis gelebt hat, begreift irgendwann, daß man Tiere achten und lieben kann, gleichzeitig aber auch bereit sein muß, sie töten zu können. Nicht aus Spaß, nicht der Trophäe wegen und nicht auf dem Trip von Hemingways »Jäger-Mythos«, sondern zum Überleben. Der Jaguar, das Ozelot, die Anakonda und tausend andere töten aus dem gleichen Grund. Der erlegte Kaiman, die ausgegrabenen Schildkröteneier oder der Fisch an der Angel bedeuten für mich, daß die Natur für jedes Lebewesen sorgt, und ich fühle mich als Teil dieser Natur, dem ein ganz bestimmter Platz im Gesamtgefüge zugeordnet ist.

Äußerst schmackhaft ist das Fleisch der Piranhas, wenn auch ein Exemplar, bei gesundem Appetit, kaum eine Mahlzeit hergibt. Noch immer ein Geheimnis ist das Angriffsverhalten dieser »Hyäne« der äquatorialen Südamerikagewässer. Zweifellos sind die Schauermärchen über diesen nicht viel mehr als fußgroßen, seitlich plattgedrückten Fisch mit den kleinen spitzen Beißerchen enorm übertrieben. Tatsächlich ist es jedoch immer wieder vorgekommen, daß Opfer von Brückenunfällen, Fernfahrer und Autobusinsassen, nur noch als Skelette geborgen wurden, daß es Menschen gibt, die vernarbte Spuren von Piranha-Attacken vorweisen können, und daß schon manches abgenagte Rinder- oder Pferdegerippe gefunden wurde. Wahr ist hingegen auch, daß Amazonasbewohner in piranhaverseuchten Gewässern baden.

Eine aufwendige US-Expedition im Dienst der Nationalen Geographischen Gesellschaft brachte in der Piranhafrage nur die

Antwort heraus: »Man weiß nie genau, wann sie beißen.« Etwas exakter formulierte es der französische Forscher Jacques Cousteau: »Von den rund 20 bekannten Arten fressen fünf Fleisch, und diese wiederum greifen nur bei niedrigem Wasserstand, bei Nahrungsknappheit und im Blutrausch an.«

Persönlich habe ich noch nie negative Erfahrungen mit diesen bulldoggengesichtigen Fischen aus der Familie der Sägesalmler gemacht. Piranhas mögen Maiskörner. Deshalb gehört immer eine Tüte voll davon in mein Überlebens-Set. Weichgekocht ergeben sie einen hervorragenden Köder. Allerdings muß man zwischen Angel und Leine einen Stahldraht montieren, denn eine gewöhnliche Angelschnur durchbeißen die zähnestarrenden Rundmäuler, ohne mit den Glotzaugen zu blinzeln. Sobald der Fisch zappelnd an Land liegt, kriegt er gleich einen Stock aufs Hirn. Ich konnte beobachten, daß sie sonst noch nach zwanzig Minuten mit ihrem Gebiß klappern, und selbst dann ist es nicht ratsam, aus Versehen einen Finger dazwischen zu halten.

Bevorzugte Lebensräume der Piranhas sind die träge dahinströmenden, lehmgelben Weißwasserflüsse. Schnellfliessende Gewässer sind ihnen zu anstrengend, und im sauren Schwarzwasser gedeiht zu wenig, um ihren Hunger zu stillen. Muß ich einen »verdächtigen« Fluß durchqueren, suche ich eine Stromschnelle oder die Nähe eines Kataraktes dafür aus.

Auffallend ist ebenfalls, daß die Menschen in der Mato-Grosso-Region viel öfters auf die Gefährlichkeit des Mörderfisches hinweisen als die im dschungelbewachsenen Amazonasgebiet. Scheinbar werden die südlichen Savannengewässer von einer aggressiveren Spezies bewohnt. Und möglicherweise spielt der tierpsychologisch klar definierte Begriff »Gedrängefaktor« eine entscheidende Rolle. Wie beim Homo Sapiens – auch der reagiert auf Raummangel bissig!

Damit ich in den Wäldern nicht verloren gehe, es mir in all der Pracht nicht zu wohl wird, melden sich die Vorboten der Regenzeit. Hier in Amazonien regnet es jeden Tag ein-, zweimal kurz, doch immer öfter dauern die schweren Güsse etwas länger, der Pegelstand der Gewässer steigt höher und schneller. Diese Beobachtung veranlaßt mich, das Ende der Trans-Am-

Rallye ins Auge zu fassen, mich wieder gezielt in Richtung Porto Velho zu bewegen.

Nach dem Rio Sucunduri tauchen die ersten, von Menschen niedergebrannten Lichtungen auf. Die Abstände von Siedlerhütte zu Siedlerhütte werden kürzer. Unter den Vordächern aus Palmwedeln sitzen Kinder, die mir nachstarren, bis ich um die nächste Biegung verschwunden bin. Badeleben an den Flüßchen; erschrecktes Gekicher und prustendes Untertauchen der Mädchen, wenn ich daherkomme. Als Haustiere hält man sich »Gezähmtes« aus dem Urwald: blaurote Ara-Papageien, zierliche Totenkopfäffchen, kokett-verspielte Nasenbären.

Etwa hundert Kilometer nach dem Sucunduri, am Rio Juma, die erste größere Ortschaft. Dort nimmt mich der italienische Padre sehr gastfreundlich auf. Ich bin erstaunt über seine handfeste Einstellung zu den Dogmen der Kirche und den Problemen des täglichen Lebens. Tatkräftige Überlebenshilfe, medizinische Betreuung und eine vernünftige Familienplanungspolitik in seiner weitverstreuten Kirchgemeinde sind ihm wichtiger als fromme Sprüche. Ganz ungeniert läßt er mich in seinem Bretter-Gotteshaus Quartier nehmen.

Bis Prainha Nova, der nächsten Siedlung, sind es weitere hundert Kilometer. Bei halber Distanz übernachte ich im Zelt neben der doch schon recht ausgefahrenen Piste, hart am Waldrand. Irgendwann in der Nacht reißen mich Donnerschläge aus dem Schlaf. Das Licht greller Blitze durchleuchtet die Zeltwände. Dann bricht mit Urgewalt ein Sturm los. Meine Unterkunft erbebt wie ein Jet kurz vor dem Abheben, und gnadenlos hämmern Regenmassen darauf ein. Eine entfesselte Natur spielt Alleinunterhalter. Die Apsis, das kleine Vordach, knickt ein, und zwischen dem Donnerdröhnen höre ich das Krachen niedergehender Äste. Unheimlich, inmitten dieser ungebremsten Wucht des Unwetters zu sitzen!

Ist es Angst oder Faszination? Soll ich das Zelt verlassen? Das Getöse eines stürzenden Baumriesen ganz in der Nähe vertreibt die letzten Zweifel: Wenn schon erschlagen werden, dann nicht unter Kunststoff begraben sein. Ich ergreife die Taschenlampe und krieche halbnackt aus der schutzlos gewordenen Lagerstätte. Draußen werde ich von einer Sturzflut empfangen. Es prasselt von oben, als wären sämtliche Schleusen eines Stausees offen. Auf allen Vieren robbe ich durch aufgeweichten Dreck und knöcheltiefes Wasser zur Straßenmitte und verharre dort zusammengekauert in der Schwemme. Mich friert. In unmittelbarer Nähe schlagen Blitze ein. Das Bersten und Splittern von Holz geht im Donnerkrachen unter. Mit beiden Händen schütze ich die Augen vor der niederpeitschenden Sintflut. Wo nimmt der Himmel bloß soviel Wasser her? Mit äußerster Konzentration beluchse ich die schemenhaft gespenstische Umgebung; vor mir, hinter mir, über mir. Die Sinne sind hellwach, die Körpermuskeln aufs höchste gespannt, um notfalls augenblicklich wegsprinten zu können.

Es wird doch nicht der Weltuntergang! Mit großer Erleichterung nehme ich wahr, wie das orkanartige Gewitter schwächer und schwächer wird, sich bald in ein letztes, harmloses Zucken verliert. Um mich wieder pechschwarze Nacht. Erschöpft von der Anspannung und bis auf die Seele durchnäßt, folge ich dem Lichtstrahl der Taschenlampe zum Camp. Das Fahrrad liegt am Boden. In Speichen und Rahmen hat sich kleineres Geäst und Blätterwerk verfangen. Die Verankerung des elastischen Kuppelzeltes hat dem »Überfall« standgehalten, nur die Nähte haben durchgelassen. Mit einem halbwegs trockenen Handtuch frottiere ich mich warm und sauge dann das eingedrungene Wasser damit auf.

Ist mein »Nest« auch feucht, ich lege mich trotzdem glücklich wieder hinein. Glücklich darüber, ungeschoren den Wirbel überstanden zu haben, und alsbald übermannt mich die Müdigkeit.

Als ich aufwache, hängt morgendlicher Dunst in den Büschen und über der Straße. Die Pfützen auf ihr lassen mich nichts Gutes ahnen. Aber es hilft nichts. Ich muß raus in den Schlamm, der auch sofort in die Schuhe läuft. Und auf der schmierseifenglatten Oberfläche gleitet das Rad mal vorne, mal hinten weg. Die Straße tanzt Samba mit mir. Dazwischen folgen aber wieder gute Passagen, die sich radeln lassen und Mut machen.

Langsam wird es mir zu bunt, jeden Morastabschnitt als Fußgänger zu bewältigen, und ich versuche mal, den nächsten mit Tempo zu durchpflügen. Die ersten Meter gelingen sogar. Wie ein Akrobat auf dem Drahtseil balanciere ich auf dem Stahlroß, dann rutscht das Hinterrad seitlich weg, und ich liege auf dem Rücken, quer zur Piste. »Ruhig Blut, Junge«, rede ich mir zu, »mach das Beste daraus; das gibt endlich mal ein gutes Foto.«

Etwas umständlich stelle ich Stativ und Kamera auf, betätige den Selbstauslöser und spurte zum Fahrrad. Mit bubenhafter Freude inszeniere ich den »Schwank« auf der lehmigen Freilichtbühne noch zwei, dreimal. Doch bald sehe ich aus wie ein Moorschwein und gebe kein sonderlich appetitliches Bild mehr ab.

Gegen Mittag beginnt es wieder, Schnüre zu regnen, und das Vorankommen wird immer mühseliger. Eigentlich würden die Fotos nun noch besser, doch zu der Show habe ich ganz einfach keine Lust mehr. Statt dessen baue ich das Zelt auf und verkrieche mich in den Schlafsack.

Auch die folgenden vierundzwanzig Stunden bringen mich kaum weiter. Wenn das Wetter so anhält, wachsen mir noch Schwimmhäute zwischen den Zehen.

Am dritten Tag dasselbe Bild: Ich wühle mich durch diesen Dreck und werde selbst zu diesem Dreck. Abgekämpft schleppe, stoße und rutsche ich mit dem Rad von einer Morastgrube zur nächsten; die Müdigkeit steckt tief in den Knochen. Hier wird der schwächste »innere Schweinehund« stärker als die kräftigsten Beine. Zuerst höre ich sein Winseln kaum, doch die Horrorpiste läßt ihn immer lauter brüllen; er saugt mir die letzte Kraft aus dem Körper, und dazu höhnt er: In diesem Matsch kannst du treten und stampfen wie du willst, daraus wird nie Butter!

Der physische und psychische Tiefpunkt rückt näher und mit ihm die Kapitulation. Eine strauchfreie Stelle direkt neben einem Fluß lockt dermaßen, daß ich einfach nicht daran vorbeikomme. Todmüde schiebe ich das Rad dorthin, lasse es fallen und entlade alles Gepäck. Hier bleibe ich, bis der Straßenzustand sich bessert oder ein Fahrzeug mich mitnimmt.

Welch ein Glück, welch herrlichen Campingplatz habe ich mir ausgesucht! Zehn Millionen Mücken können sich nicht irren! Die Blutsauger glauben wohl, ich sei ihre Tankstelle! Verdammt noch mal – mir reicht es! In einem Anfall von Wut und Enttäuschung, mit dem letzten Energieschub, fliegt der Stahlbock in hohem Bogen in den Fluß!

Diese Handlung wirkt heilsam. Die dicke Luft entweicht, und langsam beginne ich mich zu schämen für die blöde und unsinnige Reaktion. Ich hasse es, wenn ich den Kopf verliere. Nur, das Rad ist jetzt weg, und was ich später ins Tagebuch schreibe, ist mehr als nur Selbstkritik.

Der nächste Morgen entbehrt nicht einer gewissen Komik. Unruhig und zwiespältig gehe ich am Ufer rauf und runter: »Soll ich den Gaul nicht doch wieder herausholen?« »Nein, nun wartest du auf einen Transport oder marschierst zu Fuß weiter. So nicht, mein Freund!«

Immer öfters geht der Blick zum gurgelnden Wasser des vielleicht dreißig Meter breiten Flüßchens; dorthin, wo ich das Radel vermute. Dann werfe ich einen Stock zur Mitte, um anhand seiner Geschwindigkeit die Stärke der Strömung festzustellen. Wie fließt der Fluß? Wie weit hat er am Ufer genagt? Wo stehen größere Bäume? Wo gäbe es eine Einstiegsmöglichkeit?

Allmählich ringe ich mich durch, doch einen Bergungsversuch zu unternehmen. Na, da habe ich mich wieder mal selber überlistet!

Aufmerksam beginne ich, die Oberfläche des Wassers zu studieren: Wo entstehen Wirbel, Wellen und Strudel, wo könnten Baumfragmente oder große Gesteinsbrocken liegen? Mit welchem schwimmenden Getier ist zu rechnen?

Bevor ich in die Fluten steige, ziehe ich die Gummibadehose an, falls es doch von den bösen, kleinen Candirufischchen gibt. Etwas oberhalb gleite ich ins Wasser, schwimme mit ein paar kräftigen Zügen zur Flußmitte und mache an der vermeintlichen Stelle die ersten Tauchversuche. Das Bett liegt höchstens auf drei Meter Tiefe, das Wasser ist nur leicht getrübt, doch von »Alteisen« weit und breit nichts zu sehen. Da es mir nicht gelingt, gegen die Strömung anzuschwimmen, lasse ich mich bis zur Brücke der »Trans-Am« hinuntertreiben, steige dort an Land und gehe zu Fuß wieder zur Einstiegsstelle. Das ganze nochmals von vorne, diesmal etwas näher zum Ufer.

In meinem gestrigen Wutanfall habe ich Einfaltspinsel natürlich nicht geschaut, wie weit das Rad geflogen ist. Nach zwei Stunden und vier ausgedehnten Unterwasserexpeditionen entdecke ich den Renner. Natürlich war die erste Lageschätzung um einiges daneben. Ein aufgeblasener Plastiksack markiert nun den genauen Standort, weil ich das Ding nicht hochkriegte. Krampfhaft suche ich nach einer Idee. Da fällt mir ein, mal gelesen zu haben, daß Papillon von dem Sträflingseiland »Ile du Diable« auf mit Kokosnüssen gefüllten Säcken übers Meer entflohen sei. Warum nicht? Mir fehlen zwar Säcke und Kokosnüsse, dafür habe ich eine große Zeltplane, Hosen und Hemden.

Aus den Kleidern entstehen mit Gras, Laub und Zweigen vollgestopfte dicke Würste. Selbst die vier Gepäcktaschen und die Regenjacke werden zu Schwimmkörpern umfunktioniert. Am Ende umschließt die Zeltplane den ganzen Packen. Das zugeschnürte Gebilde schleppe ich, wie ein Bergbauer einen Heuballen, zu meinem privaten Strandbad. An einer fünf Meter langen Leine lasse ich den Riesenballon vom Stapel laufen. Schwimmend führe ich das Luftkissen zum Fahrrad, tauche dort nochmals hinunter und knöpfe das Seil an den Rahmen. Wieder oben, lege ich mich bäuchlings auf das »Gummiboot« und ziehe am Strick. Das Rad hebt vom Flußgrund ab, und die Strömung nimmt uns mit. Schon glaube ich, gewonnen zu haben, da dreht die Schwimmhilfe unter mir weg, ich falle ins Wasser, und der »Anker« faßt erneut am Grund. Das wäre ja gelacht, wenn ich es nicht schaffte! Nach einer kurzen Atempause knote ich eine Schlaufe ins Seil, führe das lange Ende durch die Schlaufe und ziehe nach, wie bei einem Flaschenzug. Aus der Fünfmeterleine werden vier, dann drei, dann zwei, und schon treibt der »Schwimmkran« mitsamt der Fracht davon.

Obwohl der Transport am ersten Brückenpfeiler dann noch hängenbleibt, kann ich die Rettungsaktion glücklich beenden und entsteige mit dem Caloi-Velo den Fluten. Für einen kurzen, unkontrollierten Gefühlsausbruch mußte ich den ganzen Vormittag Sühne leisten, und noch ist sie nicht beendet, denn Rad-, Lenker- und Tretlager sind voll Wasser, müssen zerlegt und neu eingefettet werden.

Am Spätnachmittag kommen die Mücken wieder in geschlossener Formation, um ihren Schmaus zu halten. Diesmal lasse ich mich nicht mehr reizen, sondern beschmiere mich mit dem letzten Rest des Kochöls, und als selbst das nicht hilft, verlagere ich die Reparaturwerkstätte unters Moskitonetz.

Am Tag der Weiterfahrt, noch bevor ich das Camp ganz abgebrochen habe, läßt mich ein Motorengeräusch aufhorchen. Das hat noch gefehlt! Ausgerechnet jetzt, da mein Transporter wieder »steht«, kommt ein Fahrzeug daher, das mich mitnehmen könnte.

Es ist tatsächlich ein Lkw, der sich über die Piste quält, nur ist meine Befürchtung umsonst; der Laster kommt aus der falschen, der entgegengesetzten Richtung. Der Fahrer hält an, und wir wechseln ein paar Worte, wobei ich höre, daß die Straße bis zur nächsten Ortschaft keinen Deut besser wird. Mit scheinbarer Gelassenheit nehme ich das zur Kenntnis.

Wenig später perlt schon wieder der Schweiß, die Schuhe schmatzen auf dem Boden, und die ersten Flüche schallen durchs Gebüsch. Irgendwann kreisen Urubus direkt über mir. Mit grimmiger Verachtung kreische ich wütend: »Ihr Aasgeier bekommt mich nie. Selbst wenn ich zum Maulwurf werde nicht!«

Für die letzten Kilometer bis Prainha Nova brauche ich sage und schreibe zwei unerfreuliche Tage. Dort finde ich in einem Arbeitercamp der staatlichen Straßenbaubehörde »DNER« eine Dusche, aber lange keine Ruhe vor den vielen neugierigen Fragen. Der leitende Ingenieur behauptet, daß die Transamazonica bis Ende 1990 asphaltiert sein soll. Wer's glaubt, wird selig!

Etwa neunzig Kilometer vor dem Rio Manicoré: Wieder ein Nest mit schlammigen Avenidas, schmutzigen Häusern und sehr armer, vorwiegend schwarzer Bevölkerung. In einer trostlosen, aber billigen Herberge ohne Strom, ohne Wasser, ohne Toilette, dafür mit einem penetranten Geruch nach Insektenvertilgungsmittel, verbringe ich die Nacht.

Beim Ort Manicoré beginnt der Kontakt mit der Außenwelt. Täglich verkehren Autobusse nach Porto Velho, und meine Radtour wird endlich wieder das, was sie sein soll: eine Spazierfahrt.

Nach drei gemütlichen Etappen erreiche ich Humaitá, an den Ufern des Rio Madeira. Als ich kurz nach Einbruch der Dunkelheit an die Gestade des altbekannten Flusses komme, hat die Fährenbedienung bereits Feierabend gemacht. Ein paar Camions haben die letzte Überfahrt ebenfalls verpaßt und warten nun, links und rechts der Straße, auf den Morgen.

Wie oft an solchen Flußübergängen haben sich auch hier Krämer, Kneipiers, Kleinhandwerker, Roßtäuscher, Bauernfänger und Quacksalber niedergelassen. Restaurants, Bars, Verkaufsstände sind entstanden, die zugleich Wohn- und Schlafstätten, Kinderhorte und Lagerplätze sind. Eine Ansammlung ineinander verschachtelter Bretterbuden, tausendmal geflickt mit Pappe, Holz, Wellblech und luftig geflochtenen Matten aus Palmblättern.

In der Absteige, in der ich mich einquartiere, meint der Wirt: »Das Fahrrad schließe ich im Hinterhof in einen Schuppen ein, dann wird es nicht gestohlen.« Mir soll's recht sein. Oder zweifelt er an meiner Seriosität, sieht er das Rad als hinterlegte Kaution, weil ich das Zimmer nicht gleich bezahle?

Beim abendlichen Bummel durch die Ansiedlung verspüre ich Lust nach einem Bier. Jawohl, nach den vielen Hektolitern Flußwasser endlich wieder einmal ein schönes, kaltes Bier! Wer kann mir das verdenken? Kurz entschlossen betrete ich die nächste Spelunke. Etwas schmuddelig der Laden, aber was ich wünsche, wird gebracht. Nach dem zweiten Schluck aus der Dose fragt mich eine der Gestalten: »He, Langer, bist du ein ›Gaucho‹? Du kommst doch aus dem Süden?!«

Daran habe ich mich gewöhnt, daß man mit europäischen Gesichtszügen automatisch zum Südbrasilianer wird. Solche Fragen sind aber auch immer der Versuch, einen Fremden neugierig in ein Gespräch zu verwickeln. Ich überlege mir, ob ich darauf eingehen soll, ob mir ein langes Palaver für heute nicht zuviel ist. »Nein, eigentlich bin ich Europäer und kein Südamerikaner.«

Für einen Moment ist es still, dann fragt ein anderer: »Was, richtig von drüben aus dem fernen Europa?«

»Ja.«

Von der hinteren Barecke mischt sich ein bulliger Kerl mit einem Gesicht voller Narben, Flecken und einer dicken, roten Kakteen-Nase in die Unterhaltung ein. Etwas naiv will er wissen, ob ich »Pedro« und »Mauricio«, zwei Franzosen aus Paris, kenne.

Was soll ich da antworten?

»Nein, die beiden sind mir nie begegnet.«

Er läßt nicht locker. »Aber die mußt du kennen, die sind dieses Jahr hier vorbeigekommen. Du glaubst es nicht, die haben mit ihrem Landrover die ganze Transamazonica gefahren!«

Alle guten Vorsätze vergessend und vielleicht eine Spur zu überheblich erwidere ich: »Na und, das habe ich soeben mit der Bicicleta gemacht!«

Es wird ganz still in der Kneipe, nur der zahme Papagei auf dem Holzsockel neben dem Papstbild krächzt noch. Die »Knollennase« kommt mit schlurfenden Schritten in meine Richtung und stellt sich neben mich an die Stehbar. Seine Augen haben einen kindlich erstaunten Ausdruck. Es ist der Blick eines Bären, der sich das Fell kraulen läßt, um dann plötzlich zuzuschlagen. Fast feierlich leise beginnt er: »Hör zu, wir sind nur einfache Leute, aber verspotten darf man uns nicht!«

Die Lage wird ernst: »Ich verspotte niemand.«

»Du erwartest doch nicht, daß wir das glauben, was du sagst?« Dabei spricht er immer in der Mehrzahl, und einige der Anwesenden nicken zu seinen Worten.

Den Rückzug habe ich mir verbaut, jetzt hilft nur noch die Offensive. Laut, so, daß es alle hören, sage ich: »Amigo, ich mache dir einen Vorschlag. Wenn ich gelogen habe, könnt ihr alle den ganzen Abend auf meine Rechnung zechen. Wenn nicht, dann feiere ich noch ein bißchen – auf deine Kosten natürlich!«

Der Kerl ist irritiert von meiner Selbstsicherheit und schaut unschlüssig zu seinen Kumpanen. Die gröhlen gleich: »Los, nimm an, schlag ein! Der Gringo hat hoffentlich genug Geld bei sich!«

Der Bullige streckt mir seine Bärentatze entgegen: »Die Wette gilt, nun mußt du es nur noch beweisen!«

»Selbstverständlich, komm mit«, und zu den anderen gerichtet, »in zehn Minuten sind wir zurück.«

Gemeinsam gehen wir zur Absteige. Dort kostet es mich einige Mühe, den »Hotelier« zu überzeugen, daß ich mein Fahrrad unbedingt brauche. Erst nachdem ich die Übernachtung bezahlt habe, schließt er den Schuppen auf. Mein Gott, ist das ein mißtrauisches Kaff!

Mit der Kaktusnase auf dem Rücksitz radle ich zurück und parkiere den dreckverkrusteten Renner mitten in der Flußkneipe. Das schon oft erwähnte Reisebuch und Zeitungsberichte über meine Amazonasrallye aus Marabá und Itaituba beseitigen alle Zweifel.

Es wird eine lange Nacht, und der Bullige muß beim Kaschemmenwirt einen größeren Kredit aufnehmen.

Auf dem Heimweg hat mich mein Drahtesel dann zweimal abgeschmissen. Beim drittenmal habe ich ihn verprügelt.

Bald sind es vier Monate her, seit ich Belém verlassen habe. Mein Transamazonica-Abenteuer nähert sich seinem Endpunkt. Von Humaitá bis Porto Velho sind es nur noch 200 Kilometer auf topfebenem Asphalt.

Bescherte mir diese Mammutstraße auch manch »bittere Mandel«, so fand ich doch viele »Rosinen«. Lagen Verzweiflung und Freude, Hoffnungslosigkeit und Zuversicht oft sehr nahe beisammen, so beginnen die schweren Stunden zu verblassen, und die schönen Erinnerungen drängen sich vor. Waren der konstante Durst, das verbrannte Gesicht, der Staub, der Schlamm, die dauernd feuchten Kleider, die Moskitos, das ewige Hügelrauf und -runter und die immer wiederkehrenden Arbeiten der Fahrradinstandhaltung frustrierend, und sah ich auch viel bittere Armut und Elend, so war das große Erlebnis die unberührte Natur.

Eigentlich ist es verrückt, daß ich durch dieses riesige Dschungelgebiet mit dem Fahrrad durchkam! Aber auch ein untrügliches Zeichen dafür, daß Amazonien von der Zivilisation in Besitz genommen wurde. Von der Seite betrachtet, ist es sogar schade, daß der Trip überhaupt möglich war.

Während mir diese Gedanken durch den Kopf gehen, trete ich regelmäßig in die Pedale und blicke hinauf in die Baumwipfel der letzten Urwaldriesen, die mich umgeben.

Als mich die Porto-Velho-Fähre erneut über den Madeirafluß setzt, schnellen Süßwasser-Delphine aus den lehmgelben Fluten. Je näher wir dem Stadtufer kommen, desto mehr verliere ich das Interesse am übermütigen Spiel der Nixen in den Heckwellen. Ich freue mich aufs Wiedersehen mit meinen Freunden.

Auf Humboldts Spuren zum Orinoco

In Porto Velho will mich Silvino wieder bei sich im Garimpogeschäft aufnehmen, doch mit Gold habe ich nichts mehr am Hut, das habe ich mir damals bei dem Tauchunfall geschworen. Zudem sind mir, bei aller Freundschaft und Solidarität mit den Goldschürfern am Rio Madeira, die Vorkommnisse im Norden Brasiliens, oben in Roraima, ein Dorn im Auge. Dort dringen immer mehr Garimpeiros ins Gebiet der Yanomami-Indianer ein, und man hört von brutalen Massakern.

Die Indianer. Seit der Begegnung mit dem Völkerkundler Stanford Zent in Altamira verfolgen sie mich regelrecht. Ich rede über sie und lese über sie, was immer ich auftreiben kann. Ein Buch fesselt mich besonders: »Die Reise nach Südamerika« von Alexander von Humboldt. Mir ist, als wäre ich selbst mit Humboldt unterwegs nach Venezuela!

Gierig vergrabe ich mich in die Lektüre, bin in Gedanken immer öfter in den weiten, noch größtenteils unerforschten Wäldern im Quellgebiet des Orinoco. Die faszinierende Reise des preußischen Barons hat es mir angetan. Dazu klingen mir die Worte Standford Zents im Ohr: »Die letzten wilden Indianer leben in der Sierra Parima, an den Quellflüssen des Orinoco.«

Ich schmiede neue Pläne, Pläne, die immer konkretere Formen annehmen.

»Bitte anschnallen und das Rauchen einstellen; wir landen in wenigen Minuten auf dem internationalen Flughafen von Caracas.«

Die sonore Stimme des Flugkapitäns rüttelt die Passagiere aus ihrer Lethargie. Die Küstenlinie und die Schiffe auf Reede vor La Guaira schälen sich aus dem Dunst des Morgens. Die Boeing zieht eine letzte Schlaufe und schwenkt zur Landung ein. Das

Fahrgestell fährt aus. Ein Zittern geht durch den mächtigen Rumpf, ein kurzes Geholper beim Aufsetzen, und schon rollt der Jet auf der Piste aus.

Ein Gedränge in den Gängen. Die Klappfächer über den Sitzen werden geöffnet, Gepäckstücke herausgezerrt; jeder will als erster den Ausgang erreichen. Wir werden durch Korridore zur Ankunftshalle geschleust, zu den Schaltern der Paßkontrolle, wo die Herren der Immigration mit unbeweglicher Miene Ausweis um Ausweis studieren und Stempel um Stempel hineindonnern.

Mein Sitznachbar während des Fluges, Carlos, ein kolumbianischer Geschäftsmann, und ich haben uns zusammengetan. Gemeinsam warten wir vor dem Förderband auf unsere Gepäckstücke. Kommentarlos passieren wir den Zoll, ohne in den Verdacht zu kommen, »böse Artikel« ins Land zu schmuggeln.

Mondän gekleidete Menschen mit weltgewandtem Auftreten werden in der Empfangshalle von Angehörigen umarmt und verlieren ihren kühlen Stil.

Vor dem Flughafengebäude hält Carlos nach einem Taxi Ausschau. Ein »Ami-Faß« prescht heran und bleibt mit kreischenden Bremsen stehen. Ein Kerl mit Schlapphut und leichter Tropenmontur schwingt sich aus dem Sitz und verstaut flink unsere ganze Bagage im Kofferraum.

Für mich ist Caracas eine unbekannte Stadt, doch der Kolumbianer ist ortskundig und nennt dem Taxifahrer den Namen eines Hotels. Und schon jagt der auf der weitgeschwungenen Schnellstraße das steilaufragende Küstengebirge hinauf. Oben, wo das langgestreckte Hochtal beginnt, in das die venezolanische Dreieinhalbmillionen-Metropole eingebettet liegt, empfangen uns zuerst die Armen. An steilen Bergflanken klebt ein buntscheckiges Gewirr ineinander verfilzter Behausungen. So eng beisammen, daß kaum Wege zwischen den Hütten aus Steinen, Lehm oder Brettern auszumachen sind. Alte Benzinfässer liefern die Blechdächer. Wie riesige Bienenwaben überkrusten diese Hütten Hügel um Hügel.

Auf einer breiten Autobahn fahren wir hinunter in einen langgestreckten Kessel, der vollgestopft ist mit öder Schnellbau-Architektur: Industrieviertel, Appartement- und Bürosilos, Hotelriesen und dahinter, in deren Schatten, flüchtig zusammengeschusterte Wohnviertel.

Um zum Hotel El Marques zu gelangen, müssen wir auf die andere Seite der Stadt, quer durch das Betonmeer. Ganz zur Freude des Fahrers. Er geht auch gleich durch die Mitte, wo sich schon morgens die Autokolonnen stauen: unvollendete Baustellen, unüberschaubarer Stoßverkehr, stinkender Abgasdampf. Kein Zweifel: Im Ölland Venezuela ist das Autofahren der Nationalsport. Benzinpreise von ein paar Cents pro Liter machen es möglich.

Geschlagene zwei Stunden brauchen wir für die City-Durchquerung. Dafür finden wir im Ostteil in einem ruhigeren Außenviertel ein angenehmes Mittelklasse-Hotel mit noch freien Zimmern.

Am Nachmittag besorge ich mir an der Reception einen Stadtplan, begebe mich zu Fuß auf Entdeckungstour, springe irgendwo auf einen Bus und verlasse ihn wieder im lebensprallen Geschäftsviertel Sabana Grande. Schicke Boutiquen, Geldwechselbuden, gepflegte Restaurants und Büros von Fluggesellschaften. Trotz Fußgängerzone auch hier das allgegenwärtige Verkehrsgedröhn aus den versmogten Seitenstraßen.

Das beste Transportmittel scheint mir die moderne Metro: sauber, billig, schnell. Ob im Centralpark, beim Busbahnhof »Nuevo Circo« oder am Bolivarplatz, Caracas ist eine Stadt der Kontraste. Auf engstem Raum ringen Beschaulichkeit und Hektik, Geschichte und Moderne, Armut und Reichtum miteinander: tropische Parkanlagen mit Palmen und Liebespaaren inmitten dröhnender Straßenschluchten; barocke Kirchen und Kolonialbauten neben Glaspalästen; pompöse Hotelkästen in unmittelbarer Nachbarschaft zu Bretterhütten. Ganz Caracas tanzt ums goldene Kalb.

Nach zwei Tagen Stadtbesichtigung beginne ich, mich aufs Wesentliche zu konzentrieren: auf ein Stück Papier, auf die Beschaffung einer »Autorizacion« für das Territorio Federal Amazonas – Venezuelas Urwaldstaat weit im Süden.

Das abgelegene Indianerland am oberen Orinoco ist seit Jahren gesperrt. Für Ausländer wie für Venezolaner anderer Bundesstaaten. Man kann es nur mit einer Sonderbewilligung der

Regierung besuchen. Zum einen gibt es das »Decreto 250«, ein Gesetz aus dem Jahre 1951, geschaffen, nachdem eine ausländische Wissenschaftlerexpedition den Venezolanern ihre Forschungsergebnisse vorenthielt. Zum anderen vermuten Geologen vor allem im östlichen Sierra-Parima-Gebirge reiche Gold-, Diamanten- und Uranvorkommen.

In dem unerschlossenen Dschungelgebiet von der vierfachen Größe der Schweiz gibt es außer drei, vier Missionsstationen und einem halben Dutzend verschlafener Fluß-Siedlungen praktisch nichts, was den Frieden der letzten freien Indianer Südamerikas stören könnte.

In diesem Gebiet existiert auch ein einzigartiges, geographisches Phänomen: der Naturkanal »Casiquiare«. Er verbindet den Amazonas mit dem Orinoco. Das heißt, die beiden Konkurrenzströme haben gar keine Wasserscheide zueinander. Ein solches Naturwunder hatte die Wissenschaft für unmöglich gehalten. Die erste Kunde davon, durch einen spanischen Jesuitenpadre, wurde von den Gelehrten als Hirngespinst abgetan. Es war im Jahre 1800, als der große deutsche Forscher und Geograph Baron Alexander von Humboldt die Verbindung beider Strombecken mit wissenschaftlicher Akribie vermaß, den definitiven Nachweis erbrachte.

Eben diesen 330 Kilometer langen Casiquiare möchte ich mit einem Kanu befahren und danach im östlichen Gebirgsdschungel der Sierra Parima nach freilebenden Indianern suchen, um eine Zeitlang mit ihnen zu leben.

Wenn ich im allgemeinen auch nicht über einen Mangel an gutem Gespür für die Einschätzung der Umstände und deren Bewältigung klagen kann, so waren doch die zu überwindenden bürokratischen Schwierigkeiten der unangenehmste Teil vieler meiner bisherigen Unternehmungen. Nach zehn Tagen in Caracas schleicht sich wieder einmal das Gefühl ein, auf der Stelle zu treten. Es fehlen mir hier eindeutig die guten Verbindungen, die oft so wichtigen richtigen Kontakte.

Neben der Genehmigung für den Alto-Orinoco muß ich mir eine Aufenthaltsverlängerung beschaffen. Die offiziellen sechzig Tage für Touristen, die mir der Grenzbeamte in den Paß stempelte, reichen natürlich hinten und vorne nicht. Aber was ich beginne, es erweist sich als Sackgasse. Etwas, was ich sonst nie mache, das Einschalten der Schweizer Botschaft, hilft auch nichts. Ich laufe weiterhin wie ein Irrer von einem Regierungsgebäude zum anderen und schlage mich mit den Kriegern des behördlichen Dschungels herum:

Fünfter Stock, zweite Tür links, am Ende des langen Korridors! Achter Stock, gleich neben dem Lift:

»Tut mir leid, geschlossen; kommen Sie morgen wieder!«

»Um wieviel Uhr schließen Sie?«

»Um vier Uhr. Sie sollen morgen wiederkommen, habe ich gesagt!«

»Aber es ist doch erst halb drei!«

Es ist schon ein schlimmes Wort, dieses »manana«, und heißt es erst noch »vielleicht manana«, dann kann man's gleich vergessen.

Ganz ohne Schwierigkeiten dagegen bekomme ich von der Cartografia Nacional die nötigen Spezialkartenblätter vom »T. F. A.«, wie das Territorio Federal Amazonas kurz genannt wird.

Wäre alles so einfach! Nach zwei Wochen kriege ich vom Ministerio de Educacion auf das notariell beglaubigte Expeditionsgesuch eine negative Antwort.

Hatte Stanford, der Völkerkundler, also doch recht? Scheitern meine ganzen Pläne an der Bürokratie? Aber noch bin ich hartnäckig, insistiere weiter. Als ich endlich dem hohen Beamten gegenüberstehe, der die Befugnis hat, so ein Schriftstück auszustellen, will er wissen, was ich in jener Gegend zu tun beabsichtige. Ich erläutere mein Vorhaben und spüre den argwöhnischen Blick eines Menschen auf mir ruhen, der beim besten Willen nicht begreifen kann, was einen dazu treibt, Monate alleine in diesem »gefährlichen Dschungel« bei Schlangen, Moskitos und »kriegerischen Wilden« zu verbringen. Er beruft sich auf das Dekret 250 und sagt klar: »Nein Señhor, tut mir leid.«

Bevor ich gehe, gibt er mir dann freundlicherweise die Adresse eines Exclusiv-Reisebüros, das die Möglichkeit hat, Trips auf dem Casiquiare zu organisieren. Also geht es doch!

Eine Stunde später sitze ich in diesem vornehmen Reisebüro. Man hat viel Zeit für mich:

Ja, man führe solche wissenschaftlichen Exkursionen mit kleinen Gruppen ausgesuchter Leute durch.

Die Genehmigung dafür sei kein Problem, die würden sie besorgen.

Dauer des Trips: Zwei bis drei Wochen.

Der Preis ...? Nun, das wäre schon nicht billig.

Nicht billig? Mich haut er vom Stuhl! Damit lebe ich glänzend ein halbes Jahr. Nein, danke!

Ich streiche den Casiquiare aus dem Programm und verbleibe bei den Indianern in der Sierra Parima. Jetzt gibt es nur noch eins: den Amtsweg abkürzen.

Puerto Ayacucho ist der Verwaltungshauptort und Gouverneurs-Sitz vom »T. F. A.«. Diesem Gouverneur will ich nun einen persönlichen Besuch abstatten. Per Fahrrad natürlich.

Schon bevor ich in Venezuela einreiste, war mir sonnenklar, daß ich weiterhin auf den Drahtesel als Transportmittel zurückgreifen würde. Ich erstehe bei Ciclos »Abalo« in Caracas meinen »Renner Nummer drei«. Für genau vier Tage, dann bin ich ihn wieder los!

Das himmelblaue Stahlgebilde der Marke Royal ist ebenso ein Alltagsmodell wie seine beiden Vorgänger. Stabil, unkompliziert, ein Produkt des Landes. Damit mein Körper den Übergang vom breitbeinigen Seemannsgang zum ruhigen Sitzen in gebeugter Haltung auf humane Art finden kann, beginne ich mit kurzen Trainingsfahrten. In der Umgebung des Hotels radle ich täglich zwei bis drei Stunden durch die Außenquartiere und entdecke auf dem dritten Ausflug eine hübsche kleine Kirche. Mit ihren Türmchen und den farbigen Glasmosaikfenstern liegt sie in einem ruhigen Park. Ruhig genug, selbst für Tauben. Der richtige Ort für eine Verschnaufpause. Im Innern, hinter dem Holzportal, empfängt mich eine angenehme Kühle. Kerzen flackern vor einer Madonnenfigur; ein Wandgemälde zeigt Szenen aus der Passion Christi; aus Holz geschnitzte Simse, Säulen- und Altarsockel sind mit Blattgold verziert. Eine Herausforderung an jeden Fotografen. Hier werde ich nochmals vorbeischauen.

Am folgenden Morgen, nach einem ausgiebigen Frühstück, verlasse ich das Hotel mit dem Rad, nur das Notwendigste an Gepäck dabei: Hinten am Sattel das kleine Werkzeugtäschchen mit Flickzeug und Schlüsseln, auf dem Gepäckträger die Zahlenschloßkette, und am Rücken einen Tagesrucksack mit der empfindlichen Fotoausrüstung und dem Stativ.

Nach einer Stunde Fahrt bin ich wieder bei der Kirche von gestern. Zwei Halbwüchsige lümmeln auf dem Vorplatz herum und werfen Kieselsteine nach den Tauben in den Turmnischen.

Ich feßle den Fahrradrahmen an einen Laternenpfahl, wonach das Rad zwei Gehwege bis zur Mitte versperrt. Als rücksichtsvoller Mensch ist mir das nicht recht; ich öffne die Stahlkette nochmals, stelle den Drahtesel an die Randhecke des einen Weges und binde nur das Vorderrad an den Laternenmast. Dann begebe ich mich in die Kirche. Sie ist leer. Ungestört kann ich mich den Innenaufnahmen widmen: die Kanzel, reichverziert mit geschnitztem Zedernholz; von der Empore mit der kleinen Orgel den Blick ins Mittelschiff. Der gedämpfte Lichteinfall durch die Mosaikfenster verlangt nach einer langen Verschlußzeit und Stativ. Meine Fotografierkünste sind nicht gerade professionell, doch an gutem Willen zur Verbesserung soll's nicht fehlen. Die Zeit vergessend fröne ich meinem neuen Hobby. Es mag eine volle Stunde verstrichen sein, als ich die Ausrüstung zusammenpacke, auf leisen Sohlen und andächtig das Gotteshaus wieder verlasse. Draußen, zehn Meter vom Hauptportal entfernt, ist es mit der Andacht schlagartig vorbei!

»Neeeiiin – das gibt's doch nicht!!«

Der Alptraum eines jeden Radlers! Was dort am Laternenpfahl noch angekettet ist... Ich traue meinen Augen nicht... Das nackte Vorderrad! Einsam und alleine, nagelneu, erst vier Tage alt. Vom Rest fehlt jede Spur. Und das neben einer Kirche! Blitzartig spurte ich durch den Park zur Zufahrtsstraße: Nichts, rein gar nichts, weit und breit kein Mensch mit einem »Dreiviertel-Fahrrad« zu sehen. Der Satan hole den Dieb!

Wo hatte der Halunke nur den Schlüssel für die Radmuttern her? Ach ja, natürlich, aus meiner eigenen Werkzeugtasche unter dem Sattel, oder besser gesagt: Was mal mein Werkzeug war. Ob das die beiden Taubenvertreiber waren?

Und jetzt? Ich gehe nochmals zu dem angeketteten Vorderrad. Als ich das komische Bild so betrachte, überfällt mich ein Lachkrampf. Danach geht es mir bereits bedeutend besser.

Das Vorderrad lasse ich angekettet wie es ist, als Mahnmal. Dann marschiere ich eine gute halbe Stunde bis zur ersten Bushaltestelle. Zurück im »El Marques« umgeben mich lauter fragende Gesichter. Ich frage auch: nach meiner Hotelrechnung. Diese Stadt werde ich heute noch verlassen, diese Stadt liebt mich nicht. In Caracas habe ich nichts mehr verloren.

Vom Busterminal Nuevo Circo fahren Busse und Langstrekken-Taxis in alle Richtungen des Landes. Was sich an den festen Standplätzen dieser Colectivo-Taxis versammelt hat, im Volksmund vielsagend »Piratas« genannt, ist ein Sammelsurium von Straßenkreuzern sämtlicher amerikanischer Automobilgenerationen.

Mit meinem umfangreichen Gepäck zwänge ich mich durch ein Menschengewühl und bin auf der Hut vor Taschendieben. Überall schreien Fahrer ihre Destination, suchen nach Passagieren für ihre halbvollen Colectivos: »Valencia – Valencia!« »Barcelona!« »Maracay!«

»He du, willst du nach San Carlos? Komm her, ich habe noch Platz!« ruft mir einer zu.

»Nein, ich will nach San Juan, wo steht der?«

»Oben, ganz am Ende.«

Ein Schlitten der mittleren sechziger Jahre könnte es sein.

»San Juan?«

Schon kommt der Fahrer angerannt und will diensteifrig mein Gepäck verstauen.

»Langsam, zuerst den Preis! Was muß ich bezahlen?«

»200 Bolivar.«

»200 Bolivar? Das ist doppelt soviel, wie man mir sagte!«

»Du hast auch Gepäck für zwei«, kommt es schlagfertig zurück.

Wir einigen uns auf 150 Bolivar. Im Chevy sitzen bereits fünf Fahrgäste, und ich zwänge mich als sechster in die Kiste.

Venezuela ist ein schönes Land. Eine Autofahrt durch die grünen Täler der Bergkette, welche zwischen dem Karibischen Meer und den weiten Savannen der Llanos liegt, kann sicher ein Erlebnis sein. Aber nicht, wenn man einem potentiellen Mörder ausgeliefert ist, der den Bevölkerungsüberschuß per Auto abbauen will. Seit einer Stunde leide ich Höllenqualen. Der geistesgestörte Taxifahrer macht uns alle zu Todeskandidaten, und seine Zurechnungsfähigkeit sinkt mit steigender Motorendrehzahl. Nur bin ich offensichtlich der einzige, der das realisiert. Die fünf anderen Insassen stehen eindeutig hinter ihrem Landsmann. Sie feuern ihn an und grölen nach jedem gewonnenen Duell, das er gegen andere Colectivos führt. Überholen in Kurven und bei Gegenverkehr? Kein Problem! Rechts auf dem Seitenstreifen geht's auch! Bremsen kommt nicht in Frage, Hupen ist wichtiger, und schwächere Verkehrsteilnehmer haben auf jeden Fall unrecht. Ich ertappe mich dabei, wie ich beginne, die vielen Holzkreuze entlang der Straße zu zählen.

Am Ende einer längeren Steigung hält der Lenkrad-Chaot endlich an und gönnt mir eine Verschnaufpause. Der Kühler des Chevys kocht.

Die Aussicht, mit diesem »Hell-Driver« und seinen Applausbrüdern noch volle zwei Stunden hinunter ins Flachland zu rasen, läßt mich trotz der warmen Nachmittagssonne frösteln. Bleibt mir denn heute gar nichts erspart? Soll ich nicht aussteigen?

»Einsteigen, wir fahren weiter!«

Ja, wir fahren weiter, genau fünf Meter, dann findet unser Künstler beim Einfädeln in den Verkehr prompt das einzige Loch weit und breit. Das rechte Vorderrad steckt fest, und die Asphaltauswaschung ist tief genug, daß beim vergeblichen Versuch, aus eigener Kraft wieder herauszukommen, die Lenkgeometrie ruiniert wird. So stark, daß es selbst dem Fahrer nicht mehr gefällt. Er beschließt, seine Passagiere einzeln den nachkommenden Berufskollegen mitzugeben.

Ich kann meine Erleichterung nur schlecht verbergen. Vielleicht ist sogar ein Schuß Schadenfreude dabei.

Zur Ehre der venezolanischen Taxifahrer sei gesagt: es sind nicht nur Verrückte! Derjenige mit dem Cowboyhut, der mich nach einer halben Stunde Wartens in seiner bereits vollen Karrosse gratis mitnimmt, weiß jedenfalls, daß eine kurvenreiche Überlandstraße kein Laufsteg dümmlicher PS-Eitelkeiten ist.

Es wird schon dunkel, als wir in San Juan de los Morros im Bundesstaat Guarico ankommen.

Das kleine Hotel, das ich finde, mit dem großen Namen »Gran Palace«, gleicht einer Festung. Der Innenhof steht voll exotischer Pflanzen. Ein kurzer Gang führt zum abgeschlossenen Empfangsraum, wo nach mehrmaligem Klopfen geöffnet wird. Auf einem Stuhl unter dem Zimmerschlüsselbrett steht ein Käfig mit einem langarmigen Affen, der mich frech beäugt und mit spöttischem Gelächter begrüßt. Wie wenn er meinen heutigen Tag miterlebt hätte!

Der Hotelname scheint mir wirklich etwas zu hochgestochen. Doch ich habe keine Lust mehr, mit all dem Gepäck nach etwas Vornehmerem zu suchen. Zudem muß ich mich langsam wieder an solche Absteigen gewöhnen.

Die Zimmer liegen im ersten Stock, beidseitig eines langen Korridors: Verschlag neben Verschlag. Das mir zugewiesene hat ein Bett wie aus Wellblech, ein ebensolches Dach, einen Betonfußboden mit Löchern und Wände aus dreiviertelhohen, dicken Mauern mit luftigem Lattengitterabschluß. Sehr großzügig: ob einer schnarcht oder furzt, es haben alle etwas davon.

San Juan liegt am Fuß der Ost-West-Kordillere, umgeben von bewachsenen, teils steilaufragenden Hügelkuppen, den »Morros«. Kurz nach Tagesanbruch bin ich unterwegs zu einem stadtnahen Buckel. Eine gewundene Straße führt hinauf, doch der Anstieg ist steil. Neben mir geht einer kleinen Alten die Puste aus, sie bleibt stehen und lächelt mir beruhigend zu. Sie wird es schaffen, sie ist nur ein wenig müde, das ist alles. Offenbar will auch sie den Ort von oben betrachten, und das lohnt sich wirklich. Ein liebliches Panorama. Die Häuser und der Kirchturm träumen im Dornröschenschlaf, eingebettet in einem grünwogenden Meer von Palmen. Im Hintergrund buckelige Berge. Ich denke an Humboldt. Ob er am 11. März 1800 auf dieser Anhöhe gestanden hat, als er die Umgebung von San Juan beschrieb, bevor er mit seinen Begleitern und einem Troß von Maultieren zum Orinoco aufbrach? In seinem Tagebuch steht: »...die sonderbaren Gestalten zweier benachbarter Berge. Die Kuppen bilden steile Gipfel, die sich aus einer Felsmauer von sehr breiter Basis erheben. Die Mauer fällt steil ab und gleicht der Teufelsmauer im Harz...«

Die Ergebnisse von Humboldts Forschungen haben zum Teil bedeutenden Einfluß auf die Entwicklung verschiedener wissenschaftlicher Disziplinen ausgeübt. Er setzte Maßstäbe in Geographie, Ethnologie, Geologie und Botanik, in Meteorologie, Astronomie und Ozeanographie. Sein Lebensziel war der Versuch, das Zusammenwirken aller Naturkräfte zu erklären.

Als Humanist verurteilte er aufs schärfste die Brutalität und Barbarei der europäischen Kolonialherren: die Sklaverei, die Ausbeutung und Rassendiskriminierung. Für die damalige Zeit sicher ganz neue Töne.

»El Libertador« – Simon Bolivar – der große Freiheitsheld Südamerikas, soll über Humboldt und die Bedeutung seiner Reise später gesagt haben: »Alexander von Humboldt ist der wahre Entdecker Südamerikas! Die Landmasse haben zwar andere gefunden, doch ihm hat die Neue Welt mehr zu verdanken als allen Konquistadoren zusammen.«

Humboldts Andenken wird in den Ländern Lateinamerikas bis heute lebendig erhalten. Berge, Flüsse, Städte heißen nach ihm, auch wenn er sie nie gesehen hat, und viele Eliteleute wurden an Humboldtschulen gebildet.

Merkwürdig, in San Juan kann ich nichts von dieser Verehrung finden. Dabei war der Ort eine Durchgangsstation des Forschers. Frage ich Leute nach dem Namen, wissen sie nicht, wohin damit. Trotz dieser »Enttäuschung« bleibe ich einige Tage in der Kleinstadt und treffe die letzten Vorbereitungen zur Weiterreise.

Jeden Morgen stehe ich um fünf Uhr auf und gehe zur Hauptplaza, wo das Eckrestaurant »Empenas« bereits herrlich heißen »Kaffee-Negro« und frische »Arepas«, Maisbrötchen mit Käse, offeriert. Dort genieße ich die Ruhe des frühen Morgens, beobachte das erwachende Leben.

Um sechs Uhr tauchen aus den Seitengäßchen die ersten Colectiveros, das sind Colectivo-Fahrer, zu Fuß auf. Zuerst zwei, dann drei, vier, fünf. Spätestens jetzt ist es vorbei mit der Ruhe, denn jeder schreit lauthals nach Kunden. Der Platz ist erfüllt von »Caracas-Caracas«-Rufen, obwohl um die Zeit noch keiner dorthin will. Erscheint jemand mit einer Tasche in der Hand, stürzen sich alle auf ihn. Ich habe drei Tage gebraucht, bis die Ausrufer überzeugt waren, daß ich nicht mehr nach Caracas will. Mit der aufgehenden Sonne erscheinen die Zeitungsjungen mit Riesenstapeln unterm Arm und die fliegenden Händler mit kleinen, transportablen Ständen, die sie auf dem Gehsteig respektlos vor den Schaufenstern der Geschäfte aufstellen.

Ordentlich werden aus großen Taschen Gürtel, Armspangen, Lippenstifte, Ohrringe, Spiegel, Kämme, Sonnenbrillen und Puderdöschen ausgepackt und mit pedantischer Exaktheit, milimetergenau ausgerichtet, auf dem Tischchen ausgelegt. Einige haben sich auf Haushaltsgeräte spezialisiert: Tassen, Töpfe, Fliegenklatschen, Rüstmesser und Fruchtpressen aus Plastik. Fast rührend zu sehen, mit welcher Sorgfalt sie alles aufstellen, ordnen, polieren und ins rechte Licht rücken, als ob sie die Kundschaft dadurch geradezu zwingen könnten, bei ihnen stehen zu bleiben. Und doch sehe ich nie oder nur selten einen etwas verkaufen. Das große Geschäft machen dafür die drei Schuhputzerjungen mit ihren Holzkistchen voller Schuhcreme, Politur, Lappen und Bürsten. Die haben schon frühmorgens Hochkonjunktur, arbeiten sich im Park von Sitzbank zu Sitzbank und bedienen mit flinken Händen zeitunglesende Rentner, Arbeitslose und andere Frühaufsteher. Wie überall in Südamerika sind auch hier glänzende Schuhe wichtig. Da darf die Hose ruhig ein paar Flicken haben.

Um acht Uhr öffnen die Geschäfte. Rolläden und Stahlgitter werden hochgezogen, Türen geöffnet, und kurz danach erscheint der langsam rollende, unendliche Blechwurm. Rechts vom Park rauf und links wieder runter. Ein Schauspiel sondergleichen, wie ich es noch selten in einer Kleinstadt beobachtet habe. In San Juan scheint es kaum eine Hausfrau zu geben, die ihren Einkauf oder Morgenspaziergang nicht in einem modernen oder prähistorischen Straßenkreuzer tätigt. Beim gegenwärtigen Durchschnittseinkommen geht irgendwo die Rechnung nicht auf. Entweder hat hier jedermann einen betuchten Onkel in den USA, oder man zehrt noch immer von den mal reichlich sprudelnden Petro-Bolivares.

Wie dem auch sei. Mein Fahrrad Nummer vier habe ich für 1350 Bolivar gekauft. Bis auf die rote Farbe ein Zwillingsstück von Nummer drei. Jetzt kann ich nur hoffen, daß es etwas länger in meinem Besitz bleibt.

Von Minute zu Minute wird das Dunkelblau der Nacht heller, geht über in rötliches Tageslicht. Wie ein gigantischer Ballon steigt hinter den östlichen Morros von San Juan ein gelbroter Feuerball hoch. Kitschig schön, wie auf einer Ansichtskarte.

Auf dieses Startzeichen habe ich am südlichen Ortsrand gewartet. In frischer Radlerkluft, die noch nach Hotelwaschmittel riecht, schwinge ich mich in den Sattel und lasse das »Pferd« galoppieren. Schon ein irres Gefühl, wieder unterwegs zu sein und den Fahrtwind um die Nase zu spüren: Auf zu neuen Horizonten, auf zu neuen Abenteuern!

Die Straße führt durch bewaldete Umgebung kurvenreich abwärts. Das Rad rollt geräuschlos dahin. Bald bleibt der Wald zurück und mit ihm die letzten Ausläufer der Kordillere. Vor mir liegen die weiten Tieflandsavannen der Llanos. Jetzt, um die Jahreswende, ist alles grün und saftig. Die Gräser und Sträucher werden aber während der sommerlichen Trockenperiode unter der glühenden Sonne zu Staub zerfallen, zur trostlosen Steppe verkommen.

Gegen acht Uhr wärmt bereits eine angenehme Sonne den Radlerbuckel und die Waden, und ein weniger angenehmer Schwerverkehr kommt auf. Überholende Auto-, und die noch härteren Bus- und Lastwagenfahrer nehmen mein schmales Profil zwar wahr, aber auf keinen Fall ernst. Ich konzentriere mich ganz auf die Fahrbahn, halte mich so weit wie möglich an den löcherigen Straßenrand und sehe die Umgebung nur mit kurzen Seitenblicken. Wie Momentaufnahmen bleiben die Wahrnehmungen haften: Sträucher am Rande; die Farmersfrau beim Wäscheaufhängen vor dem Finca-Gebäude; Kinder, die mit jungen Katzen spielen; der Lkw-Fahrer, der fluchend unter der aufgebockten Hinterachse seines Camions liegt; kleine Siedlungen, in denen die Hunde zu faul zum Bellen sind und mich, oh Wunder, in Ruhe lassen; blumengeschmückte Kreuze neben dem Fahrdamm; der Typ wie John Travolta an der Tankstelle irgendwo in der Mitte von Nirgendwo, lässig im offenen Sportwagen sitzend und mir mitleidige Blicke nachwerfend, während ein Junge seinen Tank auffüllt.

In der Mittagshitze pochen die Schläfen unter dem Stirnband, das die Augen vor dem brennenden Schweiß schützt. Im Dorf Ortiz soll für heute Schluß sein. Das Zimmer im Billighotel Italia ist ein fensterloser »Kaninchenstall« mit einem Stahlrohrbett.

Ich erlaube mir, die Bettwäsche und die Matratze auf Untermieter abzusuchen. Keine Flöhe, keine Wanzen. Gut, ich nehme es.

Auch am folgenden Morgen bin ich vor der Sonne aus den Federn. Noch sechs Kilometer, dann verläßt mich der gefährliche Verkehrsstrom. Er biegt ab, prescht in Richtung Osten, nach El Tigre, Ciudad Bolivar und Ciudad Guayana, dem neuen Industriezentrum, wo eines der größten Stahlwerke Lateinamerikas steht. Meine Räder dagegen rollen stur nach Süden, nach Calabozo am Guarico-See. Und richtig, schon gleich nach der Gabelung entnehme ich dem unabgenützten, fast neuen Asphalt, daß donnernde Lastenzüge, blauschwarze Dieselschwaden und Kantenfahren nicht mehr zu meinen Alltagssorgen gehören werden. Ich hoffe, für viele Monate!

Mir ist, als hätte man die Straße einzig und alleine für mich gebaut. Jede Viertelstunde mal überholt oder kreuzt mich ein einsames Fahrzeug. Meist der Pick-Up eines Farmers. Doch Straße bleibt Straße; Spuren des Todes auch hier überall. Waren es auf der überlasteten Rennpiste hinter mir die vielen kleinen Kreuze am Rande, so sind es hier überfahrene Tiere. Schlangen, Füchse, Nasenbären und selbst Alligatoren kleben auf dem Asphalt wie andernorts Hunde und Katzen. Der Landstrich ist wasserreicher, ja zum Teil sumpfig geworden. Braune Rinder bewegen sich träge zwischen Palminseln oder stehen bis zum Bauch im Wasser. Weiß-Störche und Silberreiher fischen auf ihre unnachahmlich graziöse Art. Aus hüfthohem Gras höre ich lautes Gequake. Ganz selten mal ein weit zurückgesetztes Hacienda-Gebäude.

Als ich unter einem schattigen Baum eine Mittagspause einlege, Brot, Käse, Sardinen und Bananen auspacke, fährt eine Polizeistreife auf zwei schweren Motorrädern vorbei, bremst ab und kommt zurück. Neugierig mustern mich die beiden unter ihren weißen Sturzhelmen, betrachten das bepackte Fahrrad und fragen nach dem Woher und Wohin. Als sie merken, daß ich Ausländer bin, wollen sie meinen Paß sehen. Offenbar bin ich in höchstem Maß verdächtig; gewissermaßen ein berittener Landstreicher.

In Venezuela ist der Drahtesel noch immer ein Arme-Leute-Vehikel. Hier fährt der alerte Jungmanager, Rechtsanwalt oder

Arzt in seiner Freizeit noch nicht im Regenbogentrikot auf einer hochgerüsteten Rennmaschine; diese neuen Symbole für Jugendlichkeit, Dynamik, Umweltbewußtsein und Fitneß sind noch nicht übers Karibische Meer gedrungen. Deshalb habe ich auch Verständnis für die zwei Polizisten und überraschenderweise sie für mich. Beide ziehen ihre Handschuhe aus, streifen die Helme ab, und die Fragen verlieren immer mehr den professionellen Charakter, werden persönlicher und herzlicher. Einer holt eine aufklappbare Polaroid-Kamera aus dem Sattelkoffer und möchte ein Erinnerungsfoto machen. Der Zyniker in mir denkt natürlich gleich »für das Fahndungsregister«, dabei tue ich den beiden wirklich unrecht, denn dafür braucht es keine vier Gruppenaufnahmen mit Motorrädern und Fahrrad, und danach sagen sie es gleich selber: »Vielen Dank, die sind fürs Familienalbum.«

Ich erkundige mich nach der Entfernung bis Calabozo, und zum Schluß geben sie mir ihre Namen und Telefonnummern mit den Worten: »Hast du Probleme, dann rufe an und verlange nach uns.« Wirklich, die Polizei: Dein Freund und Helfer!

Llanos, das ist spanisch und heißt flach. Wahrlich, nichts als Ebene, und sie dehnt sich ins Endlose; nicht der kleinste Hügel läßt sich blicken. Mir soll es nur recht sein. Was ich hier gemütlich in zwei Tagen abkurble, dafür brauchte Humboldt mit seinem Treck eine ganze Woche. Die Hitze muß schlimm gewesen sein, die Erde rissig und mit klaffenden Spalten übersät. Die Reisenden steckten sich Laub unter die Hüte, um einem Sonnenstich zu entgehen. Die Maultiere knabberten an niedrigen Palmbüschen, unter deren gedörrten Blätter sich Humboldt und Bonpland vor dem Mittagsfeuer der Sonne verkrochen hatten.

Ich sehe eine andere Welt, und wäre die Straße nicht erhöht gebaut, wäre sie stellenweise überflutet.

Gegen Abend erblicke ich zur Linken, parallel zur Asphaltstraße, den Guarico-Stausee. Er dient zur Bewässerung von Plantagen, die das ganze Jahr hindurch bepflanzt werden.

Bei einer Tankstelle kurz vor dem Staudamm kaufe ich an der Refresco-Bude nebenan etwas Trinkbares. Während ich, auf einem Holzstuhl sitzend, das Mineralwasser schlürfe, schaue ich hinüber zum See. Und vor meinem geistigen Auge erscheint ein

Bild, ein Gemälde: Wildaufbäumende Pferde stehen in brodelndem Wasser; mit fetzenden Mähnen, schäumenden Nüstern, schlagenden Vorderhufen und umzingelt von schlangenartigen Fischen. Das Bild hatte irgend jemand gemalt, und so muß es sich abgespielt haben, als Humboldt eines seiner umstrittensten Experimente durchführte.

Ein Hacendero hatte dem Gelehrten von sonderbaren Fischen in den Teichen der näheren Umgebung erzählt, die elektrische Schläge auszuteilen vermögen. Der Baron fand das so interessant, daß er die Stellen gleich zu sehen wünschte. Er setzte eine hohe Belohnung aus für denjenigen, der ihm einen elektrischen Fisch bringen würde. Aber die Indios und Hacienda-Arbeiter schreckten davor zurück. Drei Tage vergingen, ohne daß viel geschah, dann übernahm der große Meister den Fall selber.

Humboldt ließ dreißig halbwilde Pferde zusammentreiben und in einen Teich jagen. Die olivgrünen Aale von bis zu Manneslänge kamen an die Oberfläche, drängten sich an die Körper der Eindringlinge und entluden ihre Batterien, jagten mehrere hundert Volt durch die Huftiere. Diese wurden von Panik ergriffen. Einige ertranken, andere wollten aus dem Wasser flüchten, wurden aber von den Indios zurückgetrieben. Der Teich brodelte und kochte. Es sah aus, als würden die Fische den Kampf gewinnen, und man befürchtete schon, alle Pferde zu verlieren. Doch dann hatten die Aale ihr Pulver verschossen. Einige trieben erschöpft ans Ufer, wo die Indios sie mit Lassos an Land zogen.

An Ort und Stelle begann Humboldt, die elektrischen Organe zu untersuchen, war dabei wohl etwas unvorsichtig und bekam selber eine gedämpfte Ladung ab. Der Forscher berichtete, er habe tagelang Schmerzen in nahezu allen Gelenken gehabt.

Das Kraftwerk in den Fischen fand er zu beiden Seiten der Wirbelsäule, im ganzen Schwanzteil, bestehend aus fünf bis sechstausend Einzelzellen, wie Elemente einer Trockenbatterie. Der Pluspol am Kopf, der Minuspol am Schwanzende.

Ein erwachsener Zitteraal von zwei Metern Länge teilt Schläge von bis zu 650 Volt aus, tötet damit Fische und Frösche, die er frißt, und kann einen Menschen oder ein Pferd lähmen, was dann meist zum Tod durch Ertrinken führt.

Auch nach intensiven Studien blieben für den deutschen Wissenschaftler noch viele Fragen über diesen sonderbaren Fisch offen: Warum er seinesgleichen nicht mit Strom schlägt; welches der Unterschied zwischen den Geschlechtern ist, auch über die Fortpflanzung und Laichplätze ist bis heute nichts bekannt.

Kurz vor Anbruch der Dunkelheit nehme ich die restlichen sechs Kilometer bis Calabozo auf der Dammstraße unter die Räder. Wieder finde ich in einem Hotel »Italia« Unterschlupf. Dieses hat aber mindestens zwei Sterne mehr und ein Speiserestaurant, das Spaghetti Bolognese serviert. Vermutlich mit ein Grund, warum ich drei Tage im Ort bleibe. Nein, Calabozo mit seinen engen Gäßchen gefällt mir wirklich. Es hat eine gewisse provinziale Eigenständigkeit bewahrt, und das soziale Leben spielt sich, trotz TV-Empfang, auf der Plaza unter dem Baldachin schattenspendender Bäume ab. Mütter lassen dort ihre Kinder herumbalgen. Schüler machen die Schulaufgaben oder schreiben sie voneinander ab. Alte Männer verbessern in stundenlangen Gesprächen die Welt, und das Wort »früher« fällt viel zu oft. Abends flanieren junge Mädchen in ihren besten Kleidern und etwas zu viel Rouge auf den Wangen auf und ab, und unter den Argusaugen der Erwachsenen auf den Sitzbänken üben sich Jungs in linkischen Annäherungsversuchen. Es ist das alte Ritual auf der Plaza; das Defilee der behüteten Schönen vor den schmachtenden Blicken jugendlicher Kavaliere, die Einführung in die Welt der Großen und in den Hafen der Ehe.

Hatte die deutsch-französische Expedition damals zwischen Calabozo und San Fernando am Rio Apure Ärger mit Jaguaren und Krokodilen und mußte sie sich nachts vor Vampir-Fledermäusen schützen, so radle ich die 127 Kilometer ohne besondere Vorkommnisse an einem Tage durch. Auch der Militär-Kontrollposten vor der Bogenbrücke des Apure, ein Fluß von der Breite des Rheins bei Basel, hält mich nicht auf. Ich fahre ins Zentrum von San Fernando und frage im Hotel »El-Fuente« nach einem Zimmer. Der Portier mustert mich kritisch von oben bis unten. Sehr kritisch sogar, dann schüttelt er den Kopf: »Nein, wir haben kein Zimmer frei.«

In der Absteige »Rio Apure« direkt am Fluß ist man weniger wählerisch. Nun, notfalls hätte ich halt mitten im Stadtpark mein Zelt aufgestellt.

Als Humboldt am 27. März 1800 in San Fernando eintraf, hatte er keine Unterschlupfschwierigkeiten. Mit der Empfehlung des Bischofs von Caracas in der Tasche öffneten sich die Türen der Kapuziner-Mission wie von selbst, und jede Art von Unterstützung war gesichert. Solche Referenzen waren damals schon wichtig.

Für die Weiterreise zum Orinoco beschaffte sich der Forscher eine Lancha, ein großes Segelkanu, mit Tisch und Sitzen aus Rundhölzern und straffgespannten Ochsenhäuten unter einem Sonnendach aus Laub und Schilf. Dazu heuerte er vier Ruderer und einen Lotsen an. Dann ließ er sich mit Bonpland, einem schwarzer Diener, einem Indiogehilfen, einem Hund und mehreren lebenden Hühnern nach Osten hinunter zum großen Strom schippern.

Im Grunde steckt San Fernando am Ende einer Sackgasse. Weiter geht es nur noch mit dem Flugzeug oder per Flußboot. Der Karrenweg hinunter nach Puerto Paez, dort, wo der kolumbianische Grenzfluß Meta in den Orinoco fließt, ist inoffiziell. Mein Versuch, auf diesem Karrenweg sozusagen querfeldein nach Süden und schließlich nach Puerto Ayacucho zu kommen, scheitert bereits nach hundert Kilometern. Ganz einfach, weil alles unter Wasser steht. Vier Tage später bin ich wieder zurück am Rio Apure und fahre gleich zum Flußhafen, der genau gegenüber dem Flughafen liegt. Ein doppelstöckiger Frachtkahn aus Holz mit luftigem Hängematten-Wohnraum und dem geschichtsträchtigen Namen »Santa Maria« liegt alleine an der Uferböschung vertäut. Die »Heilige Maria« dümpelt schon seit zehn Tagen dort: Maschinenschaden.

Abgesehen vom Motor sei das Schiff in bestem Zustand, behauptet der Kapitän, ohne rot zu werden. Obwohl ich ganz und gar nicht seiner Meinung bin, nicke ich und schaue etwas verlegen hinaus auf den Fluß. Auf meine Frage, wann mal ein Schiff nach Puerto Ayacucho fährt, meint er: »Vielleicht in zwei, vielleicht in drei Wochen.«

Was bleibt mir anderes übrig, als auf die andere Straßenseite zum Flugschalter zu gehen und zwei Tickets zu lösen: Eines für mich, eines fürs Fahrrad.

Unter der glasigen Mittagshitze zeichnet sich die geschwungene Linie des Orinoco ab. Seine Stromschnellen weben ein milchigweißes Band zwischen Kolumbien und Venezuela. Die DC-9 von Aeropostal, aus Caracas kommend, gleitet darüber hinweg und setzt zur Landung auf der neuausgebauten Flugpiste von Puerto Ayacucho an. Beim Zwischenstop in San Fernando bin ich vor einer halben Stunde dazugestiegen. Kaum verlassen die Passagiere die luftgekühlte Kabine des Flugzeuges, prallen sie gegen eine Mauer von Hitze.

Auf dem kurzen Fußmarsch von der Gangway zum Abfertigungsgebäude beginnt bereits alles zu kleben und tropfen. Herren in Anzügen öffnen stöhnend den Krawattenknoten. Hübsche Venezolanerinnen lösen sich auf: Puder wird zu Kleister, Schminke zu Schmiere und Wimperntusche zum Verhängnis. Die verklebten Augen nehmen kaum wahr, welcher Taxifahrer mit wessen Handgepäck zum offenen Kofferraum rennt. Dabei muß jedermann noch eine gute Viertelstunde auf das übrige Gepäck warten.

Mein Stahlroß wird zuerst aus dem Frachtraum gehoben und dann einfach achtlos neben dem Riesenvogel auf die Piste gelegt. Bis dann aber alle Siebensachen in meinem Besitz sind, richtig auf dem Rad verstaut, und ich mich auf den Weg mache, befinden sich die ersten Ankömmlinge bereits zu Hause oder im Hotel.

Der Flugplatz liegt rund acht Kilometer außerhalb. Auf dem Weg zum Ort sticht die Sonne fast unerträglich vom Zenit. Ein Charakteristikum dieses Erdenwinkels scheinen die riesigen Felsbrocken zu sein. Granitdome, so groß wie Häuser, schwarz wie Steinkohle und rund geschliffen im Laufe der Jahrmillionen. Sie strahlen eine blödsinnige Hitze aus. Puerto Ayacucho liegt inmitten eines überdimensionalen Backofens, und gleich eingangs hat einer buchstäblich auf Felsen gebaut. Sein Haus steht in luftiger Höhe platzsparend auf so einem runden Klotz, nur über eine steile Geländertreppe zu erreichen. Der darf nie auf unsicheren Beinen nach Hause kommen.

Die Ortschaft ist wie ausgestorben, als ich auf der Avenida Orinoco zum Hotel Comercio fahre. Dort beziehe ich ein klimatisiertes Zimmer und mache das, was die Einheimischen tun: Siesta halten.

Gegen Abend verlasse ich die Unterkunft und gehe zu Fuß zum nahen Cerro Perico für einen Panoramarundblick. Trotz der noch immer lastenden Schwüle beginnt das Leben in der Hauptstraße zu erwachen. In den Textilläden warten die Händler, vorwiegend eingewanderte Libanesen, auf die erste Kundschaft und unterhalten sich in arabisch mit dem Nachbarn. Venezolanische Basare und Tante-Emma-Läden haben das Monopol auf Hausrat, Plastiksandalen, Parfüm, billigen Schmuck und Lebensmittel. Dort krabbeln kleine und kleinste Kinder zwischen Beinen, Körben, Säcken und Bananenstauden herum, balgen sich mit Hunden im Schmutz des Fußbodens, oder sitzen ratlos und verloren in ihrer eigenen Pfütze und plärren, wenn sie nicht mehr wissen, in welcher Richtung der mütterliche Rockzipfel zu finden ist.

Ein Mann balanciert eine Schubkarre, auf der ein gefesseltes Schwein liegt. Wer nicht auf seine Warnrufe reagiert, findet sich plötzlich neben einer zähnefletschenden Sau auf der Karre wieder. Das ist mir um ein Haar passiert. In der Brathähnchenbude Venecia sind schon alle vier oder fünf Tische besetzt. Daneben, vor der Kinomauer, lungert eine ganze Gruppe Indios herum. Einige davon starren ununterbrochen auf die Plakate. Drei Männer teilen sich eine Flasche billigen Schnaps, und eine verschrumpelte Indianerin murmelt mit zahnlosem Mund etwas vor sich hin. Wie tot liegt ein Bündel zusammengebundener Hühner vor ihr auf dem Boden. Nachdem die Indiofrau das Federvieh etwas gebüschelt und in die richtige Lage gebracht hat – Kopf nach oben, Bauch nach unten –, gackern sie wieder leicht verschlafen. Im Straßendreieck, dort wo die Avenida Rio Negro in die Avenida Orinoco einmündet, fährt ein vollbesetzter Touristenbus in die Gasolinstation und läßt auftanken. Schräg gegenüber, im offenen Eckrestaurant, setze ich mich an einen Tisch und lösche den Durst mit frischgepreßtem Orangensaft. Danach nehme ich den recht steilen Aufstieg zum Cerro Perico, dem Hügel mit dem hohen Fernsehmast, in Angriff. Einige Dutzend Meter unterhalb der Hügelkuppe beobachte ich ein Pärchen farbenprächtiger, sperlingsgroßer Vögel, die in einem Bromelienstrauch auf Kopfhöhe ihr zierliches Nest bauen. Es ist kugelförmig und nahezu vollendet. Der Einschlupf liegt oben, und die Partner verschwinden abwechselnd im neugeschaffenen Heim, drehen sich darin herum, zupfen da einen Grashalm zurecht, verankern dort eine widerspenstige Flechte. Ist das Männchen im Nest, sieht ihm das Weibchen von einem nahen Ast aus interessiert zu, und dann wieder umgekehrt. Ich mache einen Bogen und lasse die beiden in Ruhe. Ich liebe es auch nicht, bei der Arbeit gestört zu werden.

Oben auf der Plattform, beim stählernen Mast, überrascht mich eine herrliche Fernsicht. Weit unter mir die schäumenden Stromschnellen des Orinoco; dahinter die Höhenzüge im Nachbarland Kolumbien; und im Süden, nur ganz schwach auszumachen, der 1200 Meter hohe Felsturm Cerro-Autana.

Der Orinoco, der fünftgrößte Strom der Erde, durchbricht auf seinem Lauf von Süden nach Norden auf einer Länge von siebzig Kilometern eine Kette von Granitbergen, welche Querdämme, Klippen und Inseln bilden. Bei Puerto Ayacucho befinden sich die letzten Katarakte, und ab hier ist auch Endstation für die Schiff-Fahrt stromaufwärts. Als die Humboldt-Expedition diesen Punkt erreichte, gab es noch keine Ortschaft, und kurz vorher hatte man die behäbige Lancha gegen eine schmale indianische Piroge getauscht. Dazu kamen weitere Ruderer, und Pater Bernardo Zea erklärte sich bereit, die Gruppe zu begleiten.

Wenn ich so hinunterschaue zu der ununterbrochenen Reihe von Katarakten und der von der untergehenden Sonne golden gefärbten Schaum- und Gischtfläche, kann ich mir nur schwer vorstellen, wie die Ruderer es geschafft haben, das 13 Meter lange und ein Meter breite Kanu gegen die Strömung hoch zu bringen. Zu dieser Stelle schrieb Humboldt am 12. April 1800 in sein Tagebuch:

»Wir brachen um vier Uhr morgens auf. Die Indianer ruderten 12 ½ Stunden ohne Unterlaß. Während dieser Zeit nahmen sie nichts zu sich als etwas Maniok und Bananen. Bedenkt man, wie schwer es ist, die Gewalt der Strömung zu überwinden und die Katarakte hinaufzufahren, so wundert man sich gleich sehr über die Körperkraft und die Mäßigkeit dieser Menschen. Wir liefen durch Kanäle, die nicht 1,6 Meter breit waren, und manchmal stak unsere Piroge zwischen zwei Granitblöcken fest. Man suchte die Durchfahrten zu vermeiden, durch die sich das Wasser mit furchtbarem Getöse stürzt. Ist die Strömung nicht zu überwinden, so springen die Ruderer ins Wasser, binden ein Seil an die Felsspitzen und ziehen die Piroge herauf. Das geht sehr langsam von sich, und wir benutzten jeweilen die Gelegenheit und kletterten auf die Klippen, zwischen denen wir staken. Trotz der lähmenden Hitze und Moskitoplage wurden kartographische Messungen und Skizzen gefertigt, Pflanzen gesammelt und Naturerscheinungen beobachtet und schriftlich festgehalten. Nachts wollten es die Indianer nicht mehr wagen, weiter zu fahren, und wir schliefen daher am Lande, an einem höchst unbequemen Ort, auf einer mehr als 18 Grad geneigten Felsplatte, in deren Spalten Scharen von Fledermäusen staken. Die ganze Nacht hörten wir einen Jaguar in der Nähe brüllen...«

Die Expedition hatte danach noch viele hundert Kilometer und große Strapazen bis zum Casiquiare vor sich. Am Ende der Orinoco-Fahrt war die Widerstandskraft des Franzosen Bonpland erschöpft. Er wurde schwerkrank und rang mit dem Tode. Humboldt dagegen erholte sich schnell von den anstrengenden Monaten und schrieb an seinen Bruder Wilhelm:

»Diese Tropenwelt ist mein Element. Ich bin noch nie so ununterbrochen gesund gewesen!«

Selten genug für einen abenteuerlichen Forscher seiner Zeit, starb er im Alter von 89 Jahren im Bett daheim.

Hier wage ich in meinem Hochmut als Feld-, Wald- und Wiesensterblicher den Vergleich: Auch mir geht es nie so gut wie in den Tiefen der tropischen Wälder, und mein Körper reagiert darauf mit Wohlbefinden und strotzender Gesundheit. Gesund wie ein Brüllaffe; nicht mal eine Grippe oder Durchfall. Ein Geschenk des Himmels! Was im sumpfigen Pando geschah, klammere ich hier aus, weil es einzig auf meine Unvernunft zurückzuführen war. Es ist dieses Wohlbefinden, das mich immer wieder, wie magisch, in die Wälder zieht.

Langsam nähert sich die Sonne dem Horizont. Ich werfe noch einen Blick auf die andere Seite, über das Städtchen. Mit den vielen schattenspendenden Mangobäumen in den Straßen sieht Puerto Ayacucho von oben fast aus wie San Juan des los Morros: Ein Ort inmitten eines grünen Parks. Was werden mir die nächsten Tage in diesem Städtchen an Überraschungen bringen?

Abstecher in die Steinzeit

Ich habe das Schlimmste erwartet und werde nicht enttäuscht: Ein Besuch beim Gouverneur in Puerto Ayacucho ist so einfach wie eine Audienz im Weißen Haus von Washington. Einerseits verständlich, der Mann hat schließlich andere Sorgen, als jedem dahergelaufenen, starrköpfigen Ausländer persönlich nochmals die klare Gesetzeslage zu erklären. Nach einer weiteren Woche erfolglosen Anrennens gegen verschlossene Türen bröckelt die Motivation im Kampf um eine Sonderbewilligung für das gesperrte Orinoco-Gebiet. Unmerklich verliert der Traum vom Besuch der »letzten Mohikaner« an Strahlkraft. Zum Kuckuck – was habe ich dort oben, im Schattenreich dieses kriegerischen Jägerclans, verloren?!

Nun, da ist eine fast übermächtige Sehnsucht, mit Menschen zusammen zu sein, die noch in Harmonie mit der Natur leben; die ihr Dasein der natürlichen Umwelt optimal angepaßt haben, weil sie seit Tausenden von Jahren wissen, daß ihr Fortbestand eben nur im Einklang mit ihr gewährleistet ist. Bei Menschen zu sein, die die Erde noch als Mutter allen Lebens empfinden, wo Tiere und Pflanzen, Wasser und Steine, Regen und Wind eine Seele besitzen: der Affe wie der Wurm, der Baum nicht anders als die Blume. Wo unser Planet noch mehr ist als ein geplünderter, durchs Weltall treibender Selbstbedienungsladen, mehr als ein verheizbarer Gebrauchsgegenstand.

Das ganz einfache und doch so große Bedürfnis, bei diesen »Primitiven« in die Schule zu gehen, von ihnen zu lernen, was an keiner Universität, bei keinem Survival-Guru und bei allen Öko-Aktivisten zusammen nicht lernbar ist – Dinge, die vielleicht eines Tages für mein eigenes Überleben wichtig sein können – dieser Wunsch treibt mich weiter voran.

Natürlich weiß ich, daß mich dort bei den Indianern nicht das »Paradies« erwartet. Die Behauptungen von romantischen Gemütern, die »Edlen Wilden« lebten alle brüderlich vereint im Walde, mit all dem, was wir nicht mehr zu besitzen glauben, in Frieden, Freiheit, Furchtlosigkeit, ist schlechthin naiv. Bei wirklich unberührt lebenden Stämmen ist der gefährlichste Feind eines Indianers noch immer ein anderer Indianer. Viele der Männer sterben eines gewaltsamen Todes, überwiegend bei Stammesfehden, und ihre vielfältige Geisterwelt beschert ihnen nicht selten erbarmungslose Alpträume.

Ferner ist der Infantizid – die Kindestötung – unter gewissen Umständen ein noch heute praktizierter Brauch. Und daß auch bei den freilebenden Waika-Nomaden in den entlegenen Wäldern des Orinoco nicht alles Glück ist, was lacht, und nicht alles Schmerz ist, was weint, das entnehme ich der auserlesenen Fachliteratur in der Bibliothek der katholischen Salesianer-Mission. Im Grunde wäre diese ethnographische Fundgrube für mich gar nicht zugänglich, doch ich habe jemanden kennengelernt, der beide Augen zudrückt. Selbst ein maschinengeschriebenes Wörterbuch der Yanomami-Sprache fällt mir dort in die Hände, das ich gleich fotokopiere. Ob es mir jemals nützen wird, ist zur Zeit noch mehr als fraglich.

Das Museo Etnologico in der Avenida Rio Negro sieht von außen eher wie ein renoviertes Fabrikgebäude aus als wie ein Museum. Das täuscht. Drinnen beherbergt es eine breite Raritätensammlung verschiedener Indianerkulturen Venezuelas. Klein, aber fein – übersichtlich, informativ und klimagekühlt. Dort, im Yanomami-Sektor, begegnet mir auch dieser Typ zum erstenmal, der aussieht, wie Japaner nun mal aussehen. Er scheint sich für das gleiche zu interessieren wie ich, denn seit einer halben Stunde bewundert er jede Pfeilspitze, jeden Flechtkorb, jeden Tonkrug und jede Steinaxt. Der Unterschied zu den übrigen Besuchern ist augenfällig. Die kommen rein und gehen fünf Minuten später gelangweilt in den nächsten Raum. Bald darauf sitze ich mit diesem Japaner in einem nahen Lokal, und ich kann nicht behaupten, daß er unsympathisch ist. Das Visitenkärtchen, das er mir hinstreckt, ist beidseitig beschriftet. Natürlich, wer versteht schon japanisch. Yoshiharu Sekino kommt aus dem fernen

Tokyo und ist, ich habe sowas vermutet, Doktor der Völkerkunde. Die Konversation mit dem Mann, den ich auf Mitte Dreißig schätze, pendelt sich ein in einer Mischung aus spanisch und englisch.

Die bleierne Schwüle des Spätnachmittags lastet noch immer unter den fruchtbehangenen Mangobäumen, und wir haben längst vergessen, daß wir nur mal kurz etwas trinken wollten. Der Kellner erhebt sich, schlägt mit der Stoffserviette nach Schmeißfliegen und bringt uns den vierten Orangenjus. Während all dieser Fruchtsäfte habe ich erfahren, daß Herr Sekino eine Expedition ins Zentralgebirge der Sierra Parima vorbereitet. Nicht ohne ein Quentchen Triumph im Blick behauptet er, die administrativen Probleme gelöst zu haben, und suche hier nur noch nach einer tüchtigen Mannschaft mit einem geeigneten Bongo – einem Einbaum mit Außenbordmotor. Über den Ventuari – ein Nebenfluß des Orinoco – soll es ins Reich der Urbewohner gehen. Ich kann mir die Frage nicht verkneifen: »Warum so umständlich, da es doch mehrere Missionsposten gibt, die regelmäßig angeflogen werden?«

»Mit den Missionen«, meint der Japaner, »ist das so eine Sache. Ich war oben in der Parima-B, einem Stützpunkt der amerikanischen New Tribes Mission, und was ich dort sah, war das unerfreuliche Ergebnis jahrelanger, ehrgeiziger Christianisierungspolitik.«

Ich bin ganz Ohr und frage mich, wie ein Mensch aus einem fernöstlichen Kulturkreis eine abendländische Zweifelsfrage interpretiert.

»Der Indianer lebt von der Natur, begreift das Geheimnis um Leben und Tod aus seiner eigenen Sphäre. Seine Götter sind Sonne und Mond, Fluß und Feuer, Wald und Tiere. Sie ernähren und schützen ihn, sagen ihm, was Recht und Unrecht ist. Bekehrte Indios hingegen – im Namen welcher Religion auch immer – sind weder Indianer noch Zivilisierte, es sind Menschen mit verwirrtem Geist und vergewaltigter Seele. Es sind entwurzelte Wesen.« Und mehr im Selbstgespräch fügt er hinzu: »Nein, die Nähe von Missionen werde ich in Zukunft meiden.«

Ich staune über die ungeschminkten Äußerungen und bin mir fast sicher: Dieser Asiate ist nicht das erste Mal in Lateinamerika.

Nur allzugerne würde ich ihm noch ein paar Fragen stellen, auch kritische Fragen zu seiner Arbeit, doch er schaut diskret auf die Uhr. Wir stehen auf. Bevor wir uns verabschieden, nennt er mir sein Hotel, das »Amazonas«, dann wünscht er mir noch viel Erfolg.

Viel Erfolg...? Der besteht darin, daß ich seit Tagen nur noch »Bücherwurm« bin. Von frühmorgens bis spätabends arbeite ich mich durch einen Berg von Publikationen, durch teils verwirrende ethnologische Fachliteratur. Von Spezialisten für Spezialisten geschrieben, für einen Laien wie mich oft undurchsichtig und entmutigend. Doch mit Beharrlichkeit und Fleiß bekomme ich langsam einen Überblick; ein Gesamtbild von diesen »Waikas«, von diesen Waldmenschen, die ich noch immer besuchen möchte, aber nicht unvorbereitet.

Die Waika-Indianer sind eine der vier Untergruppen in der Sprachfamilie der Yanomami. Zusammen mit den Sanuma, Yanam und Yanomam bilden sie eine Sprach- und Kulturfamilie, die völlig isoliert von allen übrigen Indiostämmen Südamerikas ist. Dies führt die Wissenschaftler zu der Annahme, daß sie die ältesten Bewohner des Halbkontinents sind. In grauer Vorzeit, vor 20–25 000 Jahren sollen sie über die zugefrorene Beringstraße aus Zentralasien eingewandert sein.

Die Yanomami bewohnen das dschungelbewachsene Bergland des Guayanaschilds, zwischen Orinoco und den Amazonaszuflüssen Rio Negro und Rio Branco im venezolanisch-brasilianischen Grenzbereich. Man schätzt ihre Gesamtzahl auf 18–21 000, wovon 4–6000 von ihnen auf brasilianischem Boden leben.

Laut Sprachforscher Ernesto Migliazza hat es bereits 1972 von den beiden Untergruppen »Yanam« und »Sanuma« nur noch 300 beziehungsweise 1500 Angehörige gegeben. Auch die »Yanomam«, die zwischen den Flüssen Uraricoera – Rio Branco – Rio Demini im brasilianischen Bundesstaat Roraima beheimatet sind, drohen auszusterben. Sie sind es, die in letzter Zeit immer öfter in den Blättern der Weltpresse auftauchen; unter den traurigen Schlagzeilen wie: Brasilien – Mord im Regenwald; Indianer kämpfen gegen Goldsucher, Holzfäller und Viehzüchter; Völkermord an Yanomami-Indianern.

Und schließlich die vierte und größte Gruppe, von den Völkerkundlern Barker, Borgman, Steinvorth Goetz und Zerries als »Waika« bezeichnet, in anderer Fachliteratur auch unter den Namen Guaharibo, Shiriana und Shamatari bekannt. Sie bewohnen die Oberläufe der venezolanischen Flüsse Ventuari, Putaco, Ocamo und Mavaca. Ein Gebiet so groß wie Österreich: das Quellgebiet des Orinoco.

Die Waika sind Halbnomaden. Ihre Welt ist der Urwald, und die Heimat im Urwald ist ihr Shabono – das Gemeinschaftshaus. Sie ernähren sich vorwiegend von »Sammeln« und »Jagen«, der wohl ursprünglichsten Wirtschaftsform des Menschen überhaupt. Ist die Gegend freigejagt, verlassen sie das Shabono, ziehen weiter und bauen sich irgendwo ein neues. Die Anzahl von Personen, die einer Sippe angehören, variiert zwischen 40 und 150. Stirbt ein Familienmitglied, so wird sein Körper verbrannt, die übrig gebliebenen Knochen werden in einem Holztrog zu Mehl zerstampft, einem Bananenbrei beigemischt und von allen Anwesenden gegessen. Fälschlicherweise werden sie deshalb oft als Kannibalen bezeichnet, doch nie würden sie etwas von einem getöteten Feind essen. Der »wilde« Waika gilt als sehr kriegerisch; für ihn gibt es keinen Unterschied zwischen Mensch und Tier. Wittert er Gefahr, schießt er ohne zu zögern seine Pfeile ab, mit der gleichen Selbstverständlichkeit auf den Jaguar wie auf den Menschen. Fühlt er sich nicht bedroht, hält er Pfeil und Bogen in der einen Hand senkrecht am Körper und tritt dem Fremden vorsichtig, aber stolz gegenüber. Ein klares Gesetz, worauf man sich verlassen kann – behaupten einige der Fachleute.

In der entlegenen »Urwaldfestung« Sierra Parima, dem Kernland der Waikas, leben heute noch Gruppen in steinzeitlicher Abgeschiedenheit, ohne jemals in Kontakt mit der Außenwelt getreten zu sein. In der Nähe des Orinoco haben sie allerdings von Indianern einer höheren Zivilisationsstufe, den Maquiritare, einiges übernommen, so zum Beispiel den Bau von Kanus. Und wo sie im Einflußbereich der Missionen und Weißensiedlungen stehen, sind sie seßhaft geworden, haben den Anbau von Maniok, Reis und Tabak gelernt. Beim holländischen Padre Juan Finkers in der Mavaca-Mission gehen sie sogar zur Schule und lernen spanisch und die Bibel.

Soweit die Geschichte eines Volkes, die Geschichte einer kleinen abgeschlossenen Welt, weit weg, fremd und so völlig anders als die unsere.

Da ich es mit dem Machbaren halte, begnüge ich mich mehr und mehr mit dem Gelesenen aus dieser fernen Welt. Und da sage noch einer, Reisen bilde nicht! Aber man weiß es ja: Wünsche pflegen dann in Erfüllung zu gehen, wenn man nicht mehr damit rechnet. Nicht mehr damit rechnet?! Mehr noch – in Gedanken sitze ich bereits wieder auf dem Fahrrad und erachte den Studienaufenthalt als abgeschlossen. Morgen geht es weiter.

Der Mittelpunkt des Lebens in Puerto Ayacucho ist die Plaza Bolivar. Auf der einen Seite der Plaza liegt die Kirche, auf der anderen das Regierungsgebäude und irgendwo dazwischen die Rio-Negro-Bar. Dort, an der Theke, warte ich auf zwei Einheimische, die ich zum Abschiedstrunk eingeladen habe, und da sie nicht erscheinen, trinke ich alleine. Der adrett gekleidete ältere Senhor zu meiner Linken mustert mich unverhohlen und fragt: »Americano?«, und er meint wohl Yankee.

»Europeo.«

»Ah«, sagt er nun, als gebe es da etwas zu überlegen. Dann erzählt er, daß er Europa kenne. La Spezia, Toulon, Barcelona, Brest.

Jetzt ist es an mir, »Ah« zu sagen. »Ah, mal bei der Navy gewesen?!«

Der gutangezogene Gast an der Bar nickt und wird gesprächig. Wir werden beide gesprächig. Ob Kriegsmarine oder Handelsmarine – Seemann bleibt Seemann –, und saufen können sie eigentlich alle.

Donnerwetter – nach dem dritten Whisky könnte man meinen, wir wären alte Freunde, dieser José und ich, soviel haben wir einander zu berichten: über Schiffe, Häfen, Gott und die Welt.

»Nichts da, morgen bist du zum Mittagessen mein Gast«, beharrt er, als ich zu vorgerückter Stunde auf meine Abreise zu sprechen komme. Er schüttelt den Kopf: »Warum denn die Eile, ein Old-Sailor auf dem Fahrrad, der hat doch jede Menge Zeit«, und nach einem weiteren Schluck aus dem Glas, »oder hast du Ärger, daß du dieses schöne Städtchen so überstürzt verlassen willst?«

»Ich?! – Ärger?! – Weswegen? Zudem ist nichts überstürzt, ich habe hier alles gesehen, was es zu sehen gibt. Oder fast alles... Na ja, lassen wir das.«

José scheint zu spüren, daß noch etwas unverdaut in meinem Magen liegt. Er beginnt, mich nach allen Regeln der Kunst zu interviewen. Ist es der Whisky oder die maritime Verbundenheit, die mich veranlassen, dem sicher bald sechzig Jahre alten Venezolaner mit dem dichten schlohweißen Haar und einem ebenso weißen Schnäutzchen, beides in einem merkwürdigen Kontrast zu seinem kupferbraunen Gesicht stehend, von meinem erfolglosen Indianer-Unterfangen zu klagen. Mein Lachen ist vielleicht etwas gequält, als ich mit den Worten ende: »Nun aber Schluß damit, wie langweilig wäre das Leben, wenn alles immer nach unserem Wunschdenken gehen würde.«

Der gute Mann hat mir jetzt stillschweigend zugehört. Mit dem Zeigefinger streicht er unschlüssig über das dünne weiße Schnäutzchen und fragt: »Ich nehme an, du hast zumindest eine vage Vorstellung davon, wie es im Dschungel aussieht. Und du wolltest tatsächlich alleine zu diesen Wilden in die Sierra?«

Ich nehme diese Frage kaum wahr und nicke nur kurz, doch er mustert mich auf eine Art, als wisse er nicht, ob er mich für verrückt oder für tollkühn halten soll. Dann sagt er: »Hör zu, Mario! Ich bin nur noch zwei Tage in Puerto Ayacucho, danach fliege ich wieder zurück nach Caracas. Also, komm morgen zum Mittagessen, dann hast du abends deine Bewilligung.«

Jetzt bin ich es, der beim Gegenüber nach irgendwelchen geistigen Mängeln sucht. Wie kann man sich nur so täuschen. Ich schäume über, wie ein zu hastig gezapfter Bierkrug, das ist nun doch zuviel, hier will mich einer verarschen. Giftig gebe ich zurück: »Amigo José – das ist nicht fair, bitte, laß diesen Schabernack!«

Der zeigt überraschendes Verständnis für meine Bissigkeit, gibt mir einen freundschaftlichen Rippenstoß und meint versöhnlich: »Daran habe ich nicht gedacht, du kannst nicht wissen, wer ich bin. Brauchst du auch gar nicht. Nur so viel zu deiner Beruhigung: Als ich meine Karriere bei der Navy beendete, habe ich sie im Ministerio de la Defensa – im Verteidigungsministerium – fortgesetzt. Ich bin aus privaten Gründen hier Oswaldo

Calderón – der Gouverneur – ist ein Freund von mir, und die Herren vom Militär-Kommando werden dir bestimmt ihre Unterstützung geben, wenn ich sie darum bitte.«

Ich muß ziemlich dumm aus der Wäsche gucken, als ich antworte: »Menschenskind, José, wenn das stimmt, dann bist du für mich der Weihnachtsmann. Ich könnte dich umarmen!«

Der folgende Tag ist der 20. Januar, für mich wird er aber immer mehr zu einem 24. Dezember. Wohin ich meinem neugewonnenen »Paten« auch folge; auf wundersame Weise öffnen sich Türen und Pforten wie von selbst. Sei es zum Plauderstündchen beim Gouverneur im innersten Heiligtum des Regierungsgebäudes, sei es ins schwerbewachte Hauptquartier in der Kaserne der Fuerzas Armadas. Ja, selbst der »Giftzwerg« im Büro der ORAI – der Indianerbehörde –, der mich schon mehrmals recht unwirsch abblitzen ließ, scheint auf einmal mein bester Freund zu sein. Wunder gibt es immer wieder, und die Autorizacion, dieses so fürchterlich wichtige, von den höchsten Instanzen gestempelte und abgesegnete Stück Papier, wird für mich zur reinen Formsache.

Unruhe ergreift von mir Besitz. Der längst abgeschriebene Vorbereitungsplan »Waika« tritt in Aktion: Fahrrad einmotten und bei Freunden deponieren. Ausrüstung expeditionsmäßig zusammenstellen. Lebensmittel einkaufen und in Verpflegungstonnen wasserdicht verpacken.

Mir geht allerlei durch den Kopf. Ich weiß wenig über das Gebiet, in das mich ein Militärflugzeug mitnehmen und auf einer verlassenen Dschungelpiste absetzen wird. Es gibt keine genauen Karten, und die Piloten, mit denen ich sprach, kennen die Gegend nur von oben. Dafür kann man mir in etwa sagen, wo ich auf Indianer stoßen könnte. Über Start und Ziel habe ich Pläne, doch alles andere wird zur Improvisation. Vorhersehbar ist nicht einmal die Dauer der Reise.

Zwischenzeitlich erfahre ich von Bekannten, daß der japanische Anthropologe noch immer eine Bootsmannschaft sucht. Im Hotel Amazonas, dem vornehmsten des Ortes, finde ich Herrn Sekino am Swimmingpool, lesend.

»Na, Herr Doktor, wie läuft das Unternehmen?«

Er steht auf und kommt mir lächelnd entgegen.

»Leider nicht so gut wie bei Ihnen. Ich habe von Ihrem Coup gehört. Sie wissen ja, Puerto Ayacucho ist ein Dorf.«

»Ja, ich habe großes Glück gehabt. Deshalb bin ich hier«, dabei entrolle ich eine Karte auf einem der Gartentische, beschwere die widerspenstigen Ecken mit Aschenbecher und herumstehenden Trinkgläsern. Dann fahre ich mit einer Hand über eine große weiße Fläche und sage: »Das ist militärisches Sperrgebiet. Hier gibt es über Hunderte von Kilometern keine Mission und keine Ansiedler, nur zwei unbesetzte, gottverlassene Airstrips, die in unregelmäßigen Abständen von Militärmaschinen zur Zwischen- oder Notlandung angeflogen werden. In drei Tagen nimmt mich eine dieser Maschinen mit. Darum meine Frage an Sie: Wollen Sie mitkommen?«

Japaner sind Menschen, die sich stets bemühen, Haltung zu bewahren, aber jetzt steht einer neben mir, dem das sichtlich schwer fällt. Er ist Feuer und Flamme! Die Lagebesprechung zieht sich hin über mehrere Stunden, und aus dem Mister Sekino ist längst ein »Yoshi-San« geworden.

In einer langgezogenen Schleife schraubt sich die zweimotorige Propellermaschine über dem Orinoco hoch. Unter uns kochen zwischen Tausenden von Felsklippen die sedimentbeladenen Wasser des großen Stroms. Schnell gewinnen wir an Höhe, denn außer Pilot, Copilot, dem japanischen Völkerkundler und mir sind keine Personen an Bord. Schon weit unten liegen die paar letzten, einsamen Gehöfte inmitten winziger Rodungen, dann verschwinden auch sie.

Nach kurzer Flugzeit erscheint im Osten der gewaltige Felsturm – der Cerro Autana. Ein Vorposten und Überbleibsel des im Laufe von Jahrmillionen von Wind und Wetter abgetragenen Guayanaschildes. Wie ein geologisches Denkmal ragt dieser isolierte Tafelberg über alles, sticht 1,2 Kilometer hoch in den Himmel.

In gebührendem Abstand fliegen wir am steilwandigen Granitklotz vorbei. Hier beginnen die großen Wälder, die größten und unberührtesten der Welt, ein unendliches, grünes Meer. Ein glitzerndes Wasserband erscheint. Ich sehe gelbschimmernde Sandbänke, die entstehen, wenn ein Fluß mäandernd seinen Weg sucht. Juan Carlos, der Copilot, holt einen Notizblock aus seiner

Oberschenkeltasche, kritzelt etwas drauf und gibt mir den Zettel nach hinten: Rio Ventuari. Wir überfliegen ihn. Unsere Flugroute bleibt: Süd – Südost.

Die Kronen der Millionen von Bäumen bilden ein Laubdach, das mit den Hügeln und Tälern ansteigt und abfällt, die verborgenen Umrisse von Felsen und Bodenunebenheiten ausgleicht. Wie ein gigantischer Moosteppich bedeckt der Dschungel alles; alles, so weit das Auge reicht. Nur dann und wann reißt ein sonnenbeschienener Flußlauf eine silberglänzende Schneise.

Wer fliegt, erfährt nichts von der Welt unter sich. Und man kann in so großer Höhe und bei hoher Geschwindigkeit die Distanzen nicht mehr realisieren. Erst die Vorstellung, dieses Gebiet zu Fuß zu durchwandern, gibt eine Ahnung von den wahren Proportionen, erst dann erfaßt man »Weite« nicht mit dem Gehirn, sondern mit dem Gefühl.

Ich versuche, diese riesigen Wälder unter mir auf das begreifliche Urmaß »zu Fuß« zu projizieren, nicht Hunderte von Kilometern in der Stunde, sondern drei bis vier: gehen, stolpern, straucheln. In dem Moment kommen mir Zweifel, ob wir in dieser Grenzenlosigkeit des Waldes Waika-Gruppen finden werden.

Nach anderthalb Stunden dreht der Pilot die Maschine ab und fliegt nach Osten. Er hält geradewegs auf einen langgestreckten Gebirgsgrat zu, der wie eine unüberwindliche Mauer unseren Weg versperrt: die Sierra Parima.

Fast senkrecht fallen die Wände zur Tiefebene ab. Wir steigen höher und fliegen über ein Hochland von zerfurchten, zerrissenen und dschungelbewachsenen Gebirgskämmen, durch deren tiefste Stellen sich Flüsse hindurchzwängen. Dann eine fast feierliche Aufregung beim Japaner und mir: Am Zusammenfluß zweier Flüßchen entdecken wir das erste Shabono. Ein kleiner brauner Flecken inmitten der lückenlosen grünen Decke. Ob es bewohnt ist, können wir nicht sehen.

Wir nähern uns der brasilianischen Grenze und folgen ihr zwischen Longitude 64° und 64° 30' West in Richtung Süden. Hier beginnt die Aufklärungsarbeit der Besatzung. Man will feststellen, ob Goldsucher illegal von Brasilien her eingedrungen sind, doch wir sehen nur Baumkronen. Vereinzelte leuchten weithin, sind üppig, wie Chrysanthemen, mit goldgelben Blüten übersät. Je weiter wir kommen, desto grandioser das Werk der Natur.

Wir müssen schon zweieinhalb Stunden unterwegs sein. Das Wetter bleibt gut, ja geradezu prächtig, nur ein paar dünne Nebelschwaden halten sich hartnäckig an den Hängen einiger Gipfel.

Uns zuliebe macht Flavio – der Pilot – einen seitlichen Abstecher, lenkt die Maschine in ein tiefeingeschnittenes Tal. Auf einem früheren Flug hat er dort zwei Waika-Dörfer entdeckt, die er uns aus der Vogelperspektive zeigen will. Er folgt dem unruhigen Lauf eines Wassers, und nach kurzer Zeit sehen wir ein Shabono, etwa fünf Minuten später ein zweites. Fieberhaft trage ich die ungefähre Position in meiner ungenauen Karte ein. Ein enthusiastisches Entdeckergefühl erfaßt mich. Als ich zu Yoshi hinüberschaue, sehe ich ein Strahlen in seinen Schlitzaugen.

Das Flugzeug steigt wieder höher, überquert einen Bergrükken und schneidet die Windungen eines weiteren Flüßchens. In Kürze müssen wir nach der Landepiste suchen. Aber wo? Von Horizont zu Horizont dehnt sich der endlose Urwald! Ich weiß nicht warum, irgendwie erscheint mir dieses grüne Meer das Gewaltigste, das ich jemals gesehen habe; einem Ozean gleich, und in seinen Wellen könnten wir ganz leicht versinken. Dann, nach drei Stunden angeschnallt im Sitz, deutet der Pilot mit der freien Hand nach einem unscheinbaren Streifen, winzig, wie ein hingeworfenes Handtuch. Ich wäre nie auf die Idee gekommen, diesen Streifen für eine Landebahn zu halten, trotzdem muß es eine sein, denn wir steuern geradewegs darauf zu, immer schneller rast sie uns entgegen. Ganz schön verwegen fliegt der Pilot, nur einige Meter über dem Boden, das Rollfeld der Länge nach ab und zieht den Vogel kurz vor den ersten Baumriesen in einer Steilkurve hoch. Nach einem weiten Bogen peilt er erneut zur Landung an. Wir setzen auf, hopsen in die Höhe, setzen wieder auf, sehen die Wand aus Stämmen am Ende des Streifens auf uns zukommen. Die Maschine rollt aus, auf einem Flugplatz ohne Menschen, und kommt rechtzeitig zum Stehen. Die schmale Piste aus festgestampfter rotbrauner Erde und Kiesel wird zum Teil schon wieder von Pflanzenbüscheln und kleinen Sträuchern überwuchert. Es scheint, als wolle der Dschungel dieser lächerlichen Beleidigung seiner Herrschaft sehr bald ein Ende machen.

Etwas benommen springen wir auf den Boden, zerren das Gepäck und mehrere Kerosinkanister aus dem Stauraum und füllen gleich die Flügeltanks der Maschine damit auf. Gemeinsam gehen wir zu einem halboffenen Unterstand, dem einzigen gebäudeähnlichen Gehäuse weit und breit.

»Das ist der Briefkasten, hier könnt ihr Nachrichten hinterlassen.« Der Pilot zeigt auf eine regengeschützte Kreidetafel und fährt fort, während irgendwo oben im Geäst der nahen Urwaldfront ein Trupp Affen herumschnattert: »Und ihr wißt, daß zweimal im Monat jemand von uns vorbeikommt.«

Im gleichen Moment schiebt sich eine Wolkenbank vor die Sonne und wirft einen dunklen Schatten auf die Rodung. Die beiden venezolanischen Militärs haben es plötzlich mächtig eilig; sie drängen zum Aufbruch, denn sie wissen, wie schnell sich hier das Wetter ändern kann. In Windeseile schleppen der Japaner und ich unser Gepäck vom Flugzeug weg, dann verabschieden wir uns von den Piloten. »Viel Glück«, wünscht man sich gegenseitig.

Wir bekommen dazu noch einen Schuß vor den Bug: »Denkt daran, was der Kommandierende gesagt hat. Wenn wir länger als sechs Monate nichts mehr von euch hören, gibt es eine Suchexpedition und viel Ärger.«

Die Turboprop heulen auf. Der Leichtmetallvogel beginnt zu rollen, wird schneller und schneller, hebt ab und entschwindet rasch unseren Blicken. Nachdem der Urwald den Fluglärm vollkommen geschluckt hat, liegt eine seltsame Stille über der Gegend. Eine unerforschte Wildnis umgibt uns bis zu allen Horizonten. Wir sitzen auf Gepäckstücken im Herzen eines der letzten weißen Flecken der Erde. Keiner spricht. Jeder hängt seinen eigenen Gedanken nach.

Ich sehe eine Harpye auf der anderen Seite der Lichtung durch die Wipfel streichen. Dieser schiefergraue, kräftige Greifvogel mit der weißen Unterseite ist schnell und gewandt wie ein Habicht, wenn es gilt, Affen auf den Ästen der Bäume zu schlagen. Die Horde, die vorher noch herumschimpfte, scheint das auch zu wissen. Sie hat sich diskret verzogen.

»Wie fühlst du dich?« frage ich leise meinen Kompagnon.

»Gut, sehr gut sogar«, antwortet er und fügt hinzu: »Komm, laß uns das Camp errichten, dann haben wir noch genügend Zeit, die Verpflegungstonnen zu vergraben!«

Ich muß grinsen. Es liegt ihm viel an den vier wasser- und bruchfesten Polyethylen-Kanistern mit all dem Trockenfutter drinnen. Wir haben 25 Kilo Proviant pro Mann und Monat berechnet. Mit dem, was wir dabeihaben, kommen wir locker vier Monate über die Runden, denn was vor uns liegt, ist ein einziges großes Fragezeichen. Darum soll die Flugschneise unser Basis- und Versorgungslager bleiben, in das wir notfalls zurückkehren können.

Yoshi entpuppt sich als angenehmer und tatkräftiger Begleiter, und daß auch ein Akademiker mit einem Spaten umgehen kann, beweist er bald darauf. Obwohl seine Dschungelerfahrung, nach eigenen Worten, sich auf ein paar Stundenausflüge in der Nähe von Siedlungen beschränkt, glaube ich, einen zuverlässigen Kumpel gefunden zu haben. Er ist verheiratet, Vater einer kleinen Tochter und ein Mann, der die Risiken einzuschätzen vermag, die er eingeht. Ich traue ihm zu, daß er kritische Situationen überlegt meistert.

Plötzlich färbt sich der Abendhimmel scharlachrot, dann fällt die Nacht herein. Wir sitzen ums Feuer und besprechen alles für den nächsten Tag. Die ersten Sterne blitzen auf, über den Silhouetten der nahen Bergkämme. Dann verkriechen wir uns in die Schlafsäcke. Es wird kühl werden in der Nacht, trotz Tropenwald und Äquatornähe, denn wir befinden uns auf fast 1000 Meter über Meereshöhe.

Nach dem Frühstück, so gegen neun Uhr, machen wir uns am folgenden Morgen abmarschbereit. Jeder schultert einen Rucksack von 30 Kilo, wobei über die Hälfte des Gewichtes auf Nahrungsvorräte entfallen.

Als wir in den alles verhüllenden Schatten des Waldes eintauchen, sind wir uns voll und ganz bewußt, nun die letzte Verbindung zur Außenwelt hinter uns zu lassen. Ein grünes Halbdunkel umgibt uns. Nur gelegentlich fällt ein Lichtstrahl durch das dichte Kronendach. Es ist warm, und keine Luftbewegung ist zu spüren, aber nicht stickig, wie die Treibhausschwüle eines Tiefland-Dschungels. Was uns umgibt, ähnelt einem Buchenwald mit raschelndem Laub unter den Schuhen, und die Bäume sind gar nicht so riesig groß. Nur selten müssen wir Stellen von wildem Durcheinander umgehen. Trotzdem sind wir bald schweißgebadet, denn das Terrain ist sehr hügelig, und 30 Kilo auf dem Rücken sind eben 30 Kilo. Unsere Marschrichtung ist nach Westen. Wir müssen einen Höhenzug überqueren, um an den Lauf eines Flüßchens zu kommen, dem wir dann folgen wollen.

Einmal scheuchen wir einen Schwarm Wachteln auf. Aufgeregt flattern sie durch die Bäume davon. Die einzigen Geräusche, die sie machen, kommen von ihren Schwingen. Ansonsten ist kaum ein Laut zu vernehmen, außer dem regelmäßigen Aufschlagen unserer Macheten zur Wegmarkierung.

Am späten Nachmittag, wir sind beide bereits ziemlich erschöpft, kommen wir an ein dünnes Rinnsal mit reinem Wasser. Zuerst schöpfen wir das kühle Naß einfach mit den Händen zum Mund, füllen die Feldflaschen auf und entschließen uns, die Nacht hier zu verbringen.

Während des Abendessens und danach, als wir noch lange vor dem Zelt sitzen, dreht sich die Unterhaltung natürlich vorwiegend um Indianer, um »unsere« Waikas: Sind wir bereits im Jagdgebiet eines Stammes? Wo werden wir auf das erste Lebenszeichen stoßen? Wie werden sie auf eine Begegnung reagieren? Dann gehen wir zum x-tenmal durch, wie wir uns beim ersten Kontakt verhalten wollen.

Am Grunde des Waldes vollzieht sich der Übergang vom Tag zur Nacht noch schneller als sonst schon in den Tropen. Es ist, als ob ein ohnehin schwaches Licht einfach erlösche. Da uns keine Moskitos belästigen, unterhalten wir das Lagerfeuer noch eine Weile, bleiben daran sitzen und horchen den Geräuschen der Nacht: In das unheimliche Klagen einer Nachtschwalbe klingt der Ruf einer Eule, der dem Weinen eines Kindes täuschend ähnlich ist. Aufgeschreckte Vögel warnen. Nicht weit von unserem Lager hören wir gewaltige Flügelschläge, denen kurzes Kampfgetöse und dann der Todesschrei eines Tieres folgt. Das alltägliche, millionenfache Geschehen in freier Wildbahn, das »Perpetuum mobile« der Natur: Fressen und gefressen werden.

Auch am folgenden Tag klettern wir über Hügel und marschieren durch Täler. Das Gelände ist zeitweise recht schwierig, und wir haben oftmals Mühe, die Orientierung nicht zu verlieren. Ohne Kompaß wären wir sicher schon vom Kurs abgekommen, denn der Wald gestattet selten einen Ausblick. Nur dort, wo ein wirklich großer Baum eine Lücke ins geschlossene Laubdach gerissen hat, sehen wir die Sonne. Alles andere ist schummeriges Dämmerlicht.

Am dritten Tag haben wir unverhofft freie Sicht. Der Blick schweift ungehindert über den Hochwald, hinein in ein Tal, das nach Nordwesten offen ist. Direkt vor uns liegt aber eine tiefe, zwanzig Meter breite Schlucht und weit im Hintergrund zwei hohe, sattelförmige Kuppen.

Vom Grund des Cañon vernehmen wir das Gluckern fließenden Wassers. Einer der »Entwässerungsgräben« der Sierra, sonst aber ist kein Wasserlauf, keine Lücke zu erkennen. Wir folgen der Schlucht in Richtung Tal. Bald befinden wir uns auf einem regelrechten Kletterabstieg und verlieren uns mehrmals im dichten Gestrüpp zwischen dem Gewirr riesiger Felsblöcke, die zu natürlichen Grotten und Höhlen übereinander getürmt sind. Nicht ganz unproblematisch mit den schweren Rucksäcken. Ich rufe Yoshi zu: »Bleibe in der Nähe, und achte auf deine Füße«, und schon höre ich ein Gepolter. Es ist aber nur ein Gesteinsbrocken, der sich gelöst hat, mein Gefährte ist wohlauf.

Am Fuß des Cañons rasten wir auf einer sonnenbeschienenen Platte. Vor uns schießen mit dumpfem Getöse weiß schäumende Fluten vorbei, prallen auf Felsbrocken und bilden eine strudelnde, gischtende Stromschnelle, die sich weiter unten in einem schüsselförmigen Becken beruhigt. Im prallen Sonnenlicht gedeiht eine üppige Uferflora. Wassersatte Moospolster, in denen die Rosetten von Bromelien stecken, kleben an den Felsen; sogar die Flechten sind dick und saftig, wie richtige Pflanzen, und nicht nur Schorf auf Gestein.

Wir gehen weiter hinunter zum Auffangbecken der Stromschnelle und gönnen uns in dem Natur-Swimmingpool ein erfrischendes Bad.

Nach dem Becken scheint der Fluß unvermittelt aufzuhören. Das Wasser strömt unter einer Pflanzenwand davon, die ein riesiger, umgestürzter Baum mit seiner gewaltigen Krone bildet und mit all den Schmarotzern, die darin siedeln. Ein undurchdringliches, verworbenes Geflecht aus Ästen, Blättern, Lianen und Orchideen.

In der Nacht kampieren wir auf der leicht abschüssigen Lichtung, die der gestürzte Baumriese hinterlassen hat. Nach dem langen und anstrengenden Tag schlafen wir bald ein, ohne uns vom Chor der Nachttiere oder vom Gurgeln des Wildwassers stören zu lassen, und erwachen am nächsten Morgen erst durch das Krächzen einiger vorbeistreichender Sittiche.

Als die dünnen Nebelschwaden über dem Flüßchen sich auflösen, schultern wir die Rucksäcke und stapfen durch knietiefes Wasser das Ufer entlang. Stellenweise ist der Flußlauf so eng, daß sich die Kronen der Bäume darüber schließen. In den Biegungen haben sich schmale Sandstrände angelagert, kaum einen Meter breit, auf denen Tierspuren verraten, wer sonst noch diesen bequemen Weg entlang der Gewächsmauer benutzt: Wildschweine, Tapire, und einmal finden wir sogar die Prankenabdrücke eines Jaguars. Nur Fußabdrücke von Menschen haben wir noch keine gefunden.

Und doch – mit jeder weiteren Windung steigt unsere innere Unruhe. Was liegt hinter der nächsten Schleife? Nichts! Zuweilen schwirrt ein prächtig gefiederter Eisvogel lärmend durch die Äste herab, dann wieder aufwärts, setzt sich weiter vorne auf einen Zweig, um einige Minuten später erneut gestört zu werden. Stunde um Stunde folgen wir dem schlängelnden, verwachsenen Lauf des namenlosen Baches.

Im letzten Nachmittagslicht erreichen wir die Einmündung eines größeren Flusses, dessen Tiefe unsere Bachbettwanderung beendet. Ich versuche, mich an Hand dieses Flusses auf der Landkarte zu orientieren, mir das Bild aus der Luft ins Gedächtnis zu rufen, und glaube ungefähr zu wissen, wo wir uns befinden. Grob geschätzt sind es noch zwei bis drei Tagesmärsche, bis wir auf ein Waikadorf stoßen müßten. Da sich kein geeigneter Zeltplatz in der Nähe befindet, suchen wir entlang der hohen Uferböschung nach kräftigen Bäumen, um die Hängematten zwischen Himmel und Erde aufzuspannen. Aus purer Bequemlichkeit verzichten wir beide auf das Befestigen der Schutzplanen über den »schwebenden Liegen«. Mitten in der Nacht werden wir durch ein tropisches Gewitter geweckt, ein Gewitter wie bei Erschaffung der Welt und ihrem Ende zugleich!

Fünfter Marschtag. Der Morgen ist wieder hell und freundlich; ein tiefblauer Himmel wölbt sich über der Flußschneise und den blitzblank gewaschenen Bäumen. Wir wandern weiter in das Tal hinein, immer in der Nähe des Ufers.

Gegen Mittag wird der Wald schütterer, der Boden fester, felsiger, und zwischen die Stämme flutet reichlich Licht. Dann, wie aus heiterem Himmel, vernehme ich unser abgesprochenes Indianerwarnsignal: Yoshis kaum hörbares Zischen durch die Zähne! Zur Säule erstarrt, bleibe ich stehen. Was hat er bemerkt? Lauernd spähe ich, kann nichts Ungewöhnliches erkennen und suche den Blickkontakt mit meinem Kameraden, der etwa zehn Meter weiter zwischen mir und dem Fluß steht. Mitsamt dem Rucksack geht er in die Hocke und gibt ein Zeichen, daß ich leise zu ihm rüber kommen soll. So geräuschlos wie möglich, die Baumstämme als Deckung benützend, bewege ich mich auf ihn zu. Dort folgen meine Augen seiner ausgestreckten Hand und durchbohren den grünen Vorhang der Ufergalerie. Kein Wort fällt, kein Laut ist zu hören, nur das Gurgeln des Wassers und das flache Atmen zweier Menschen. Vor uns, greifbar nahe, führt ein schlichter Holzsteg über den Fluß. Auf gekreuzten Stützpfeilern aus Baumstämmchen liegen armdicke Laufhölzer. Zwischen den x-förmigen Tragpfosten ist eine Handleine aus Lianen angebracht. Eine unverwechselbare Brückenkonstruktion der Waikas. Jetzt befinden wir uns also im Indianerland. Viel früher als erwartet.

Mit größter Konzentration beobachten wir die Umgebung, horchen nach fremden Geräuschen. Sind wir entdeckt worden?

Haben die nackten Wilden bereits ihre tödlich präparierten Pfeile auf uns angelegt? Was können wir tun, falls sie angreifen? So schießt es mir durch den Kopf.

Quatsch, der Waika greift nur an, wenn er sich bedroht fühlt. Doch wer sagt, daß wir mit unseren Rucksäcken nicht fremdartige, bedrohende Wesen für sie sind? Reichlich spät für solche Überlegungen, schließlich sind wir beide freiwillig hier, unbewaffnet und als Freunde. Hoffentlich sehen die Indianer das auch so!

Vor Aufregung habe ich Yoshi vergessen und ärgere mich über meine eigene Phantasie. Mit einem trockenen Räuspern wende ich mich zu ihm, gebe ihm zu verstehen, daß ich mir die Brücke ansehen will und er hier warten soll. Langsam pirsche ich die abfallende Böschung hinunter, nähere mich dem Steg und finde dort einen kaum sichtbaren Pfad. Insekten summen, sonst scheint nichts die Ruhe des frühen Nachmittags zu stören. Keine verzerrten Gesichter, keine dämonischen Fratzen im gegenüberliegenden Buschwerk; keine speerschwingenden, mit wildem Gebrüll angreifenden rotbraunen Kerle. Und doch wische ich mir den Schweiß von der Stirne. Auch Yoshi kommt angeschlichen. Die Augen zusammengekniffen, schaut er sich um, blickt mir schließlich mit einem mißglückten Lächeln ins Gesicht und sagt: »Seltsames Gefühl, nicht wahr, wenn man an der Pforte zu einer anderen Welt steht.«

Langsam weicht die Spannung. Wir müssen uns entscheiden, in welcher Richtung wir dem Pfad folgen wollen. Ein Probegang ohne Gepäck über die schwankende, doch recht tragkräftige Indiobrücke verleitet uns dazu, auf die andere Uferseite zu wechseln. Noch eine kurze Rast, in der wir etwas essen und die Trinkflaschen mit klarem Flußwasser auffüllen, dann gehen wir weiter; fast behutsam und zögernd, auf dem vielfach verschlungenen Waikapfad bergauf und bergab. Er ist nur undeutlich zu erkennen, und mehrmals glauben wir, seine Spur verloren zu haben. Irgendwie stimmt die eingeschlagene Richtung mit meiner Positionsberechnung nicht mehr überein, wir entfernen uns in einem 90-Grad-Winkel vom Fluß. Zudem wird das Gelände immer steiler, manchmal so steil, daß wir auf allen vieren krabbeln müssen, uns an Wurzeln und Bodengeflecht festhaltend. Schnaufend und schwitzend legen wir bald alle hundert Meter eine Pause ein. Der Puls rast, die Schläfen pochen. Wohin führt uns die »Indianerstraße«?

Müde und schlapp erreichen wir gegen 16 Uhr die Bergkuppe. Wir treten auf eine Lichtung hinaus, wo die Sonne mit halber Kraft herabscheint und ein wohltuender Luftzug uns Kühlung zufächelt. Offenbar hat hier das nächtliche Unwetter orkanartig gewütet, hat eine Riesengewalt alles Aufrechtstehende zu Boden gewalzt. Auf einer beachtlichen Breite liegen entwurzelte, zerrissene und zersplitterte Baumstämme kreuz und quer durcheinander; liegen Äste und Kronen unentwirrbar verflochten. Hier muß ein Wirbelsturm ein infernalisches Spektakel abgezogen haben.

Ich klettere auf die mit Flechten und Moosen überwucherte und mit Erde gespickte Wurzelscheibe eines gestürzten Baumriesen, um mir einen Überblick zu verschaffen. Oben gucke ich durch das Fernglas und sehe am Ende des Kahlschlages über einen dichten Waldteppich hinunter in ein sonnenüberflutetes Tal. Der westliche Horizont hinter dem gegenüberliegenden Höhenzug schimmert wie grünes Flaschenglas. Deutlich erkenne ich in der Talsohle das glitzernde Band eines Flüßchens. Jäh fahre ich zusammen. Narrt mich die Sonne? Kein Zweifel, was ich sehe, ist eine einsame Insel im Meer des Urwaldes: Ein Shabono! Mit angehaltenem Atem starre ich durch den Feldstecher. Ruhig und idyllisch liegt das ovalrunde Indianerdorf dort unten, direkt an einem Fluß ohne Namen, vielleicht drei Marschstunden entfernt. Ich spüre, wie es in meinen Adern zu kribbeln beginnt, fühle, daß in diesem weltentrückten Erdenwinkel ein außergewöhnliches Abenteuer seinen Anfang nimmt.

In einem Satz springe ich von der über mannshohen Warte und gebe das Fernglas meinem Freund. Der bleibt eine ganze Weile oben auf dem Wurzelstrunk und guckt und guckt, dann kommt er ganz aufgeregt herunter und sagt: »Das Shabono ist bewohnt, wir dürfen uns nicht mehr weiter nähern, sondern müssen hier das Biwak aufstellen und warten. Die Indios werden uns bald entdecken.«

Ich stimme dem zu, denn auch mir ist klar, daß wir nur mit viel Takt und Geduld das Vertrauen der Waldmenschen gewinnen können.

Yoshi fragt mich: »Was denkst du, ist das eines der Dörfer, die wir aus der Luft sahen?«

»Das wollte ich eigentlich dich fragen, ich muß ehrlich gestehen, die Orientierung verloren zu haben.«

Einstimmiges Schweigen.

Mit nachsichtigem Lächeln meint der Japaner: »Spielt ja auch keine Rolle, Hauptsache, wir haben sie gefunden.«

Die Sonne neigt sich dem Horizont zu, als wir unser Waldlager errichten und absichtlich ein Kochfeuer entfachen. Die Kerle unten im Tal sollen ruhig merken, daß hier oben Besuch auf sie wartet.

Den klassischen Prozeß der Annäherung, wie ihn früher viele Forscher und Missionare durch das Auslegen und Aufhängen von Messern, Macheten, Stahläxten und Kochtöpfen in Gang setzten, lehnen wir ab. Darüber haben wir uns vor der Abreise lange und breit unterhalten. Zum einen wissen wir nicht, wie weit unsere zukünftigen Freunde schon mit der Zivilisation in Berührung gekommen sind, zum anderen wollen wir nicht auch noch mit neiderzeugenden Sympathie- und Seelenfängerprodukten Unfrieden stiften. Tausende von Jahren waren sie glücklich ohne diese Sachen; sollen sie es auch nach unserem Besuch noch sein.

Unsere Variante der Annäherung heißt: Die natürliche Neugier wecken, und dann passiv bleiben. Dabei erachten wir die Wahrscheinlichkeit als gering, daß unser Flirt mit ihnen im Pfeilregen endet, obwohl ein gewisses Restrisiko nicht auszuschließen ist. Vor allem dann, wenn sie schon mal schlechte Erfahrungen mit Weißen gehabt haben.

Vor dem Zelt zeigen wir uns nur noch in Badehose, damit wir auch »menschlich« aussehen, und verlassen den Lagerplatz nur zum Wasserholen an einem dünnen Rinnsal ganz in der Nähe.

Die Gedulds- und Nervenprobe beginnt. Fünf Nächte und vier Tage harren wir der Dinge. Vor allem die Nächte werden endlos, das seit langem gewöhnte »Orchester des Dschungels« läßt uns auf einmal keine Ruhe mehr finden: Jeder Tierschrei, jeder Vogelruf, jedes Ästeknacken weckt uns auf. Und das, obwohl wir genau wissen, daß die Indios in der Nacht nicht durch die Wälder streifen.

Um unsere gute Laune nicht zu verlieren, erzählen wir einander die wildesten Greuelgeschichten; halten uns mit Galgenhumor bei Stimmung. Auch am Morgen des fünften Tages sitzen wir noch lange nach dem Frühstück auf dem herbeigeschleppten Holzpflock zwischen Zelt und Lagerfeuer.

»Yoshi-San, was soll ich deiner Frau schreiben, wenn du im Kochtopf der Waikas landest?« foppe ich den Japaner, doch der bleibt mir nichts schuldig: »Schau du erst mal für dich. Sie werden dir ein Dutzend Pfeile in den Hintern schießen und dich als Riesenstachelschwein am Spieß grillen.«

Kein Vogelzwitschern stört die vormittägliche Siesta des Waldes. Tiefes Schweigen herrscht, nur hoch oben in den Wipfeln rauscht es leise, und im Feuer knistert es ab und zu. Seltsames Schweigen! Mein Freund neben mir träumt versonnen zur Laubdecke empor. Sein asiatisch-schelmisches »In-sich-hinein-Lachen« deute ich richtig, so gut kenne ich diesen Menschen inzwischen, es werden weitere kratzig-trockene Sprüche folgen. Irrtum, es folgen keine Sprüche, weiß der Teufel, was er hat; sein Grinsen erstirbt urplötzlich! Da trifft es mich wie ein Peitschenhieb – ich bin hellwach! Auf die gesamte Umgebung, auf alles Unsichtbare konzentrieren sich die Sinnesorgane. Und dann sehe ich sie: Zuerst einen, dann zwei, drei, vier, fünf nackte Indianer! Wie eine Erscheinung stehen sie starr neben den Baumstämmen am Rande der Lichtung, keine fünfzig Meter entfernt. Stumm und bewegungslos, wie aus dem Boden gezaubert! Rätselhaft, unheimlich und lautlos sind sie gekommen. Wie lange mögen sie uns schon beobachten? Mir läuft es kalt den Rücken hinunter. Mich fröstelt. Eine Gänsehaut überzieht meine Arme. Dann spüre ich das wilde Pochen meines Herzens. Die Schläge dröhnen in meinen Ohren, hallen wider hinter den Augen und der Stirn und treiben alle Gedanken aus dem Kopf. Es ist, als ob die Erde aufgehört hätte, sich zu drehen. Einige Sekunden nur, dann erwache ich wieder zum Leben. Neben mir sitzt ein »weißer« Japaner. Yoshis Antlitz ist käsebleich und zur Maske gefroren, aber am Körper zittert er vor Erregung. Keiner von uns beiden wagt, das beklemmende Schweigen zu brechen. Es gibt Momente, die sind nicht mit Worten zu schildern. Doch dann beginnt der mehrmals durchexerzierte Countdown zu laufen, und Yoshi gibt mir mit einem leichten Oberschenkeldruck zu verstehen, daß er wieder da ist.

Im Zeitlupentempo erheben wir uns gemeinsam und geben acht, keine abrupten Bewegungen zu machen. Die Arme leicht abgewinkelt am Körper und leere Hände vorzeigend, gehen wir schleppenden Ganges der »Erscheinung« entgegen. In mir kämpfen wilde Freude und schleichende Furcht miteinander. Kaum zehn Schritte weiter, da beginnen die bis dahin reglosen

Gestalten, wie in Stein gemeißelte antike Krieger, sich zu bewegen. Sie weichen langsam zurück und verschwinden in der Folge mit der Geschmeidigkeit von Dschungelkatzen blitzartig im nahen Gebüsch.

Verblüfft schauen wir uns an, ziehen uns behutsam zurück zum Lagerplatz und warten dort auf den nächsten Auftritt der Indianer. Wir warten: vielleicht fünfzehn, vielleicht zwanzig, vielleicht dreißig Minuten. Dann zeigen sie sich wieder. Diesmal geht Yoshi alleine auf sie zu. Die Indianer weichen erneut, verstecken sich aber nicht mehr. Fast bin ich beleidigt. Ist es womöglich, weil der Asiate ihnen dem Aussehen nach ähnlicher ist? Er geht zwanzig Schritte voraus, bleibt stehen und kommt rückwärts gehend wieder zu mir an das noch immer brennende Kochfeuer. Wir beobachten wortlos. Nach einer Weile sondern sich zwei der Waikas von der Gruppe ab, kommen, sozusagen als Vorhut, mutig und neugierig etwas näher. Jetzt ist es an mir, mich auf den Begrüßungsweg zu machen. Außer der Badehose trage ich noch Badelatschen. Nicht daß ein Dorn, Aststück oder spitzer Stein mich unverhofft zusammenfahren läßt. Unsere Gesten und Bewegungen dürfen keinerlei Zweifel über die guten Absichten aufkommen lassen. Mit gespannter Aufmerksamkeit setze ich einen Fuß vor den anderen und komme den zwei tapferen Indios näher. Vierzig Meter: Wie klein sie sind! Höchstens 150 bis 160 Zentimeter groß, doch gesund und kräftig gebaut. Dreißig Meter: Die nackten, nußbraunen Körper sind mit roten, runden Flecken bemalt, eine Art Jaguarmusterung. Fünfundzwanzig Meter: Im Haar tragen sie viele weiße Flaumfederchen. Auch im Gesicht glaube ich, eine »Kriegsbemalung« erkennen zu können. Der massive Bogen mit mehreren Pfeilen wird mit einer Hand nahe und senkrecht am Körper gehalten. Durch Lächeln versuche ich, meine Friedfertigkeit auszudrücken. Zwanzig Meter: Dem Zweierstoßtrupp reicht es. Er beginnt, sich zurückzuziehen. Ich muß ihnen mit meinen »Einsfünfundachtzig«, den neunzig Kilo Lebensgewicht, der weißen Haut, den runden Augen und dem struppigen Bart als wahres Ungeheuer vorkommen.

So geht es mehrmals hin und her. Ein Dialog. Ein Spiel. Ein Wechselgespräch der Bewegungen. Wir tanzen den Reigen so oft, bis wir glauben, die Furcht-Aggressionsbarriere überwunden zu haben. Langsam, Schritt für Schritt. Dann beginnt Yoshi mit ruhiger Stimme erstmals zu sprechen: »Schori Nofi, Schori Nofi – Wir sind Freunde, wir sind Freunde – Camiö ja jama – Wir möchten euch besuchen.«

Diese von uns einstudierten Worte in ihrer Sprache brechen den Bann. Auch unsere Besucher beginnen zu reden, wobei wir das Wort »Schori« deutlich verstehen können. Drei der Krieger kommen auf uns zu, bleiben stehen, gehen weiter, bleiben wieder stehen. Ihre Neugier ist stärker als die Vorsicht, sie bringt sie näher und näher. Gleichzeitig springen die beiden Zurückgebliebenen am Ort auf und ab, halten Pfeil und Bogen schußbereit, wobei die Pfeile gegen den Boden weisen. Eine Drohgebärde? Ein »Muskelspielen« für den Fall des Falles? Vier Schritte trennen uns noch von den ersten. Auf das ununterbrochene »Schori Nofi« kriegen wir »Aia, aia Nofi« zur Antwort.

Sie lächeln, werfen den Kopf ruckartig hoch und nicken dann kurz. Auf jeden Blickkontakt folgt dieses Kopfwerfen und Nikken. Eigenartig, wie glasklar einem solche Augenblicke im Gedächtnis bleiben. Wie eingebrannt. Mandelförmige Augen registrieren jede Handbewegung, jedes Mienenspiel; listige Pupillen arbeiten unentwegt und tasten uns ab. Und ich sehe die fingerlangen, federgeschmückten Bambusröhrchen in ihren durchbohrten Ohrläppchen; sehe die straffsitzenden Oberarmbänder mit den daran befestigten Büscheln von Tukanfedern; sehe die an dünnen Hüftschnüren hochgebundenen Penisse; und ich sehe die Spitzen ihrer überlangen Pfeile, einige lanzenförmige, rasiermesserscharfe zugeschliffene Bambusspitzen, andere bleistiftdicke Palmholznägel mit daraufgebundenen Knochensplittern als Widerhaken.

Unglaublich! Da stehen wir von Angesicht zu Angesicht mit Menschen, zwischen deren und unserer Welt ein Entwicklungssprung von 10000 Jahren liegt. Wie durch ein Zeitloch sind wir direkt von heute in eine geheimnisvolle Urzeit hineingetreten; eine Reise durch 10000 Jahre in einer einzigen Sekunde. Überwältigend! Märchenhaft! Etwas kriecht in mir hoch: Ergriffenheit und Andacht.

Mit inbrünstiger Demut strecke ich dem ersten Indianer meine

Hände entgegen und überwinde mit kurzen Schritten den Zwischenraum. Feierlich suche ich die Berührung mit dem Menschen auf der anderen Seite des Jahrtausendgrabens. Und der erfaßt meine Finger, meine Hände – sanft wie ein Blinder, der etwas erfühlen möchte –, betastet meine Arme, die Kopfhaare, das Gesicht; zieht meine Barthaare auseinander, kämmt sie wieder mit den Fingern und streicht über meinen Körper. Dabei sagt er immer wieder »Schori«, lächelt, nickt mit dem Kopf, tätschelt meine Brust und dann wieder mein Gesicht. Träume ich? Es ist alles so unwirklich. Ich fühle mich zurückgebracht zu den Anfängen des Menschseins, zurückgeführt zu den Urahnen.

Neben mir steht Yoshi und läßt gottergeben die gleiche Zeremonie über sich ergehen. Inzwischen sind all unsere Gäste eingetroffen; fünf erwachsene Jäger und zwei Halbwüchsige, die sich bis jetzt versteckt hielten. Ununterbrochen werden wir von Händen betätschelt; rührend, fast zärtlich, und besonders mein Bart ist Anziehungspunkt tastender, zupfender, kämmender Finger. Als »Weißer Riese« bin ich eindeutig der »Exote« im Kreise dieser schlitzäugigen Herren und genieße entsprechende Bewunderung. Mit einer Eselsgeduld nehme ich es hin. Zum Glück bin ich nicht kitzlig. Körperkontakt ist für diese Waldmenschen scheinbar ganz selbstverständlich und natürlich.

Nach einiger Zeit löse ich mich aus der kollektiven Umklammerung und gehe zum rußigen, über der inzwischen erloschenen Feuerstelle hängenden Kessel. Unter den interessierten Blicken der Waikas esse ich dort vom bewußt übriggehaltenen Frühstück – süßem Milchreis. Ein Kerl mit zwei langen Narben, eine auf dem rechten Oberarm, eine zwischen Schulterblatt und Rückgrat, scheint der Anführer der Gruppe zu sein. Seine tiefen Narben müssen von Lanzenstichen herrühren und zeugen von schweren Kämpfen. Pfeilnarben können es nicht sein, da die Waikas ihre Pfeilspitzen für Jagd und Krieg mit dem tödlichen Pflanzengift Curare bestreichen.

Diesem Indio gebe ich eine halbe Handvoll süßem Reis, den er auch annimmt und sorgsam untersucht. Er gibt sich gelassen, aber er hat seine Erregung nur unterdrückt; die heftige Atmung verrät seine Nervosität. Kritisch zerpflückt er den Reisklumpen, steckt ein paar der weißen, klebrigen Körner in seinen Mund und beginnt zu essen. Schmatzend und schnalzend verschlingt er den Rest.

Nun haben auf einmal alle Hunger, und sie zeigen es ganz ohne Scheu. Im Nu ist der eben noch halbvolle Kochkessel leer. Aus einer Dose gibt ihnen Yoshi gesalzene Erdnüsse. Die spukken sie gleich wieder aus, und mit was für einer Miene. Das bestätigt die Annahme des Japaners, daß die freilebenden Waika Salz nicht kennen.

Dem Anschein nach ist Neugier, große Neugier, eines ihrer besonderen Charaktermerkmale. Genauestens beginnen sie, alles, aber auch alles in unserem Camp zu untersuchen. Teils mißtrauisch, teils amüsiert wird jeder Gegenstand beguckt, betastet, berochen und geprüft. Findet etwas ihre besondere Anerkennung, wie zum Beispiel ein Feuerzeug, ein Messer oder der rotierende Sekundenzeiger meiner Armbanduhr, dem sie minutenlang fasziniert nachgucken, so geben sie eigenartige zungenschnalzende Laute von sich. Dann wiederum beginnen sie ohne ersichtlichen Grund, laut zu lachen; nein, es ist eher ein Wiehern. Sie müssen einiges an uns recht komisch finden.

Aber wir erkennen, daß diese Wesen trotz ihrer Isolation und steinzeitlichen Materialkultur intelligente und experimentierfreudige Menschen sind, die nicht offenen Mundes, apathisch und geschockt vor unseren technischen Wunderdingen stehen. Ich frage mich insgeheim: Wer staunt eigentlich mehr über wen?

Einer der Halbwüchsigen hat im Zeltvorraum meine hochschaftigen Schnürstiefel entdeckt und beginnt, sie eingehend zu studieren. Ich ziehe die Boots über seine dicksohligen, vorne sehr breiten Füße und binde die Schnürsenkel. Der Junge versucht, damit zu gehen. Ein paar Schritte, dann stolpert er über die eigenen Beine und fällt hin, versucht es nochmals, fällt wieder. Es sieht so komisch aus, daß ich einfach lachen muß, doch der Junge findet es gar nicht lustig. Verärgert, fast wütend befreit er sich von den Schuhen und läßt sie einfach liegen.

Wir verständigen uns in einer kunstvollen Verflechtung von Zeichen- und Körpersprache und einem armseligen Wortschatz, erworben aus der maschinenschriftlichen Kopie der Missionsstudie, die allerdings aus einer anderen Gegend stammt und nur dürftig weiterhilft. Auch Yoshi kann seine andernorts angeeigneten Yanomami-Sprachkenntnisse nur bedingt gebrauchen. Zudem haben unsere Gäste eine für uns undeutliche Aussprache mit nasalen, fremdartigen Lauten. Doch die Körpersprache ist ehrlicher als alle Worte; diese Signale täuschen nicht. Die Waika spüren schnell, daß wir keine Gefahr bedeuten, trotz unserer verwirrenden Fremdartigkeit.

Ein Waika verrät niemals seinen Namen, so habe ich gelesen. Wahrscheinlich spielt bei ihm die Furcht eine Rolle, der andere könne mit dem Namen als Teil des Individuums eine schädliche Zauberei betreiben. Deshalb besitzt jeder einen oder mehrere Decknamen, die schon mal wechseln können und sich meist auf Tiere beziehen wie Krokodilschnauze, Frosch, Trompetervogel, Spinnenaffe, Mistkäfer, Gürteltierbart usw. Dazu erklärte mir Yoshi, er habe beobachtet, daß sie dort, wo sie christliche Namen bekommen haben, diese ohne weiteres benutzen. Wir fragen unsere Besucher nach ihren Namen, und darauf antwortet jeder mit dem gleichen ellenlangen, unverständlichen Wort, das immer mit »Teri« endet. Teri heißt Menschen. Wir nehmen an, daß es sich dabei um den Namen ihres Stammes handelt.

Eine unumstößliche Waika-Sitte ist es, einem Gast bald nach seinem Eintreffen eine Ruhestätte anzubieten. Unsere zwei großen und bequemen Stoffhängematten haben wir deshalb in weiser Voraussicht jeden Morgen aufs neue neben dem Zelt zwischen Bäume gespannt und selber auch die langen Tagesstunden des Wartens darin verbracht. Jetzt haben wir im Taumel des Erlebens prompt vergessen, unseren Besuch ins »Schlafzimmer« zu führen. Macht nichts, die haben sich inzwischen selber bedient. Drei liegen in der einen, drei in der anderen Matte. Nur der Kleinste von allen hat seinen Platz noch nicht gefunden. Er kämpft erfolglos um einen freien Zipfel Stoff, um einen Einstieg in die Wiege, in der sich die anderen genußvoll wälzen und winden wie junge Katzen auf einem Schafsfell. Verständlich, denn der Liegekomfort ist bestimmt höher als der in ihren kleinen, geknüpften Hängematten aus rauhen Lianenstreifen und kratzendem Rindenbast.

Ich bin noch immer gefangen von den Ereignissen der letzten Stunden. Irgendwie kann ich es nicht recht fassen, daß uns der Kontakt zu diesen als blutrünstige Amazonaskrieger, als unberechenbare Giftpfeilschützen verschrienen Indianern so schnell und reibungslos geglückt ist. Dazu meint mein Gefährte allerdings: »Ich glaube, das ging gar nicht so schnell, denn mit großer Wahrscheinlichkeit haben sie uns seit mehreren Tagen schon beobachtet. Nur haben wir nichts davon gemerkt. Zudem sind wir noch nicht bei ihnen zu Hause. Schau mal, die fühlen sich sehr wohl in unseren Hängematten. Was wollen wir jetzt tun?«

Darauf antworte ich: »Laß uns das Camp abbrechen und die Rucksäcke packen. Mal sehen, was dann passiert. Wenn hier die Stimmung durch irgendein Mißverständnis nicht jäh umschlägt, dann haben uns diese Jäger akzeptiert und bringen uns in ihr Shabono.«

Es ist halb drei Uhr am Nachmittag, als wir abmarschbereit sind. Wir sind bereit – nicht die Indios. Höflich aber bestimmt bitte ich die Herren aus den Hängematten, was nicht ganz ohne Murren geschieht, damit auch diese verstaut werden können. Hoppla, wie sehen die Stoffbetten aus? Ganz zerdehnt und rot gefärbt von der überhaupt nicht »waschechten« Körperbemalung.

Man scheint unsere Absicht durchschaut und gebilligt zu haben. Ohne viel Tamtam ergreifen sie ihre Waffen, die an Baumstämmen angelehnt standen, und machen sich schweigend auf den Pfad hinunter in Richtung Tal. Man hat uns nicht aufgefordert, mitzukommen, aber es stört auch keinen, daß wir es tun. In ihrem eigenartigen Laufstil, geschickt jedem Hindernis ausweichend, gehen sie sehr schnell vor uns her, und wir haben große Mühe zu folgen. Mit kurzen Trippelschritten, mit der Außenkante der Fußsohle aufsetzend, erweckt es den Eindruck, als wären sie alle leicht »O-beinig«, doch die unglaubliche Behendigkeit, mit der sie sich barfuß durch den Dschungel bewegen, erregt meine Bewunderung. Keiner sieht beim Gehen zu Boden, und dennoch tritt keiner auf stachliges Bodengeflecht, stolpert keiner über Baumwurzeln. Als wir an einen träge fließenden Bach kommen, sehe ich die Waikas zum ersten Mal trinken. Nicht so, wie die meisten Menschen es machen, das Wasser mit den Händen zum Munde schöpfend. Sie gehen in die Hockestellung, verschränken die Arme hinter dem Rükken oder stützen die Hände auf den Knien ab, dann trinken sie mit dem Mund direkt aus dem Bach.

Bevor wir weitermarschieren, versuche ich einen Test und hänge einem der Indios meinen Rucksack um. Er läßt es auch geschehen und geht damit, aber nicht mehr als zwanzig Meter, dann schmeißt er das Ding einfach wieder ab, marschiert weiter, ohne sich umzusehen, und ich bin erneut der Träger. Sicher hat er das gedacht, was ich auch gedacht hätte. Ohne Rast geht es in schnellem Gänsemarsch eine weitere Stunde durch das Halbdunkel des Waldes, immer leicht bergab, wobei wir mehrmals die Richtung wechseln. Dann sehe ich meinen schwachen Körperschatten auf dem Boden. Die Strahlen der Abendsonne bahnen sich einen Weg durch die Baumwipfel. Zwischen all den anderen Grünschattierungen kann ich deutlich das hellere Grün von Bananenstauden unterscheiden. Wir haben den Rand einer primitiven Rodung erreicht. Den Weg um herumliegende Baumstämme suchend, schlängelt sich die Kolonne durch eine Pflanzung. Ein Dschungelgarten, in dem außer wildwucherndem Unterholz, mannshohem Unkraut und grünen Mehlbananen sogar ein paar Papayabäume wachsen. Mit einem mächtigen Satz springe ich zwischendurch mal auf einen liegenden Stamm und sehe von dort unweit vor uns das braune Pultdach des Indianerdorfes. Himmel noch mal! Jetzt bin ich gespannt, was dort passiert, wenn wir auftauchen.

Kurze Zeit später gehen wir auf einem gut sichtbaren Pfad, der geradewegs auf das Shabono zuführt, durch Gestrüpp und Gesträuch. Schneller als erwartet stehen wir vor einer starken Palisadenwand. Kein freies Feld, kein Tummelplatz davor, der Dschungel wächst buchstäblich bis an die Haustür.

Durch eine schmale Öffnung, nicht viel mehr als ein Loch, durch das wir gebückt hindurchkraxeln, folgen wir unseren indianischen Führern ins Innere. Dann stehen wir in einem ovalrund geschlossenen Dorf, in einem weiten Rundbau von Laubschirmen: 50 Meter breit, 100 Meter lang, in der Mitte ein freier, unbedeckter Platz, ähnlich einem tribünenüberdachten Fußballstadion; ein ganzes Dorf unter einem einzigen Dach.

Eine Meute kleiner, struppiger Hunde stürzt sich auf uns mit zornigem Gekläff. Aber kein Mensch erscheint. Das Shabono ist wie ausgestorben. Unsere Begleiter verscheuchen die Hunde mit Fußtritten und begeben sich zu den Wohnnischen ihrer Familien. Yoshi und ich gehen zum Zeichen der friedlichen Absicht in die Mitte des Dorfplatzes, um uns dort zur allgemeinen Begutachtung und als ungedeckte, verwundbare Ziele in Positur zu stellen. Ein Ritual nach Waika-Sitte, denn wir wollen keine Tabus verletzen.

Das nun folgende Schauspiel werde ich so schnell nicht vergessen. Man hat uns zweifellos erwartet. Wie auf ein Kommando ertönt ein grausiges Geheul. Schrill und alles durchdringend! Überfallartig stürmen von den Seiten waffenschwingende Gestalten auf den freien Platz. Wild gestikulierend und mit markerschütterndem Geschrei wirbeln rot und schwarz bemalte Krieger um uns herum. Dazwischen flitzen zähnefletschende Hunde durch das Tohuwabohu. Ein brodelnder Hexenkessel, ein furchterregendes Spektakel wie in einem Alptraum. Voller Faszination und Unbehagen bestaunen wir die unseretwegen inszenierte Darbietung. Wir sind zwar darauf vorbereitet und haben mit so einer Begrüßungszeremonie gerechnet, doch mir geht es trotzdem unter die Haut. Die Waikas wollen damit ihre Kampfbereitschaft und den guten Rüstungsstand demonstrieren. Sicher ist sicher! Schon mancher Besuch wurde zu einem Überfall mißbraucht, endete in einer blutigen Schlacht. Der Grund ist meistens Frauenraub, und in unserem Fall wissen sie überhaupt nicht, woran sie sind. Was führen diese zwei andersartigen Kreaturen im Schilde? Wozu dringen sie in ihr Stammesgebiet ein? Was kann sie anderes hergeführt haben, als die Lust zu morden und zu rauben?

Jetzt fällt mir auf, daß sich weder Frauen noch Kinder in dem Shabono befinden. Ob die sich im nahen Dickicht versteckt halten? Gewissensbisse plagen mich. Das haben wir nicht gewollt. Ich schätze die Anwesenden auf fünfundzwanzig bis dreißig Mann.

Nach einigen Minuten beginnt sich der »Aufruhr im Wespennest« zu legen. Die schauererregenden Krieger beruhigen sich, bringen ihre Waffen zurück zu den Wohnnischen. Nur ein paar einzelne halten uns noch aus der Ferne mit schußbereit aufgelegten Pfeilen in Schach. Dann geht man zum friedlichen Teil über.

Wir werden umringt und bestaunt wie Außerirdische. Von allen Seiten kommen uns freundlich tastende Hände entgegen, erforschen zaghaft unsere Gliedmaßen, den Körper, und besonders Mutige umarmen uns. Langsam fühle ich mich ungemütlich unter den Berührungen so vieler neugieriger Hände, wenn sie auch sehr liebevoll sind. Mit besonderem Interesse wird wieder mein Bart untersucht. Bei ihnen sieht man nur flaumig-dünne Ansätze von Kinnbart, und außer Schamhaaren sind sie am ganzen Körper glatthäutig ohne Achsel- und Brusthaare. Das dunkle Haupthaar tragen sie als kurzgeschnittene Ponyfrisur, wobei viele eine kaffeetassengroße, glattrasierte Tonsur haben, dort, wo der Haarwirbel wäre: Eine »Mönchsplatte«, die mit vielen Narben überzogen ist.

Da stehen wir nun, umringt von nackten »Wilden«. Kein Zeichen, keine Spur von Feindseligkeit oder Angst ist erkennbar, und ich frage mich, in welchem Dorfabschnitt wir uns einrichten sollen. Unsere Gastgeber dagegen zerbrechen sich über die Quartierfrage nicht den Kopf. Ich werde von einer Gruppe kurzerhand zum Ostteil der Shabono gebracht, dorthin, wo ich den Fluß vermute, und Yoshi verfrachtet man in den Westteil. Sie bringen mich in einen bewohnten, unabgetrennten Bereich unters Hüttendach, das nach hinten schräg abfällt. Bananen, Kürbisflaschen und blätterumwickelte Pakete hängen von den Dachsparren. Zwischen Stützpfosten sind Basthängematten gespannt. In einer Ecke liegen Tongefäße und geflochtene Körbe, an der massiven Rückwand stehen Keulen, Speere, Bogen und Pfeile angelehnt. Auf dem Boden gibt es zwei Feuerstellen, dazwischen liegen mehrere kleine Scheiterhaufen. Ich schaue mich um, wo sich wohl das »Gästezimmer« befinden könnte, wähle die Stelle mit den zwei stärksten Stützbalken und binde meine Hängematte daran fest. Peinlich, peinlich, wenn meinetwegen das Dach einstürzen würde, doch es handelt sich um solide verarbeitete Indianerarchitektur, und auch das kunstvoll geflochtene Palmblätterdach erscheint mir absolut regenfest.

Viele Augenpaare beobachten ununterbrochen jeden meiner Handgriffe, und man sucht immer wieder durch Streicheln und Tätscheln den Körperkontakt. Zum Schluß stelle ich den Rucksack an die Rückfront neben die aufgestellten Waffen und bemerke bald, daß sich überhaupt niemand daran vergreift, ja nicht einmal berührt wird er. Müde vom ereignisreichen Tag lege ich mich in meine rotgefärbte Hängematte, schließe die Augen und beginne augenblicklich, geräuschvoll zu schnarchen, worauf man mich sofort in Ruhe läßt. Zwischendurch blinzle ich unauffällig durch die Augenwimpern und sehe, wie sich die Indianer verlegen zurückziehen. Doch schon bald nähert sich wieder jemand und legt schweigend etwas unter meine Hängematte: Bananenbrei in einer halboffenen Kürbisschale, rote, geröstete Früchte der Pupunha-Palme und ein kleines Stück gebratenes Fleisch. Man bewirtet uns. Ich bin gerührt, wir sind als Gäste willkommen. Unter verstohlenen Blicken aus der näheren und weiteren Umgebung beginne ich zu essen. Die Bananensuppe und die warmen Palmfrüchte schmecken gut, nur das Fleisch ist nicht das Gelbe vom Ei: schwarz angebrannt, undefinierbarer Herkunft; ein ziemlich fader und zäher Braten. Trotzdem versuche ich, mit der Zunge zu schnalzen, so wie heute morgen die Indianer, als sie unseren Reis aßen.

Schnell verschluckt die Dämmerung das Licht des Tages, und das Flackern der Lagerfeuer wirkt gespenstisch. Wie mag es drüben meinem japanischen Freund ergehen? Hat auch er zu essen bekommen? Ich überlege, ob ich ihm vielleicht aufs Geratewohl einen Besuch abstatten soll, doch dann verwerfe ich diesen Gedanken, als ich Schatten, immer mehr Schatten über den freien Platz huschen sehe. Es sind Frauen und Kinder, die sich im Schutze der einbrechenden Nacht nach Hause schleichen. Mein Gott, warum kann ich ihnen nicht zurufen: »Kommt her, kommt alle her, ich tue euch doch nichts!«

Unter freien Waldindianern

Während der ersten Tage unseres Aufenthalts im Waikadorf herrscht praktisch der Ausnahmezustand. Kaum machen wir ein paar Schritte aus dem uns zugeteilten Wohnsektor, kaum lassen wir uns irgendwo blicken, da erheben Frauen und Mädchen ein Angstgeheul und flüchten entsetzt in die dunkelsten Winkel ihrer Behausung oder retten sich durch schmale Öffnungen ins nahe Dickicht. Ich bin ehrlich beschämt, und still wie ein Hühnerdieb verbringe ich den Großteil der Zeit in der Hängematte. Wir sind Eindringlinge, Störenfriede, sind gekommen, ohne daß man uns gerufen hat. Nur die Männer lassen sich nicht mehr sehr beeindrucken. Allmählich werden auch die größeren Knaben zutraulich – und die Hunde mit ihren Flöhen.

Es dauert eine Woche, bis wir zum Alltag gehören, bis wir uns in den Rhythmus ihres Lebens einfügen können. Langsam fühle ich, wie ein Teil der Mauer, die uns trennt, sich in Luft auflöst. Eine Art ungezähmter Brüderlichkeit packt mich, die ich mit ihnen teilen möchte, wie wenn ich damit alles Böse, das wir »Zivilisierten« den Indianern seit Jahrhunderten zugefügt haben, auslöschen könnte. Oft verlangt es mich, sie alle zu umarmen, diese »Wilden«. Und ich tue es, linkisch und scheu, nehme kleine Kinder auf den Arm, und wenn sie weinen, stelle ich sie wieder ab oder gebe sie den Müttern zurück. Dann lachen sie, und ich spüre, wie das Fremde an mir stückweise abfällt. Auch spüre ich, daß ich diese Kinderblicke nie mehr vergessen kann; die große Stille in furchtsamen Augen, die mich erforschen und nur langsam ihre Angst verlieren.

Die Dorfgemeinschaft – Männer, Frauen, Kinder, Kleinstkinder – schätze ich auf hundert Seelen. Dazu kommen zwölf bis fünfzehn für unsere Begriffe magere, verwildert aussehende

Hunde, die neben ein paar handzahmen Papageien und Totenkopfäffchen die einzigen Haustiere sind. Es gibt keine Hühner und somit keine Frühstückseier; wenn überhaupt Eier, dann nur aus angebrüteten Vogelnestern. Schon bald haben wir uns an das Leben und an die Nahrung bei unseren Indianerfreunden besser gewöhnt, als ich mir das vorher hätte vorstellen können. Auch riechen wir beide bald wie sie: nach Erde und Rauch, obwohl wir täglich im Fluß baden.

Das Leben im Innern des Dorfes ist in drei Zonen aufgeteilt. Da ist der äußerste Ring, der überdachte, acht Meter tiefe Wohnbereich, wo jede Familie ihren eigenen, aber unabgetrennten Sektor hat, mit Feuerstelle und Schlafgelegenheit. Man lebt Nachbar an Nachbar und kann jedem ins Bett und in den Kochtopf gucken. Große Geheimnisse hat keiner vor dem anderen, und das Liebesleben vollzieht sich eh nicht zu Hause, sondern draußen in freier Natur. Die braunen Palmfaserhängematten, die einzigen Möbelstücke, sind im Dreieck von Pfosten zu Pfosten um den häuslichen Herd gespannt, dessen Feuer auch nachts nicht erlischt. Unter den Dachsparren hängt ein Bambusrost, der als Speicherboden dient; überladen mit rauchverkrusteten Kalebassen-Gefäßen für Samenkörner, Wurzeln und Pülverchen, mit Rohrstengeln für Pfeile, Traggurte aus Rinde, halbierten Schildkrötenpanzern, geflochtenen Korbschüsseln, Wildschweinunterkiefern, bunten Vogelfedern und mindestens einer Staude reifer Bananen. Die Wohnung wird meistens sauber gehalten. Der erdene Fußboden ist hart, als wäre er zementiert. Die Frauen fegen ihn öfters mit einem Palmwedelbesen.

Nach dem privaten Bereich kommt das Band des halböffentlichen, vom vorstehenden Pultdach überdeckten Hüttenvorplatzes. Dort sitzt man in der Hocke zusammen mit dem Nachbar und führt Gespräche, die sich seit ewigen Zeiten wiederholen mögen. Und von dort aus werden die Mitbürger mit gesungenen Reden und Weisheiten berieselt. Reden, die oft in dramatischer Erzählweise und durch ausdrucksstarke Gebärden unterstrichen werden, wobei der Vortragskünstler den Oberkörper auf und nieder beugt, mit den Armen große, kreisende Bewegungen beschreibt und sich zwischendurch selber mit den Händen auf Rücken, Schulter, Gesäß und Oberschenkel schlägt.

Die dritte Zone schließlich ist der öffentliche, nicht überdachte Platz im Zentrum, wo die Kinder und Hunde spielen und wo die Krieger tanzen, der Ort der Feste und zauberischen Riten, der Mittelpunkt des Dorflebens.

Als Eselsbrücke und zur »Einwohnerkontrolle« haben wir das Ovalrund des Shabono, in dem es weder Namen noch Hausnummern gibt, in ein imaginäres Zifferblatt verwandelt. Yoshi wohnt auf »zwölf Uhr«, ich auf »sechs Uhr«, mein Nachbar zur Linken auf »halb sieben«, der Schamane auf »zwei«, der Häuptling auf »neun« und das schönste Mädchen im Dorf auf »vier Uhr«.

Nur mit den Jungs so zwischen fünf und zwölf Jahren funktioniert dieses System nicht. Es ist äußerst schwierig, sie ihren Eltern zuzuordnen. Die kleinen Racker sind überall zu Hause, essen mal hier an einem Herd, schlafen mal dort in einer Hängematte, gerade so, wie sie den Wunsch verspüren. Dafür sieht man bei den Säuglingen genau, zu wem sie gehören, denn ihre Mütter tragen sie in einer breiten Schlinge aus weicher Baumrinde mit sich herum, die über die rechte Schulter geführt ist, tagein, tagaus an die linke Hüftseite gepreßt; zum Holzsammeln, beim Kochen, zur Gartenarbeit.

Ein geplanter Tagesablauf ist anfangs für mich nicht erkennbar. Arbeit, Spiel, Körperpflege und Essen gehen scheinbar absichtslos ineinander über, und viel Zeit verbringen die Indianer in der Hängematte; vor allem die Herren. Erst später gelingt es mir, ein gewisses System darin zu erkennen.

Schönheit hat viele Gesichter, und die Ästhetik ist und bleibt nun mal eine subjektive Angelegenheit. Die Waikafrauen zum Beispiel behaupten steif und fest: Stäbchen im Gesicht sind schön! Ob sie zum Küssen die Stacheln herausziehen, wollen sie allerdings nicht verraten. Schon die kleinsten Mädchen haben die Nasenscheidewand und die Unterlippe durchbohrt, wo sie dünne, polierte Holzstäbchen stecken haben; in der Nase tragen sie ein längeres, in den Mundwinkeln und in der Mitte der Unterlippe etwas kürzere. Beim Sprechen und Essen bewegt sich das ganze Zierbesteck neckisch auf und ab, wie der Schwanz eines balzenden Amselhahns. Die Mädchen benützen die Stäbchen aber auch mal als Zahnstocher oder knabbern sie von innen her bis zur Hälfte durch.

Als unverdorbene Naturkinder gehen die Evastöchter alle barfuß – bis zum Hals! Nur vereinzelt tragen welche kokett ein kleines ockerfarbenes Lendenschürzchen aus wilder Baumwolle über ihrer Scham. Pure Dekoration. Dabei benehmen sich die Frauen aber so selbstverständlich, daß man ihre Nacktheit völlig vergißt.

Auch den Männern dient der rote Hüftgürtel »Wao« nur als Schmuck. Nicht so die um die Taille gebundene Faserschnur, die sich ringförmig um die Penisvorhaut schließt und das Glied am Bauch hochbindet. Ohne dieses »Bekleidungsstück« sieht man den Mann nie, nicht mal beim Baden. Offenbar fühlt er sich sonst nackt und so unbehaglich wie ein Zivilisierter, der splitternackt durch sein Dorf spazieren müßte. Nur zum Kopulieren und Urinieren befreit er seine Männlichkeit aus der »Zwangsjacke«, wobei er fürs letztere in die Hocke geht wie eine Frau.

Auch außerhalb der Shabonos, wo hinter der Palisadenwand die Vegetation wuchert, als wüßte sie, daß man ihr nur vorübergehend Einhalt geboten hat, sind die Indianer um äußerste Reinlichkeit besorgt. Schon die Kinder gehen für ihr Geschäft an bestimmte Orte im Wald abseits der Pfade und weit entfernt von der Bade- und Trinkwasserstelle des nahen Flüßchens.

Seit ich durch die Welt ziehe, habe ich gelernt, daß eher die Menschen, die die gleiche Sprache sprechen, sich nicht verstehen. Bei denjenigen, die einander ohne gemeinsames Vokabular über längere Zeit gegenüberstehen, bildet sich schnell der Wunsch nach Verständigung. Man beginnt, sich viel mehr Mühe zu geben, beobachtet genauer, versucht, Gebärden und Zeichen zu entziffern, sucht das Verstehen, die Gemeinsamkeit, die Verbundenheit, man beginnt zu ergründen, spüren und fühlen. Auch unsere Unfähigkeit, die Sprache der Indianer einigermaßen zu beherrschen, wird immer weniger ein Hindernis bei der Verständigung mit ihnen. Schon lange bevor wir unseren mageren Wortschatz vergrößern konnten, haben wir gelernt, uns mit ihnen zu »unterhalten«.

Die Schwierigkeiten der verbalen Verständigung rühren eher daher, daß das Begriffsrepertoire bei ihnen und uns verschieden ist. So kennt ein Waika das Wort »danke« nicht. Er gibt oder nimmt, daß er sich aber für etwas bedanken soll, ist ihm fremd.

Genausowenig kann er zählen. Er kennt nur eins, zwei, drei, und alles darüber heißt »viel«. Missionare haben über Jahre erfolglos versucht, den Waikakindern das Einmaleins beizubringen. Nicht daß sie dumm sind, ganz im Gegenteil, nur brauchten sie in ihrer Welt, in ihrer Kultur nie zu rechnen. Ihr »mathematisches Denken« ist nicht entwickelt. Sicher auch mit ein Grund, weshalb diese Menschen in einer technisierten Welt nie eine Chance hatten und nie eine haben werden.

Meine besten Sprachlehrer sind die Indianerkinder. Sie zeigen mir alle möglichen Dinge und haben große Freude daran, wenn ich ihnen nachplappere. Wieder und wieder erklären sie mir geduldig alles, was ich nicht begreife, und ich versuche, am Tonfall, am Gesichtsausdruck, an den Bewegungen von Händen und Körper richtig zu interpretieren.

Andersherum geht es aber auch. Durch einen Zufall, bei der Morgengymnastik, haben Yoshi und ich entdeckt, daß die Knirpse einen Heidenspaß haben, wenn wir zwei alten Esel für sie Kapriolen machen: Handstände und Saltos lösen schallendes Gelächter aus. Scheinbar kennen die Indianer solche Bewegungsabläufe überhaupt nicht und finden sie unheimlich lustig. Beim Kopfstand schütteln sie sich vor Lachen, bis ihnen die Tränen die Wangen hinunterlaufen.

Zu einem allabendlichen Gala-Auftritt für den Japaner und mich wird die Stunde vor dem Einnachten. Wir wagen schon nicht mehr, uns davor zu drücken. Wie halbverrückte Urwalddiabolos drehen wir, tanzend und singend, mit zum Himmel gestreckten Armen Runde um Runde auf dem Dorfplatz, im Schlepptau eine ganze Horde hüpfender, grölender, hellbegeisterter Indianerknirpse, natürlich noch die kläffenden Hunde dazwischen. Amüsiert verfolgen die Erwachsenen das ganze Trara aus ihren Hängematten.

Sind wir von der Hopserei müde, werden wir gleich weiter bestürmt, müssen singen, und alle machen mit. Es ist ein sehr vielseitiges Festival: vom eintönigen Yanomami-Singsang bis hin zu Seemanns-Shanties, von japanischen Volksweisen bis zum guten »O Tannenbaum« hallt es in den abendlichen Dschungel. Wenn es jemanden stört, dann höchstens die Affen und Papageien in den nahen Baumwipfeln.

Das Dorf versinkt in Müdigkeit, die Stimmen der Menschen werden gedämpfter, klingen aus. Man schaukelt sich langsam in den Schlaf. Kein Mond scheint, Licht kommt nur vom Kranz der Feuerstellen, die mehr oder weniger gleichmäßig im Rund des Shabono verteilt sind. Sie vermitteln Wärme und Geborgenheit. Ich liege behaglich in meiner Hängematte und genieße den Frieden der Tropennacht. Der einsame Ruf eines Vogels ist das letzte, was ich höre, bevor ich in einen tiefen Abgrund falle.

Irgendwann weckt mich der Regen. Ich höre die schweren Tropfen auf das Laubdach trommeln, doch kein Wasser sickert durch das dichte Flechtwerk. Das Weinen eines Kindes ist von der anderen Seite her zu hören; gedämpft dringt es durch die Bindfäden des Wolkenbruchs. Dann erhellt sich neben mir plötzlich das schräge Hüttendach. Beim Nachbar flammt das Feuer wieder auf, weil jemand die Glut schürt und ein neues Scheit auflegt. Die Nächte sind kalt in der Sierra. Im flackernden Licht sehe ich, daß es der Mann ist, der im Halbschlaf, ohne seine Matte zu verlassen, für Wärme sorgt. Die beiden Buben, die bei ihm liegen, sind etwas unruhig geworden, kuscheln sich aber bereits wieder wohlig an den Bauch des Vaters. Dafür gibt die Kleine bei der Mutter noch keine Ruhe. Das Mädchen beginnt zu wimmern. Es wird an die mütterliche Brust gelegt, liebevoll auf den nackten Hintern getätschelt, dann hört man nur noch ein schmatzendes Saugen. Alles langgewohnte Reaktionen zwischen Schlafen und Wachen. So wie bei allen Indianerstämmen Amazoniens genießen auch die kleinen Waikas von den Eltern eine zärtliche Behandlung. Wenn der Indianer seine Gefühle vor Außenstehenden auch verbirgt, so konnte ich doch oft beobachten, daß beide Elternteile die Kleinen mit Liebkosungen überschütten und viel Zeit mit ihnen verbringen. Nie wird ein Kind von einem Erwachsenen geschlagen, dafür gehen die Bengel miteinander nicht gerade zimperlich um.

Indianerinnen übertragen ihre Mutterliebe auch auf verschiedene Säugetiere. Hat ein Jäger eine Äffin mit Jungtier geschossen, so bringt er das Junge lebend nach Hause, wo es von einer stillenden Mutter an die Brust genommen wird. Säugling und Tierbaby teilen sich die Nahrung, werden Milchgeschwister und teilen sich auch das Ungeziefer im Haar. Erstaunlicherweise werden so aufgezogene Wildtiere nie geschlachtet, sondern bleiben viele Jahre bei der Familie, als Maskottchen und Spielzeug der Kinder.

Die morgendliche Kühle ist noch schärfer geworden. Sie schüttelt die ruhenden Gestalten, und immer mehr Feuer werden geschürt. Funkengarben sprühen bis zum hohen Dachrand. Hinter den Holzpfählen der Außenwand, drüben im Wald, stößt ein Tukan die kurzen Töne seines langweiligen Gesangs aus. Noch bevor das große runde Stück Himmel über dem Mittelplatz vom nächtlichen Schwarz in das blasse, durchscheinende Blau der Urwalddämmerung übergeht, erwacht das Gemeinschaftshaus langsam wieder zum Leben: Stimmen suchen einander; steife Glieder werden gestreckt; Frauen bereiten Frühstück zu oder suchen den Pelz ihrer Zöglinge nach Plagegeistern ab; Männer sitzen aufrecht in der Hängematte, schneiden mit einer Dornspitze die Eiergelege von Sandflöhen aus den Zehen, knacken die einzelnen Gelege zwischen den Zähnen und spucken sie dann aus. Somit schlüpfen keine Maden aus den Eiern.

Ich schließe die Augen nochmals und döse wieder ein, wobei mir der Geruch von gerösteter Mehlbanane um die Nase streicht. Diese Nacht verlief relativ ruhig, im Gegensatz zu anderen Nächten, in denen gespenstische Zaubergesänge durchs Dorf hinaus zu den Hekura, den Waldgeistern, schallen. Das sind die stundenlangen Litaneien der Shapori, der Medizinmänner. Manchmal sind es kurze, wiederholende Rufe, monotone Worte, dann wiederum spöttische, bebende, schaurige Gruselllieder. Je nachdem, welcher Dämon gerade angerufen wird und aus welchem Grund: zum Heilen von Leiden; zur Beilegung eines Zwists; zum Verhexen eines Feindes oder für eine gute Jagd. Bizarre Nächte des Schamanismus. Nur Männer werden Shapori. Zuerst glaubten Yoshi und ich, es gäbe nur einen Zauberpriester im Dorf, doch dann merkten wir, daß wir uns geirrt hatten, es gibt mindestens fünf. Insgeheim hoffen wir, daß sie sich nicht gegenseitig in die Quere kommen, vor allem nicht unseretwegen.

Anfangs hatte ich wirklich Mühe, mich an diese beklemmende Nachtmusik zu gewöhnen, aber nach und nach wurde sie für mich das, was sie wohl auch für die anderen Bewohner ist: einschläferndes Hintergrundgeräusch.

Der sanfte Druck einer kleinen Hand auf meinem Gesicht holt mich erneut aus dem Schlaf. Ich reibe mir die Augen, strecke mich genüßlich durch und komme nicht um ein verlegenes Lächeln herum. Mit Ausschlafen wird wohl nichts. Wie jeden Morgen streicht eine Bande brauner Dreikäsehochs um mein Ruhelager, legen sich tapsige Hände auf meinen Körper und wollen mich dazu überreden, schon jetzt wieder Dummheiten mit ihnen anzustellen. Dabei füttern sie mich mit gebackenen Früchten, die sie an irgendeinem Herd gemopst haben und selber nicht mehr essen wollen. Wie kann ich da den Bengeln böse sein?

Ein leichter Nebel, vermischt mit dem Rauch aus den Kochnischen, liegt über dem Dorf. Frühaufsteher haben die Äste und Sparren, mit denen die Eingänge des Shabono jeden Abend versperrt werden, um Eindringlinge fernzuhalten, beiseite geräumt und befinden sich bereits am Fluß beim morgendlichen Bad. Lange wird es nicht mehr dauern, da werden die »Appartements« rund um die offene Lichtung größtenteils leer sein. Viele der Frauen und Männer gehen zur Nahrungsbeschaffung, arbeiten in den temporär angelegten Gärten oder sind im Wald zu einer kleinen Tagesjagd und zum Sammeln von Feuerholz, Honig, Raupen und wildwachsenden Früchten unterwegs.

Unten am Flüßchen treffe ich Yoshi, der mit seiner jugendlichen »Fan-Gemeinde« im hüfttiefen Wasser herumtollt. Etwas weiter oben liegen unbeachtet am Ufer baumwollene Schürzenröckchen, während eine Gruppe Frauen dabei ist, ihren Kleinkindern die Scheu vor dem Wasser zu nehmen. Natürlich gibt es dabei Tränen. Die Mütter lassen sich aber dadurch nicht beirren. Obwohl ihnen der Zusammenhang von Hygiene und Gesundheit vielleicht nicht bewußt ist, sind sie, wie alle freilebenden Indianer, sehr auf Sauberkeit bedacht.

Mit dem letzten Luxus aus der Zivilisation, einem Stück Seife, gehe ich abseits der wildspritzenden Jugend ins nasse Element und wasche meine Haare. Dabei versuche ich, mein Spiegelbild in dem klaren Wasser zu sehen, aber die Strömung kräuselt die Oberfläche, so daß kein deutliches Bild entsteht. Mit beiden Händen massiere ich die Kopfhaut und genieße es, wie die schmutzige Seifenlauge zwischen meinen Fingern herausquillt und mir über Hals, Rücken und Brust hinunterläuft.

Oben auf dem Uferpfad, auf dem Weg in den Wald, stehen ein paar junge Männer und beobachten mich. Lachend kommen sie die Böschung hinunter. Ja, ja, ich weiß schon, was sie wollen; eine Haarwäsche im Dschungelfluß, schließlich ist es nicht das erste Mal. Mein kostbares, allerletztes Stück Seife wird sich heute wohl in Nichts auflösen. Ich tauche kurz unter und spüle das Haar, dann widme ich mich den Wünschen der Indianer. Bald stehen vier grinsende »Rothäute« mit dicken, weißen Schaumkronen auf dem Kopf vor mir im Wasser. Ein göttliches Bild! Mit festgeschlossenen Augen suchen sie einander wie Blinde, beschnuppern sich gegenseitig am parfümierten Schaumkopf, bis der erste, zappelig vor Neugier, halt doch seine Augen öffnen muß. Gerade so lange, bis ihm der Seifenschaum hineinläuft. Krächzend taucht er unter, und die anderen folgen seinem Beispiel. Das Gelächter und Gejohle hat Schaulustige angezogen, und alle wollen den »Duft« im Haar. Die Seife schmilzt und schmilzt. Ich gebe sie den Indianern, dann lege ich mich auf einen flachen Felsen, der halb aus dem Wasser ragt, und verfolge von dort aus das unbeschwerte Treiben der Naturkinder.

Hier auf dem Felsen habe ich schon viele Stunden gelegen, habe in der Nachmittagssonne die Trägheit erzeugende Wärme des Steins genossen, bin manchmal dabei eingeschlafen oder habe einfach gedankenversunken ins Dickicht am gegenüberliegenden Ufer gestarrt.

In eine sattgrüne Mauer, in der Lianen an Stämmen emporklettern und sich winden wie Schlangen, die ihr Opfer umklammern; aus der sich Äste und Luftwurzeln über das Wasser breiten. Oft habe ich mich gefragt, weshalb die Gewässer in der Sierra Parima so arm an Fischen sind. Seit wir auf diesem Hochplateau gelandet sind, haben wir nur ein paar mickrige Schwänze geangelt, und unsere Indianer habe ich noch nie Fisch essen sehen. Was in tiefergelegenen Amazonas- und Orinocoregionen als wichtige Nahrungsquelle dient, dort mit Pfeilschüssen, mit Reusen und mit Barbasco-Pflanzengift fleißig geerntet wird, scheint hier oben nicht vorhanden zu sein. Auch habe ich noch kein einziges Kanu oder Floß entdecken können. Da unsere Waika-Freunde auf der frühsteinzeitlichen Entwicklungsstufe der Sammler und Jäger stehen, erstaunt es nicht, daß selbst einfache Fortbewegungsmittel wie der Einbaum unbekannt sind. Hier ist das Rad noch nicht erfunden, und Feuer wird mit dem Feuerbohrer entfacht, indem ein Hartholzstab geschickt und schnell zwischen beiden Händen auf einer Weichholzunterlage zum Rotieren, zum Glimmen gebracht wird.

Ein kühler Windhauch weht mir übers nasse Haar. Ich verlasse meinen Strandplatz, den Felsen, und begebe mich zurück ins Dorf. Auf dem schmalen Pfad kommt mir der große Häuptling mit zwei seiner Söhne oder Schwiegersöhne, freundlich grüßend, entgegen. Schon einige Male bin ich mit ihm in den Wald gezogen, doch heute habe ich keine Lust dazu. Ich will den Tag im Dorf verbringen.

Haltung und Physiognomie dieses Mannes strahlen natürliche Autorität aus. Stolz sitzt sein ernstes Gesicht mit den klugen, prüfenden Augen auf sehnigem Nacken und Schultern. Trotz seines Alters – ich schätze ihn auf fünfzig Jahre – besitzt er die körperliche Kraft und Behendigkeit eines viel jüngeren Mannes. Er ist noch immer einer der erfolgreichsten Jäger, und mühelos klettert er hohe Bäume hinauf, um Früchte zu pflücken und Honig zu sammeln. Seine Machtstellung erschöpft sich darin, daß er Ratschläge erteilt und Anregungen gibt, wobei jede Familie selbst entscheidet, ob sie seinen Vorschlägen folgen will. Seine Position verlangt keinen Prunk und kein Zeremoniell, aber sie bringt ihm doch Ehre ein. Besucher von anderen Stammesverbänden werden sich zuerst mit dem Häuptling unterhalten. In einer Gesellschaft ohne Schrift und Bücher ist er eine Art Lehrmeister und Pädagoge, der seine Weisheiten in regelmäßigen Reden vorträgt. Die übliche Zeit dafür ist frühmorgens, bis kurz vor Sonnenaufgang. Was der Häuptling zu sagen hat, dringt daher zwischen Schlaf und Aufwachen ins Bewußtsein der Dorfbewohner ein, die danach überlegen, was sie an diesem Tag tun wollen.

Als ich durch eine der engen Pforten ins Innere des Hüttendorfes zurückkehre, sehe ich mich plötzlich von einer Schar Mädchen umringt. Eifrig reden sie auf mich ein und streichen sich mit den Händen um Nacken, Hals und über die Brust, als ob sie eine Halskette abtasten würden.

Man zieht mich zu meiner Wohnnische und deutet unmißverständlich auf mein dort liegendes Gepäck. Ratlos stehe ich da, hilflos bin ich den bittenden Blicken ausgeliefert. Die Frau Nachbarin mischt sich ein und beginnt, mit den Mädchen zu schimpfen. Wie eine Schar aufgescheuchter Spatzen stieben sie auseinander. Hm – eigenartig, da will ich doch mal den Japaner fragen gehen, was er dazu meint. Der sitzt bestimmt schon wieder hinter seinen Studienblättern; notiert sich die kleinste Beobachtung, schreibt sich die Finger wund, und ich staune immer mehr, wie er in seinem Schriftzeichensalat noch den Durchblick behält.

Gemächlich gehe ich über den Platz, komme zu der verhutzelten Alten, die wie jeden Tag bei »acht Uhr« am Boden hockt und neben sich einen großen Haufen Baumwollsamen liegen hat. Für einen Augenblick bleibe ich stehen. Ihre braunen Brüste hängen wie leere faltige Lederbeutel über die mageren Rippen hinunter. Mit zittrigen Fingern löst sie die schneeweißen Samenhaare aus den aufgesprungenen Fruchtkapseln und zupft sie zu einer handgroßen Flocke. Die gibt sie dann dem kleinen Mädchen, das ihr bei der Arbeit hilft. Geschickt zieht die Kleine Fäden daraus und läßt diese durch eine kreisende Spindel drehen und aufwickeln. An der gleichen Stelle, unter dem Vordach der Hütte, steht der einzige, einfache Webstuhl des Shabono, nicht mehr als zwei ins Erdreich getriebene Pfähle. Als Weber fungiert ein älterer Daddy, der mit dem Garnwirrwarr ganz gut zurechtkommt. Nur ein paar Schritte weiter befaßt sich noch jemand mit einer geduldheischenden Präzisionsarbeit. Ein noch nicht lange dem Erwachsenenalter beigetretener Urwaldsohn sitzt in Hockstellung vor einem Hüttenpfosten, an dem ein halbfertiger Bogenstock aus hartem, dunklem Palmholz angelehnt steht. Mit stoischer Gelassenheit hobelt, glättet und schabt er an dem Stab, der einmal eine lautlos tödliche Waffe gibt. Ein blanker Wildschwein-Unterkiefer dient dem jungen Indianer als handliches Werkzeug, wobei die innere Kante der Eckzähne die eigentlichen Hobelmesser sind.

Ohne Eisen oder andere Metalle zu kennen, verfertigt dieses Jägervolk mit Hilfe von Holz verschiedenster Art, mit Knochen, Steinen, Häuten, Wildtierzähnen, Fruchtschalen und anderem mehr Gebrauchsgegenstände und Waffen. Jede Familie ist imstande, alle für die materielle Existenz notwendigen Dinge selbst herzustellen, und die sind auf das Nötigste beschränkt. Falls man wieder dem Wild nachziehen und den Wohnplatz wechseln muß, soll alles bequem auf dem Rücken mitgetragen werden können. Alles übrige ist Ballast. Deshalb wird hier auch kein Überschuß produziert.

Schon von weitem sehe ich, daß sich beim Japaner Ungewöhnliches abspielt. Seine Hängematte ist umzingelt von einer Schar schubsender, halbwüchsiger Mädchen. Yoshi thront im Yogi-Sitz in der Mitte seiner Matte und fädelt auf einem Zwirn buntfarbige Glasperlen auf. Keck und stolz präsentiert eines der Mädchen eine bereits fertige, mehrmals um ihren Hals geschlungene Perlenkette. Ich bin sehr betroffen, schlucke dreimal leer und brülle:

»Yoshiharu – verdammt, was soll das?! Du hältst dich nicht an unsere Abmachung! Bist du verrückt geworden, hast du den Urwaldkoller?!«

Nicht nur die Kinder sind ob meiner Stimme erschrocken, auch ich. So habe ich noch nie zu dem Ethnologen gesprochen, wir haben uns bis dahin glänzend verstanden. Mit einem entwaffnenden Lächeln meint dieser:

»Ach, schau her, du bist ja eifersüchtig.«

»Unsinn! Wir hatten klar festgelegt, daß wir nichts verändern wollen, so schön und beliebt deine Ketten auch sind. Wo hast du nur die Riesenmenge Klunker her? Reicht es nicht schon, daß wir hier eingedrungen sind?!«

»Sorry, aber diese Glaskügelchen gehören zu meinem Beobachtungsprogramm. Damit will ich ein ganz bestimmtes Verhalten untersuchen.«

Jetzt platzt mir der Kragen:

»Wunderbar, und morgen gibst du ihnen bunte Luftballons, tütenweise Bonbons, farbigen Nagellack, und vielleicht hast du auch noch Lippenstift mit dabei. Du wirfst den Missionaren Entwurzelungspolitik vor. Genau das machst du ja auch. Nein, nein, unterbrich mich nicht!«

Wütend stehe ich vor seiner Hängematte und fahre in demselben groben Tonfall fort:

»Du glaubst, daß im Namen der Wissenschaft alles erlaubt ist, nur die Information zählt.«

Unser Streit hat die Kinder verscheucht. Übertreibe ich? Bin ich ungerecht? Vor mir sitzt ein Freund, der mich nicht mehr versteht. In seiner ruhigen Art versucht Yoshi, mich zu besänftigen:

»Komm, laß uns nicht vor aller Augen streiten, das ist nicht gut. In gewisser Weise hast du recht, nur vergiß nicht, daß auch du deinen Teil, deinen negativen Teil zur Akkulturation beiträgst. Alleine schon mit deiner Anwesenheit. Hast du den Indianern nicht gezeigt, was eine Seife ist? Hast du nicht einige der Jungs schwimmen gelehrt, obwohl vorher hier keiner schwimmen konnte? Hast du nicht versucht, ihnen beim Feuerbohrer durch einen Antriebsbogen eine rationellere Technik beizubringen? Übrigens eigenartig, daß sie das nicht angenommen haben. Wahrscheinlich ist die Entstehung des Feuers zu sehr mit ihrer Dämonenwelt verknüpft, als daß sie sich da reinpfuschen ließen.«

Nach dieser taktvollen Zurechtweisung zucke ich etwas befangen mit den Schultern und entschuldige mich kleinlaut bei meinem Kameraden. Inzwischen haben uns die eitlen kleinen Evas wieder umringt und fordern unmißverständlich weitere Schmuckketten mit Glasperlen. Yoshi wird noch eine Zeitlang damit beschäftigt sein.

Nun, ich habe meine Lektion kapiert. Ohne Einsprache verlasse ich den Posten »zwölf Uhr« und gehe über den Dorfplatz zurück zu meinem »Wigwam«. Monoton und leise klingt das Ts-Ts-Ts der Zikaden aus dem Wald, gelegentlich auch das Gurren einer Taube und das Krächzen eines Papageis. Intensive Gerüche liegen in der Luft. Betäubend der Weihrauch von brennendem Harz, würzig frisch der Duft gebratenen Fleisches. Wie ein Bettelmönch zieht es mich zum Kochherd bei »halb drei«, wo einer meiner indianischen Freunde wohnt, mit dem ich öfters mal in den Wald gehe. Ich bin hungrig und will sehen, ob ich dort etwas zu Essen bekomme. Ein schlechtes Gewissen brauche ich nicht zu haben, denn ich arbeite genau wie jedermann im Dorf, überall dort, wo man mich gebrauchen kann, und wie jedermann im Dorf – wenn ich Lust dazu habe. Zur Sicherung seines Lebensbedarfs arbeitet ein Waika im Schnitt zwei bis drei Stunden am Tag. Abgesehen von dem gebackenen Obst, das morgens gegessen wird, gibt es nur eine einzige Mahlzeit am Spätnachmittag, bei der sich die ganze Familie zum Essen versammelt. Ansonsten ißt jeder den ganzen Tag hindurch, was ihm der Tropengarten gerade offeriert. Kleine und größere Happen: Pilze, Früchte, Schildkröten, Vogeleier, Palmherzen, Nüsse, wilden Honig oder auch »Leckerbissen« wie Landkrabben, Frösche, Bienenwaben mitsamt den Larven, Termiten, geröstete Ameisen und Vogelspinnen. Selbstverständlich habe ich mich längst auf die hiesige Küche umgestellt und bin beim Essen nicht sehr zimperlich, aber auf manche Indianerdelikatessen verzichte ich dennoch lieber, so beispielsweise wie auf die daumengroßen weißen Engerlinge. Wie auch immer, Hunger hat keiner. Und doch, man muß eine Zeitlang die Kost dieser Waldmenschen geteilt haben, um den Unterschied wirklich erfassen zu können, daß man von pflanzlicher Nahrung gesättigt sein, aber trotzdem unbändiges Verlangen auf ein Fleischgericht haben kann.

Infolge des ergiebigen Jagdzuges vom Vortag liegt bei »halb drei« noch reichlich Fleisch auf einem einfachen Rost, einen Fuß hoch über der Glut: ein Bündel mit gebratenen Fröschen, ein ausgenommener Aguti-Hase, die Reste eines Gürteltieres und ein Spinnenaffe, noch mit Beinen, Armen und Schwanz, noch mit anhaftendem Fell, aber angesengten Haaren. Sehnsüchtig wandert mein Blick zu dem Rost und dann zu dem Indianer, der aufrecht in seiner Hängematte sitzt und an einer Pfeilspitze arbeitet. Ich sage zu ihm:

»Waiteri, nabe ya naiki«, was in etwa heißt: Tapferer Krieger, ich, der Fremde, habe Appetit auf Fleisch.

Der Mann steht auf, geht zum »Grill«, zerlegt den Affen mit den Händen und reicht mir das allerbeste Stück, nämlich den Kopf. Da es mir nicht drum ist, das Hirn aus dem gespaltenen Schädel zu saugen, gebe ich ihn zurück und bitte um eine gut durchgebratene Keule. Mit Händen und Zähnen, so wie die »Alten Römer«, zerreiße ich den sehnigen Fetzen, während der Indianer sich mit Genuß dem Affenkopf widmet. Schließlich wischt er sich die Hände an einem Pfosten ab, rülpst zufrieden und läßt sich in seine Hängematte fallen, ohne daß er sich weiter um die angefangene Arbeit oder um mich kümmerte. Beharrlich kauend kämpfe ich mich durch bis zum Knochen. Als Streuwürze über die faden Bissen dient mir weiße Holzasche vom

Herd. Sie gibt dem Fleisch einen angenehmeren Geschmack, und wenn man es lange genug malmt, wird der Brei zwar süß-bitter, aber doch noch einigermaßen genießbar. Mit Begeisterungsfähigkeit und viel gutem Willen läßt sich ein solches Festmahl durchaus überstehen. Jetzt fehlt mir nur ein Aquavit zum Verdauen, doch die Waikas kennen überhaupt keine alkoholischen Getränke.

Die Kleine drüben bei der nächsten Feuerstelle ist durch meine emsige Mundtätigkeit sicher angeregt worden. Auch sie kaut etwas und läßt sich dann mit Vergnügen den Speisebrei von ihrem Spielgefährten, einem grasgrünen Sittich, aus dem Mund picken. Nicht ganz so glücklich ist wohl die Eidechse, die von zwei Buben, bewaffnet mit Pfeil und Bogen in Miniaturgröße, erbarmungslos gejagt wird. Weil die Echse doch noch entwischt, wird kurzerhand ein auf dem Vorplatz liegender Hund als neue Zielscheibe auserkoren. Ein dankbares Opfer. Jaulend rennt die geplagte Kreatur auf den Dorfplatz hinaus und leckt sich dort die Wunden. Mitleid hat niemand mit ihr.

Es ist selbstverständlich, daß ein Volk, in dessen alltäglichem Leben die Fertigkeit im Bogenschießen eine so entscheidende Notwendigkeit ist, die heranwachsende männliche Jugend schon von Kindesbeinen an in dieser Kunst unterweist. Erstaunlich kleine Kinder schießen bereits mit winzigen Bogen aus Ästchen oder Stengeln und mit Pfeilen aus Blattrippen auf alles, was sich bewegt. Die Größe der Waffe folgt dem körperlichen Wachstum des kindlichen Schützen in kleinen Sprüngen. Im Alter von vierzehn Jahren etwa geht dann der heranwachsende junge Mann zu einem ordentlich gearbeiteten Männerbogen über.

Auch für die zwei Frauen ganz in der Nähe, vielleicht die Mütter, scheint die liebevolle Fütterung eines Vogels genauso wie die rabiate Behandlung eines Hundes zum normalen Kinderspiel zu gehören. Sie haben kaum einen Blick dafür. Lebhaft schwatzend sitzen sie völlig unbefangen am Boden, dabei ruhen ihre Hände keinen Augenblick. Fingerfertig hülsen sie rote Schoten aus und sammeln die fettigen, scharlachfarbigen Kerne in einer offenen Kalebasse. Ganze Büschel der stacheligen Samenkapseln liegen noch vor ihnen. Später werden sie die Kerne im Wasser einweichen, danach unter ständigem Stampfen und Umrühren längere

Zeit kochen und dann die halbfeste Masse in Blätter gewickelt an einem der Dachsparren zum Trocknen aufhängen.

Nach einigen Tagen können sie die gebrauchsfertige rote Onoto-Paste in kleine Kürbisflaschen umfüllen. Der Onoto-Farbstoff wird Männern, Frauen und Kindern zur Gesichts- und Körperbemalung bei Festen, Tänzen, Besuchen und bei der Geisterbeschwörung dienen. Wenn man in fast völliger Nacktheit lebt, bleibt zum Verschönern halt nur die bloße Haut, und zum Anfeuchten der Farbmasse wird der eigene Speichel genommen.

Kein Wölkchen trübt den Himmel, kein Schatten liegt auf dem Platz. Eine beschauliche Ruhe hängt in der warmen Mittagsluft. Viele der Frauen sind vom Feuerholzsammeln bereits zurück. Ihre großen, geflochtenen Tragkörbe liegen vor der Behausung, bis weit über den Korbrand hinaus vollgestopft mit Wurzeln, Ästen und Knüppeln. Ich wundere mich immer wieder, wie sie es schaffen, die schweren Lasten auf dem Rücken, nur mit einem Tragriemen aus Rinde um die Stirn gelegt, so weit zu schleppen. Dazu reitet meist noch ein Kleinkind auf der Hüfte mit. Während dieser Nachmittagsstunden pflegt man aber bereits wieder in der Hängematte zu liegen, man unterhält sich von der einen zur anderen Seite oder schält Palmfrüchte und knabbert sie bedächtig. Auch die meisten der Männer machen Siesta. Bisweilen halten sie es stundenlang aus, ohne das Geringste zu tun. Man verbringt viel Zeit damit, einfach »Mensch« zu sein. Überraschend schnell gelingt es mir, dies nachzuahmen.

Wie so oft aale ich mich angenehm entspannt im luftigen Schaukelbett und lasse die Bilder der Umgebung in mich hineinströmen, sammle sie ein wie Sprossen, die zur tragenden Leiter des Verstehens werden. So beobachte ich eine Gruppe Kinder und merke bald, wie eng ihre Spiele mit ihrer zukünftigen Rolle im Erwachsenenleben zusammenhängen. Allein tasten sie sich an die Gefahren der Umwelt heran, lernen, das Risiko einzuschätzen und damit fertig zu werden. Zwei Jungs zwischen zehn und zwölf Jahren beginnen, Jäger zu spielen, und verfolgen »Wildschweine« über den Platz, die von Mädchen und kleineren Knaben realistisch nachgeahmt werden. Die »Wildschweine« stürmen sogar mehrmals auf die »Jäger« los, so daß diese einen Stützpfosten erklettern müssen, um sich in Sicherheit zu bringen. Bald wird das Spiel gewechselt. Ein Junge wird zum »Jaguar«, die anderen zu »Jagdhunden«, und er muß sich den Angriffen jener erwehren. Die Mädchen laufen schreiend davon, als er nach ihnen schnappt, kehren aber mutig zurück und jagen ihm seine »Beute«, ein anderes Mädchen, wieder ab. Glücklicher Nachwuchs, unkomplizierte Jugend! Dennoch ist ihr Leben nicht so einfach, wie es den Anschein hat. Auch sie müssen eine Ausbildung durchlaufen, obwohl es keinen regelrechten Unterricht gibt. Ihr Lernen ist ein kontinuierlicher Prozeß des Beobachtens, Nachahmens, Übens, und wer das »Klassenziel« nicht erreicht, wird in dieser Welt kaum überleben.

Die Kinder werden immer ausgelassener, die Mädchen kreischen, einige verlieren ihren Ohrenschmuck, und schließlich endet das Spiel im Streit zweier etwa achtjähriger Knaben. Die Schlingel gehen frech mit den Fäusten aufeinander los. Hinter jedem der Kampfhähne hat sich im Halbkreis eine Gruppe gebildet, und beide der Kinderbanden brüllen lautstark: »Schlag ihn, schlag ihn!« Doch bald sind die Streithälse müde. Einer schluchzt, und der andere blutet aus der Nase.

Ich muß gestehen, das nachfolgende Schauspiel korrigiert meinen von Gastfreundschaft, friedlicher Harmonie, Eintracht und Urwaldromantik doch leicht verklärten Blick für die Realität wieder um einiges. In letzter Zeit hatte ich mich öfters gefragt, ob diejenigen, die diese Waldnomaden als außergewöhnlich wildes, kriegerisches Volk beschrieben haben, als heimtückische Barbaren, die feindliche Dörfer überfallen, die erwachsene Männer töten und Frauen und Kinder verschleppen, nicht doch schauerlich übertrieben haben.

Auf dem Versammlungsplatz erscheinen mehrere Frauen. Sicher sind es die Mütter, die nun ihre Zöglinge an die Kandare nehmen. Weit gefehlt, im Gegenteil! Wild gestikulierend ruft eine von ihnen schon von weitem: »Beiß ihn, räche dich! Schlag zu, so räche dich doch!« Die Frauen werden zu kreischenden Hetzerinnen. Sie nehmen Stellung hinter den müden, angeschlagenen Heißspornen, befehlen ihnen, sofort mit Weinen aufzuhören, beschwören sie, beschreien sie zum Kämpfen, zum Schlagen, und je mehr Gezeter, um so mehr Angst haben die Knirpse. Die Mutter des einen stampft ununterbrochen mit dem Fuß auf die Erde, ist wütend, packt ihn am Arm, ballt die kleine Hand zu einer Faust und schlägt sie dem anderen Knaben ins Gesicht. Heulend will dieser wegrennen, wird aber festgehalten und muß unter Zwang der Umstehenden seinerseits zurückschlagen. Unbarmherzig wird die Mißhandlung unter dem Diktat der Erwachsenen fortgesetzt. Speichel und Blut rinnt über die von Angstschreien und Schmerzen geschüttelten kleinen Körper. Mit einer Mischung aus Abscheu und Unverständnis sehe ich zu. Am liebsten würde ich mich dazwischen werfen, doch das wäre sicher das Dümmste, was ich machen könnte. Was als harmloser Streit eines Spieles begann, artet aus in einen blutigen Kampf zwischen Kindern. Erst als einer der Knaben total entkräftet am Boden liegt, ist die animalische Vorstellung zu Ende. Die Anhänger des Siegers schreien laut und schrill: »Aiii – AI AI AI AI – Aiii!«

Die Mutter des Besiegten nimmt das winselnde, stöhnende Häuflein Elend in die Arme, wischt ihm zärtlich das Blut aus dem geschwollenen Gesicht und trägt es nach Hause. Der Gedanke schießt mir durch den Kopf, daß das Kind innere Verletzungen haben könnte. Herrgott noch mal, warum diese grausame Rohheit?

Das Bild der kämpfenden Kinder prägt sich um so stärker ein, als die Waika, wie auch andere Indianerstämme Amazoniens, weithin im Verruf stehen, den barbarischen Brauch des Säuglingsmordes zu praktizieren. Unerwünschte Kinder werden gleich nach der Geburt getötet. Dazu gehören verkrüppelte und kranke Babys. Auch von Zwillingen wird meist nur einer am Leben gelassen, denn die Fürsorge der Mutter für ihr Kind ist in den ersten Lebensjahren so intensiv, daß es ihr unmöglich ist, zwei Säuglinge gleichzeitig zu hegen. Ein Neugeborenes ist auch unerwünscht, wenn die Eltern schon drei oder vier Kinder des gleichen Geschlechts haben. Ausgewogenheit im Verhältnis von Söhnen und Töchtern gilt als unerläßlich, ebenso das Geburtenintervall von drei Jahren, denn die Indianerin stillt drei lange Jahre, und da darf nichts dazwischen kommen. Lieber nur ein Kind, das die kritischen Anfangsjahre überlebt, als ein neugeborenes zweites, das sein älteres Geschwisterchen gefährdet, weil es zu früh entwöhnt werden muß. Brutale Logik, erbarmungslose

Auslese. Eine Art Geburtenkontrolle, erzwungen vom Urwald, einem ökologischen System, das keine Überbevölkerung zuläßt, weil es sonst »umkippt« und dann alle bedroht.

»Morgen ist er wieder auf den Beinen«, sagt Yoshi, der auf einmal neben mir steht, als habe er meine Gedanken erraten. Ich schaue ihn an und frage: »Hast du das mitbekommen? Verstehst du das? Bis jetzt sah ich doch nur sehr liebevolle Eltern.« Er antwortet: »Vergiß nicht, was ›Waitedi‹ bedeutet. Es verkörpert das männliche Idealbild dieser Menschen: tapfer, wild, kriegerisch, bereit zum Kämpfen. Und vergiß nicht, was ›Waika‹ heißt: Töter, Killer! Unsere Freunde sind nun mal ein Volk von Kriegern, und als solche müssen sie diese Tugenden lernen; sie müssen sich an Schmerzen gewöhnen, körperliche Ausdauer und Kraft erwerben und vor allem ihren eigenen Moralkodex tief einprägen, daß immer Rache geübt, jede erlittene Gewalt erwidert werden muß. Schon Kinder lernen, Schlag mit Schlag zu vergelten.«

»Ist das nicht brutal und sinnlos?«

Yoshi setzt sich rittlings in meine Hängematte: »Brutal ja, aber nicht sinnlos. Wir zivilisierten Menschen leben in einer idealisierten Welt. Unsere Gesetze stimmen nicht mehr mit der Natur überein. Werden wir mit der Wirklichkeit konfrontiert, sind wir schockiert. Das System von Krieg und Gewalttätigkeit der freien Urbewohner Amazoniens ist so alt wie ihre Geschichte und sorgt für den Ausgleich der Zahl der Esser zu den Nahrungsreserven des Waldes. Deshalb ihr dauernder Kriegszustand mit anderen Stämmen, deshalb auch muß jeder Angriff, jeder Frauenraub gerächt werden, damit das Ganze in Balance bleibt. Schließlich hat es Tausende von Jahren funktioniert, bis die Europäer mit Kreuz und Schwertern kamen.«

Mit einem verschmitzten Zwinkern meint der Japaner: »Ruhig Blut, ich will dich nicht wieder kritisieren.«

»Das kannst du auch nicht, ihr Nipponbrüder seid keinen Deut besser«, gebe ich zurück.

Nachdenklich starrt er vor sich hin, dann philosophiert er halblaut: »Richtig, diese Indianer können brutal, grausam und barbarisch sein, aber auch liebenswürdig, sensibel und zartfühlend, so wie wir sie bis jetzt kennen. Doch diese Indianer sind weder gute noch böse Wilde, es sind ganz einfach Menschen.«

»Interessant! Yoshi, dein letzter Satz ist sehr interessant. Da kann man den Spieß auch umdrehen und sagen: Wir zwei haben eine Reise von 10000 Jahren in die Vergangenheit gemacht und stellen fest, daß die Spezies Mensch trotz Imperien, Kulturen, Religionen und Technik den Grundzügen der Grausamkeit treu geblieben ist.«

»Ach, du meinst, wir sind Barbaren, sind Wilde geblieben, unsere fromme Humanität ist nur Schminke, anerzogene Heuchelei?«

»Nein, noch schlimmer«, gebe ich zur Antwort, wobei Yoshis Mongolenschlitze kugelrund werden. »Schau dich doch um, schlage eine Zeitung auf, schalte den Fernseher ein. Haben wir nicht weltweit Krieg? Gestern, heute, morgen. Haben wir nicht in Ballungsgebieten, in allen größeren Städten Mord und Totschlag, Raub und Vergewaltigung? Nur Unmengen komplizierter Gesetze, kontrolliert von gewaltigen Mächten mit schlagkräftigen Institutionen ermöglichen so schlecht und recht ein gesellschaftliches Zusammenleben. Der Mensch ist und bleibt des Menschen Wolf, wie eh und je. Mit einem großen Unterschied allerdings zwischen dem sogenannten ›Wilden‹ aus der Steinzeit und dem ›Kultivierten‹ aus der Zivilisation.«

»Und der wäre?«

»Der Wilde kämpft um seinen Fortbestand; für die Erhaltung seiner Art, die ihn harmonisch in die natürliche Umwelt einbettet. Der Kultivierte hingegen kämpft aus maßloser Gier, unersättlich nach Mehr, nach Besserem, nach Größerem. Dabei vergiftet er seine Atemluft, verseucht sein Wasser und zerstört den Boden; er bedroht sich selbst in seiner Existenz. Und der Clou daran ist: Der Selbstmörder wirft dem Überlebenskünstler vor, dieser sei dumm und primitiv, rückständig und unzivilisiert, man müsse ihn bekehren, erziehen und bilden.«

»Mario, du willst mir also einreden, ich sei ein Wolf, dessen Leben gefährdet ist«, dabei verläßt der Asiate meine Hängematte, springt in die Luft und demonstriert in gespieltem Ernst die perfekte Beinarbeit einer fernöstlichen Kampfsportart. Dann meint er, noch etwas außer Atem, aber lachend: »Na, siehst du, ein Japaner ist flink und zäh wie ein Tiger.«

»Tiger? Natürlich, was aus denen geworden ist, wissen wir ja.« Wir lachen beide.

»Apropos flink und zäh. Hast du dir schon überlegt, wie wir uns verhalten wollen, wenn unsere Gastgeber von einem anderen Stamm angegriffen werden?«

Yoshi kratzt sich am Kinn und erwidert: »Doch, Gedanken habe ich mir schon gemacht, aber wie wir dann reagieren sollen, das weiß ich auch nicht. Auf jeden Fall müßtest du mit deinen Notleuchtraketen einen Lärm- und Feuerzauber veranstalten. Vielleicht erschreckt das die Angreifer. Ansonsten können wir nur hoffen, daß es keinen Krieg gibt und wenn, daß unsere Freunde die Oberhand behalten.«

Da jedes Shabono autark ist, was Nahrungsmittel und andere materielle Güter betrifft, fällt Besitzraub als Kriegsgrund praktisch aus. Jeder hat gleich viel und dasselbe wie der andere, die Natur gibt es ihm. Anlaß zum Krieg ist in der Regel der Wunsch nach Frauen, nicht zuletzt zur Blutauffrischung der Sippe. Ein Konflikt entsteht also, wenn ein junger Krieger in eines der umliegenden Dörfer auf Brautschau geht und seine Werbung abgeschlagen wird. In seiner Liebeswut holt er ein paar Freunde und klaut sich die Angebetete, wobei es in deren Umfeld schon mal Tote gibt. Aus Gründen der Rache folgt dann der Gegenschlag. Da es in der Welt der Waikas keine übergeordnete Macht gibt, die in örtliche Streitigkeiten eingreifen kann und die Unabhängigkeit der einzelnen Gemeinschaften garantiert, muß sich jedes Shabono selbst schützen. Im Sinne eines Kräftegleichgewichts kommt es vor, daß in unsicheren Zeiten Bündnisse geschlossen werden: Zwei Schwache gegen einen starken Dritten. Das Freund-Feind-Bild der Indianer scheint vier Abstufungen zu kennen. In die erste fallen die Mitbewohner des Shabono, die als Freunde gelten; zur zweiten gehören Gäste, Mitglieder verbündeter Dörfer, die zwar Außenstehende sind, mit denen man aber freundschaftlichen Umgang pflegt, obwohl man ihnen nicht ganz traut. Der Japaner und ich befinden uns vermutlich irgendwo dazwischen. Die dritte Kategorie sind die Feinde; Dörfer, gegen die man schon zu Felde zog. Und schließlich die vierte Kategorie: Sie umfaßt jene Stämme, die sie noch nie zu Gesicht bekommen haben, von deren Existenz sie jedoch wissen.

Nach dem Kinderboxkampf ist im Dorf wieder Ruhe eingekehrt, und die Stunden bis zum Abend sind noch lang, ohne im geringsten langweilig zu sein.

Ein einzelner Jäger kommt nach Hause. Das geschnürte Paket, ein erlegter truthahngroßer Waldvogel, transportiert er auf dem Rücken mit Hilfe seiner Stirngurte. Seinen eleganten, fast zwei Meter langen Bogen und mehrere Pfeile mit befiedertem Rohrschaft trägt er senkrecht in der Hand. Schnellen Schrittes, wortlos, stolz und ohne irgend jemandem einen Blick zu schenken, überquert er den zentralen Platz. Als er bei »elf Uhr« seine Feuer- und Schlafstelle erreicht, legt er sich sofort in die Hängematte und ruht sich aus. Wahrscheinlich war er mehrere Stunden unterwegs. Zum guten Ton seiner Familienmitglieder gehört es, zuerst einmal die Jagdbeute zu ignorieren. Selbst wenn man hungrig sein sollte.

Für den Indianer ist jagen und Tiere töten nicht ein und dasselbe. So bedeutet zum Beispiel ein unter Lebensgefahr erlegter Jaguar viel mehr, wenn sein Fleisch auch nicht gegessen wird, denn nach dem Glauben der Waikas verkörpert er einen getöteten Feind. Der Jäger hat unter genauem Beachten zahlreicher Tabus in die Welt der Buschgeister eingegriffen und kehrt nun voller Stolz mit seiner Beute in das Dorf zurück. Aber davor stehen: Verfolgung, höchste Anspannung, blutiger Erfolg, magischer Sieg. Eben die Jagd!

Eine Jagd ganz anderer Art spielt sich auf meinem Kopf ab. Ich entspanne mich in meiner Hängematte, während mir meine »Blumenprinzessin« Strähne für Strähne das Haar nach Läusen absucht. Kaum ist sie mit ihren älteren Schwestern aus dem Wald zurück, besucht sie mich und erweist mir den Liebesdienst, die lästigen Schmarotzer abzulesen. Mit großem Eifer ist sie bei der Sache, das kaum sechsjährige Mädchen, das mir ganz besonders ans Herz gewachsen ist; eben meine kleine Blumenprinzessin.

Sie fiel mir von Beginn an auf, weil sie sich immer hinter den anderen Kindern versteckte, aber stets besonders hübsch mit gelben Baumblüten geschmückt war. Es vergingen viele Tage, bis ich mit List und Charme ihr kleines Indianerherz erobert hatte. Sie dankt es mir nun mit blindem Vertrauen und kindlicher Anhänglichkeit. Oft folgt sie mir auf Schritt und Tritt. Kommt sie mit ihrer Mutter vom Brennholzsammeln aus dem Wald, ist ihr Körbchen voll mit gelben Blumen. Dann sucht sie mich und beginnt, mich damit zu verzieren. Mangels Löcher in den Ohrläppchen steckt sie mir die Dinger hinter die Ohren, in die Nase oder einfach in die Brusttaschen meines Hemdes. Besonderen Spaß macht es ihr, mein Haupthaar oder den struppigen Bart nach Läusen abzusuchen. Wird sie ab und zu mal fündig, zeigt sie voller Stolz das Vieh und will es mir jedesmal als besonderen Leckerbissen zu essen geben. Da ich mich standhaft weigere, verspeist sie es kurzerhand selbst. Zurück in der Zivilisation wird eine der ersten Notwendigkeiten sein, dem »Haustierbestand« chemisch zu Leibe zu rücken.

Wenn ich andere Indianer beim Ritual des Entlausens beobachte, wie sie eng gestaffelt hintereinander sitzen und sich die Plagegeister gegenseitig aus dem »Pelz« suchen, habe ich das Gefühl, man betrachtet die Tierchen nicht als lästige Parasiten, sondern eher als Delikatesse. Ganz abgesehen von der aktiven und passiven Befriedigung, die ihnen diese »niedere Jagd« beschert. Lege ich mich, treu der indianischen Sitte, auch tagsüber mal faul in meine breite Hängematte, so kriecht die Kleine zu mir in die Matte und kuschelt sich an mich wie nachts an ihre Mutter. Das kleine Mädchen ist auch die einzige von allen Indianern, frage ich sie nach ihrem Namen, die mir ganz leise etwas ins Ohr wispert. Verstehen kann ich sie allerdings nie. Will eines der anderen Kinder ihr den Platz an meiner Seite streitig machen, kann sie kratzbürstig ihr Recht verteidigen, was ich ihr anfangs nie zugetraut hätte.

Nachts herrschen übrigens klare Gesetze: Die Mädchen schlafen bei der Mutter im Bett, die Jungs beim Vater, Onkel oder älteren Bruder. Ermutigt durch die Tageserfolge meiner Prinzessin stehen allabendlich ein paar Knirpse um meine »Luxusbude« und betteln um Einlaß. Einmal wurde ich schwach, aber nur einmal: Kaum erlaubte ich dem Kleinsten, in die Hängematte zu kommen, lagen zwei andere auch schon drin, und jeder kämpfte gegen jeden um den besten Platz. Ich habe die ganze Nacht kein Auge zugetan!

Als die Sonne sich dem Horizont zuneigt, kommt die größere

und kleinere Indianerjugend gemeinsam angetanzt. Obwohl man hier keine Uhr kennt, keinen nach Stunden und Minuten eingeteilten Zeitplan, erinnert man uns täglich pünktlich daran, daß man nicht gewillt ist, auf das abendliche Showprogramm zu verzichten. Selbst die beiden Streithähne von heute mittag, jetzt wieder friedlich vereint, fühlen sich trotz gelb-blau-grünen Gesichtern fit für einen unternehmungslustigen Abend. Im Laufschritt bringe ich die Horde über den Platz auf die andere Seite zu Yoshi, der noch faul herumliegt. »Los, Doktorchen, an die Arbeit! Die ersten fünf Runden gehören heute dir, gestern hatte ich dieses Vergnügen!«

Seine Antwort auf japanisch deute ich als »du fauler Sack«, lasse mich aber dadurch nicht erweichen und verfolge amüsiert, wie die temperamentgeladenen Indianersprößlinge meinen Freund ins Schwitzen bringen. An manchen Abenden haben wir Glück, denn dann ist die dörfliche Rennbahn nur halb so groß und unser Lauf- und Tanzpensum bedeutend kleiner, weil die Arena noch von anderen »Artisten« beansprucht wird: Von den sich im Drogenrausch befindenden Medizinmännern.

So wie bei allen Stammesverbänden in der Sprach- und Kulturfamilie der Yanomami verwenden auch die Shapori der Waikas regelmäßig Yopo, eine Halluzinationsdroge. Der Wald ist nicht nur der reale, sondern auch der magische Hintergrund indianischer Existenz. Er ist der Tummelplatz der Hekura – der Buschgeister. Die Medizinmänner glauben zu wissen, wie man sich mit den Geistern in Verbindung setzt und sie günstig stimmt. Ein Mittel dazu ist dieses Yopo, ein alkaloidreiches Pflanzenprodukt, das in einem komplizierten Verfahren hergestellt wird.

Halten sie es für nötig, die Urwaldgeister zu beschwören, kauern sich zwei Männer einander gegenüber auf den Boden. Mittels eines meterlangen Rohrs bläst der eine dem anderen das graugrüne Pulver in die Nasenöffnung, und sehr schnell zeigt sich die Wirkung. Der Blick des »Geimpften« trübt sich. Eine eklige, schleimige Brühe läuft ihm aus der Nase, und er beginnt, sich krampfhaft am Körper zu kratzen.

Einer ist dabei, der verfällt regelmäßig in eine Art tänzerische Tollwut, taumelt ziellos umher und erbricht sich manchmal.

Irgendwann hocken sie schweigend herum, die Arme über den Knien gekreuzt, den verschwommenen Blick auf einen fernen Punkt gerichtet. Es ist der Moment, wo der Berauschte ein extrem gehobenes Selbstgefühl erlebt, die Angst vor den Hekura verflogen und er in ihre Welt eingetaucht ist. Jetzt kann das Schicksal des Stammes günstig beeinflußt werden. Große Feste, Freundschaftsbesuche und Kriege werden im Yoporausch beschlossen und teils auch im Rausch durchgeführt. An der Orgie nehmen immer mehrere Männer teil, nie habe ich eine Frau dabei gesehen.

Das Einzigartige an dieser stark psychoaktiven Droge ist, daß sie angeblich nicht süchtig macht. Das behaupten Wissenschaftler, Missionare und mein japanischer Begleiter. Wie er sagt, konnte er auf seiner früheren Reise auf dem Posten der New Tribes Mission entsprechende Informationen sammeln. Die Missionare, in ihrer eigenen Lebensführung jede Art von Stimulantia und Narkotika verabscheuend, konnten den Konsum des Schnupfpulvers als Quelle heidnischer Dämonenreligion bei den ihnen anvertrauten Schützlingen erfolgreich unterbinden, und dabei soll es keine Entzugsopfer gegeben haben.

Über die religiösen Vorstellungen der Yanomamigruppen weiß die Völkerkunde einiges, aber die Namen und Anschauungen wechseln von Gebiet zu Gebiet, von Stamm zu Stamm. In wesentlichen Dingen scheint es allerdings kaum Unterschiede zu geben: Sie betrachten sich als Kinder des Mondes, denn der Mond ist der Wohnsitz des allmächtigen Gottes, der ihre Welt erschaffen hat, sie regiert und erhält. Die Sonne dagegen macht den Menschen durstig, schwach und läßt die Pflanzen vertrocknen. Ansonsten hat sie keine weitere Macht. Als vor Urzeiten – so eine ihrer Mythen – ein Mondgeist mehrfach zur Erde stieg, um die Kinder der Vorzeitmenschen zu fressen, schoß ihm einmal ein starker Bogenschütze in den Leib, so daß er viel Blut verlor. Das Mondblut kam in Berührung mit einigen der Vorzeitmenschen, drang in sie ein, machte sie mutig und stark, machte sie zu Yanomamis, eben zu den Kindern des Mondes. Also muß Blut fließen, damit sie stark und gesund bleiben, damit die Früchte reifen und rot werden. Damit rechtfertigen sie ihr kriegerisches Ideal und den Begriff »Waitedi«. Zwischen Mond und Erde vermitteln zahlreiche Dämonen, gute und böse, die zum Teil mit bestimmten Pflanzen und Tieren eng in Verbindung stehen.

Nur im Yoporausch, so die Überzeugung der Indianer, können sie mit all den vielen Hekuras verhandeln. Der Drogenkonsum hat darum ganz klar eine religiöse Bedeutung.

Wie für alle Yanomami gibt es auch für die Waika ein Weiterleben nach dem Tod und ein Paradies, in das die Seele des Verstorbenen gelangt. Aber nur, wenn seine Knochen verbrannt werden, denn nach ihrem Glauben befindet sich die Seele in den Knochen des Menschen. Nur durch Verbrennen kann sie befreit werden und mit dem Rauch des Feuers zum Himmel steigen. Zu jemandem sagen, man werde ihn nach seinem Tod nicht dem Feuer übergeben, ist die schwerste Beschimpfung, die schlimmste Verunglimpfung seiner Person.

Deshalb werden getötete Feinde unverbrannt in den Wald geworfen; deshalb auch die tiefe, lebenslange Angst, man könnte irgendwo sterben, ohne von Freunden gefunden zu werden. Hier zeigt sich, daß der Fast-Urmensch, der noch lebt und denkt wie vor zehn-, zwanzig-, dreißigtausend Jahren, scheinbar dasselbe Grundproblem hat wie der moderne Mensch im Atomzeitalter: Beide zittern um einen Fensterplatz im Jenseits! Dies scheint der Mensch, bewußt oder unbewußt, nicht akzeptieren zu können: Die alles erdrückende Erkenntnis seiner Vergänglichkeit!

Von allen Riten, die den Lebenslauf eines Yanomami-Indianers begleiten, sind diejenigen anläßlich eines Todesfalles am eindrucksvollsten. Ist die Seele des Verstorbenen im Rauch des Leichenfeuers in die Ewigen Jagdgründe entschwunden, wird der zurückgebliebene Rest in den Körpern der Verwandten »bestattet«. Das heißt, nach der Verbrennung suchen die Angehörigen die halbverkohlten Knochenreste des Toten aus der Asche heraus und zerstampfen sie in einem Holztrog zu Pulver, welches dann bei einer besonderen Feier, unter Anteilnahme des ganzen Dorfes, mit Bananenbrei vermischt, von allen Anwesenden gegessen wird. Mit diesem Ritual soll die Lebenskraft des Verstorbenen dem Stamm erhalten bleiben. Die Wissenschaft nennt diese Art »Bankett«: Endo-Kannibalismus.

Und hier stoßen wir auf unsere Grenzen, hier bleiben wir ausgeschlossen, wir Vernunftbegabte, Logiker und Rationalisten. Wir können zwar Bräuche beschreiben, vergleichen und analysieren, können übersetzen und interpretieren, aber das Leben dieser Naturmenschen wirklich nachvollziehen, das vermögen wir nicht. Wir Zivilisierte haben den Draht zu mythisch-magischen Empfindungen verloren. Sind Träume vielleicht der letzte Rest dieser einstigen Fähigkeit?

Während der ganzen fünf Monate unseres Aufenthaltes bei den Waikas gibt es zum Glück keinen Todesfall. Abgesehen von der rein menschlichen Tragödie – auf das Leichenmahl, die »Knochenmehlsuppe«, kann ich verzichten. Die alltäglichen kulinarischen Genüsse sind auch so noch exotisch genug.

Wieder ist eine friedvolle Nacht vergangen. Der Talgrund liegt noch im Schatten der dunkelbewaldeten Gebirgszüge. Nur die höchsten Gipfel sind von der aufgehenden Sonne beschienen. Die frühmorgendliche Stille wird mehr und mehr verdrängt von den Geräuschen des erwachenden Rundhauses. Als dann die ersten Strahlenbündel durch die Schlitze der äußeren Palisadenwand brechen, verlasse ich gemeinsam mit drei jungen Männern das Shabono. Auf einem der schmalen Pfade, die vom Dorf wegführen wie die Speichen eines Rades, gehen wir im Gänsemarsch hinaus in den Wald.

Bald überqueren wir auf einer schwankenden Stelzenbrücke das Flüßchen und marschieren in völligem Schweigen unter den hochaufragenden Bäumen dahin. Ich kenne die Umgebung, fühle mich längst zu Hause, und was man oft als selbstverständlich hinnimmt, ja gar nicht beachtet, gewinnt hier eine überragende Bedeutung: die Kenntnis eines umgestürzten Baumstammes; ein volles Bromeliennest, das aus einer Astgabel sprießt und zu dem man jedesmal hochschaut; ein Uferbaum mit bohnenähnlichen Schoten, deren Fruchtfleisch zwischen der Schale und den flachen Kernen erfrischend süß-sauer schmeckt; eine Stelle, wo das Sonnenlicht immer durchs Blätterdach flutet und dort wilde Blumen leuchten läßt; ein kleiner Wasserfall mit kristallklarem Naß, von dem jeder trinkt. All das ergibt die Vertrautheit eines Pfades, die Geborgenheit einer Umgebung.

Ab und zu bleibt einer der jungen Indianer für einen Augenblick stehen; lange genug, um zu horchen, zu wittern, einen Pfeil im Anschlag und mit seinen scharfen Jägeraugen das Mosaik der Ranken und Büsche Blatt um Blatt sezierend, hinter denen sich eine Kreatur verbergen könnte. Weiter entfernt findet einer der Drei den Urin, den eine Horde Brüllaffen hinterlassen hat. Sie beschnuppern ihn, um sich zu vergewissern, daß er frisch ist. Sie suchen die Umgebung ab, lauschen auf die Geräusche, doch nichts läßt auf die Anwesenheit der Tiere schließen. Wahrscheinlich sind sie schon außer Reichweite; sie haben hier Halt gemacht und sind dann mit unbekanntem Ziel von Ast zu Ast weitergesprungen.

Nach einer guten halben Stunde erreichen wir den Dschungelgarten der Familie, bei der ich wohne. Mit Hilfe von Feuer wurde vor Wochen schon ein Stück Wald notdürftig und unregelmäßig gerodet. Jetzt sind wir seit einigen Tagen damit beschäftigt, Schößlinge der Bananenpflanzen zwischen halbverkohlten Baumstämmen in die aschengedüngte Erde zu setzen. Ganz unsystematisch, alle drei bis vier Meter voneinander entfernt ein Setzling; immer dort, wo die ausgewachsenen Stauden sich später nicht gegenseitig ums Sonnenlicht bringen. Sobald die dünne Erdkrume nach zwei oder drei Jahren der Bestellung weniger fruchtbar wird, läßt man die Plantage wieder verkommen. Sie fällt schnell dem Urwald anheim, und man rodet andernorts ein neues Stück Land. Dadurch nimmt die Umwelt keinen Schaden; der Boden kann sich vollständig regenerieren, es gibt keine irreparable Veränderung des natürlichen Bewuchses. Vielleicht wird man an der einen oder anderen Ecke noch wilden Kakao pflanzen, dessen Fruchtfleisch gegessen wird, die Bohnen jedoch fortgeworfen und nicht zur Herstellung eines Getränkes verwendet werden; vielleicht auch noch zuckerrohrähnliches Pfeilrohr ziehen, oder man legt eine halbwilde Plantage mit Palmgewächs an, aus der dann gelegentlich nach Jahren, wenn man längst nicht mehr in der Gegend wohnt, noch geerntet wird. Die Waikas lieben vor allem die mehligen, schwach süßlichen Früchte der Pfirsichpalme; die schuppigen Früchte der Morichepalme; die braunen, pflaumengroßen, aber hartschaligen und innen schleimigen Früchte der Yaguapalme oder die weißen Nüsse der Manacapalme.

Die verbrannte Erde hat bei meinen drei jungen Begleitern Spuren hinterlassen, es sind keine Rothäute mehr, sondern »Schwarzafrikaner«. Ihr Arbeitseifer ist enorm, sie kennen kein Maß und keine Grenzen – eine Beobachtung, die ich schon öfter machen konnte. Die Indianer scheinen eine Einteilung der Arbeit entsprechend ihren Kräften nicht zu kennen. Voller Eifer beginnen sie, arbeiten, ohne sich um anderes zu kümmern, manchmal stundenlang bis zur totalen Erschöpfung, manchmal auch nur kurze Zeit, einfach bis sie keine Lust mehr haben. Sie scheinen mir gewissermaßen »launisch« in ihrem Schaffensdrang, aber nie wird ein Fleißiger sich erlauben, einen Faulenzer zu maßregeln. Mit meinen Freunden habe ich heute Glück, sie haben einen guten Tag erwischt, sie sind kaum zu bremsen. Die neue Pflanzung liegt an einem Hang. Unweit davon befinden sich noch mehrere Parzellen verschiedener Besitzer. In der Regel ist jeder Haushalt für seinen eigenen Garten zuständig. Auch die Arbeitsteilung zwischen Mann und Frau ist geregelt: Er rodet und pflanzt, sie erntet.

Während ich versuche, mein vom Bücken schmerzendes Rückgrad gerade zu biegen, sehe ich, wie eine Gruppe Frauen einen Teil »unseres« Gartens durchquert. Sie gehen langsam, und die großen Tragkörbe am Rücken schwanken im Rhythmus ihrer Schritte. Kleine Mädchen rennen spielerisch voraus und zurück, hüpfen flink hin und her, gerade wie es sich aufgrund des Bodenprofils und der Hindernisse ergibt. Fröhlich schwatzend wandert die Schar vorbei, ohne von mir große Notiz zu nehmen. Kurze Zeit später erscheint noch ein Trupp Jugendlicher; ein halbes Dutzend Buben, die Kleinsten von ihnen mögen acht, die größeren vielleicht vierzehn Jahre alt sein. Einer der älteren – es ist jener, der damals beim ersten Kontakt mit dabei war und meine Schnürstiefel anzog – wirft mir einen kecken Blick zu und macht eine einladende Handbewegung: Kommt mit. Ganz nach Indianersitte lasse ich die angefangene Arbeit liegen und folge dem Trupp erwartungsvoll. Bestimmt kennt einer von ihnen ein Nest wilder Bienen, das jetzt geplündert wird. Wer ißt nicht gerne Honig?

Schon bald haben wir die Gruppe Frauen und Mädchen am Rande der nächsten, brachliegenden Pflanzung eingeholt. Die

Damen sind gerade dabei, abwechselnd einem alten Bananenbaum Fußtritte zu versetzen. Dabei fallen jedesmal gestreifte, fingerlange Maden aus den vielen Rindenschichten des absterbenden Baumstammes. Hurtig werden die fetten Engerlinge eingesammelt, mit den Fingernägeln ausgeweidet, in Blätter eingewickelt und im Tragkorb verstaut. Auch die Knaben beteiligen sich, und bald streckt mir einer zwei dieser mastigen Raupen entgegen. Dankend lehne ich ab. Er schaut mich verblüfft an, dann beißt er dem sich verzweifelt ringelnden Klumpen den Kopf ab, schlürft den dickflüssigen, gelblichen Inhalt heraus und kaut schließlich die ledrige Haut mit sichtlichem Vergnügen.

Als der Bananenbaum nichts mehr hergibt, läßt das Interesse der Frauen an ihm nach. Sie setzen ihren Weg fort, und es erweckt den Eindruck, als gingen sie spazieren. Auch das männliche Jungvolk zieht weiter, wandelt ziellos durch den alten Garten, der langsam wieder zum Urwald wird, und ich glaube nicht mehr so recht ans Honigschlecken. Zuerst wird ein grünblau schillernder Kolibri, der im Rüttelflug vor einer roten Hibiskusblüte »steht«, aus kurzer Distanz erbarmungslos mit einem Pfeilregen eingedeckt. Zu meinem Bedauern mit Erfolg. Dann entdeckt einer das Nest von Blattschneider-Ameisen. Der Bau wird mit einem Stock aufgebrochen. Ins offene Nest wird ein blätterbehangener Ast gelegt und vollbesetzt mit Ameisen herausgezogen. Die großen weiblichen Tiere werden abgelesen und geköpft, dann wird das mollige Hinterteil roh verzehrt. Um mein Gesicht zu wahren und im Interesse der »Haute Cuisine« lasse ich mir eine Handvoll zum Probieren geben. Ein herzhafter Biß auf Plastikkügelchen, gefüllt mit Lebertran, beschreibt diesen Gaumenkitzel angemessen. Endlich scheinen die Buben genug zu haben und verziehen sich in den Wald. Dort klettern zwei der Kleinsten an dicken Lianen hoch wie Schimpansen, schaukeln und schwingen sich hin und her. Die anderen wiederum ziehen und zerren an den starken Ranken und versuchen, ihre Freunde herunterzuschütteln. Alles schreit und lacht wie auf einem Schulhof während der Pause.

Ich gehe zurück zu meinen drei Arbeitskollegen. Dort sehe ich, daß mein Beispiel Schule gemacht hat. Einer ist verschwunden, die beiden anderen sitzen lässig neben einem großen Granitbrocken und spielen ihr liebstes Spiel: Der Jüngere läßt mehrmals die Sehne gegen den Bogenstab klatschen und horcht angestrengt dem kalten, trockenen Klang. Der Ältere visiert entlang des Pfeiles ein imaginäres Ziel an, zupft mit Daumen und Zeigefinger behutsam an den am Schaftende befestigten Federn und korrigiert ihren Sitz noch ein wenig, so daß sie jene sanfte Drehung beschreiben, die dem Pfeil beim Flug den gewünschten Drall verleiht. Dieser Junge hat mich durch seine Intelligenz und Gewandtheit schon öfter in Staunen versetzt, und ich bin gerne mit ihm zusammen. Sein Körper ist muskulös, aber nicht klobig, in seinem markanten Gesicht blitzen listige schräggeschnittene Augen, seine Gesten sind flink. Am Oberarm-Bizeps trägt er immer dünne Bänder aus Vogelbälgen, in die er öfters farbige Ara-Schwanzfedern steckt. In Fragen der Ehre ist er äußerst empfindlich, er will sich als guter Jäger und tapferer Krieger Achtung und Respekt verschaffen. Ich glaube, er hat das Zeug zu einem künftigen Anführer. Ich jedenfalls habe schon viel von ihm gelernt: welche Kalorien aus der Speisekammer »Sierra-Wald« am bekömmlichsten sind; aus welchen pflanzlichen Bestandteilen – verschiedenen Lianenrinden und dem milchigen Bast eines Baumes – das Pfeilgift hergestellt wird; vor allem habe ich auch gelernt, still und leise zu sein, hinzusehen statt zu fragen, zu hören statt Lärm zu machen.

Als ich mich zu den beiden setze, bin ich wieder mal das Opfer ihres gutmütigen Spottes. Sie machen sich über meine Stiefel lustig, und zwar hauptsächlich, weil ich in ihren Augen mit meinen Füßen sehr hilflos bin. Die haben gut lachen! Hätte ich Fußsohlen mit Elefantenhaut, könnte auch ich barfuß durch den Wald laufen, ohne daß ein Zweig auf dem Boden bricht; und wären meine Zehen ebenfalls als regelrechte Greiforgane ausgebildet, hätte auch ich vier Hände zum Halten, Grapschen und Wühlen. Einige Jahrhunderte »Schuhkultur« haben schließlich Spuren hinterlassen.

Geräuschlos flattern, wie herbstliche Blätter im Wind, buntfarbige Schmetterlinge um den verwitterten Felsbrocken, neben dem wir sitzen. In der Ferne ertönt das ärgerliche Gekreisch von Papageien, die sich irgendwo in den Bäumen niederlassen. Nach einer Weile stehen die beiden Indianer auf, nehmen ihre Siebensachen und entfernen sich. Ich folge ihnen. Außer dem oberen Drittel ihrer Waffen kann ich nur ihre Rückseite sehen. Die Hinterköpfe, das kurzgeschnittene Haar mit der kreisrunden Glatze in der Mitte; sehnige, rußverschmutzte Schultern und die an einer Faserschnur um den Hals am Nacken baumelnden »Handtaschen«, fußlange, brandmusterverzierte Baumbusköcher, die durch eingestopfte Blattknäuel verschlossen sind und die wichtigsten indianischen Reiseutensilien beinhalten: Feuermachhölzer, Haarschneidegras, Messerchen aus Agutizähnen, Curare und Ersatzpfeilspitzen. Der Pfad schlängelt sich im hügeligen Gelände hinab und wieder hinauf durch dunkles Laub, und das lauteste Geraschel kommt von meinen Fußtritten. Insgeheim ärgere ich mich darüber. Das Buschwerk wird dichter und platzt plötzlich vor uns auf. Unvermittelt stehen wir an einem Bach. Wir überqueren ihn auf einem umgestürzten Baum, einer hinter dem anderen, springen auf der anderen Uferseite auf eine kleine Sandbank und beginnen, uns mit nassem Sand sauber zu schrubben. Nach einem erfrischenden Bad glänzt die Haut wie poliert. Gelbe Wespen zucken hin und her und versuchen, sich auf unseren feuchten Körpern niederzulassen. Die Indianer erwehren sich ihrer, indem sie sie mit der flachen Hand auf dem Körper erschlagen. Gegenüber den Stichen der Tagesstechfliegen, Mücken und Moskitos sind die Waldmenschen nämlich genauso empfindlich wie ich als hellhäutiger Europäer; bei ihrem Mangel an Kleidung sind sie dieser Plage sogar in noch stärkerem Maße ausgesetzt, und selbst der Schutz durch flächendeckende Körperbemalung ist nur höchst unvollkommen. Hat man uns anfänglich wegen unserer abstreifbaren »zweiten Haut« noch ausgelacht, so hat man darin, jedenfalls in der Nähe von Moskitowolken, doch eine gewisse Zweckmäßigkeit entdeckt.

Die rauhen Rufe eines Hockohuhnes lassen meine indianischen Begleiter wie auf ein Kommando die Sandbank verlassen. Gebückt schleichen sie sich zurück unters schützende Blattwerk. Kein Ast knackt, kaum daß etwas Laub raschelt. Mit der samtpfötigen Geschicklichkeit des Jaguars bewegen sie sich durchs Dickicht und gleiten zum Fuß eines nahen Baumriesen. Ich habe da schon mehr Mühe, konzentriere mich aber aufs

Äußerste und lasse mich auch durch die Spinnweben, die sich mir feucht aufs Gesicht legen, nicht irritieren.

Als ich die jugendlichen Jäger einhole, bemerke ich ihre fieberhafte Erregung. Der Jüngere hat beide Hände zu einer Muschel geformt, die an den Mund gepreßt ist, und läßt in Abständen täuschend ähnliche Rufe ertönen. Das Geselligkeitsverlangen wird dem Baumhuhn mit dem schmackhaften Fleisch bald zum Verhängnis werden. Der Ältere versucht vorsichtig, im Geäst des Ufergebüsches ein freies Sicht- und Schußfeld zu bekommen. Ein kräftiges Flügelschlagen ist zu vernehmen, in der gegenüberliegenden Ufergalerie schwanken Äste, und dann sehe ich den schweren, huhnartigen Waldvogel keine fünfzehn Meter entfernt in seiner vollen Größe. Gespannt warte ich auf den Pfeilschuß des Indianers, doch nichts geschieht. Der kann von seinem Standplatz aus den Vogel wohl nicht recht sehen, und dieser wiederum sitzt recht unruhig auf seiner Warte, benimmt sich so, als ob er jeden Augenblick wegfliegen wolle. Los Junge, schieß doch! Aufgeregt gebe ich dem Indianer ein Zeichen, er solle zu mir herkommen. Eigenwillig sucht der aber seine eigene Schußposition, noch ist ihm irgend etwas im Weg. Da kann ich mich nicht mehr halten, beuge mich langsam vor, ergreife den am Baumstamm angelehnten Bogen des jüngeren Indios, der weiter geduldig Lockrufe von sich gibt, und lege einen Pfeil mit Widerhakenspitze auf. Schließlich ist es nicht das erste Mal, daß ich so ein Gerät in die Finger nehme. Es dauert vielleicht eine gewisse Zeit, aber der Vogel ist noch da. Den linken Arm, mit dem ich den massiven Bogen halte, drücke ich ganz durch und ziehe die harte Sehne mit der rechten Hand bis an die Schulter zurück. Die Anstrengung läßt die Muskeln anschwellen. Tief einatmen, Luft anhalten, mit dem Kopf direkt am Pfeil entlang das Opfer anvisieren, und mit einem leisen Zischen schnellt der Pfeil von der Sehne. Gebannt verfolgt das zielende Auge die Flugbahn. Verdammt... haarscharf daneben! Der Pfeil ist weg, das Hockohuhn auch, und die bitterbösen Blicke der beiden Indianer werde ich bis an mein Lebensende nicht mehr vergessen.

Nun, danebenschießen kann jeder mal, daß der Pfeil verloren ist, tut mir jedoch wirklich leid, denn die Herstellung so eines hochpräzisen Flugkörpers erfordert viele Stunden Feinarbeit.

Nach einer halben Stunde geben wir die hoffnungslose Sucherei auf. Übrigens, im Gegensatz zu den anderen Indianern Südamerikas, den Piaroa, den Auca oder den Jivaro, kennen die Waikas das Blasrohr nicht. Auch stellen sie keine Fallen, und nur auf mehrtägigen Kollektivjagden nehmen sie zusätzlich Lanzen und ihre Hunde mit.

Das Flüßchen liegt im Schatten der hohen Bäume, und außer dem melodischen Gluckern des Wassers ist nichts zu hören. Als wir uns auf den Weiterweg machen, zeigen mir die jungen Jäger ihre Enttäuschung ganz unverblümt. In ihren Augen habe ich offensichtlich an Kredit verloren.

Der Pfad, dem wir folgen, verläuft sich immer mehr, der Urwald wird noch dichter, noch wilder. Es ist eine grüne, feuchtwarme, scheinbar stille Welt mit gebrochenem Licht und gedämpften Farben. Nur selten fällt ein Sonnenstrahl auf die vermoderten Blätter, Äste und Stämme am Boden. Um die Indianer nicht aus den Augen zu verlieren, gehe ich unmittelbar hinter ihnen. Daß wir durch wenig begangene Gegenden streifen, merke ich daran, daß die Jäger beginnen, von Zeit zu Zeit Pflanzenstengel zu knicken und Zweige zu brechen. Auch Waldindianer können sich verirren, auch sie markieren den Weg, trotz ihrer außergewöhnlichen Sinnesschärfe.

Wir kommen in ein bergiges Gebiet, wo ich vorher noch nie war. Dichter Wald wechselt ab mit lichteren Stellen. An den Abhängen liegen Granitblöcke, geborsten und zertrümmert, als hätte ein Riesenhammer sie getroffen.

Plötzlich kreuzt ein Gürteltier, so groß wie ein Dachs, unseren Weg. Der behäbige Insektenfresser erschrickt, läuft einige Schritte, bleibt ruckartig stehen und rennt dann auf seinen krallenbewehrten Stumpenbeinen zu einem aufgetürmten Aushub unweit eines Felsbrockens. Blitzschnell setzen die Jäger ihm nach. Das vorsintflutlich aussehende Panzertier kann im Bau seiner Erdwohnung den zupackenden Händen gerade noch entkommen. Viel wird es ihm nicht helfen. Schon liegt ein Stoß Laub, Moos und Zweige vor dem Höhleneingang. Ich habe etwas gutzumachen, und man erwartet das auch; man erwartet, daß ich mit der kleinen »Zauberwurzel« – dem Benzinfeuerzeug – schnellstens ein Feuer entfache. Beißender Rauch kringelt sich hoch und wird von einem aufmerksamen Indianer mit einem großblättrigen Astwedel in den Gürteltierbau gefächert, während der andere sich einen speerartigen Stock bricht, wobei er mit Finger und Zähnen ein Ende davon anspitzt. Das Tier wird regelrecht ausgeräuchert. Bald erscheint der hornüberzogene Schwanz im Eingang der Höhle. Wie Raubvogelkrallen ergreifen kräftige Menschenhände das Ende des Schuppenschwanzes, zerren den ganzen Körper aus dem Bau, schleudern ihn durch die Luft und schmettern ihn rücklings auf den Boden. Noch bevor das Tier die schwachgeschützte Unterseite abdrehen kann, bohrt sich eine Lanze durch seine Eingeweide, wird es erbarmungslos auf den Boden gespießt. Im Todeskampf verdreht es den länglichen Schädel und reißt das spitze Maul weit auf zu einem lautlosen Schrei. Unbewegt beobachten die Waikas den verzweifelten letzten Kampf der Kreatur. Dieses Abschlachten hat nichts mit »edlem Waidwerk« zu tun, nichts mit »humanem Erlegen«, sondern es ist grausames Töten.

Man kann das nur begreifen, wenn man gesehen hat, mit welch einfachen Mitteln diese Menschen ihren Eiweißbedarf decken müssen. Sie können halt nicht appetitliche Häppchen aus dem Metzgerladen holen oder in Plastik eingeschweißte Brocken aus der Tiefkühltruhe.

Mit einer lanzenförmigen Pfeilspitze, als Messer dienend, schneidet einer der Burschen die ledrige Bauchdecke auf und weidet das Gürteltier aus. Unterdessen macht sich der andere auf die Suche nach geeignetem Baumbast zum Tragen der Beute. Die Eingeweide werden flüchtig gereinigt, separat in Blätter eingewickelt und als Leckerbissen nach Hause mitgenommen.

Es ist bereits später Nachmittag, als der ältere der Jungs das zusammengeschnürte, bestimmt zehn Kilo schwere Wildbret auf den Rücken schwingt. In raschem Tempo begeben wir uns auf den Heimweg, ohne einmal anzuhalten, und als wir durch die schmale Öffnung ins Dorfinnere schlüpfen, fallen die schrägen Strahlen der Sonne schon unter das Schilfdach. Die Geborgenheit des Rundhauses mit seinen vertrauten Geräuschen, Lauten und Gerüchen empfängt mich: Frauenlachen, Männergeplapper, Kinderstimmen, Hundegebell. Es riecht nach Rauch und gebratenem Fleisch. Beim Nachbarn vor dem Wohnraum sitzt meine kleine Blumenprinzessin am Boden und knüpft sich ein Schürzenröckchen, indem sie gelbe Baumblüten an eine zwischen zwei Stöcken gespannte Bastschnur bindet. Geruhsamer Lebensrhythmus. Erschöpft von der langen Tagestour lege ich mich in die Hängematte und schaukle meine Müdigkeit.

Die Mutter meiner Weggenossen bringt mir einen Streifen geröstetes Wildschweinfleisch und eine Kürbisschale voll warmem Bananenkompott, das nach gekochtem Rhabarber schmeckt. Der Gedanke, daß ich von dem eben mitgebrachten Gürteltier nichts erhalten werde, macht mich erst recht hungrig, denn in seinem eigenen Panzer gegart, ist dieses Fleisch etwas vom schmackhaftesten, was die Dschungelküche hergibt. Das Gesetz will es anders; niemals verzehrt der Jäger das Wild, das er heimbringt, selber, er verschenkt es an Verwandte und Freunde. Würde jemand der strengen Regel zuwiderhandeln, die zum Tausch zwingt, so würde er »Sina« werden, ein schlechter Jäger, und nie mehr ein Tier erlegen.

Nichts kennzeichnet das wahrhaft gemeinschaftliche Leben der Waikas besser als dieses merkwürdig uneigennützige System der Nahrungsverteilung, bei dem der Indianer seine ganze Beute verschenkt. Dabei ist für ihn die Jagd so ziemlich der höchste Zweck seines Erdendaseins, sie steht auf gleicher Stufe mit der Verteidigung seiner Angehörigen. Sein Stolz, sein Ansehen und seine Männlichkeit beruhen auf seinem Jagdgeschick, und so ist es nicht verwunderlich, daß Yoshi und ich in mancherlei Hinsicht nicht allzu ernst genommen werden, weil wir von vielem weit weniger verstehen als jedes Waikakind. Unser Zivilisationswissen zählt hier nichts. Ich befürchte sogar, wir werden manchmal als Trottel angesehen. Unser Tun und Lassen ist für sie immer eine Quelle der Heiterkeit; aber man begegnet uns nie anders als mit unerschöpflicher Freundlichkeit. So erbarmungslos sie zu Feinden sein mögen, so großmütig und wohlwollend sind sie zu uns.

Die Zeit vergeht. Ein Mond stirbt, ein neuer entsteht und wächst am Himmel. Die Tage und Wochen sind ausgefüllt mit kleinen Alltäglichkeiten, die in ihrer Gesamtsumme zum großen Erlebnis werden. Wir fühlen uns pudelwohl in dieser weltentrückten Abgeschiedenheit inmitten eines fast unendlichen Urwaldes; wir fühlen uns pudelwohl unter den Fittichen unserer indianischen Freunde, leben frei von Sorgen, frei von jeder Verantwortung und genießen den Frieden, der uns umgibt.

Ein Erlebnis besonderer Art ist die Isolation, das totale Abgeschnittensein von der Außenwelt, denn selbstverständlich haben wir keinen Radioempfänger mitgenommen. Ganz bewußt nicht. Seit Wochen leben wir wie auf einem fremden Planeten. Gibt es sie überhaupt noch, die andere Welt – unsere Welt? Wir wissen es nicht. Nicht mal Kondensstreifen von Flugzeugen verraten es am Himmel.

Eines Nachmittags, ich halte gerade Siesta, erscheint ein fremder Krieger im Shabono. Sein Haar ist ganz mit weißen Flaumfederchen geschmückt, sein nackter Körper mit schwarzen Ringen bemalt. Er geht schweigend in die Mitte des Platzes und bleibt dort einige Minuten bewegungslos stehen. Das Kinn hochmütig vorgereckt, den Blick fest, herausfordernd, starr, so stellt er sich furchtlos den wenigen Anwesenden, die ihn begrüßen, ihn heulend umschwirren, gerade wie uns damals. Der Fremde hat Pech, denn außer einigen Greisen und Kindern sind nur drei erwachsende Männer zu Hause.

Einer davon ist der Häuptling. In Erinnerung an unseren grandiosen Empfang finde ich das Komitee und die akustische Kulisse nun wirklich sehr bescheiden. Auf einmal reitet mich der Teufel. Wie ein angeschossener Gorilla stürze ich brüllend, schreiend und heulend auf den Dorfplatz; mit wirbelnden Armen umkreise ich den Gast. Der ist durch die schaurige Erscheinung schlichtweg geschockt. Augen und Mund hat er weit aufgerissen, und am Körper beginnt er zu zittern. Der arme Kerl sieht ein Monster, ein furchterregendes Schreckgespenst. Da tut er mir leid, und ich lasse den Unfug, doch unser Häuptling hat noch nie solche Freude gehabt an mir wie jetzt, das entnehme ich den stolzen Blicken, die er mir anerkennend zuwirft.

Nach dem obligaten Einschüchterungsprogramm wird dem sichtlich aus dem Gleichgewicht geratenen Besucher ein Ruhelager angeboten, wird er großzügig bewirtet, und dann verkündet er nach einer Weile in lautem Singsang: »Ich komme zu euch, um euch zu einem Festmahl bei meinem Stamm einzuladen. Mein Häuptling läßt ausrichten, daß wir viele reife Bananen haben.«

Gegen Abend kehren immer mehr Jäger aus dem Wald zurück. Man spürt es, der Fremde hat Unruhe ins Dorf gebracht. Einige Männer bleiben die ganze Nacht mit ihm auf, um zu reden und Neuigkeiten auszutauschen. Am nächsten Morgen wird verkündet, daß eine kleine Delegation der Einladung folgen wird. Da sehe ich eine Chance, noch einen anderen Stamm kennenzulernen, wenn ich mich ihnen anschließe. Ich weihe Yoshi in meinen Plan ein, will ihn zum Mitmachen überreden, doch der hat keine Lust, seinen bequemen Wohnsitz gegen einen langen Marsch einzutauschen. Trotzdem halte ich am gefaßten Entschluß fest, nicht ohne vorher den Häuptling um Erlaubnis zu fragen und den dorfältesten Schamanen um seinen Segen zu bitten. Generös wird meinem Wunsch stattgegeben; gute Schutzgeister und mächtige Zauberkräfte sollen mich unterwegs beschützen. So gut es mir hier auch gefällt, so freue ich mich doch sehr auf den unerwarteten Ausflug, und schnell ist der Rucksack mit dem Allernötigsten gepackt.

Als wir im Morgengrauen des folgenden Tages aufbrechen, sind wir eine Gruppe von sechs Männern. Wir bewegen uns in nordwestlicher Richtung entlang des Flüßchens, das nach einem halben Marschtag scharf nach Norden abbiegt und seinen Weg durch ein schluchtenartiges Gebirge sucht. Auf dicht überwachsenen Pfaden klettern wir an kleinen Wasserfällen und Stromschnellen entlang, in denen die Fluten mit schwindelerregendem Tempo vorbeischießen.

Die Nacht verbringen wir an der einzigen ebenen Stelle weit und breit, wo die Überreste von einigen primitiven Laubdach-Unterschlüpfen stehen und kalte Asche von früheren Feuerstellen liegt. Bevor die Dunkelheit hereinbricht, werden noch die Dächer der Unterstände mit frischen Laubwedeln bedeckt und trockenes Holz eingesammelt. Stumm sitzt man danach um zwei Feuer und ißt gebratene Palmfrüchte. Eine auffallende Beklommenheit liegt über dem Lager. Ich kann mich des Eindrucks nicht erwehren, daß meine Waikas, so mutig und tapfer sie auch sind, außerhalb ihres schützenden Shabonos eine ausgesprochene Nachtangst haben. Ist es die Furcht vor den bösen Buschgeistern?

Zwei weitere Tage marschieren wir zügig und schweigend

durch den Wald, verlassen das Flüßchen, überqueren mehrere Höhenzüge und kommen ins Tal eines anderen Flusses. Ich möchte wetten: Diesen Wasserlauf habe ich viel weiter im Süden schon mal auf einer Stelzenbrücke überquert, und mit einemmal finde ich mich wieder zurecht auf meiner »geistigen« Landkarte.

Gegen Abend des dritten Tages erreichen wir eine wildangelegte Pflanzung und kurze Zeit später die Nähe eines Shabonos. Während unser fremder Begleiter alleine in Richtung Dorf entschwindet, legen meine vier Freunde einen Halt ein, beginnen, sich gegenseitig mit fettiger roter Onotopaste zu verzieren, indem sie kräftige Schlangenlinien auf Stirn, Wangen und über den ganzen Körper zeichnen. Als Symbol der Friedfertigkeit werden die Haare über und über mit weißen Daunen beklebt. Herrgott nochmal, wie sehen die denn aus, reif für den Karneval! Unter Gelächter und Gekicher wird auch mein Haarschopf weiß überzogen. Nur schade, daß ich keinen Spiegel mit dabei habe.

Stolz wie Gladiatoren marschieren wir danach ins Dorf ein. Ein Dorf, das kaum halb so groß ist wie das »unsere«, in dem sich aber das Besuchszeremoniell nicht weniger vollendet abspielt: Stolzes Imponiergehabe der ankommenden Gäste in der Mitte des Platzes; furchterregende Kriegsparade der Hausherren, unter dem Motto: »Wehe, wenn ihr nicht brav seid«; Anbieten eines Ruhelagers; großzügige Eßrationen; Übermitteln von Neuigkeiten in Form von Sprechgesängen. Und natürlich ist der weiße Koloß einmal mehr die große Nummer des Programms: Vielbewunderter Star, Clown und Kinderschreck in einem.

Ob Rambazambafeten, Galadiners oder Exotengelage; mein weltoffenes lebenslustiges Naturell hat damit keine großen Probleme. Aber was ich mir hier, in diesem wilden Indianerdorf, in den tiefsten Tiefen der Orinocowälder eingebrockt habe, überfordert selbst meinen äußerst strapazierfähigen Pferdemagen. Bereits zum zweiten Mal muß ich den hölzernen Trog mit dem süßlichen Bananengebräu verlassen, um mich in einer Ecke zu übergeben; im Gegensatz zu den übrigen Anwesenden ohne mit dem Finger nachzuhelfen, was mir noch zusätzliches Lob einbringt.

Seit Stunden schon bin ich inmitten dieser entarteten Bananenfresserei und muß, aus Höflichkeit gegenüber den Gastgebern, notgedrungen mithalten. Nein, kein »Leichenmahl«, nur eine ganz gewöhnliche hemmungslose Mästerei.

Man hockt dicht beisammen auf der braunen Erde, in die schon mancher Unrat und Auswurf hineingesickert ist, rund um den großen Holztrog aus einem ausgehöhlten Baumstamm. Der Rest der schleimigen Bananensuppe darin ist längst erkaltet, aber noch immer tauchen einige ihre Kürbisschalen in den breiigen Tümpel und versuchen, den Sitznachbarn zu stopfen, mit übertriebener Großzügigkeit seinen Magen zu überladen. Die Partyecke des kleinen Rundhauses braust von überschäumendem Leben. Immer wieder sprüht Lachen auf, oft lang und schrill, entzündet von Sticheleien oder amüsanten Erinnerungen. Man spottet, brüllt, schlürft, schmatzt, rülpst, und man spuckt ungeniert auf den Boden. Neuigkeiten, Klatsch und Lästerreden laufen um, ausgeschmückt und verzerrt, enden in wonniger Prahlerei. Komplizen rotten sich zusammen, man schmiedet Pläne, die nie ausgeführt werden.

Von Zeit zu Zeit treten Pausen ein, in denen sich alle ausruhen. Die Frauen benehmen sich etwas gemessener, die meisten sitzen nur daneben und schauen zu, beteiligen sich nicht an dem lärmigen Treiben. Dafür die Kinder, immer in gebührendem Abstand zu mir, und einigen ist es auch bereits schlecht geworden.

Über kurz oder lang flammt die Festfreude dann wieder auf, obwohl jeder versichert, er sei satt, er habe schon viel zuviel genossen. Dessen ungeachtet bedrängt man sich gegenseitig, füttert und wird gefüttert. Männer mit geblähten Bäuchen schwanken umher, als seien sie betrunken, dabei ist das lukullische Mahl absolut alkoholfrei: reinste vegetarische Schonkost.

Gelingt es dem einen oder anderen, mit dem Finger im Rachen die Suppe wieder von sich zu geben, schlägt ihm helle Begeisterung entgegen, und alle sind zufrieden: Die Besucher, weil sie zeigen, daß sie spendabel bewirtet werden, die Gastgeber, weil es ein Zeichen für ihre Freigebigkeit ist. Da läßt sich nichts beschönigen, ich bin unter Barbaren gelandet: fressen und kotzen, kotzen und fressen!

Am folgenden Tag geht es gleich weiter, mit frischer, dampfender Fruchtsuppe, doch da ich auf Jahre hinaus keine Bananen mehr sehen kann, bleibe ich in meiner Hängematte liegen und simuliere Bauchschmerzen. Man muß schon als Indianer geboren sein, um solch eine zügellose Völlerei drei lange Tage ohne Schaden durchstehen zu können.

Zum Glück kriegen auch die ausdauerndsten Schluckspechte irgendwann genug. Ein Großteil der Dorfbevölkerung mitsamt ihren Gästen liegt erschöpft und mitgenommen zu Hause im Bett. Das Shabono verfällt in sein gewohntes Alltagsleben.

Nach einer Woche brechen meine Freunde wieder auf, begeben sich ausgeschlafen und erholt auf den Heimweg. Wie bei allen Waikas üblich ganz ohne Aufregung, ohne Abschiedsworte, ohne Gesten und ohne Winken. Man sagt einfach: »So, jetzt gehe ich nach Hause«, und dann geht man.

Es gibt auch keine Aufregung, als ich alleine zurückbleibe. Aber bald merke ich, daß ich doch nicht so willkommen bin. Weiß der Teufel, warum. Während zwanzig Tagen versuche ich, das Eis zum Schmelzen zu bringen, probiere mit allen gesammelten Erfahrungen, Brücken zu schlagen. Es gelingt mir nicht, und ich kann mir nicht erklären, weshalb. Den Weg zu einem anderen Dorf weiter im Norden, von dem öfters erzählt worden ist, will auch keiner mit mir gehen. Man liegt wohl nicht in bester nachbarschaftlicher Beziehung zueinander.

Ich entschließe mich, zurück »nach Hause« zu gehen, dorthin, wo ich mich wohlfühle, zurück zu meinen Pappenheimern.

Überraschenderweise begleitet mich derjenige, welcher uns schon die Einladung brachte. Der Fremdenführer des Dorfes? Bald merke ich, daß er einen anderen Rückweg benutzt. Da er jedoch in der Nähe des Flusses bleibt, von dem ich glaube, ihn zu kennen, sehe ich keinen Grund, ihm nicht zu folgen. Einmal kreuzen wir die Fährte von Wildschweinen. An einigen Stellen ist der Waldboden aufgewühlt. Mein Begleiter untersucht die Spuren, dann beschreibt er mit der ausgestreckten Hand anderthalbmal den Bogen der Sonne von Horizont zu Horizont. Also, vor sechsunddreißig Stunden sind die Tiere vorbeigekommen. Viel zu lange her für eine Jagd.

Andernfalls würde er bestimmt schnurstracks zurück ins Shabono rennen und seine Leute zur Hatz mobilisieren.

Es ist am zweiten Marschtag, als wir unerwartet auf ein sehr heruntergekommenes Waldlager stoßen, bewohnt von einer kleinen Gruppe Indianer. Unerwartet aber wohl nur für mich. Der Trupp besteht aus ein paar Greisen, einigen Frauen und einem Dutzend Kindern. Alle sind schmutzig, verwahrlost, geschwächt und irgendwie führerlos und unzugänglich. Nein, mehr noch, mir scheint, sie leiden unter einem Trauma. Selbst meine für sie bestimmt ungewöhnliche Erscheinung kann sie nicht aus der Lethargie reißen. Kein Fluchtversuch und keine Begrüßung. Mysteriös und unerklärlich. Hat sich bei diesen Menschen ein Drama abgespielt? Mein Begleiter reagiert auf Fragen mit eisernem Schweigen. Ich werde es nie erfahren.

Unser Halt dauert keine fünf Minuten, dann gehen wir weiter. Warum hat er mich überhaupt hergebracht, denn das Lager liegt nicht unbedingt am Weg?! Zurück beim Fluß, setzt mir der Kerl gleich noch weitere Fragezeichen in den Kopf; er geht eindeutig in die falsche Richtung, er geht zurück nach Hause. Halt, so nicht, mein Freund! So nicht? Unbeirrt läßt er mich stehen, trennt sich von mir ohne Abschied, ohne Tschüß. Manieren sind das! Aber ich kann auch stur sein, marschiere parallel zum Wasser stetig nach Süden und habe mich nicht geirrt; der Fluß bringt mich zu der Stelzenbrücke, die Yoshi damals als erstes Lebenszeichen entdeckte, und die wir dann gemeinsam überquerten. Von nun an bewege ich mich auf vertrauten Pfaden.

Nach über vier Wochen bin ich wieder zu Hause bei »meinen« Indianern und beim japanischen Herrn Doktor. Man nimmt es zur Kenntnis, gerade so, als wäre ich gestern weggegangen. Nur meine kleine Blumenprinzessin scheint mich vermißt zu haben, und auch Yoshi hat sich Sorgen gemacht.

Die Tage gehen dahin, werden zu Wochen, und bald sind wir fünf Monate in der Sierra. Je länger ich das Leben und den Alltag mit diesen Waldmenschen teile, um so mehr verliere ich meinen »zivilisierten« Anstrich, fühle mich nicht mehr nur als beifallspendender Besucher, der sich von dieser anderen Welt inspirieren läßt, sondern vermag mich mehr und mehr selbst darin zu entfalten. Mir ist, als begänne eine alte, dicke Rinde von mir abzublättern; eine Rinde, die meine tiefsten Gefühle, Reaktionen, Fähigkeiten und Instinkte so lange eingeschlossen hatte. Trotz manch Unverstandenem und Rätselhaftem komme ich diesen Naturmenschen irgendwie näher und näher. Entspringt mein eigenes Sein auch ganz anderen Voraussetzungen und wird es von grundverschiedenen Einflüssen getragen, so merke ich, wie die ursprünglichsten Dinge in mir wieder erwachen. Verborgene sensorische Antennen beginnen zu empfangen. Es fing damit an, daß mir Gerüche bewußt wurden, die auf einen Sumpf hindeuten, oder auf Sträucher, die mit eßbaren Schoten behangen sind. Daß ich kleine und kleinste Lebewesen auf dem Waldboden oder im Gebüsch viel schneller entdecke als früher. Daß mir Größe und Anzahl der Blätter an Zweigen die leise Spur von Frische eines nahen Bachs signalisieren. Oder daß sich Distanz- und Zeitgefühl verfeinern, zuverlässiger werden.

Mit fast kindlicher Neugier horche ich in meinen Körper und registriere das lautlose Keimen neuer Empfindungen, erlebe ein ganz anderes Wahrnehmen der Sinne. Sinne, die sich nie entwikkeln konnten, oder die ich längst verloren glaubte. Doch scheinbar sind viele noch da, nur abgestumpft und verkümmert. Ich spüre, wie unter der geduldigen Aufsicht der Indianer der von der Zivilisation »abgewürgte« Wahrnehmungsapparat sich reaktivieren läßt. Ich überlege, ob es nicht klüger wäre, hier zu bleiben. Ein Jahr. Zwei Jahre. Fünf Jahre. Vielleicht für immer. Warum nicht? Was soll mich davon abhalten? Wem bin ich über mein Tun Rechenschaft schuldig?

Nein, es ist nicht die romantische Sehnsucht nach einem »irdischen« Paradies, nicht der unwirkliche Traum vom Shangri-La, der solche Gedanken züchtet; es ist nur der Wunsch, einen umweltgeschädigten Körper – meinen Körper – wieder zu sensibilisieren, die Disharmonie zur direkten, natürlichen Umwelt abzubauen. Bin ich das meinem Menschsein nicht schuldig? Manchmal erfaßt mich ein euphorischer Lebensrausch und geht dann über in einen tiefen inneren Frieden, der stundenlang anhält. Es sind unvergleichliche Stunden, in denen mir die Fragen nach dem »Sinn des Lebens« fast schon beantwortet scheinen, und dann ist mir beinahe doch, als hätte ich einen Blick ins »Paradies« getan.

Der Gedanke ans »Hierbleiben« nimmt mich immer mehr in Beschlag. Ein anfängliches Hirngespinst entwickelt sich, wird greifbar. Aber dann quälen mich wieder Zweifel. Was tue ich den Indianern damit an? Ich bin nicht ihresgleichen und werde es niemals sein. Ist es nicht grundfalsch, eine Lebensweise nachahmen zu wollen, die nicht meinem Herkommen entspricht? Dann beschleicht mich wieder ein Gefühl von Traurigkeit bei dem Gedanken, daß ich diese Menschen bald für immer verlassen muß, Menschen, deren elementares Leben mich so stark berührt, deren glückliche Bedürfnislosigkeit auf mich übergegangen ist.

In meinem Zwiespalt wende ich mich an Yoshi. Die vielen gemeinsamen und intensiven Erlebnisse haben ein großes gegenseitiges Vertrauen geschaffen. Wir sitzen auf einem Felsbrocken unten am Fluß, als ich mich ihm offenbare. Aufmerksam hört er mir zu und scheint gar nicht überrascht zu sein. Bevor er antwortet, schaut er nachdenklich in die träge fließenden Fluten, und als er sich mir zuwendet, vermisse ich den gewohnten Schalk in seinem Gesicht:

»So sehr ich dich auch verstehen kann, so sehr muß ich dir abraten, alleine hierzubleiben. Überlege mal, was los ist, wenn ich ohne dich zurückkomme. Was soll ich den Piloten sagen und was in Puerto Ayacucho erzählen? Du bringst nicht nur die Leute, die dir geholfen haben, in große Verlegenheit, man wird vermutlich nach dir suchen kommen, und damit erweist du unseren indianischen Freunden einen gewaltigen Bärendienst.«

Fatalistisch nicke ich zu Yoshis Worten und antworte: »Ach, weißt du, im tiefsten Innern denke ich genau wie du, ich mußte es nur noch von jemandem hören.«

Er erwidert: »Betrachte unsere phantastisch schöne Zeit in diesem Dorf und die Bekanntschaft mit diesen faszinierenden Menschen als kostbares Geschenk. Trage es mit dir durch dein Leben.« Gemeinsam stehen wir auf und gehen schweigend zurück ins Shabono.

Im Osten ballen sich schwere Kumulustürme, die den Himmel verfinstern, als wir nach bald sechs Monaten erstmals wieder auf die kleine, verlassene Dschungelpiste hinaustreten. Blitze zucken in der Ferne, nach langen Pausen von Donnerschlägen gefolgt. Vor gut einer Woche haben wir unsere Waikafreunde mit viel Wehmut verlassen, haben sie in ihrer Welt zurückgelassen. Den Weg hierher sind wir alleine gegangen, und er war sehr mühsam. Niesel, Nebel und Nässe haben die Sierrahänge schlüpfrig und gefährlich gemacht. Entweder rutschten wir halsbrecherisch Hügel hinunter, oft auf dem Rucksack liegend, oder wir kletterten steil bergauf, über bewachsene Gesteinsbrocken und umgefallene glitschige Baumstämme, die Finger in schwammiges Moos gekrallt.

Beim Unterstand am Rande der Piste finden wir auf der Kreidetafel eine Nachricht für uns. Leider ist das Wichtigste, die Ankunft eines Flugzeuges, nicht mehr lesbar, die Schrift hat sich durch Wind und Wetter aufgelöst. Somit warten wir unverständigt, aber geduldig. Wir warten vier Tage, sechs Tage, acht Tage. Nach elf Tagen landet eine zweimotorige Militärmaschine. Wir werden von zwei unbekannten Piloten mit großem Hallo begrüßt und zurück in Puerto Ayacucho von unseren venezolanischen Freunden wie »Auferstandene« gefeiert. Etwas peinlich, weil wir uns keineswegs als Teufelskerle fühlen, für die man uns jedoch hält. Zudem brauchen wir einige Tage, um wieder in das Denksystem unserer Zivilisation zurückzukehren.

Eine Woche später besteigt Yoshi den Düsenclipper nach Caracas. Als wir uns auf dem Flugplatz zum letzten Mal die Hände reichen, sage ich: »Bye-bye Doktorchen, warst ein feiner Kumpel. Ich werde dich vermissen. Und gib deiner kleinen Tochter, von der du so oft erzählt hast, ein Küßchen von mir.«

Das vorzeitige Ende

Nach Caicara? »Noch vierzig Kilometer«, sagt der Mann neben der Planierraupe und spuckt die braune Brühe seines Kautabaks auf die Piste. Er glaubt nicht, daß ich das Städtchen am Orinoco-Knie, dort, wo der Strom seinen Weg nach Osten wählt, heute noch erreichen werde. Schon deshalb nicht, weil ein Großteil der Straße eine Baustelle ist. Der Mann hat wohl recht. Dazu kommt, daß meine Beine schwer wie Blei sind und feiner Sand in der Fahrradkette jeden Tritt etwas mühsamer macht. Nach über einem halben Jahr Radler-Abstinenz bekommt eine Rüttelstrecke aus Schotter, Lehm und Löchern unweigerlich »Wadenbeißer-Qualitäten«. Zudem liegt Puerto Ayacucho schon einige Tagesetappen zurück. Mein Grinsen muß arg trocken wirken, als ich wieder in den Sattel steige und tief über die Lenkstange gebeugt weiterstrample. Die steigende Hitze des Tages bringt nicht wie sonst grollende Gewitter und den segensvollen Geruch des Regens. Statt dessen jagen Winde wütend über die Savanne; Winde, so heiß, als kämen sie aus dem Haartrockner. Sie treiben Staub über die Straße und lassen den Horizont zittern. Eine reizlose Gegend ohne schattenspendenden Bäume. Ich möchte schnell hier durch, doch die Böen und Luftwirbel lassen kein gleichmäßiges Treten zu, und das Radel ächzt und quietscht, als sei es vom Sperrmüll.

Es fällt mir schwer, solchen Tagen etwas abzugewinnen, und auch die folgenden sind nicht viel besser. Nur daß die Straße hinter Caicara, die Orinoco-Interstate, inzwischen asphaltiert ist. Sie läuft parallel zum Strom, schnurgerade vor mir her, steigt langsam an und senkt sich genauso langsam wieder in endlos eintönigen Wellen. Stunde um Stunde, Tag für Tag nach Osten, immer dem Delta entgegen, Hunderte von Kilometern. Das heiße

Teerband überquert kleine Wasserläufe und wird nur an großen Flüssen, so wie beim Rio Caura, durch eine Fähre unterbrochen. Der Verkehr hält sich in Grenzen. Hie und da überholt mich ein Pick-Up oder ein Laster, der in Richtung Ciudad Bolivar und Ciudad Guayana fährt. Manchmal taucht auch ein Nest auf, wo man gelegentlich mit etwas Lebendigem Tuchfühlung bekommt. Braune, ungewaschene Kinder umringen mich neugierig, wenn ich irgendwo eine saftige Wassermelone kaufe und sie gierig verschlinge. Ältere Menschen fragen mißtrauisch nach dem Woher und Wohin. Manchmal, nicht immer, denn oft verkriechen sich die Einwohner in die kühlsten Ecken ihrer kleinen, schmucklosen Häuser; sie flüchten vor der Sonne, die einem wie ein Hammer auf den Kopf schlägt. Schon erheiternd, wenn ein im Halbschlaf vor sich hinradelnder Mestize auf seinem klapperigen Drahtesel, von mir aufgeschreckt, plötzlich sein Tempo verschärft und mich zum Wettkampf herausfordert.

Weniger lustig endet im Dörfchen Agua Blanca der Zweikampf mit einem blind die Straße überquerenden Schafsbock. Zwar bin ich moralischer Sieger, da das Wollknäuel nach dem Körper-Vollkontakt die Flucht ergreift, aber Hautschürfungen beißen trotzdem. Einen ganzen Tag ruhe ich aus und pflege meine Wunden. Es ist in Puerto Ordaz, einer schnell wachsenden Flußhafenstadt, als mich Zweifel packen, denn ich bin auf die einzige Nord-Süd-Transversale durchs Amazonasbecken gestoßen. Soll ich wirklich weiterhin Kurs zum Meer halten? Können die palmenbestandenen Sandstrände nicht warten? Schon wieder höre ich den »Ruf des Amazonas«. Zwar liegen 1500 Pisten-Kilometer zwischen den beiden Strömen, doch von der Amazonasmetropole Manaus könnte ich gleich hinunter nach Porto Velho fahren. Zudem liegt die Gran-Sabana, eine der schönsten Hochebenen Südamerikas, dazwischen. Kann ich nicht auch dort oben das machen, was ich an der Küste eigentlich wollte: die Beine hochlegen, dem süßen Nichtstun frönen und die Erlebnisse der letzten Monate verdauen? Wen wundert's, der »Ruf« ist stärker als die Palmen, und schon rollen die Räder nach Süden. Über Upata, Guasipati und El-Dorado erreiche ich nach vier Tagen das verruchte Goldgräbernest »Kilometer 88«. Letzter Ort und letzte Einkaufsmöglichkeit bis hinunter zur brasilianischen Grenze, sagt man mir dort.

Ein steiler, paßartiger Aufstieg durch wolkenverhangenen Bergurwald führt hinauf zum Plateau. Die Serpentinen-Stampferei läßt die Beinmuskeln schnell »sauer« werden, und bei der Escalera – der Treppe – sind die Windungen der Straße so steil, daß trotz langsamen Schiebens der Schweiß in Bächen am Körper hinunterrinnt. Oben angekommen, läßt der Lohn für die Plackerei erst noch auf sich warten. Das Tor zur Gran Sabana besteht aus der häßlichen Garnison »Luepa« und ihrem Militärflugplatz. Grund genug, die asphaltierte Hauptroute nach Süden zu verlassen und mit einem eleganten Schwenker von neunzig Grad auf die erdene Stichpiste nach Kavanayen zu wechseln. Achtzig Kilometer führt sie hinein in ein schönes, wildes Land unter unendlich weitem Himmel zu großartigen Wasserfällen und nebelummantelten Tafelbergen. Der Schotterweg durchschneidet herbes Prärieland, wo ein warmer Wind Wellen ins graugrüne Gras bläst. Die Nacht verbringe ich am Ufer eines glasklaren Baches im Schutze des Zeltes. Wie eine Narkose übermannt mich der Schlaf.

Der nächste Morgen: beinahe unbeschreiblich. Von Osten her schiebt die Sonne flache, weiche Strahlen über den Rand des Horizonts. Langsam tasten sich ihre Lichtfinger über die tauschweren Wiesen. Im fernen Westen finden sie Halt an der Silhouette des Auyan-Tepui, am gigantischen »Berg der Götter«, wie die Pemon-Indios ihn nennen. An seiner Nordflanke, von hier aus leider nicht einsehbar, stürzen die Gischtfahnen des höchsten Wasserfalles der Erde, des Salto Angel, fast einen Kilometer in die Tiefe. Bleibt mir der Anblick dieses spektakulären Gießbaches auch verwehrt, so bekomme ich in den nächsten Tagen doch einige andere, wenn auch weniger rekordsüchtige, zu sehen und zu hören. Den Torom-Meru, den Karuai-Meru, und am herrlich schönen Chinak-Meru liegt mein Camp eine ganze Woche lang, unten in der Schlucht, unweit der tosenden Mauer aus Gischt und Wasser. Fast hundert Meter tief donnern die Fluten des Rio Aponguao senkrecht hinunter in einen natürlichen Pool. Die steilen Kesselwände sind bewachsen mit sattgrünen Moosen, Flechten, Sträuchern und Büschen. Eine märchenhafte Kulisse, wenn mit der einbrechenden Sonne ein in allen Farben schillernder Regenbogen wie ein riesiger Schleier über dem Sprühregen schwebt. Außer an Ostern und nationalen Feiertagen verirren sich selten Menschen hierher. Die zwei Indiofamilien, die oberhalb des Falls in Holzhütten wohnen, sind freundlich und lassen Fremde in Ruhe. Für mich sind es erholsame Tage des Ausspannens, der Ruhe, und Stunden stiller Freude.

Über versandete Trampelpfade, holperige Löcherpisten und rauhe Schotterstraßen finde ich dann zurück nach Luepa, zurück zur Hauptverkehrsader quer durch die Gran Sabana. Aber auch dort nur selten ein Fahrzeug, und das nagelneue Teerband gehört oft stundenlang nur mir. Da lacht jedes Radlerherz. Wogendes Grasland unter azurblauem Himmel, in den feuchten Niederungen ganze Palmenhaine, klare Flüßchen zum gefahrlosen Baden und Stillen des Durstes, und nur selten das strohbedeckte Holzhäuschen eines einsamen Siedlers. Der nächste Wasserfall, der Kama-Meru, liegt direkt am Weg, und dort liegt auch, allen Voraussagen meiner Informanten zum Trotz, ein Weiler mit einfachem Restaurant. Auf der Fahrt nach Süden finde ich noch weitere Verpflegungsmöglichkeiten – und weitere Wasserfälle. Einer der exotischsten davon ist sicher der kleine Quebrada de Jaspe. Dort plätschert ein Bach ganz vornehm über eine Naturtreppe aus dem Halbedelstein Jaspis, und je nach Lichteinfall funkelt die Kaskade von braun bis purpurrot. Nicht weniger eindrucksvoll im Dunst der untergehenden Sonne die majestätischen Tafelberge; der Merum-Tepui, der Kukunan-Tepui, der Roraima-Tepui. Rund hundert dieser Granitklötze liegen weit verstreut über der ganzen Gran-Sabana, ragen bis über 1000 Meter senkrecht aus der Savanne auf. Kaum die Hälfte von ihnen ist bisher bestiegen, geschweige denn erforscht worden. Auf den Gipfel-Plateaus hat die Evolution der Tier- und Pflanzenwelt eigene Wege eingeschlagen. Jahrmillionen der Isolation haben es möglich gemacht, und bei jeder Expedition wurden bislang unbekannte Spezies gefunden. Diese Hochebene zwischen Orinoco und Amazonas ist noch heute voller Wunder und sicher auch voller natürlicher Sehenswürdigkeiten für jeden Wander- und Radtourenenthusiasten.

Ich erreiche den Grenzort Santa-Elena. Ein staubiges Nest mit billigen Hotels, Stehkneipen, Gemischtwarenläden, abgewetzten Pioniertypen und dem Flair einer Goldgräberstadt. Umliegende Diamanten- und Goldschürfercamps haben ihre Spuren hinterlassen.

Beim Grenzübertritt nach Brasilien kriege ich mich wieder einmal mit Zöllnern in die Wolle. Die mürrischen venezolanischen Grenzer wollen zuerst nicht glauben, daß die vollgestopften Provianttaschen für den Eigenbedarf gedacht sind.

Wie bitterer Spott tönt ihr »Schlauch heil« noch in meinen Ohren, als der Hinterreifen nach Millionen scharfkantiger Schottersteine sein Leben aushaucht, ganz langsam. Kaum habe ich mich auf der abfallenden Geröllpiste im Sattel wieder bequem eingerichtet, schmeißt das Vorderrad mit »pffff« das Handtuch. Eigentlich schade, daß ich all die Reifenpannen seit Beginn meiner Radler-Karriere drüben in Peru nicht gezählt habe. Wieviele mögen es sein? Fünfzig? Sechzig? Oder gar mehr?

Stellenweise bedrängt dichtes Buschwerk die Straße, aber je weiter sie ins Amazonastiefland führt, um so mehr weicht die Randvegetation zurück. Kleine Fazendas tauchen auf, Weideland. Nur selten begegnet mir ein Mensch, und wenn, dann meist hoch zu Roß. Ihre Fragen sind immer die gleichen: »Woher kommst du?« »Wie viele Kilometer bist du gefahren?« »Wie alt bist du?« »Welchen Beruf hast du?« »Wo ist deine Familie?« Es sind einfache, aber freundliche Leute, und genauso einfach sind meine Antworten.

Nach drei Tagen erreiche ich Boa Vista, die Hauptstadt in Brasiliens nördlichstem Bundesstaat Roraima. Es ist bereits dunkel, als die flackernden, weißen Lichter der Stadt auftauchen. Aus Bars und Imbißbuden schallen vertraute Sambaklänge auf die Straße. Geifernde Hunde jagen mich ins Zentrum. Mit diesen Gottesgeschöpfen habe ich immer mehr Mühe.

So wie viele Amazonasstädte ist auch Boa Vista im Aufbruch. Mehr und mehr Landhungrige kommen hierher an den Oberlauf des Rio Branco. Aber auch Geologen, Uranexperten, Garimpeiros, Glücksritter, Verbrecher, Schmuggler aus dem nahen Guyana und jede Menge Buschpiloten. Zu Dutzenden stehen ihre Maschinen draußen auf dem Flugplatz. Die Probleme dieser Region sind die gleichen wie in Acre, Rondônia oder in Pará, nur neueren Datums. Und in Roraima spielt der letzte Akt im langen, leidvollen Untergang von Brasiliens freien Indianern. Ein Untergang, der schon seit Jahrzehnten anhält. Jetzt sind die Opfer die Vettern meiner Waikafreunde in der Sierra Parima, die hiesigen Yanomamis. Ihre Vernichtung ist in vollem Gange.

Ich plane die nächsten Etappen: Caracarai – Novo Paraiso – Manaus. Nur klaffen Wünsche und Wirklichkeit bald weit auseinander. Irgendwo auf den 800 Kilometern bis zum Amazonasstrom steckt der Wurm drin und ein ganzer Lkw-Konvoi im achtstiefen Schlamm. »Da kommen Sie nie durch«, sagt mir der Mann von der Straßenbaubehörde, »südlich vom Äquator sind starke Regen niedergegangen und haben zwei Brücken zum Einsturz gebracht.«

Einmal mehr ändere ich kurzfristig die Route. Schließlich gibt es noch die Perimetral Norte, jene auf allen Karten eingezeichnete »Kleine Schwester« der Transamazonica. Nördlich vom Äquator verläuft sie parallel mit ihm nach Osten zum Atlantik.

Nach Westen hin führt sie tief durch Yanomami-Gebiet zum Rio Demini. Eingeplant ins militärische Verteidigungsprojekt »Calha Norte« soll die Urwaldstraße einmal von der Atlantikküste bis hinüber zur kolumbianischen Grenze gehen. Was ist daraus geworden? Bis jetzt bekam ich die widersprüchlichsten Informationen. Auf das Projekt Calha Norte hat die brasilianische Legislative keinen Einfluß, und in der Öffentlichkeit wird es nicht diskutiert. Dementsprechend nebulös sind auch die Auskünfte über die Perimetral. Da hilft nur eins: das Ganze selber in Augenschein nehmen.

Durch einen Zufall lerne ich in Boa Vista Franz und Reinhilde Birkner kennen. Er ist Österreicher, sie Deutsche. Die Birkners leben schon viele Jahre in dieser Ecke, und ich genieße es, in ihrem heimeligen Haus Gast zu sein. Nicht nur wegen Reinhildes Schwarzwälder-Spezialitäten. Von ihnen erfahre ich viel über Roraima und seine Probleme, auch über europäische Hobby-Expeditionen, die hier aufkreuzen und sich total daneben benehmen. Vor meiner Weiterreise empfiehlt mir Franz, zwei lange Seile zu besorgen, da bestimmt einige Brücken fehlen.

Ausgerüstet mit dem Notwendigen lasse ich alsbald die Räder

entlang des Rio Branco nach Süden rollen. Irgendwann wird aus der schönen Asphaltstraße eine löchrige Erdpiste mit knarrenden Holzbrücken, und der Urwald rückt immer näher heran.

Nach zwei Tagen erreiche ich Caracarai, setze dort mit einer Fähre über den Rio Branco – den weißen Fluß – und frage mich beim Anblick der schlammbraunen Fluten, wie es wohl zu diesem Namen gekommen ist.

In Novo Paraiso frühstücke ich mutterseelenallein im Busbahnhof. Seit Tagen schon wartet die Bedienung der Imbißbude auf Reisende aus Manaus. Hier stoße ich auf die östliche Perimetral Norte, hier beginnt mein Weg, dessen Ende ich nicht kenne. Es fällt mir schwer zu glauben, daß dieser staubrote Karrenweg mit tiefen Furchen über 1000 Kilometer quer durchs nordöstliche Amazonasgebiet bis nach Macapá an der Mündung des großen Stroms führen soll.

Urwald und die ihm abgetrotzten Siedlungsflächen wechseln mit gleichbleibender Regelmäßigkeit. Siedlungsflächen mit einer Bretterhütte, auf deren Vorplatz getrocknete Fleischlappen über Stangen hängen wie Türvorleger zum Ausklopfen, wo magere Rinder zwischen abgenagten Baumskeletten nach Nahrung suchen. Hin und wieder überholt mich ein schwerbeladener Camion mit Tagelöhnern oben auf der Fracht. Manchmal kreuzt mich ein Mauleselreiter. Es sind immer neue Horizonte, gegen die ich anradle, und doch gleichen sich alle. So wie die Pionierdörfer, in denen ich übernachte: Moderna – São Luis – São João – Caroebe. Dörfer, in denen es höchstens drei bis vier Fernsehgeräte gibt, die aber rund um die Uhr von einem Teil der Bevölkerung in Beschlag genommen werden. Der TV-Konzern Rede Globo bestrahlt über den hauseigenen Satelliten auch das entlegenste Hinterland. Sechsmal in der Woche, von acht Uhr morgens bis zum Mittag, werden die Kleinsten bedient. Die blonde, miniberockte Xuxa, Ex-Freundin von Fußballgott Pelé und jetzige Verlobte von Formel-1-Star Senna, hat ihre eigene Kindershow. Am Nachmittag flimmert die Wiederholung der letzten Telenovela über die Mattscheibe und abends dann die Fortsetzung der laufenden Novela, zuckersüße Fließbandromane. Dazwischen Werbespots, Aidskampagnen und Tagesschau. Je grauer der Alltag, desto höher die Einschaltquote. In Entre-Rios, dem hintersten Winkel Roraimas, gibt es keine TV-Geräte mehr. Der Unterschied ist nicht zu übersehen. Barfüßige Kinder spielen Fußball auf der Straße; Männer unterhalten sich von Stubenfenster zu Stubenfenster, und schwangere Frauen, denen ein Kind von außen an der Brust und eines von innen an der Nabelschnur zerrt, sitzen auf Stühlen vor dem Haus.

Am Rio Jatapu bewahrheitet sich das, was ich schon seit einigen Tagen für möglich halte. Der gut 30 Meter breite Fluß hat keine Brücke, hat nie eine gehabt. Mit Gelassenheit gehe ich die Herausforderung an und konstruiere an geeigneter Stelle eine Seilbrücke mit Trag- und Zugleine nach dem Seilbahnprinzip. Als »Rollen« dienen Karabinerhaken.

In zwei Schüben hole ich Gepäck und Fahrrad auf die andere Seite und muß dafür fünfmal den Fluß überqueren: zweimal schwimmend, dreimal am Seil hangelnd. Zeitraubend, aber nicht ohne Spaß.

Die Fortsetzung des »Highways« besteht aus einem schmalen Urwaldpfad, der sich kaum mehr befahren läßt. Die Baumriesen rücken näher zusammen. Das Rankenwerk links und rechts wird dichter, verfilzter. Der Wald dampft. Er schwitzt das Übermaß an Feuchtigkeit wieder aus, das er aus den von ihm selbst produzierten Regenwolken erhalten hat.

Noch immer wohnen Menschen entlang des Pfades. Selten zwar, nur alle paar Kilometer eine vergraute Holzhütte, umstellt von aufragenden, in Feuern erstorbenen Baumriesen. In der Nähe meist eine kleine Bananenpflanzung oder eine Maniokkultur. Leute, die wild siedeln, ohne Eigentumsrecht und ohne Papiere; Menschen, die wissen, daß ihr Leben arm ist, aber sie haben kein anderes. Zu mir ist man sehr freundlich. Komischerweise halten mich alle für einen Missionar. So auch der spindeldürre Vater von sechs Kindern kurz vor dem Rio Mapuera, bereits im Bundesstaat Pará. Er trägt ein zerrissenes Hemd und eine verwaschene, zu große Hose, die von einer zusammengedrehten Ranke, als Gürtel dienend, gehalten wird. Kinder mit laufenden Nasen und gelbsüchtiger Haut verstecken sich hinter dem Rockzipfel einer müde wirkenden Frau.

Bei der zweiten Seilbrücke habe ich dazugelernt und die Arbeitsvorgänge rationalisiert. Mit Hilfe des Schleppleinenknotens, des sogenannten Slipsteks, und einer Schnur als Reißleine erspare ich mir nun die letzten beiden »Hin und Her's«. Ganz einfach: ich muß am Schluß nicht mehr auf die andere Flußseite hinüber, um den Knoten am Baum zu lösen, sondern ziehe an der Reißleine, und der Slipstek drüben löst sich selbst. Ich brauche die Tragleine und die Schnur nur noch durchs Wasser an mich heranzuziehen. Warum diese ausführliche Beschreibung? Weil der verdammte Trick nur zweimal funktioniert. Beim dritten Mal löst sich der Knoten, als das Fahrrad mit seinen vier vollen Gepäcktaschen genau in der Mitte über dem Fluß hängt. Es geht so schnell, ich bin so perplex, daß die Strömung, als sie die Taschen zu fassen bekommt, mir noch gleich die Zugleine aus den Händen zerrt. Was ist passiert? Ich weiß es nicht, vielleicht bin ich auf die Reißleine getreten. Zum Glück habe ich vorher Handgepäcktasche und Rucksack heil rübergebracht. Mehrere Suchaktionen nach dem Vehikel enden erfolglos. Das war Fahrrad Nummer vier, der Amazonas hat, was er will, und ich die Nase voll von Rad-Rallyes, Drahteseln, Speichenziehen und Schlauchflicken.

SERIE PIPER

Hier wird Lesen zum Erlebnis

1257

1274

1407

1383

1435

1340

SERIE PIPER

Abenteuer

1247

Verletzt hängt der junge Bergsteiger Joe Simpson am Seil, gehalten von seinem Freund Simon Yates, doch der spürt, daß er allmählich von dem fremden Gewicht heruntergezogen wird. Um sein eigenes Leben zu retten, zerschneidet Yates das Seil ... »Ein Abenteuerbuch, das einem das Blut in den Adern stokken läßt.« *Sunday Express*

1327

Welches an Selbstmord gemahnende Wagnis, in einem serienmäßigen Faltboot das gefürchtete, legendäre Kap Hoorn umrunden zu wollen! Arved Fuchs erzählt hier aber nicht nur von dem fast unglaublichen Erfolg seines Unternehmens, sondern auch vom düsteren Schicksal der feuerländischen Indianer.

1352

Reinhold Messner, einer der letzten großen Abenteurer unserer Zeit, erzählt hier erstmals sein Leben. Seine spektakulärsten Gipfelsiege, aber auch seine erschütterndsten Niederlagen bis zum vergeblichen Sturm auf die Lhotse-Südwand 1989 sind in diesem pakkenden Buch versammelt.